Inhalt

I
Theorie der Novelle

II
Geschichte der Novelle

I

Theorie der Novelle

1

Der Name: Herkunft, Bedeutung, Gebrauch

Es ist üblich geworden, den Namen »Novelle« aus seinem juristischen Gebrauch im Sinn von »Nachtragsgesetz« bzw. »Gesetzesergänzung« abzuleiten, ein Gebrauch, der in die Zeit des byzantinischen Kaisers Justinian (527–565) zurückweist und bis heute in Wendungen wie »Gesetzesnovelle« oder »Gesetzesnovellierung« geläufig ist. Mit der literarischen Form der Novelle hat diese Begriffsverwendung jedoch nichts gemein, zumindest ist eine Verbindung bisher nicht nachgewiesen worden; offenbar handelt es sich um zwei voneinander unabhängige begriffliche Entwicklungen.

Die Anfänge der literarischen Novelle liegen in den anonym verfaßten Biographien der altprovenzalischen Troubadoure aus dem 13. Jahrhundert. Die aus den Troubadour-Gedichten zusammengestellten Biographien erzählen Neues, nicht selten Außergewöhnliches, Geschichten von nicht alltäglichen Liebeserfüllungen und tragischen Verwicklungen. Neu und aufregend zur Zeit ihrer Verbreitung war vor allem das Bekenntnis zum persönlichen Schicksal, zum Erleben des einzelnen, dessen Glück durch mißliche äußere Entwicklungen gefährdet ist.

Aus den in den Troubadour-Biographien vorgeprägten persönlichen und thematischen Strukturen entwickelte sich in der italienischen Frührenaissance die Novelle, abgeleitet aus dem italienischen Wort *novella* für »Neuigkeit«. Sie

wurde zur Grundlage und zum Maßstab aller folgenden
theoretischen Erörterungen.

Als Urbild des Genres im besonderen galt und gilt Giovanni Boccaccios zwischen 1349 und 1353 entstandener
Novellenzyklus *Decamerone*. Neben zahlreichen Novel-
lendichtungen in Italien (Sacchetti, Guardati, Cintio, Ban-
dello) entstanden im Einflußbereich des *Decamerone* u. a.
Chaucers *Canterbury Tales* (1391–99), das *Heptaméron*
(1559 postum erschienen) der Margarete von Navarra und
die *Novelas ejemplares* (1612) von Cervantes. Die Novelle
avancierte zur populärsten Erzählform der Neuzeit.

In Deutschland bürgerte sich der Begriff »Novelle« erst
relativ spät ein, wenn auch novellistisches Erzählen früher
nachweisbar ist. So hat man etwa Hartmanns *Der arme
Heinrich* (zwischen 1185 und 1195) und die anonyme Verserzählung *Moriz von Craûn* (zwischen 1180 und 1190) mit
der Novelle in Verbindung gebracht. Dies setzt allerdings
voraus, daß man neben der Prosanovelle auch die Versnovelle zuläßt und damit die gelegentlich vertretene einseitige
Bindung der Gattung an die Prosa aufgibt.

Nachdem Lessing den Cervantes-Titel *Novelas ejemplares* noch 1751 unzutreffend mit »Neue Beispiele« wiedergibt, verwendet Wieland den Begriff 1764 ausdrücklich in
seinem *Don Sylvio von Rosalva*. Dort werden neben »Arabischen und Persischen Erzählungen« sowie »Feenmäh-
chen« auch »Novellen« als kürzere Erzählformen genannt
(I,4).[1]

Goethe hat den Begriff in den von Boccaccio angeregten
Unterhaltungen deutscher Ausgewanderten (1795) nicht
verwendet, wenn er ihn auch mit Sicherheit voraussetzt, zumal er mit einer Bezeichnung wie »Unterhaltungen« auf
den geselligen Charakter der italienischen Novelle anspielt.
Erst 1827 wählt er dann die Gattungsbezeichnung als Titel

---

1 »Christoph Martin Wielands Sämmtliche Werke«, Bd. 11: »Die Abenteuer
des Don Sylvio von Rosalva«, Erster Theil, Leipzig 1795, S. 18.

für eine als mustergültig für das Genre empfundene Prosaerzählung.

Mit dem Novellenbegriff konkurrierten in der Goethezeit und später »Historie«, »Geschichte«, »Erzählung« u. a. m. Allzu leicht macht man es sich indes, wenn man nur das als Novelle gelten läßt, was die Autoren auch ausdrücklich so bezeichnet haben, schon weil im 19. Jahrhundert manches »Novelle« untertitelt wird, was eindeutig Roman genannt zu werden verdient. Eine Erörterung novellistischen Erzählens ist in jedem Fall unerläßlich.

2

Novellentheorie

Begleitet wurde die Adaption der Novelle in Deutschland von Anfang an von Versuchen, sie theoretisch zu erfassen und die Besonderheiten novellistischen Erzählens zu bestimmen. Wieland hebt vor allem die Kürze hervor und verweist im Vergleich mit den großen Romanen auf »die Simplicität des Plans und den kleinen Umfang der Fabel«.[2] In seinem *Hexameron von Rosenhain* (1805) grenzt er die Novelle, die sich »in unserer wirklichen Welt begeben habe«, ausdrücklich von den in wunderbaren Welten angesiedelten Märchen ab.[3] Damit sind zunächst allgemeine, formale Merkmale benannt, die die Novelle als eine neue, interessante Erzählform erkennen lassen.

Die zentrale Struktur der neuen literarischen Aussage-

2 Ebd., S. 18, Anm. 5 (nach der 2. Auflage des Romans von 1772).
3 »Christoph Martin Wielands Sämmtliche Werke«, Bd. 38: »Das Hexameron von Rosenhain«, Leipzig 1805, S. 173 (Einleitung zu »Die Novelle ohne Titel«).

weise beschreibt Goethe im Gespräch mit Eckermann vom
25. 1. 1827 mit der oft zitierten Bemerkung »denn was ist
eine Novelle anders als eine sich ereignete unerhörte Begebenheit«.[4] Der auf Cervantes (»caso portentoso y jamás
visto«[5]) zurückweisende Ausspruch betont die Dominanz
des Ereignishaften und bezieht zugleich das Außergewöhnliche des Erzählten mit ein. Ähnlich wie bei Wieland, so erfolgt auch hier, allerdings mehr implizit, eine Abgrenzung
vom Roman, der im 18. Jahrhundert zur dominierenden Erzählform avanciert war. Standen dort die Personen und die
Möglichkeiten personaler Einflußnahme auf die Gescheh-
nisse im Vordergrund, so scheint in den Novellen mehr das
Ereignis, die Begebenheit zu dominieren und den Einfluß
des einzelnen zurückzudrängen. Zumindest aber wird der
Vorrang des Objektiven hervorgehoben.

Auffällig ist sowohl bei Wielands wie bei Goethes Defi-
nitionsversuchen, daß das Thematische nicht näher bestimmt wird. Keineswegs scheint also die Novelle – im Unterschied zu Boccaccios *Decamerone* – vornehmlich mit der
Liebe befaßt. Insofern zeichnet sich hier bereits ein deutscher Sonderweg ab. Diese weniger am Thematischen als
am Strukturellen orientierte Theoriebildung setzt sich auch
in der Romantik fort.

Für Friedrich Schlegel lebt die Novelle aus der Spannung
zwischen Subjektivität und Objektivität. In der »Nachricht
von den poetischen Werken des Johannes Boccaccio« (1801)

---

4 Johann Peter Eckermann, »Gespräche mit Goethe in den letzten Jahren seines Lebens«, hrsg. von Otto Schönberger, Stuttgart 1994 (Reclams Universal-Bibliothek 2002), S. 234. – Dieses Gespräch, in Goethe-Ausgaben wie in
der Forschungsliteratur häufig als Gespräch vom 29. Januar 1827 angegeben,
fand tatsächlich am 25. Januar statt; Eckermanns Datierung ist falsch.
5 Vgl. Miguel de Cervantes Saavedra, »Gesamtausgabe in vier Bänden«,
Bd. 1: »Exemplarische Novellen. Die Mühen und Leiden des Persiles und
der Sigismunda«, hrsg. und neu übers. von Anton M. Rothbauer, Stuttgart
1963, S. 668. – Die Stelle (»que este es caso portentoso y jamás visto«) aus
dem »Zwiegespräch der Hunde«, einer der »Exemplarischen Novellen«, ist
dort übersetzt als: »daß dieser Fall wunderbar und unerhört ist«.

geht er davon aus, daß der Erzähler in der Novelle »seiner eigensten Eigentümlichkeit« in indirekter Darstellung Ausdruck gebe.[6] Der Gestaltung verborgener Subjektivität komme dabei der zugleich objektive Charakter der Novelle entgegen, die an die Gesetze der gebildeten Gesellschaft gebunden sei, was sich nicht zuletzt in der stilistischen Eleganz spiegele. Aus romantischer Sicht erscheint die Novelle als Ausdrucksform der Einheit des Mannigfaltigen, der organischen Verbindung von Subjektivem und Objektivem, Individuellem und Sozialem.

Ähnlich hatte auch schon Friedrich Schleiermacher in seiner Eintragung im Tagebuch der Jahre 1799/1800 über Roman und Novelle auf die besondere Bindung der Novelle an die »geselligen Verhältnisse und ihre Formen« hingewiesen.[7] Wichtig für das Novellenverständnis ist dabei vor allem das Bewußtsein des einzelnen, in einem vorgegebenen sozialen Rahmen zu handeln, in dem er sich allein auszudrücken vermag, der ihn aber zugleich auch in seinem eigenen Verhalten bedingt.

Noch mehr zum Pol des Objektiven hin verschiebt August Wilhelm Schlegel seine Gattungsbestimmung, indem er in seinen »Vorlesungen über schöne Literatur und Kunst« (1803/04) die Novelle als Spiegel der »Denkart des Zeitalters« begreift, die den Weltlauf darstelle, wie er ist, und daher »in der wirklichen Welt zu Hause« sei.[8] Erzählenswert ist das, was im täglichen Leben Gültigkeit besitzt. Die Objektivität der Novelle verbindet sie nach Schlegel mit dem Drama. In beiden Fällen verlange das dargebotene Gesche-

---

6 »Kritische Friedrich-Schlegel-Ausgabe«, hrsg. von Ernst Behler unter Mitw. von Jean-Jacques Anstett und Hans Eichner, Bd. 2: »Charakteristiken und Kritiken I (1796–1801)«, hrsg. und eingel. von H. Eichner, München [u. a.] 1967, S. 393.

7 Zit. nach: Wilhelm Dilthey, »Leben Schleiermachers«, Bd. 1, Berlin 1870, Abh., S. 116.

8 August Wilhelm Schlegel, »Kritische Schriften und Briefe«, hrsg. von Edgar Lohner, Bd. 4: »Geschichte der romantischen Literatur«, Stuttgart 1965, S. 216, 218 (»Italienische Poesie: Boccaccio und das Decamerone«).

hen nach markanten Einschnitten. Ähnlich wie im Drama
die Peripetie, so leiste in der Novelle der Wendepunkt die
Aufgabe, das Erzählte zu akzentuieren und in seinen Intentionen erkennbar zu machen.

Ludwig Tieck hat im »Vorbericht zur dritten Lieferung«
seiner »Schriften« (1829) insbesondere die Auffassung vom
Wendepunkt vertieft und ihn als das eigentliche Struktur-
prinzip der Novelle herausgestellt. Vor allem müsse es dem
novellistischen Erzähler darum gehen, einen bestimmten
einzelnen Vorfall in den Mittelpunkt zu rücken, der plötzlich, vom Alltäglichen ins Wunderbare und Einzigartige sich
wendend, das Allgemeinmenschliche und »eine höhere aus-
gleichende Wahrheit« zu erkennen gebe.[9] Auch Tieck sieht
in der Novelle vor allem das literarische Medium dafür, die
Integration des Einzelnen ins Ganze darzustellen, dem Besonderen einen Platz im Allgemeinen anzuweisen.

Charakteristisch für die romantischen Theorieentwürfe
ist ihre Orientierung an Idealbildern des Ganzheitlichen,
das man, von der Bedeutung des Gesellschaftlichen bei Boccaccio ausgehend, in der Objektivität der Gesetzlichkeit
und der Bedingungen des Daseins sah. In dem Maße aber,
wie sich auf Grund der Enttäuschungen über die politischen
Entwicklungen in der Restaurationsphase die Einstellungen
zu den gesellschaftlich-geschichtlichen Verhältnissen kritisch zu wandeln begannen, änderte sich auch die Auffassung von der novellistischen Aussageintention.

Unmißverständlich sieht auch Theodor Mundt in seiner
»Ästhetik« von 1845 die Novelle im wesentlichen von den
Verhältnissen her bestimmt, während der Roman sich »aus
dem Charakter des Individuums« erzeuge. Aber die Verhältnisse, die objektiv gegebenen Lebensbedingungen, werden nicht länger als Erfüllung, sondern als Behinderung
aktiver Entfaltung verstanden. In der »schläfrigen Zeit der
Restaurationsepoche« tritt für Mundt »die Tatkraft wieder

9 Ludwig Tieck, »Schriften«, Bd. 11: »Schauspiele«, Berlin 1829, S. XC.

den Rückzug« an »in die Betrachtung«.[10] Erneut verschließen sich die Geschichtsräume dem fortschreitend verändernden Handeln. Die Novelle spiegelt das einseitige Bestimmtsein des einzelnen durch die Verhältnisse, mit denen er sich nicht länger handelnd, sondern nur noch reflektierend auseinandersetzt.

Deutlich treten in der theoretischen Erörterung der Novelle um die Jahrhundertmitte pessimistischere Töne hervor. Nachdem er auf das Ganze als die eigentliche Perspektive novellistischen Erzählens verwiesen hat, nennt Friedrich Theodor Vischer in seiner »Ästhetik« (1857) als ein zentrales Thema der Gattung den Menschen in der Krise, bedingt durch »die schärfere Schneide des Schicksals« wie durch »dunkle Erscheinungen des Seelenlebens«.[11] Die Novelle wird zur literarischen Aussageweise des problematischen Verhältnisses zwischen dem Individuum und den gesellschaftlichen und geschichtlichen Bedingungen. Entscheidend ist dabei, daß sich das Schwergewicht immer mehr auf den einzelnen verlagert, in dem das Krisenhafte und Problematische hervortritt.

Nach Paul Heyse (»Meine Novellistik«, 1900) führt die Novelle »ein bedeutsames Menschenschicksal, einen seelischen, geistigen oder sittlichen Konflikt« vor.[12] Beherrschend für die Novelle ist ihr spezifisches Spannungsprofil, das Heyse an anderer Stelle auch als »Silhouette« bezeichnet. Novellistische Motive müssen sich stets auszeichnen durch ihre Konfliktträchtigkeit, die sinnbildlich in einem Zeichen, das Heyse in Anlehnung an eine Novelle Boccaccios den »Falken« nennt, Gestalt gewinnt. Gerade in der Orientierung am Konflikt kommt bei aller Betonung des individuellen Einzelfalls innerhalb der Novellenkonzeption

10 Theodor Mundt, »Ästhetik. Die Idee der Schönheit und des Kunstwerks im Lichte unserer Zeit«, Berlin 1845, S. 343 f. (Tl. 2, Abschn. 15).

11 Friedrich Theodor Vischer, »Ästhetik oder Wissenschaft des Schönen«, Tl. 3: »Die Kunstlehre«, Zweiter Abschnitt: »Die Künste«, Fünftes Heft: »Die Dichtkunst«, Stuttgart 1857, S. 1318 (§ 883).

12 Paul Heyse, »Jugenderinnerungen und Bekenntnisse«, Berlin 1900, S. 344.

Heyses das prinzipiell gespannte Verhältnis des einzelnen
zu seinem sozialen Umfeld zum Tragen, »zu dem großen
Ganzen des Weltlebens«, das der Novellist »nur in andeu-
tender Abbreviatur« durchschimmern lassen soll, da es allein im Individuum selbst überzeugend faßbar und darstellbar ist.[13]

Übereinstimmend mit Heyse verlangt Theodor Storm in
einer zurückgezogenen Vorrede aus dem Jahr 1881 für die
Novelle »einen im Mittelpunkte stehenden Konflikt, von
welchem aus das Ganze sich organisiert«.[14] Im Zusammenhang mit dieser Bestimmung steht Storms oft zitiertes Wort
von der Novelle als »Schwester des Dramas«. Bemerkenswert ist seine Hochschätzung der Gattung, die für ihn in
der Reduktion auf das Wesentliche und in ihrer Fähigkeit,
die tiefsten Probleme des Menschen zu behandeln, zur führenden Prosadichtung der Zeit wird. Schon in seiner frühen
Novelle *Auf dem Staatshof* (1859) hatte Storm einleitend
Entscheidendes über seine Konzeption ausgesagt: »Ich kann
nur einzelnes sagen, nur was geschehen, nicht wie es geschehen ist; ich weiß nicht, wie es zu Ende ging, und ob es eine
Tat war oder nur ein Ereignis, wodurch das Ende herbeigeführt wurde.«[15] Die Novelle spitzt sich stets auf das Ende,
wie im vorliegenden Fall auf das tragische Ende zu. In der
sich abwärts neigenden Handlung ist der einzelne nicht Täter, sondern Opfer, fortgerissen von dem Ereignishaften,
das sich seiner Kontrolle entzieht. Für die realistische wie

---

13 Paul Heyse, »Einleitung«, in: »Deutscher Novellenschatz«, hrsg. von
    P. H. und Hermann Kurz, Bd. 1, München [1871], S. XVIII.
14 Theodor Storm, »Sämtliche Werke«, hrsg. von Karl Ernst Laage und Die-
    ter Lohmeier, Bd. 4: »Märchen. Kleine Prosa«, hrsg. von D. Lohmeier,
    Frankfurt a. M. 1988, S. 409. – Storm hatte diese Vorrede zur 3. Serie seiner
    »Schriften« (Bd. 11–14), die als Replik auf eine in den »Itzehoer Nachrich-
    ten« erschienene Besprechung von Georg Eber und die darin enthaltene
    Herabsetzung der Novelle gedacht war, während der Drucklegung zurück-
    gezogen. Sie wurde erstmals 1913 postum veröffentlicht.
15 Theodor Storm, »Erzählungen«, hrsg. von Rüdiger Frommholz, Stuttgart
    1988 (Reclams Universal-Bibliothek 6144), S. 38.

für die restaurative Novellenkonzeption gilt bei schwin-
dendem Vertrauen in die gesellschaftlich-geschichtlichen
Mächte die tragische Zielrichtung der Gattung.

Grundsätzlich skeptisch reagiert Gottfried Keller in seinem Brief vom 14./16. August 1881 an Storm auf jede Art
literarischer Gattungstheorie, zumal dann, wenn sie dem
schöpferischen Akt vorausgeht und dem Autor Vorschriften
zu machen versucht. »Das Geschwätz der Scholiarchen aber
bleibt Schund, sobald sie in die lebendige Produktion eingreifen wollen«. »Aprioristische« Regeln für Roman und Novelle wie für jede andere Gattung ablehnend, hält er es aber
dennoch für möglich, Theorien »aus den für mustergültig an-
zusehenden Werken« abzuziehen.[16] Damit wird ein induktiv
interpretierender Zugang nahegelegt, wie er überhaupt für die
zeitgenössische Gattungsdiskussion richtungweisend sein
sollte. Theoriebildung kann immer nur von den Textbefunden
ausgehen und muß stets durch sie kontrolliert werden.

Weitgehend in Übereinstimmung mit Heyse sieht Friedrich Spielhagen (»Novelle oder Roman?«, 1876) den individuellen Charakter im Zentrum der Novelle, der indes
»durch eine besondere Verkettung der Umstände« in einen
Konflikt hineingezogen wird, dessen Ausgang abhängig ist
von der Eigentümlichkeit des Helden.[17] Die Akzentuierung
des individuell unverwechselbaren Charakters macht den
wesentlichen Unterschied zur älteren Novelle mit ihrer Betonung der Verkettung der Umstände aus. Beispielhaft treten die Pole hervor, zwischen denen sich die novellistische
Gestaltung offenbar bewegt. Zugleich wird aber auch der
gestalterische Spielraum des Novellisten sichtbar. Bezieht
sich Spielhagen bei der älteren Novelle vor allem auf den
restaurativen Typus mit der Verstrickung des einzelnen in
die Übermacht erneuerter absolutistischer Verhältnisse, so

16 Gottfried Keller, »Gesammelte Briefe in vier Bänden«, hrsg. von Carl
   Helbling, Bd. 3,1, Bern 1952, S. 464.
17 Friedrich Spielhagen, »Beiträge zur Theorie und Technik des Romans«,
   Leipzig 1883, S. 245.

hängt die Heraushebung des markanten Charakters mit
dem gestiegenen Selbstbewußtsein des wilhelminischen
Bürgers zusammen. Strukturbildend bleibt aber in jedem
Fall die Konfliktorientierung.

Paul Ernst hebt im Rückgriff auf die romanische Novelle
die strenge Strukturierung der Gattung hervor (»Zum
Handwerk der Novelle«, 1901). Entscheidend ist für ihn der
Aufbau, die Konzentration auf den »außergewöhnlichen
Vorfall«, in dem sich »ein ganzes Menschenschicksal« entscheidet. Im eigentlichen novellistisch ist aber für Ernst nur
das »an Charakter und Umstände« geknüpfte menschliche
Leben.[18] Auch wenn sich Ernst in der Beschränkung auf das
Wesentliche gestalterisch vom Naturalismus absetzt, so nähert er sich ihm ungewollt wieder an, indem er die Bestimmung des einzelnen durch Charakter und Umstände durchaus einräumt. Ihn als reinen Novellenästhetiker zu verstehen, würde ihm wohl kaum gerecht.

Auf jeden Fall ist seine Position der bloß formalistischen
Auffassung Heinrich Harts überlegen, der allein den »Einzelfall« als charakteristisch für die Novelle heraushebt und damit
hinter die inzwischen weitaus differenzierteren Argumenta-
tionsweisen zurückfällt (»Roman und Novelle«, 1905).[19]

Dies trifft in etwa auch auf Georg Lukács zu, der die Novelle als die Darstellung eines Menschenlebens begreift,
»durch die unendlich sinnliche Kraft einer Schicksalsstunde
ausgedrückt« (»Bürgerlichkeit und l'art pour l'art: Theodor
Storm«, 1911).[20] Die Betonung des Strukturellen bei Ernst,
Hart und Lukács verweist auf die vielfältigen geistigen Anstrengungen um die Jahrhundertwende, sich von dem stoff-
lich ausufernden Naturalismus abzusetzen. In diesem Zu-

---

18 Paul Ernst, »Gesammelte Werke«, Abt. B: »Theoretische Schriften«, Bd. 1:
   »Der Weg zur Form. Abhandlungen über die Technik vornehmlich der
   Tragödie und Novelle«, München 1928, S. 71.
19 In: Heinrich Hart, »Gesammelte Werke«, hrsg. von Julius Hart, Bd. 4: »Aus-
   gewählte Aufsätze. Reisebilder. Vom Theater«, Berlin 1907, S. 111–113.
20 Georg von Lukács, »Die Seele und die Formen. Essays«, Berlin 1911,
   S. 158.

sammenhang erfolgt auch eine ästhetische Neubesinnung auf die künstlerisch strenge Novellenform.

Einen abschließenden Höhepunkt in den theoretischen Auseinandersetzungen mit der Novelle bedeuten die Ausführungen Robert Musils (»Die Novelle als Problem«, 1914). Im Unterschied zum Roman drückt sich in der Novelle nicht der Autor ab, »sondern etwas, das über ihn hereinbricht, eine Erschütterung; [. . .] eine Fügung des Geschicks«. Der Novellist wird zum Medium eines Geschehens, das nicht er, sondern das ihn gestaltet. An dem einen Erlebnis, dem einen Beispiel, »glaubt er zu sehen, wie alles in Wahrheit sei«.[21] Das novellistische Erlebnis bedeutet den Wendepunkt der individuellen Weltsicht, die Wende von der Bestimmung durch das Subjekt zum Bestimmtsein durch das Objektive. Musils Auffassung der Novelle unterstreicht noch einmal die Kontinuität ihres theoretischen Verständnisses. Die Novelle erscheint als die adäquate Aussageweise modernen Bewußtseins, in dem die Einschränkung und Begrenzung individueller Verfügungsgewalt durch kollektive Mächte Gestalt gewinnen. Dabei wendet sich die Erfahrung in dem Maße ins Tragische, wie das Kollektive nicht als Erweiterung, sondern als Verengung des Individuums erlebt wird.

3

Novellenforschung

In der Anfang des 20. Jahrhunderts einsetzenden Novellenforschung lassen sich wie in jeder wissenschaftlich geleiteten Gattungsreflexion grundsätzlich zwei Richtungen unterscheiden.

21 Robert Musil, »Die Novelle als Problem«, in: »Die Neue Rundschau«, 25. Jg., 1914, Bd. 2, S. 1166 (»Literarische Chronik«).

Geht die eine mehr idealtypisch und normsetzend vor, stets
auf der Suche nach der sogenannten Urform, so die andere
mehr historisch interpretierend. Begleitet wird auch die
Novellenforschung von gelegentlichen Forschungsberich-
ten, die in der Regel angesichts der Fülle der scheinbar
divergierenden Ansichten zu dem relativierenden Urteil gelangen, daß es einen befriedigenden Gattungskonsens gar
nicht gebe und auch gar nicht geben könne. Im Vordergrund dieser kritischen Referate steht meistens die Auseinandersetzung mit den wesentlich normativ verfahrenden
Entwürfen.

Sieht man einmal von dem überdifferenzierenden Streben nach wissenschaftlicher Exaktheit ab, die es im Umgang mit Kunstwerken ohnehin nicht geben kann, von
systematischer Abstraktion und poetologischer Dogmatik
sowie von der überwiegend dissensorientierten Ergebnis-
darstellung bzw. von den lobbyistischen Beurteilungsprak-
tiken, dann erkennt man in den einzelnen Annäherungen
eine Reihe sich ergänzender Aspekte und hilfreicher An-
stöße zur praktischen Novellendeutung. Insofern ist der
folgende Überblick über die wichtigsten Forschungsposi-
tionen geleitet von dem konstruktiven Bemühen um Kon-
sens und Kompromiß.

Oskar Walzel versucht die Novelle einmal mehr fest-
zumachen am Muster Boccaccios. Konstitutiv für die
Gattung ist vor allem »geselliges Zusammensein« (»Die
Kunstform der Novelle«, 1915). Von der Rahmensituation
des *Decamerone* ausgehend, betont dieser Ansatz vor allem das soziale Eingebundensein des Erzählgenres, wobei
das, was in einer bestimmten Gesellschaft gültig ist,
selbstverständlich historischen Wandlungen und Entwicklungen unterliegt.

Auch André Jolles geht in seiner »Einleitung zur neuen
deutschen Ausgabe des Dekamerons« (1921) von dem italienischen Modell aus. Das novellistische »Ereignis führt
uns die Novelle in einer Form vor, in der es uns wichtiger

erscheint als die Personen, die es erleben« (LXXVII[22]). Im Unterschied zum Roman sind die Novellen keine Geschichten von Einzelpersonen, »sondern die Geschichten dessen, was mit ihnen geschehen ist« (ebd.). Wichtig ist auch hier die Integration des Menschen in ein Ganzes, das verallgemeinernd weniger sozial als deterministisch verstanden wird. Der Vorzug der Position von Jolles liegt vor allem in ihrem breiteren Anwendungsspektrum.

Sowohl Boccaccio als auch Friedrich Schlegel ist der theoretische Ansatz von Arnold Hirsch verpflichtet (»Der Gattungsbegriff ›Novelle‹«, 1928). Für Hirsch geht es in der Novelle um die Darstellung des Allgemeinmenschlichen in einem »objektiven und einmalig-unerhörten Bild« (147). Nach geistesgeschichtlichem Verständnis dokumentiert die Novelle das gültige Abbild einer einheitlichen menschlichen Geistesverfaßtheit. Deutlich ist erneut die Absetzung von allem bloß Individuellen.

Im interpretierenden Umgang mit Novellen des 19. Jahrhunderts gelangt Hermann Pongs zu der Erkenntnis, daß das zentrale Ereignis der Novelle den Einbruch des Dämonischen ins Menschenleben gestalte (»Grundlagen der deutschen Novelle des 19. Jahrhunderts«, 1930). Die »Übergewalt des Dämonischen [...] das geheimnisvolle Es der Mächte« (»Das Bild in der Dichtung«, 1939, 289) entmachten den Menschen und lassen ihn hilf- und einflußlos erscheinen. Mit der Zuwendung zu einer bestimmten historischen Gattungsausprägung ändert sich notwendig die Bestimmung des Ereignishaften selbst. Gleichbleibend aber ist die Akzentuierung des Ereignisses überhaupt.

Etwas formal behandelt Robert Petsch die Novelle in seinem Buch »Wesen und Formen der Erzählkunst« (1934). Die »Novelle als hohe Kunstform« (245 f.) entwickelt sich für ihn aus einfachen, anspruchslosen Vorstufen wie der Ge-

---

22 Im folgenden wird, unter Angabe lediglich der Seitenzahl, nach den in Abschnitt 1 der Bibliographie verzeichneten Titeln zitiert.

schichte, der Fabel u. a. m., von denen sie sich in der Komplexität der Erzählanlage unterscheidet. Diese an sich zu-
treffende Einschätzung wird jedoch weder strukturell noch
thematisch konkretisiert.

Walter Pabst ist im Gegensatz zu den bisher behandelten
Forschern und Theoretikern der Ansicht, daß es im Grunde
unmöglich sei, eine gattungsorientierte Novellengeschichte
zu schreiben (»Die Theorie der Novelle in Deutschland
1920–1940«, 1949). Den vorliegenden Ansätzen wirft er
eine autoritär-normative Tendenz vor, von der sich die romanische Literaturkritik wohltuend absetze. Entschieden
tritt er für die »Freiheit der Form« ein. Inwieweit es sich bei
den attackierten Beschreibungsversuchen wirklich um eine
Art autoritärer Poetik handelt, mag dahingestellt bleiben,
zumindest erscheinen solche Qualifizierungen überzogen.
Bemerkenswert ist das kritische Urteil, daß es sich bei allen
vorliegenden Annäherungen an die Novelle im Grunde nur
um eine Fortsetzung der Ansätze bei Ernst und Lukács
handle. Immerhin bestätigt Pabst damit selbst die von ihm
bestrittene Kontinuität des Gattungsverständnisses. Die an-
gebliche Negativität des Befundes ist nur schwer einsehbar.

Walter Silz, in seinem Buch »Realism and Reality« (1954)
ausschließlich befaßt mit Novellen des 19. Jahrhunderts, nähert sich dem Versuch einer Gattungsbestimmung behutsam
über eingehende Textdeutungen. Auffällig ist für ihn eine
bestimmte, für die Novelle typische thematische Struktur:
»A theme we shall find running through many of the Novellen of the century is that of the struggle to keep the inner
citadel of the personality inviolate from the world« (16).
Silz betont damit vor allem den dramatischen Aspekt des
Genres, den oft aussichtslosen Kampf des Menschen mit
determinierenden Fakten und Ideen. In der literarischen
Form der Novelle spiegelt sich die »increased awareness of
the realities of life and the fact that the only real realities are
the persuasions of the human mind« (ebd.). Mit den zunehmenden Einblicken in die Menschennatur nimmt auch die

Modere

Erkenntnis der Obsessionen durch eine allein virtuell exi-
stierende Wirklichkeit zu.

Josef Kunz legte 1954 eine »Geschichte der deutschen
Novelle vom 18. Jahrhundert bis auf die Gegenwart« vor
(²1960), ein großangelegter Versuch, die Gattung von ihren
wichtigsten Textbefunden her zu erschließen. Dabei kommt
auch Kunz auf breiter historischer Basis zu Einsichten in
die Novelle, die sich im wesentlichen mit den vorausgegangenen Bestimmungsversuchen decken. An den Begriff des
Dämonischen bei Pongs erinnert der Begriff des »Ungebändigten«, das nach Kunz einen Konflikt auslöst mit dem
»Gesetzlichen«. In der Novelle geht es um das »Sichmessen
des Gesetzlichen mit jener Macht, die jedes Gesetzes spot-
tet« (Sp. 1831). Novelle wird auch hier weniger als Merkmalkomplex bestimmt denn als Manifestation eines bestimmten Perspektivismus. Gattung stellt eine spezifische
Art und Weise dar, Welt zu sehen und zu deuten.

Ebenfalls 1954 erschien die »Geschichte der deutschen
Novelle« von Johannes Klein, die bisher materialreichste
und informativste Darstellung der Gattung in eingehenden
Interpretationsskizzen. Die Stärke der theoretischen Ausführungen liegt vor allem dort, wo es Klein unternimmt, die
Novelle gegen andere Erzählgattungen abzugrenzen. Auf
diese Weise entsteht ein differenziertes Bild novellistischen
Erzählens, wenn vielleicht auch nicht jeder Abgrenzungs-
versuch überzeugt und die eine oder andere Abgrenzung etwas mühsam und spitzfindig wirkt. In der »Anekdote wird,
was geschieht, bloß bezeichnend für den Menschen oder
eine besondere Menschenart. Die Person tritt hervor.« In
der »Novelle wird zum Schicksal, was an einem Menschen
geschieht. Die Person tritt zurück« (11). Einleuchtend fällt
auch die Abgrenzung zum Roman aus, sofern man den Ent-
wicklungs- und Bildungsroman zum Paradigma wählt. »Im
Roman entwickelt sich ein Charakter durch Verwicklungen.
In der Novelle bricht die Entwicklung durch die Verwicklung eher ab« (8).

Einen allzu starren Gattungsbegriff versucht Benno von
Wiese zu vermeiden, indem er es vorzieht, von novellistischem Erzählen zu sprechen (»Die deutsche Novelle von
Goethe bis Kafka«, 1956). In einer Reihe von Einzelinter-
pretationen arbeitet er vor allem die symbolische Verdich-
tung des Erzählens heraus, das objektive Zeichen, in dem
subjektives Schicksal anschaubar wird. Eine Gattungsgeschichte hält von Wiese für prinzipiell möglich, sofern man
auch der Novelle einen Spielraum ästhetischer Ausdrucks-
möglichkeiten für die »ständig wechselnden geschichtlichen
Situationen« zubilligt (»Novelle«, 1963). Die ausführlichen
Novelleninterpretationen bestätigen empirisch weitgehend
die bisher verfolgten theoretischen Tendenzen und lassen
die Novelle bei aller historischen Variabilität als eine strukturell relativ homogene literarische Aussageweise erkennen.
Benno von Wieses zweibändiges Werk stellt nach Silz innerhalb der Novellenforschung den zweiten, umfangreicheren
Versuch dar, Gattungsgeschichte in der zeitlich geordneten
Verknüpfung von Einzeldeutungen zu schreiben.

Etwas unverständlich ist die zum Teil recht scharfe Kritik,
die Fritz Lockemanns Buch »Gestalt und Wandlungen der
deutschen Novelle« (1957) erfahren hat. Im Grunde wiederholt Lockemann, wenn er die Novelle in der »Spannung
zwischen Chaos und Ordnung« (16) begründet sieht, den
von Kunz herausgestellten novellistischen Konflikt zwischen dem »Gesetzlichen« und dem »Ungebändigten«.
Glücklicher und weitreichender scheinen allerdings die
Konfliktpole bei Lockemann insofern benannt, als hier das
prinzipiell Abgründige zum Ausdruck kommt, dem der
Novellist die ordnenden Kräfte des Stils und der Struktur
entgegenzustellen versucht.

Zu Recht kritisiert Manfred Schunicht in seinem Beitrag
»Der ›Falke‹ am ›Wendepunkt‹« (1960) die lähmende Bindung novellistischen Erzählens an bestimmte Muster, insbesondere an Boccaccios Novellentypus. In der Tat erschöpft
sich die Gestaltung von Novellen nicht in der fortgesetzten

Nachahmung von Merkmalen, die man für gattungstypisch hält. Allerdings scheint die Kritik Schunichts angesichts der vorliegenden vielschichtigeren und vertiefenden theoretischen Ansätze eher nur Randerscheinungen zu treffen.

Hellmuth Himmels 1963 erschienene »Geschichte der deutschen Novelle« hat ihre Vorzüge in der Darstellung der Gattung von ihren Anfängen bis zum Expressionismus. Theoretisch schließt sich Himmel weitgehend Theodor Mundt an, dessen Konzeption er jedoch strukturell verkürzt, indem er sich ausschließlich auf Mundts Vergleich der Novelle mit einer Kreislinie bezieht, wobei der Kreismittelpunkt, der zentrale Konflikt, von den einzelnen Punkten der Kreislinie aus betrachtet »verschiedene Aspekte bietet« (37). Der konstruktivistische Beschreibungsansatz mündet notwendig in einen Schematismus der Novellenanalyse, den Himmel jedoch im historisch-praktischen Teil wohltuend vermeidet.

Karl Konrad Polheims großangelegter Forschungsbericht »Novellentheorie und Novellenforschung« (1965) relativiert die vorliegenden Entwürfe der Gattungstheorie und die Orientierung der Gattungsgeschichte an sogenannten Urformen. Im Grunde bestreitet er die Möglichkeit einer wissenschaftlich haltbaren Bestimmung der Novelle, die er nicht nach herkömmlichem Gattungsverständnis beurteilt wissen will. Ebenso erteilt er der Analyse nach bestimmten Merkmalen eine klare Absage. Entschieden fordert Polheim eine ausschließlich historisch orientierte Novellenforschung.

Die rigorose Ablehnung novellentheoretischer Entwürfe übersieht, daß die wenigsten unter ihnen ausschließlich normativ und ahistorisch gebildet worden sind. In aller Regel gehen sie aus von der Novellenpraxis selbst, sei es von der produktiven Seite des Autors oder von der rezeptiven Seite des Lesers. Wenig Sinn hat es überdies, die vorliegenden Bestimmungen als dogmatisch oder doktrinär abzuqualifizieren, vielmehr handelt es sich um mehr oder weniger

brauchbare Beschreibungsmodelle, die immer wieder der
Überprüfung durch die konkreten Texte ausgesetzt werden
müssen. Selbstverständlich kann und muß die Gattungstheorie an der historischen Interpretationspraxis scheitern,
aber das macht die Theorie nicht überflüssig, liefert vielmehr Aspekte für ein modifizierendes Verstehen. Polheims
Forschungsbericht überfordert mit seinem Exaktheitsan-
spruch eine Forschungspraxis, der mit naturwissenschaft-
lich-positivistischen Maßstäben nicht beizukommen ist. Die
rigorose Ablehnung erfahrungsorientierter Theorie schafft
selbst wieder nur doktrinäre Positionen.

Wenig ergiebig ist Hans Hermann Malmedes 1966 erschienene Abhandlung »Wege zur Novelle«. Kritisch und
meistens abwertend setzt er sich mit Positionen der Novellenforschung auseinander, um dann selbst die Gattung, vergleichsweise banal, durch eine »zum Aufmerken veranlas-
sende Begebenheit« (154) bestimmt zu finden. Zu fragen ist,
was dabei herauskommen soll, wenn man die Novellenforschung nicht immer wieder an den Werken selbst messen
soll, was Malmede ernsthaft fordert.

Ausgehend von gründlichen Kafka-Studien, meint Richard Thieberger, eine deutliche Trennungslinie zwischen
der alten und der neuen Novelle ziehen zu können (»Le
genre de la nouvelle dans la littérature allemande«, 1968):
»De Kleist à Jellinek, le genre évolue en ligne droite, sans
rupture ni déviation [...]. Avec Kafka, il transforme sa
structure« (22 f.). Bedenkenswert ist zunächst die zugestan-
dene Kontinuität der Gattung. Bei Kafka beginnt nach
Thieberger der Autor hinter seine Figuren zurückzutreten,
so daß jegliche Vermittlung zwischen Text und Leser ab-
reißt und der persönliche Zugang zum Erzählten verstellt
erscheint. Angesprochen ist hier vor allem die Objektivität
der novellistischen Erzählsituation, die sich in der Moderne
radikalisiert haben mag, aber prinzipiell novellistisches Erzählen charakterisiert.

Eine sehr überlegte, vermittelnde Haltung nimmt Martin

Swales ein (»The German ›Novelle‹«, 1977). Stellung nehmend zu John Ellis, der in seiner Veröffentlichung »Narration in the German Novelle« (1974) normative Orientierungen kategorisch zurückgewiesen hatte, kommt er zu der
Feststellung: »Yet one wonders if the rejection of any normative thinking is not just a little too easy« (9). In umfas-
sender Kenntnis der historischen wie normativen Annäherungen an das, was die Novelle im Kern ausmachen soll,
fährt er fort: »For this reason, the best studies of the German Novelle to date have tended to combine these two
approaches« (ebd.). Jedes Gattungskonzept bedeutet für
Swales »a resevoir of potentiality«, ein strukturierendes
Prinzip, das bestimmte Phänomene erzeugt und von den
Autoren im Hinblick auf die jeweilige historische Situation
und die spezifischen Ausdrucksabsichten modifiziert wird.

Swales, der sich sachlich und souverän von aller Gelehr-
tenpolemik fernhält, sieht den zentralen Aspekt der Novelle in dem »attempt to interpret the unusual event [. . .] in
the context of a generality of human affairs« (56). Damit
hebt auch er den aufs Allgemeine und Objektive abzielenden Gattungscharakter hervor. Zugleich betont er die der
Novelle inhärente Konfliktstruktur, wenn er sie beschreibt
als »a shock confrontation between the presuppositions of
an ordered social totality and the uncompromising unique-
ness of the event or character, with which the story is cen-
trally concerned« (213).

Wie weit ein solch flexibles und zugleich Akzente setzen-
des Gattungskonzept von starrer struktureller Fixierung
entfernt ist, kann ein Vergleich mit Henry Remaks Abhandlung »Novellistische Struktur« (1982) zeigen. François de
Bassompierres Geschichte von der schönen Krämerin (in
seinen *Mémoires contenant l'histoire de sa vie*, 1665) wird
ihm zum Modell novellistischen Erzählens, indem er dort
alle Strukturmerkmale wie unerhörte Begebenheit, Wendepunkt, Leitmotiv u. a. m. auffindet. Bassompierres Geschichte erscheint als Maßstab für die Novelle schlechthin.

→ auch u. Goethes : Unterhaltungen (überschwen.)

Anspruch auf eine mustergültige Realisierung der Gattung
kann fortan nur der erheben, der diesem Muster folgt. Insofern kritisiert Remak sowohl Goethe als auch Hofmannsthal, die den Stoff von der schönen Krämerin wiederaufge-
nommen haben, dabei aber von der vorgegebenen Struktur
allzu weit abgewichen sind. In seiner normativen Inflexibi-
lität bildet Remaks Standpunkt zweifellos eine Ausnahme.
Wenn die Kritik an normativen Konzepten Sinn macht,
dann hier, ansonsten ist es angeraten, behutsamer mit
scheinbar normativen Positionen umzugehen, insbesondere
wenn, wie in den meisten Fällen, theoretische Konzepte als
generative Möglichkeiten begriffen werden.

Das Hauptverdienst von Roger Paulins Buch »The Brief
Compass« (1985) ist der Versuch, die Novelle umfassend
aus europäischer Sicht zu betrachten, um so der Intention
novellistischen Schreibens unabhängig von nationalen Ei-
gentümlichkeiten auf die Spur zu kommen. Deutlich wird,
daß die Beliebtheit des Genres abhängt von bestimmten geschichtlichen und gesellschaftlichen Konstellationen. Die
Novelle kann wie alle anderen Gattungen auch nur als varia-
bles Muster aufgefaßt werden, wobei gerade der internatio-
nale Vergleich zeigt, wie breit das Spektrum tatsächlich ist.

Hugo Austs Realienbuch »Novelle« (1990, ²1995) entwickelt keinen eigenen theoretischen Ansatz, sondern
schließt sich Polheims Forschungsbericht an, dessen Maßstäbe bei der Beurteilung der einzelnen Konzepte Aust
ohne kritische Reflexion übernimmt. Mit Polheim teilt er
die ablehnende Haltung normativen Entwürfen gegenüber.
Dabei hätte jedoch schärfer zwischen konstanten und varia-
blen Theoriekonzepten, zwischen solchen Konzepten, die
Konstanz und Variation verbinden, und solchen, die geschichtliche Variation weitgehend ausschließen, unterschieden werden müssen, allein um zu erkennen, daß invariable
Idealtypen nur sehr selten ernsthaft verfochten werden. Gerade die sowohl individuell wie kollektiv bedingte Variation
des Typus macht auch innerhalb des Umgangs mit Gat-

tungsstrukturen einen wesentlichen Teil kreativer Gestaltung aus. Der Vorzug des Buchs liegt vor allem in den umfangreichen Novellenlisten, die die Kontinuität der Gattung bis in die unmittelbare Gegenwart hinein bezeugen.

Hannelore Schlaffers »Poetik der Novelle« (1993) konzentriert sich demgegenüber weitgehend auf die Novelle des 19. Jahrhunderts, in der sich für sie die Gattungstradition erschöpft. Maßstabsetzend ist das Novellenmuster Boccaccios, das, vielfältig abgewandelt, im Grunde nie wesentlich verändert worden sei. Mit den bekannten Strukturmerkmalen wie Rahmen, Zyklus, Falke u. a. m. operierend, sieht sie den Kern novellistischen Erzählens im unerhörten Ereignis, das für sie ausnahmslos als erotisches Faktum Gestalt gewinnt. Mit ihrer vornehmlich thematisch orientierten Gattungsbestimmung steht Hannelore Schlaffer innerhalb der Novellentheorie relativ allein. Die einseitige Bindung an das Novellenmuster Boccaccios hatte vor ihr bereits Manfred Schunicht überzeugend zurückgewiesen. Fragwürdig ist vor allem die motivliche Fixierung novellistischen Schreibens, die notwendig auf einen Schematismus hinauslaufen müßte, sofern sich die Novellisten nach ihr richteten. Die Festlegung auf Erotik als Motivkonstante verrät ein eingeengtes Beobachtungsfeld, aus dem herausragende Novellenschöpfungen herausfallen. Die Theorie bleibt hier weit hinter der Praxis zurück und greift im deutenden Umgang mit Novellen zu kurz.

Der Prozeß als kategoriale Strukturkonstante bildet meiner Auffassung nach den Kern novellistischer Gestaltung (vgl. Freund, Einleitung zu »Deutsche Novellen«, 1993). In der Novelle dominiert die Handlung über die Person, das Ganze über den einzelnen, das Objektive über das Subjektive. Der Mensch ist der Bestimmte, nicht der Bestimmende. Dort, wo er glaubt, die Richtlinien des Handelns noch in der Hand zu haben, beginnt sich das Handeln zu verselbständigen und ihn in ein Netz selbstfabrizierter Bedingungen zu verstricken.

Nach einem Vorspiel in der klassisch-idealistischen Zeit mit ihrem Vertrauen auf den letztlich siegreichen Humanisierungsprozeß und in der romantischen Phase, in der die Novelle nach vielfältigen Verwicklungen mögliche positive Entwicklungen utopisch visionär andeutet, erreicht die Gattung in der Zeit der Restauration und nach 1848 im poetischen Realismus einen Höhepunkt. Die Novelle wird zum Spiegel des gesellschaftlich-geschichtlich und existentiell bedingten Menschen. In dem Maße, wie die Zweifel an der Souveränität des Menschen wachsen, nimmt sich die Novelle seines Scheiterns an.

Die Novelle als Prozeßprotokoll menschlichen Scheiterns bestimmt bei anhaltend pessimistischer Einschätzung der Möglichkeiten persönlicher Einflußnahme und eines verändernden Eingreifens in den Lauf der Dinge die Gattungsgeschichte bis in die Gegenwart, wobei es den Anschein hat, als ob sich in der zeitgenössischen Literatur ein neuer Höhepunkt des Genres abzeichnet. Es gilt jeweils, strukturelle Konstanz mit historischer Variation zu verbinden.

4

Novellentechnik

Novellentheorie und Novelleninterpretation haben bestimmte Merkmale und Verfahrensweisen zutage gefördert, die sich zu einer Technik der Novellengestaltung zu verbinden scheinen. Sowohl auf der Produktions- wie auf der Rezeptionsebene billigt man den spezifischen gestalterischen Elementen besondere Bedeutung zu und hält ihre Beachtung beim Schreiben von novellistischen Erzähltexten wie auch bei der Deutung für unentbehrlich. Das daraus resultierende Verständnis der Gattung als Merkmalkomplex ist zwar inzwischen überholt, als hilfreich kann sich aber die Kenntnis gewisser Techniken durchaus weiterhin erweisen, sofern man deren Vorkommen nicht zum alleinigen gattungsdefinitorischen Maßstab erhebt.

Allgemein gilt, daß die meisten Novellen zweifellos bestimmte der angesprochenen Merkmale und Verfahrensweisen verarbeiten, ebenso gilt aber, daß ihr Auftauchen nicht unbedingt novellistisches Erzählen ausmacht. Im folgenden sollen die wichtigsten Strukturelemente, wie sie die Novelle im besonderen Maße aufweist, unter dem leitenden Aspekt ihrer spezifischen Aussagefähigkeit für die Gattung vorgestellt und erläutert werden.

Als geradezu prototypisch für die Novelle hat man den Rahmen angesehen. Ursprünglich aus der indischen und persischen Erzähltradition stammend, fand er über die arabischen *Erzählungen aus Tausendundeiner Nacht* Eingang in die Novellendichtung. Die Rahmenerzählung bildet eine fiktive Erzählsituation aus, in der ein oder mehrere Erzähler im Binnenteil ihre Geschichten präsentieren, gerichtet an eine fiktive Zuhörerschaft, die zugleich Adressat, Maßstab und Rezensionsinstanz ist. Niveau und Anspruch der Gesellschaft, in deren Rahmen die Geschichten erzählt werden, sind verpflichtend für den Erzähler. Im Grunde kann alles, selbst Derbes und Intimes, erzählt werden, es darf nur den guten Ton, den gebotenen Stil nicht verletzen. Der Rahmen unterstreicht besonders eindrucksvoll das integrative Moment novellistischen Erzählens, das Eingebundensein des Individuums und des Subjekts ins Kollektiv und ins Objektive.

Man unterscheidet zwischen der gerahmten Einzelerzählung und dem zyklischen Rahmen. Im ersten Fall handelt es sich häufig um eine Manuskriptfiktion, um eine angeblich wiederaufgefundene Chronik, um ein Tagebuch, einen Brief oder andere Aufzeichnungen, die, vom Erzähler zufällig entdeckt, dem Leser wegen ihres interessanten Inhalts im Binnenteil zugänglich gemacht werden. Das Erzählen erhält auf diesem Wege den Anschein des Authenti-

schen, zugleich wird der Leser zum Zeugen einer spannen-
den Enthüllung, einer bisher verborgenen Geschichte mit
dem Reiz des Neuen und Geheimnisvollen.

Distanziert in C. F. Meyers Novelle *Das Amulett* (1873)
die Rahmenfiktion den Leser vom unmittelbar Historischen, das bei Wahrung der spezifischen Atmosphäre in seinen Antrieben durchsichtig und erkennbar zu werden beginnt, so schafft der Rahmen in Storms *Der Schimmelreiter*
(1888) eine ironische Distanz zwischen dem Erzähler und
seiner Figur sowie zum Geschehen selbst.

Der zyklische Rahmen verknüpft Erzählungen unterschiedlichen Inhalts in oft abwechslungsreicher Stilvaria-
tion zu einer Einheit. Motiviert wird das Erzählen durch
eine geschichtlich oder gesellschaftlich erzwungene Situation, die es möglichst kurzweilig und unterhaltsam zu überbrücken gilt. Handelt es sich in Boccaccios *Decamerone* um
eine gesellschaftliche Gruppe, die vor der in Florenz wüten-
den Pest geflohen ist, so sind es in Goethes *Unterhaltungen deutscher Ausgewanderten* (1795) Flüchtlinge, die vor
den französischen Revolutionstruppen Zuflucht auf ihren
rechtsrheinischen Besitzungen gesucht haben.

Der besondere Reiz der Rahmenerzählung liegt in ihrer
Verknüpfung mit der Geschichte oder den Geschichten im
Binnenteil. Durch wechselnde Erzähler bzw. durch bewußt
subjektiv gewählte Erzählerrollen entsteht ein Spannungs-
verhältnis zwischen dem Erzähler und dem Erzählten, zwischen den Geschichten und der Zuhörerschaft bzw. dem
Leser, gelegentlich noch verstärkt durch reflektierende und
kommentierende Einschübe oder durch eine Infragestellung
der Erzählkompetenz durch den Erzähler selbst. Durch
ihre vielfältigen Gestaltungsvarianten ermöglicht die Rahmenfiktion eine kritische Distanzierung von dem in den
einzelnen Erzählungen dargebotenen Stofflichen, das zwar
nicht verändert oder ungeschehen gemacht werden kann, zu
dem man aber ein eigenes Verhältnis zu gewinnen vermag.
Insofern zeigt gerade die Dialektik von Rahmen- und Bin-

Objektivit. + Subjektivität

nenerzählung die Spannung zwischen dem andrängenden und überwältigenden Objektiven einerseits und dem geistig strukturierenden und reflektierenden Subjekt andererseits. ②

Spätestens seit Goethes berühmtem Ausspruch »was ist eine Novelle anders als eine sich ereignete unerhörte Begebenheit« hat man die Novelle mit dem Begriff der Begebenheit verknüpft. Überdies lieferte das Diktum die synonym gebrauchte Wendung des Ereignisses. Beide Begriffe verweisen auf wirklich Vorgefallenes, auf etwas, was einmalig und unwiederholbar zu einer bestimmten Zeit, an einem bestimmten Ort geschehen ist. Im Unterschied zum Wunderbaren des Märchens ist die Novelle vorrangig mit dem Realen befaßt, oder genauer: die novellistische Fiktion erzählt eine Begebenheit mit dem Anspruch auf Wahrheit und Wirklichkeit, wobei der Erzähler in der Regel darum bemüht ist, noch dem Merk- und geradezu Unglaubwürdigsten den Schein der Glaubwürdigkeit zu verleihen.

So beruft sich Kleist bei seiner gespenstischen Novellette *Das Bettelweib von Locarno* (1810) auf eine Erzählung Friedrich von Pfuels, nach der dessen Bruder die Geschichte wirklich erlebt haben will. Das Insistieren auf dem Tatsächlichen der Begebenheit oder des Ereignisses hat seinen Grund in der Überzeugung des Novellisten von der Determiniertheit des Menschen durch Geschehensabläufe, die außerhalb seines Einflußbereichs liegen. Betrachtet man die den Substantiven »Begebenheit« und »Ereignis« zugeordneten Verben »sich begeben« und »sich ereignen«, so fällt auf, daß es sich bei diesen sogenannten Ereignisverben um unpersönliche Verben handelt, die nicht mit einem persönlichen Subjekt gebraucht werden können. Insofern ist ein Begriff wie »Begebenheit« sprachlicher Ausdruck für das Wirken namenloser, anonymer Kräfte. Am deutlichsten unter den Novellisten hat Storm diesen Umstand gleich eingangs zu seiner Novelle *Auf dem Staatshof* (1859) hervorgehoben: »ich weiß nicht, wie es zu Ende ging und ob es eine Tat war oder nur ein Ereignis, wodurch das Ende herbeigeführt wurde«.

Ereignis und Begebenheit stehen in Opposition zur Tat, zu dem, was vom handelnden Menschen ausgeht und bewirkt wird. In der Novelle ereignet sich und begibt sich persönlich Unfaßbares und für den menschlichen Verstand nicht selten Unfaßliches. Die Novelle, so könnte man definieren, ist die für wahr vorgestellte Fiktion eines unpersönlichen wirklichen Geschehens, in das sich der einzelne verwickelt sieht. Eindrucksvoll hat Gert Hofmann in seiner Novelle *Casanova und die Figurantin* (1981) den Tod als ein solch unpersönliches, namenloses Geschehen in den Mittelpunkt gestellt, in das sich der unattraktiv gewordene einstige Frauenheld zwischen realer Todesangst und fortgesetzter Selbsttäuschung verwickelt. Eine unerhörte Begebenheit ist auch der individuelle Tod, jedes Vorstellungsvermögen übersteigend, ungeheuerlich und empörend zugleich.

»Unerhört« kann allgemeiner das Außergewöhnliche und Außerordentliche meinen, das sowohl tragisch als auch utopisch zu verstehen ist, mit der möglichen Wendung ins Katastrophale oder ins Wunderbare. Deutet Achim von Arnim in seiner Novelle *Isabella von Ägypten* (1812) in einer Schlußvision den Exodus aus den geschichtlichen Zwängen ins Land der Freiheit an, so nimmt in Kellers *Romeo und Julia auf dem Dorfe* (1856) die Liebe von Vrenchen und Sali im selbstgewählten Tod ihre schlimmstmögliche Wendung. Die Novelle führt den Menschen in extremen Situationen seines Daseins vor, auf dem Höhenweg zur Erfüllung, meistens aber auf dem abschüssigen Weg in den Abgrund. In der unerhörten Begebenheit offenbart sich im exponierten Einzelfall das äußerste, was dem einzelnen widerfahren kann.

Die hohen Gestaltungsansprüche an die Novelle – Konzentration und Objektivierung – legen eine symbolisch dichte Darstellungweise nahe. Folgenreich hat insbesondere Paul Heyse in Anlehnung an Boccaccios Falkennovelle (*Decamerone* I,9) von jeder Novelle einen Falken gefordert, d. h. ein Requisit oder bestimmtes Motiv, das an Gelenkstellen der Handlung immer wieder aufgenommen

wird und in dem sich der zentrale Konflikt spiegelt. Der
Falke hat demnach sowohl strukturierende als auch inter-
pretierende Bedeutung. Er offenbart in sinnlicher Erscheinung den wesenhaften Sinn und objektiviert das subjektiv
sich Ereignende zu allgemeiner Bedeutung. Alles andere als
ein nur ornamentales Zeichen, signalisiert der Falke den jeweiligen novellistischen Problemkern.

Nahezu synonym neben der Heyseschen Bezeichnung,
sie mehr und mehr verdrängend, werden die Begriffe Leitmotiv und Dingsymbol verwendet. Mit beiden ist indes
das gemeint, was auch Heyse vorschwebte. Wenn Storm
den Heyseschen Falken ruhig fliegen lassen wollte und
Schunicht ihn längst am Wendepunkt sieht, so läßt sich dennoch nicht leugnen, daß eine ganze Reihe von Novellen,
unter ihnen durchaus einige der gelungensten, einen bestimmten Gegenstand bzw. ein bestimmtes Motiv aufwei-
sen, das als Struktur- und Sinnträger zugleich fungiert.

Eines der immer wieder zitierten Beispiele sind die berühmten Rappen in Kleists *Michael Kohlhaas* (1810), an deren Erscheinungsbild der jeweilige Rechtszustand ablesbar
ist. In E. T. A. Hoffmanns *Der Sandmann* (1816) sind es die
natürlichen Augen bzw. das künstliche Auge des Okulars,
in denen sich die Angst vor dem Verlust der Orientierung
bzw. der tatsächlich erlittene Orientierungsverlust, die De-
formation der Wahrnehmung spiegelt. Für den Redakteur
des Cottaschen »Morgenblatts« Hermann Hauff war das
symbolische Zeichen der Judenbuche offenbar so wichtig,
daß er es zum Titel der 1842 dort erstmals abgedruckten
Novelle von Annette von Droste-Hülshoff wählte. Immer
dort tritt der fatale Baum in Erscheinung, wo der Weg des
einzelnen steil in den Abgrund führt.

Noch bis in die Gegenwart hinein ist das symbolische
Zeichen, das Leitmotiv, wirksam, novellistisches Geschehen
zu strukturieren und zu kommentieren. In Hartmut Langes
Das Konzert (1986) scheitert der junge geniale Pianist, der
der Judenverfolgung durch die Nazis zum Opfer gefallen

war, phantastischerweise noch nach seinem gewaltsamen
Tod an der E-Dur Sonate Beethovens, an der Schlußpas-
sage, die, alle Konflikte lösend, die Opfer und die Täter
wieder miteinander versöhnen könnte. Aber im wiederholten Scheitern des Pianisten kommt die anhaltende Krise
zum Ausdruck, die Einsicht, daß die Zeit noch nicht reif ist
für Versöhnung und Harmonie. Zurück bleibt, gerade im
musikalischen Leitmotiv versinnbildlicht, der ungelöste
zentrale Konflikt der Novelle. Im Kern handelt es sich beim
novellistischen Leitmotiv um ein didaktisches Medium mit
dem Ziel, ein fundamentales Problem menschlicher Existenz zu veranschaulichen und zu übermitteln, um seine
Lösung dringlich und unausweichlich zu machen.

August Wilhelm Schlegel, der die Novelle auf Grund ihrer objektiven Darbietungsweise in enger Nachbarschaft
zum Drama sah, entwickelte parallel zum Begriff der dramatischen Peripetie den Wendepunkt als wichtiges Merk-
mal der novellistischen Handlungsstruktur. Wie im Drama
so ist auch in der Novelle damit jener Punkt bezeichnet,
von dem aus sich die Handlung zum Guten oder zum
Schlimmen, zur Katastrophe oder zur Lösung wenden
kann. Entscheidend ist, daß eine solche Wendung ohne di-
rekte menschliche Intervention geschieht. Insofern unterstreicht gerade dieses Strukturmerkmal erneut den Vorrang
des Geschehens vor dem Menschen, dem die Handlungsfreiheit entzogen scheint. Allerdings ist der einzelne nicht
schuldlos an dem plötzlich über ihn hereinbrechenden Verhängnis. Dies gilt ebenso in den Fällen, wo eine positive
Wende eintritt, die, genau betrachtet, ihren Ursprung in einem inneren Wandel der zentralen Figur hat.

In der frühen Novelle *Der blonde Eckbert* (1797) von
Ludwig Tieck wendet sich nach der Jugendgeschichte Berthas die idyllisch befriedete Szene plötzlich und scheinbar
unbegreiflich ins Grausig-Phantastische. Die Ereignisse
überschlagen sich und reißen Eckbert mit seiner Frau in den
Untergang. Überhaupt scheint in der phantastischen No-

velle mit ihrer Wendung der Idylle ins Grauen, der Ordnung ins Chaos, der Wendepunkt von besonderer struktureller Bedeutung zu sein. Dies gilt auch für Gotthelfs *Die schwarze Spinne* (1842). Nachdem sich die Menschen in ihrer Not mit dem Teufel eingelassen haben, schlägt das Geschehen ins Destruktive und Dämonische um. Das Ende jedoch steht nach Einsicht und Umkehr im Zeichen des Friedens und der sittlichen Stabilität.

Plötzliche, aber keineswegs unvorbereitete, jeweils deutlich markierte Wendepunkte bestimmen in vielen herausragenden Gattungsbeispielen die novellistische Handlungsführung und lassen den Menschen im Negativen wie im Positiven als verantwortlich erscheinen für das, was geschieht, ohne daß er selbst einen unmittelbaren Einfluß auf die Folgen seines Handelns hat. Am Wendepunkt beginnt sich das Geschehen regelmäßig zu verselbständigen und auf das unerhörte Ereignis zuzutreiben.

Am undeutlichsten ist der von Heyse ins Spiel gebrachte Begriff der Silhouette. In der bildenden Kunst ist damit der Schattenriß gemeint, der eine Figur oder einen Gegenstand als Schatten wiedergibt, aber so, daß die jeweiligen individuellen Konturen unverkennbar sind. Heyse selbst bringt die Silhouette mit dem zentralen novellistischen Motiv in Verbindung, das jedes einzelne Stück unverwechselbar macht. Unverwechselbar einmalig ist aber nur die Novelle, deren spezifischer Inhalt sich in wenigen Worten zusammenfassen läßt, ohne daß Wesentliches verlorengeht.

Als Probe aufs Exempel gibt Heyse einen Grundriß von Boccaccios Falkennovelle. Sieht man aber genauer hin, so handelt es sich hier nicht allein um das zentrale Motiv, sondern darüber hinaus um die novellistische Fabel. Klar treten neben den Figurenkonstellationen die Handlungsverknüpfungen sowie die Ziele und Folgen des Handelns hervor. Während das Motiv kaum als spezifische Kontur aufgefaßt werden kann, da es eine Fülle von Realisierungsvarianten zuläßt, sofern es sich als wirklich motivierend erweist, ver-

knüpft die Fabel die Figuren und die einzelnen Handlungs-
stränge in der Tat zu einer so kaum wiederholbaren Einheit.

Mit der Silhouette scheint also in erster Linie die Fabel gemeint, die sich, ähnlich wie das Schattenbild zum abgebildeten
Gegenstand, wie eine Art Matrix zur ausgestalteten Novelle
verhält. Das Silhouettieren der spezifischen novellistischen
Konturen dient dem Autor als produktiver Gestaltungsent-
wurf, den Leser kann es dazu befähigen, den Kern der novellistischen Aussage zu erfassen, ohne sich im Detail zu verlieren.
Die Silhouette versetzt den Interpreten in den Stand, den
schöpferischen Prozeß von der Ausarbeitung zum Entwurf
zurückzuverfolgen und die Prägnanz der Aussage sowie die
Stringenz der Gestaltung zu erkennen. Heyses Begriff hebt
vor allem die dem novellistischen Erzählen eigentümliche Reduktion aufs Wesentliche hervor, indem er einen Weg weist,
die ökonomische Anlage der Novelle, die alles Überflüssige
ausscheidende Ausarbeitung des Entwurfs zu überprüfen und
die eigene Lesart wirkungsvoll zu kontrollieren.

Gerade im Vergleich motivverwandter Novellen kann der
beschriebene Ansatz fruchtbar gemacht werden. Silhouet-
tiert man nebeneinander Storms *Immensee* (1850) und
Christoph Heins *Drachenblut* (1982), so gelangt man im ersten Fall zu folgender Fabel:

> Eine Frau und ein Mann begegnen sich. Während sie sich
> innerlich nahe kommen, bleibt ihnen die körperliche Er-
> füllung verwehrt. Ihre Liebe und sie selbst scheitern an
> der Gesellschaft.

Im zweiten Fall könnte die Fabel lauten:

> Eine Frau und ein Mann begegnen sich. Sie kommen sich
> körperlich nahe, innerlich bleiben sie aber Fremde fürein-
> ander. Beide scheitern mit ihrer Liebe an sich selbst.

Streng ist die jeweilige Darstellung auf die sich in der Fabel
deutlich abzeichnende Aussageintention abgestimmt: das
kollektiv bzw. individuell bedingte Scheitern einer mögli-

chen Liebesbeziehung, ein Scheitern, in dem sich für das
19. Jahrhundert bzw. für die Gegenwart repräsentative zeit-
geschichtliche Konstellationen spiegeln. In der jeweiligen
Silhouette zeichnen sich die unverwechselbaren historischen
Konturen der Novellen ab.

5

Novellentypologie

Wie insbesondere die Märchen- und die Balladenforschung,
so hat auch die Novellenforschung eine differenzierte Typologie ausgebildet, was mit der Beliebtheit der jeweiligen Genres zusammenhängen mag. Gerade die populären
Erzählformen zeigen in der Stoffwahl, in der Form und in
der Aussageweise ein vergleichsweise breites Spektrum vor,
das bei genauerer Betrachtung auch etwas darüber aus-
sagen kann, welche Themen bevorzugt behandelt und wie
wiederkehrende menschliche Erfahrungen ästhetisch verarbeitet worden sind und sich zu einem literarischen Orien-
tierungsmuster verdichtet haben. Entscheidend für die Gat-
tungsstruktur ist dabei vor allem die thematische Perspek-
tivierung, die gewählte Sichtweise, in der das Thema
erscheint. Auf jeden Fall kann eine novellentypologische
Betrachtung zusätzliche Erkenntnisse über die jeweilige
Gattung erbringen.

Das stoffliche Spektrum der Novelle, so wie es sich in
vorliegenden Klassifikationsmodellen abzeichnet, weist vor
allem die objektiven, dem Subjekt entgegentretenden Daseinsmächte bzw. die bedingenden Kräfte der individuellen
Existenz selbst als thematische Schwerpunkte auf.

In der Gesellschaftsnovelle Boccaccios, die bei Goethe

und Wieland Nachbildungen erfahren hat, sind es die gesellschaftlichen Erwartungsmuster, die das Verhalten des einzelnen und der wechselnden Erzähler bestimmen. Das geregelte gesellige Miteinander, die geltenden Konventionen, bilden die Grenzen, in denen sich das Subjekt bewegt. In Deutschland prägte dieser novellistische Typus keine Tradition aus, da eine homogen urbane Gesellschaft als Bezugsrahmen weitgehend fehlte.

Größere Bedeutung erlangten die Novellen, in denen der einzelne in Widerspruch zu den geltenden gesellschaftlichen Bedingungen gerät und scheitert oder sich anpaßt. Verkümmert Christian Wolf in Schillers *Der Verbrecher aus verlorener Ehre* (1786) unter dem Druck einer gnadenlosen Gesellschaft, so bleibt Wenzel Strapinski in Kellers *Kleider machen Leute* (1856) der drohende Untergang nur deshalb erspart, weil er sich am Ende den gesellschaftlichen Bedingungen unterwirft. Häufig schildert die sozialkritische Novelle die Selbstaufgabe des Individuums und vertieft so das romanische Muster um eine tragische Dimension.

Wie die gesellschaftliche, so nahm auch die erotische Novelle ihren Ausgang von Boccaccios *Decamerone*. Doch die Darstellung des oft freizügigen Liebesgeschehens fand in Deutschland kaum Nachahmer. Allzu starr und sittenstreng waren hier die Normen, ernst und frei vom bloß Spielerischen die Gefühle, die man mit der Liebe verband. Wo die Liebe zwei Menschen wie in Kellers *Romeo und Julia auf dem Dorfe* (1855) schicksalhaft miteinander verbindet oder mit der Liebe des anderen gespielt wird, wie in Stifters *Brigitta* (1843), entstehen Katastrophen und schwere persönliche Krisen. Die problemlos sinnenfrohe erotische Novelle Boccaccios wandelt sich innerhalb der deutschen Adaption des Genres zur tragischen Liebesnovelle, in der die Liebe als eine den einzelnen bis in den Untergang hinein bindende Macht erlebt und erlitten wird.

In letzter Konsequenz grenzt die Liebes- an die Schicksalsnovelle, ein Typus, der der novellistischen Erzählintention, den Vorrang des Geschehens vor dem Menschen herauszustellen, im besonderen Maß entgegenkommt. Schicksalhaft ist die fundamentale Erfahrung, Kräften und Entwicklungen ausgeliefert zu sein, denen der einzelne nicht beizukommen vermag. So sieht er sich immer wieder ohnmächtig dem Tod gegenüber, ein novellistisches Thema par excellence, das sich durch die Geschichte der Gattung von Brentanos *Geschichte vom braven Kasperl und dem schönen Annerl* (1817) über Raabes *Else von der Tanne* (1864) und Thomas Manns *Der Tod in Venedig* (1913) bis hin zu Hürlimanns *Das Gartenhaus* (1989) zieht. Vor keiner anderen Macht der Erde ist der Mensch so ohnmächtig wie vor dem Tod, daher steht er immer wieder im Zentrum novellistischen Erzählens. Daneben hat insbesondere Gerhart Hauptmann in seinem *Bahnwärter Thiel* (1888) auf die Natur des Menschen als sein unausweichliches Schicksal verwiesen.

Eine große Anziehungskraft auf die Novellisten hat von jeher die Geschichte ausgeübt. Gerade im geschichtlichen Geschehen begegnet die Dialektik von menschlichem Handeln und den sich verselbständigenden Handlungsfolgen. Aus der Sicht der Ohnmächtigen und der Opfer erscheint Geschichte als ein schicksalhafter, unkontrollierbarer Prozeß. Insbesondere C. F. Meyer ist mit historischen Novellen hervorgetreten. In *Der Heilige* (1879) unterliegt die ursprüngliche Menschenliebe Thomas Beckets am Ende dem Egoismus und der Brutalität des handlungsmächtigen Königs. Güte und Sanftmut verkehren sich zwanghaft in Haß und Rachsucht. Im verborgenen bleibt die Liebe Auguste Leubelfings zum Schwedenkönig Gustav Adolf, dessen strenge sittliche Ideale ihm zum Verhängnis werden (*Gustav Adolfs Page*, 1882). Mit dem König und der als Page getarnten jungen Frau gehen Tugend und Liebe unter in den Wirren einer unberechenbaren, unbekümmert über den einzelnen hinwegschreitenden Geschichte.

Einen Sonderfall stellen Wilhelm Heinrich Riehls kultur-

geschichtliche Novellen dar. Riehl setzt die Geschichts-
novelle als didaktisches Medium ein, bürgerliche Kultur-
historie zu schildern. Dabei sieht sich der einzelne jeweils
integriert in bestimmte kulturgeschichtliche Prozesse.

Innerhalb einer möglichen Typologie der Novelle stellen
die Subgenres der Kriminalnovelle und der phantastischen
Novelle insofern Übergangserscheinungen dar, als in der
jeweils gewählten Thematik bereits strukturelle Impulse
wirksam sind. Sowohl der Kriminalfall als auch der des-
organisierende Einbruch phantastisch-rätselhafter Kräfte in
eine bis dahin geordnete Welt lassen sich im Sinne des traditionellen Novellenverständnisses als unerhörte Begebenheiten beschreiben, die in beiden Fällen auf die Ungesichertheit
und Brüchigkeit menschlicher Verhältnisse verweisen. Setzt
das Verbrechen einen Aufklärungsprozeß in Gang, der wie
in E. T. A. Hoffmanns *Das Fräulein von Scuderi* (1817) oder
in Fontanes *Unterm Birnbaum* (1885) letztlich zum Erfolg
führt, wenn auch meistens nicht durch systematische Re-
cherchen, sondern eher zufällig, so hinterläßt der Einbruch
des Phantastischen den Eindruck einer chaotischen Wirklichkeit, der man wie in Eichendorffs *Das Marmorbild*
(1819) mit Ausgrenzung und Verdrängung des Irritierenden
oder mit dem Vertrauen auf die selbstzerstörerischen Kräfte
des Dämonischen wie in Hoffmanns *Das Majorat* (1817)
begegnet. Ungebrochen bleibt demgegenüber die phantastische Bedrohung in einigen moderneren Novellen bestehen.
Besonders eindrucksvoll in Willy Seidels *Das älteste Ding
der Welt* (1923), wo der Dämon kriegerischer Aggression
weiterhin im Untergrund wirkt.

Neben dem Stofflich-Thematischen ist es vor allem die
Formentscheidung, die zur Etablierung spezifischer Novellentypen geführt hat. Oft rückt der Novellist historische
Stoffe in die authentische Perspektive eines fingierten Chronisten, dem dann aus Gründen der Glaubwürdigkeit die Er-
zählerrolle abgetreten wird. Ein spektakuläres Beispiel ist
der von Wilhelm Meinhold ursprünglich als Novelle konzi-

pierte Roman *Die Bernsteinhexe* (1843), der im Rahmen einer typischen Manuskriptfiktion die Geschichte eines Hexenprozesses aus dem 17. Jahrhundert aus der Sicht eines zeitgenössischen Pfarrers in barocker Sprache erzählt. Charakteristisch für die Chroniknovelle sind der Eindruck der Unmittelbarkeit und die durch den archaischen Sprachgebrauch suggerierte Zeitnähe.

Verbreiteter ist, nicht zuletzt bedingt durch das Vorbild Boccaccios, die Rahmennovelle, die ihren Reiz vor allem in der Brechung von subjektiver Rahmenerzählung und objektivem Binnengeschehen hat. In Kellers *Das Sinngedicht* (1881) führen die einzelnen Binnengeschichten das erlebende Ich letztlich zur Einsicht in die Unzulänglichkeit eines bloß individuell begründeten Lebensentwurfs. Akzentuiert das Chronikalische vor allem die Fiktion des Wahren und Authentischen, so der Rahmen die Integration des Subjekts in den jeweiligen objektiven Kontext. Beide Typen verwirklichen auf ihre Weise spezifische novellistische Intentionen.

Nur noch von historischer Bedeutung ist die Form der Versnovelle, die bereits im 19. Jahrhundert obsolet zu werden begann. Nach Vorstufen im Mittelalter bei Hartmann und Wernher wurde sie vor allem von Lenau, Droste-Hülshoff, Heyse und Scheffel gepflegt. Lenaus *Don Juan* (1844) ist ein Getriebener seiner eigenen Sehnsucht nach vollkommener Liebe. Seine immer wieder ins Unglück führende Obsession von unerfüllbaren Idealen läßt ihn schließlich den Tod suchen. Der an sich selbst scheiternde einzelne, der den Blick für das Reale verloren hat, ist ein typisches novellistisches Thema, das gerade in der Versgestalt einen hohen Grad von Objektivierung erreicht. Überhaupt scheint die gelegentliche Wahl des Verses für novellistisches Erzählen in dem die Gattung konstituierenden Streben nach Objektivität der Aussage begründet zu sein.

Nach dem Stoff und der Form ist es die Aussageweise, die eine Klassifizierung bestimmter Novellentypen nahelegt. Es lassen sich Novellen mit einem tragischen und einem versöhnlichen Ausgang unterscheiden. Dabei ist die versöhnlich endende Novelle vergleichsweise selten, da das novellistische Weltbild eher pessimistisch getönt ist, bestimmt von der Gewißheit der Überwältigung des einzelnen durch ein übermächtiges Geschehen bzw. durch die katastrophalen Folgen einer nicht durchschauten eigenen Bornierung. Goethes Vertrauen in die am Ende siegreiche Humanität, dargestellt in seiner Musternovelle, wird nach ihm nur noch gelegentlich wieder thematisiert. So endet Storms Novelle *Die Söhne des Senators* (1880) nach der einsichtsvollen Umkehr des Verstockten mit einer ungetrübten Versöhnung der verfeindeten Brüder. Storm ist es aber auch, der in *Zur Chronik von Grieshuus* (1884) das gleiche Motiv tragisch zuspitzt, indem er brutales Machtverhalten in Gewalt und Brudermord münden läßt. Ähnlich wird auch in Otto Ludwigs novellistischem Roman *Zwischen Himmel und Erde* (1856) das Motiv der verfeindeten Brüder tragisch behandelt. Die Dominanz der tragischen Novelle – nicht von ungefähr nennt Karl Emil Franzos seine Sammlung *Tragische Novellen* (1886) – ist Ausdruck einer zunehmend pessimistischen Weltsicht, in der das Personale immer mehr vom Anonymen aufgesogen wird.

6

Novellenmuster

Gattungsgeschichten nehmen ihren Ausgang oft von einer in den Rang des Mustergültigen erhobenen Urform. Durch die Bindung an den Idealtyp entwickeln sich Erwartungsmuster und gewisse Merkmalraster mit häufig definitorischem Anspruch. Während sich die Autoren in den wechselnden geschichtlichen Phasen gar nicht oder nur sehr bedingt an solchen Rastern und idealtypischen Setzungen orientieren, spielen sie im Vorgang wiedererkennenden Lesens und im Zuge wissenschaftlich systematisierender und interpretierender Erfassung eine ungleich größere Rolle. Auf jeden Fall aber ist die Kenntnis des Musters, sofern ein solches benennbar ist, hilfreich, um Annäherungen bzw. Abweichungen konstatieren und imitative von produktiven Adaptionen unterscheiden zu können. Wirklich produktive Adaptionen sind in der Regel das Ergebnis der Auseinandersetzung mit dem Normativen und seiner individuellen Modellierung.

Die Existenz von Urformen und Idealtypen wirft aber zugleich die Frage nach anderen, durch die einmalige Setzung unterdrückten Ausprägungen vergleichbarer möglicher Muster auf. Dabei kann der bisher maßstabsetzende Typus durchaus relativiert werden. Gelegentlich zeichnen sich auch nationale Sonderwege ab, die zur Erkenntnis der Komplexität der jeweiligen Gattung beitragen können. Gerade dann stellt sich aber das Problem des Verbindlichen und Verwandten. Der kritische Vergleich zwischen dem als kanonisch und dem als nichtkanonisch Empfundenen kann dabei zu einem vertieften Gattungsverständnis führen.

Die Novelle ist für Überlegungen dieser Art ein nahezu idealer Anwendungsfall. Zum einen existiert ein als Muster angenommener Idealtyp, zum andern gibt es daneben konkurrierende, aber nicht kanonisierte Ausprägungen innerhalb der deutschen Literatur. Gilt Boccaccios *Decamerone* vielen immer noch als die unbestrittene Urform, so sind die Hinweise auf eine deutsche, ins Mittelalter zurückweisende Variante novellistischen Erzählens eher marginal geblieben. Gewiß ist, daß zwischen beiden Erzähltypen keine unmittelbare Verbindung besteht, was jedoch einen im Kern verwandten Erzählduktus nicht unbedingt ausschließt.

Boccaccios *Decamerone* hat sowohl thematisch wie for

mal Akzente gesetzt. All seine Geschichten kreisen um die
Liebe, um Erfüllung oder Enttäuschung, manchmal derb
schwankhaft, manchmal fein und galant, komisch und
tragisch, aber niemals geschmacklos. Den Kern bildet die
Sinnenfreude, Ausdruck renaissancehafter Lebenslust, der
Bejahung des Diesseits, das man ohne Vorbehalte genießt.
Alles aber bleibt stets gebunden an die feine, stilvolle Le-
bensart, so wie sie sich im Rahmengeschehen im Kreis junger, wohlerzogener Adliger entfaltet. Stil und Genuß bilden
ein Lebensmuster aus, in dem die Form dem Stoff das Vul-
gäre und Obszöne nimmt und der Stoff die Form vor dem
bloß Sterilen und Artifiziellen bewahrt. Jede erotische Le-
bensäußerung ist aufgehoben in der über alle Gemeinheit
erhabenen Erzählsituation des Rahmens.

Düster kontrastiert mit der Sinnlichkeit und Geist vereinenden humanen Existenzweise die in Florenz wütende
Pestepidemie, vor der man geflohen ist. Boccaccios Novellistik läßt zwischen dem memento mori und dem carpe diem
die Polarität diesseitigen Daseins ahnen, dessen Lebenslust
sich stets schon in der Nachbarschaft des Todes ereignet.
Weder die erotische Liebe noch die kunstvolle Rahmenfü-
gung machen Boccaccios *Decamerone* aber zu einem großen Novellenwerk, auch wenn gerade diese thematischen
und formalen Ausprägungen als mustergültig angesehen
worden sind. Novellistisch ist vor allem das Eingebundensein des Menschen in die schwankende Welt von Amor und
Fortuna, eine Welt, in der die Personen nicht um ihrer
selbst willen da sind, sondern die Aufgabe haben, die Begebenheiten zu verursachen, den großen Reigen des Lebens,
die commedia umana zu inszenieren.

Unmittelbar angeregt von Boccaccios *Decamerone* ist das
zwischen 1542 und 1549 entstandene *Heptaméron* der Mar-
guerite d'Angoulême, Königin von Navarra. Vergleichbar
mit dem italienischen Vorbild, wird eine durch Not erzwungene gesellige Erzählsituation fingiert. Der Pestepidemie dort entspricht hier, weit banaler, ein Unwetter, durch

das die Gesellschaft in einem Kloster festgehalten wird; ein tragisch grundierender Kontrast kommt auf diesem Wege kaum zustande. Dafür gibt der Erzählort den Geschichten einen sittlich kommentierenden Rahmen. Auch hier steht die Liebe im Zentrum der Geschichten, aber die naive erotische Sinnenfreude scheint jeweils gebrochen in der abschließenden kritischen Beurteilung des Erzählten. Als Ideal zeichnet sich die platonische Liebe ab, nicht zuletzt vertreten durch die Figur der Parlamente, in der sich die Autorin selbst spiegelt. Die geistige Liebe allein vermag den Menschen freizumachen, während die sinnliche den einzelnen in Fesseln schlägt und sein eigentliches Wesen unterdrückt. Anders als Boccaccio will die französische Erzählerin in erster Linie nicht unterhalten, sondern belehren. Die oft freizügigen Darstellungen sollen den Leser nicht erfreuen, sondern eher abschrecken, zumindest aber ins Nachdenken bringen über seine geistig-sittliche Bestimmung.

Die 1613 veröffentlichten *Novelas ejemplares* von Miguel de Cervantes verfolgen ebenfalls didaktische Ziele, allerdings ist das »ejemplo«, die nützliche Lehre, keineswegs länger nur auf den Bereich der Liebe beschränkt. Mit dem Verzicht auf den Rahmen wie überhaupt auf ein umfassendes kompositorisches Konzept wird die prinzipielle Entbehrlichkeit struktureller Mittel dieser Art für die Novellengestaltung deutlich.

Relativ eng an das italienische Muster angelehnt ist die erste Gruppe der um Liebe und Glück kreisenden Geschichten. Erzählt werden Verwicklungen, die sich jeweils durch eine unerhörte Begebenheit, durch einen »caso portentoso«, auflösen und zum Guten wenden. Das novellistische Geschehen erfüllt sich im Walten einer poetischen Gerechtigkeit mit dem Ziel, die durch menschliches Handeln angerichteten Verwirrungen wieder aus der Welt zu schaffen.

In einer zweiten Gruppe entwirft Cervantes satirische Bilder einer Welt, in der es sittlich durchaus fragwürdig und korrupt zugeht, in der allein Tugend und Verstand den

rechten Weg weisen können. Aber solche Einsichten werden
groteskerweise nicht von Menschen geäußert, sondern von
zwei redenden Hunden, eine Wendung, die die skeptische
Beurteilung der Welt und ihres Treibens nachhaltig unterstreicht. Nicht länger gestaltet die Novelle das bunte, sinnenfrohe Welttheater des Lebens, sondern einen kritischen
Sittenspiegel. Die Autorin des *Heptaméron* ebenso wie Cervantes setzen die Novelle als literarische Gesellschaftskritik
ein und gewinnen der Gattung so eine wichtige, in die Zukunft weisende Dimension hinzu.

Stets scheint der einzelne gebunden an die Bedingungen
seines Daseins mit seiner immer schon an den Tod grenzen-
den Lebenslust, seinen sittlichen Unzulänglichkeiten und
seiner Unvollkommenheit. Gerade Boccaccio und Cervantes relativieren die Größe des Menschen, indem sie ihn seine
Bedingtheiten erleben lassen, der eine mehr in urban aus-
gleichender Erzählhaltung, der andere mit der skeptisch
resignierenden Geste des Weltweisen. In der romanischen
Renaissancenovelle ergreift der Mensch das sich ihm er-
schließende Diesseits und erfährt zugleich sein Eingeschlos-
sensein in dessen Bedingungen. Die Novelle als literarische
Ausdrucksform des sich etablierenden säkularen Bewußtseins hat damit ihren Anfang genommen.

Von den Verwicklungen und der Begrenztheit des Menschen, von unerhörten Begebenheiten und überraschenden
Wendungen erzählen auch kürzere epische Texte aus der
mittelalterlichen und spätmittelalterlichen Literatur, ohne
daß sie allerdings Einfluß genommen hätten auf die neuzeit-
liche Gattungsentwicklung.

In Hartmann von Aues wahrscheinlich um 1195 entstan-
denem *Armen Heinrich* erkrankt ein Ritter plötzlich an einem rätselhaften Aussatz, der nur durch das Blut einer freiwillig sich opfernden Jungfrau zu heilen ist. Erst, als er das
Mädchen, das sich für ihn opfern will, auf dem Tisch liegen
sieht, erkennt er, daß er sich nicht an die Menschen, sondern
an Gott um Heilung wenden soll. Er begreift seine Krank-

heit als Folge seiner Verfallenheit an die Welt und wird ge-
sund. In der Ehe mit dem Mädchen lebt er fortan in der
Welt, aber in Achtung vor dem göttlichen Gesetz.

Die klar strukturierte Handlung mit ihrem Ausgang von
einer Konflikterfahrung, dem unerhörten, bevorstehenden
Opfertod und der plötzlichen Wende erfüllt im Grunde alle
wichtigen strukturellen Bedingungen novellistischen Erzählens. Novellistisch ist auch die Unterwerfung des einzelnen
unter das über ihn Verhängte. Was aber Hartmanns Verserzählung von den meisten modernen Novellen unterscheidet, ist ihre legendenhafte Pointierung, das vollkommene
Aufgehobensein des Menschen in der Gnade eines personalen Gottes. Anders als die Legende setzt die Novelle den
Menschen in aller Regel ganz und gar irdischen Mächten
aus, die ihn ergreifen und vorantreiben, ohne daß er sie immer deutlich zu benennen vermöchte.

Die anonym erschienene Verserzählung *Moriz von Craûn*
vom Anfang des 13. Jahrhunderts erzählt von einer mit
schwankhaften Zügen durchsetzten erotischen Begebenheit,
in der ein Ritter eine Dame, die ihm den versprochenen Lohn
für einen Turniersieg vorenthält, zur Strafe zum Beischlaf
zwingt, um sie darauf auf Nimmerwiedersehn zu verlassen.
Der Einbruch ungezügelter sinnlicher Wirklichkeit in eine
stilisierte und kodifizierte höfische Welt ist in der Tat eine
unerhörte Begebenheit, die bereits auf die Renaissancenovelle vorausweist. Sowohl der leidenschaftliche Ritter als
auch die ihm nachtrauernde Dame zeigen sich von einer
Macht ergriffen, die sie fast willenlos über die Grenzen des
sittlich Gebotenen hinausträgt. In dem Grade, wie mit ihnen
etwas geschieht, sind sie echte Novellenfiguren.

Die Verserzählung *Meier Helmbrecht* von Wernher dem
Gartenaere schließlich, entstanden in der zweiten Hälfte des
13. Jahrhunderts, zeigt bereits Züge der Kriminalnovelle.
Schwerer Raub, Mord und Totschlag bilden den verbrecherischen Kasus und liefern den Verbrecher in einer überraschenden Wende dem Gericht und der verdienten Strafe aus, die der

Räuber und Mörder wie gelähmt hinnehmen muß. Der eigentliche Konflikt aber, die alle Standesgrenzen mißachtende Hybris des Bauernsohns, der Ritter sein möchte, ist noch ganz und gar dem mittelalterlichen Glauben an eine göttlich gestiftete Gesellschaftsordnung verpflichtet und der mehr innerweltlichen, realen Konflikterfahrung der Novelle eher fremd.

Offenbar entsprachen die meisten kürzeren Verserzählungen aus dem betrachteten Zeitraum bei allen zugestandenen novellistischen Erzählansätzen nicht dem vordringenden säkularen und realitätsorientierten Gattungsverständnis und kamen daher als Muster nicht in Frage. *Moriz von Craûn*, der der modernen Novelle vielleicht schon am nächsten steht, blieb wohl allzu sehr hinter der literarischen Qualität des *Decamerone* zurück, als daß man von ihm Notiz genommen hätte.

7

Novellenmärchen – Märchennovelle

Der Tendenz der Romantiker, Gattungen zu mischen, kam gerade die Novelle mit ihren unerhörten Begebenheiten und vor allem mit ihren überraschenden Wendungen in der Handlungsführung entgegen. Der Punkt, an dem die Verwicklungen in der Wirklichkeit, nach Auflösung drängend, eine andere Richtung nahmen, markierte häufig den Umschlag ins Utopische und Wunderbare. Damit waren aber auch die Grenzen der an die reale Welt gebundenen Novelle überschritten. Es entstanden die für die Romantik mit ihrer Forderung nach einer »progressiven Universalpoesie« charakteristischen Mischformen, in denen sich die Öffnung der endlichen Welt zum Unendlichen artikulierte.

Novelle und Märchen sind vor allem unterschieden nach
den Welten, in denen sie spielen. Bindet die Novelle den
Menschen an die realen Bedingungen seines Daseins, so befreit ihn das Märchen vom Druck des bloß Wirklichen.
Scheitert der Glückssucher in der Novelle meistens an dem,
was ist, so ereignet sich für den Glückspilz im Märchen stets
das, was sein soll. Wo der einzelne in der Novelle gelegentlich sein Glück findet, geschieht es durch eine positive realistische Wende wie beispielsweise durch die glückliche Wiederbegegnung der Liebenden in Storms *Pole Poppenspäler*
(1874). Im Märchen entspringt das Glück in aller Regel aus
dem Wunderbaren. Die Wirklichkeit der Novelle schließt
das Wunderbare aus, im Märchen dagegen ist das Wunderbare das eigentlich Wirkliche.

Wo sich beide Stile mischen, entsteht eine Spannung zwischen Wirklichkeit und Möglichkeit, zwischen der Gewißheit des verlorenen Paradieses und der Sehnsucht nach seiner
Wiedererlangung. Ein klassisches Beispiel stellt Fouqués
Undine (1811) dar. Getrennt durch einen Zauberwald ist das
Leben auf der Seespitze vom Treiben in der Stadt. In der
Märchenwelt einer naiven Harmonie von Natur und Mensch
erfüllt sich die Liebe Undines und des Ritters. Der Ritter, aus
der Geschichts- und Gesellschaftswelt herausgetreten, wird
wieder eins mit dem naturhaft Ursprünglichen, und Undine,
auftauchend vom Grund unbewußter Natur, wird sich in der
Liebe ihres tiefsten Wesens bewußt. Märchenhaft, jenseits
der realen Gesellschaft und Geschichte, ereignet sich der
vollkommene Einklang von Natur und Mensch.

Der Einzug in die Reichsstadt bedeutet die Wende vom
Wunderbaren zum Wirklichen, vom Märchen zur Novelle.
Was sich in der Natur harmonisch erfüllte, ist hier, den rea-
len Machenschaften ausgesetzt, zum Scheitern verurteilt.
Am Ende ist das Glück des Einklangs von Undine und dem
Ritter, von Natur und Mensch, zerstört. In einer zweiten
unerhörten Wende bricht nun Phantastisches zerstörerisch
in die Wirklichkeit ein. Anders als das Wunderbare ist das

Phantastische keine evasorische, sondern eine invasorische Macht, Ausdruck des radikalen, bis ins Grausige gesteigerten Scheiterns des Menschen an seiner Welt und an sich selbst. Fouqués *Undine* erzählt in Gestalt der Märchennovelle von der Niederlage des Wunderbaren in einer depravierten Wirklichkeit.

Endet in der *Undine* das Wunderbare im Wirklichen, so nimmt in Chamissos *Peter Schlemihl* (1814) das Wunderbare seinen Ausgang von einer menschlich ungenügenden Wirklichkeit. Die Handlung ist ebenfalls durch zwei deutlich markierte Wendepunkte strukturiert. Am Anfang stehen die reiche, aber auch korrupte bürgerliche Welt und der Kniefall des armen Schluckers vor dem Reichtum. In einer phantastischen Begebenheit verfällt Schlemihl den Versuchungen des grauen Verführers und verliert mit seinem Schatten sein volles Menschsein.

Die novellistische Handlung mit dem Vorrang des Ereignishaften endet mit dem Befreiungsakt Schlemihls. Der einzelne widersetzt sich erfolgreich dem Verhängnis, ohne allerdings seine verlorene Identität am Ende vollständig zurückzugewinnen. Mit den Siebenmeilenstiefeln distanziert er sich von der korrupten, materiell beherrschten Welt und kommt in dem Maße, wie er die schlimme Wirklichkeit hinter sich läßt, dem Wunderbaren näher. *Peter Schlemihl* erzählt in Gestalt des Novellenmärchens von dem Sieg des Wunderbaren über eine depravierte Wirklichkeit.

Überhaupt zeigt eine Reihe von romantischen Novellen die Tendenz, sich nach der Erfahrung verengter Wirklichkeit der gesellschaftlich-geschichtlichen Realität ins Weite und Utopische zu öffnen. Dies gilt neben Chamissos *Schlemihl* ebenso für Achim von Arnims *Isabella von Ägypten* (1812) wie für Eichendorffs *Das Marmorbild* (1819) und *Aus dem Leben eines Taugenichts* (1826). Das Novellenmärchen mit seiner utopischen Öffnung im Finale entspricht im besonderen Maße dem romantischen Streben nach Ausweitung des bloß Endlichen ins Unendliche, wo alle Verwicklungen und Konflikte lösbar scheinen. Mit dem Verlassen der realen Welt und dem Aufbruch ins Wunderbare werden aber auch die Grenzen novellistischen Erzählens überschritten.

Handelt es sich bei den Märchennovellen wie bei den Novellenmärchen um sukzessive Vermischungen des Wunderbaren mit dem Wirklichen bzw. des Wirklichen mit dem Wunderbaren, so erfolgt im Kunstmärchen eine integrative Vermischung, so daß Wirkliches und Wunderbares unauflöslich miteinander verbunden scheinen und ständig ineinander übergehen. In diesem Sinne findet eine völlige Vermischung beider Bereiche in E. T. A. Hoffmanns *Der goldne Topf* (1814), *Nußknacker und Mauskönig* (1816) und, satirisch gewendet, in *Klein Zaches* (1819) statt.

Aber auch dort, wo die Märchenhandlung allegorisch stets auf einen tieferen, philosophisch-religiösen Sinn verweist, wie etwa in *Hyazinth und Rosenblütchen* (1802) von Novalis oder in Brentanos *Gockel, Hinkel und Gackeleia* (1811/38), verschmilzt die fingierte Erzählwirklichkeit ständig mit der auf das Wunderbare abzielenden Aussage. Geht es bei Novalis um die Liebe als Bedingung aller Erkenntnis, so bei Brentano um die Wiedergewinnung des verlorenen Paradieses nach Sündenfall und Opfertod. Für das Kunstmärchen besitzt das Wirkliche keinen Eigenwert, vielmehr erscheint es jeweils integriert in einen wunderbaren Sinnzusammenhang, der das objektiv Scheinende jederzeit zu relativieren und aufzuheben vermag. Daher muß das Kunstmärchen prinzipiell von der Novelle geschieden werden, in der die realen Bedingungen des Daseins unauflöslich und bestimmend sind.

Anders verhält es sich mit dem Phantastischen, das die Wirklichkeit nicht um die Dimension des Möglichen, des Märchenhaften und Utopischen erweitert, sondern als Teil der Wirklichkeit dessen destruktiven Aspekt darstellt. Das Phantastische ist die andere, die dunkle Seite des Daseins. Ihr Hervortreten löst regelmäßig Desorientierung, Angst und schwere Krisen aus. In der Novelle, die im besonderen

Maße mit der Wirklichkeit und damit auch mit deren pola-
rer Spannung von Aufbau und Zerstörung befaßt ist, spielt
das Phantastische von Arnims *Isabella von Ägypten* bis zu
Hartmut Langes *Das Konzert* (1986) in der Novellengeschichte eine nicht zu übersehende Rolle, da gerade im Hervortreten des Destruktiven die unerhörte Begebenheit
menschlichen Scheiterns sinnfällig gemacht werden kann.

8

Novelle – Roman – Kurzgeschichte

Nach ihrer Länge steht die Novelle zwischen Roman und
Kurzgeschichte. Dem Alter nach ist sie die älteste und tradi-
tionsreichste, die Kurzgeschichte die jüngste unter den genannten Erzählformen. In der zeitgenössischen Belletristik
bestehen alle drei Formen gleichberechtigt nebeneinander,
wobei die Novelle durchaus eine Art Renaissance erlebt.
    Versteht man die erzählende Literatur prinzipiell als Fik-
tion unterschiedlicher Handlungsaspekte, so ergeben sich
im Grunde drei mögliche Erzählvarianten. Betonen Roman
und Erzählung, sofern man letztere als kleinen Roman begreift, die Person als handlungsauslösendes Subjekt und das
als erreichbar vorgestellte Handlungsziel, so konzentriert
sich die Kurzgeschichte auf das Handlungsresultat, das in
einer scharf umrissenen Situation erkennbar und oft von
verschiedenen Seiten beleuchtet wird. Die polare Ergän-
zung von handlungsauslösendem Subjekt und dem Ziel als
Objekt des Handelns machen eine Verknüpfung von Roman und Kurzgeschichte ohne weiteres möglich, etwa wie
in den gelungensten Romanen von Siegfried Lenz durch die
Integration von Kurzgeschichten in die Romanhandlung.

Die Novelle schließt demgegenüber eine solche Vereinnahmung aus, da in ihr weder das handlungsauslösende
Subjekt noch das Handlungsziel, sondern die Handlung
selbst den Erzählkern bildet. Mit der Relativierung und Beschränkung des handlungsmächtigen Subjekts gerät notwendig auch das Handlungsziel aus dem Blickfeld. Nicht
die Person, sondern der Prozeß selbst bestimmt novellistisches Erzählen, dessen Ziel weniger durch persönliche Initiative herbeigeführt wird als sich vielmehr zufällig ereignet. Auf den Erzählperspektivismus und damit auch auf die
Darbietungsweise des Themas nimmt die Wahl des spezifischen Handlungsaspekts entscheidenden Einfluß.

Zu den herausragenden epischen Motiven, die sowohl in
der Novelle als auch im Roman und in der Kurzgeschichte
behandelt worden sind, gehört der Vater-Sohn-Konflikt. In
Storms *Hans und Heinz Kirch* (1882) sind Vater und Sohn
gleichermaßen integriert in einen wachstumsorientierten
Arbeits- und Wirtschaftsprozeß. Die Beziehungen zwischen
beiden sind bedingt durch die Herrschaft von Zwecken, von
Arbeit und Pflicht, Besitz und Erfolg. Dahinter treten die
Personen notwendig zurück. Nicht länger Herren der eigenen Entscheidung, wechseln sie aus der Rolle des Täters in
die Rolle des Opfers. Wer sich den Prozeßbedingungen
nicht fügt, wie der Sohn, geht unter, wer sich von ihnen
letztlich distanziert, wie der Vater, dem bleibt nur noch die
Einsicht in ein verpfuschtes Leben.

Die novellistische Adaption des Motivs hebt die Entfremdung von Vater und Sohn unter dem Druck unpersönlicher,
sich verselbständigender Entwicklungen hervor, in denen die
Produkte der produzierenden Menschen aus dem Mittelpunkt verdrängen. Die Tragik verlagert sich aus dem subjektiven in den objektiven Bereich. Aufzuheben wäre sie nur dann,
wenn der Mensch sich wieder als der eigentliche Handlungs-
auslöser und die Verhältnisse nicht länger als Schicksal, sondern als Ergebnis des bürgerlichen Handelns begriffe.

Auch in dem Roman *Deutschstunde* (1968) von Siegfried

Lenz stehen sich Vater und Sohn in einer Konflikthandlung gegenüber. Während der Polizist Jepsen in seiner wahnhaften Überwachung des Malverbots, verrannt in ein formal abstraktes Pflichtverhalten, Storms altem Kirch im Prinzip nicht unähnlich ist, unternimmt es der Sohn in subversiver Auflehnung gegen den unzugänglichen Vater, die Bilder als Ausdruck des freien schöpferischen Geistes vor dem Ungeist des pflichtbesessenen Vaters in Sicherheit zu bringen.

Die persönliche Auflehnung begründet eine echte Konflikthandlung. Das entschlossene, zielgerichtete Handeln des Sohns stellt das automatische Funktionieren des Vaters in Frage und wirkt den in den politisch-gesellschaftlichen Verhältnissen begründeten Handlungszwängen entgegen.

Erzählt die Novelle von der Übermacht sich verselbständigender Prozesse, in denen der Vater wie der Sohn sich in der Rolle der Opfer befinden, so erzählt der Roman von der persönlichen Auflehnung gegen scheinbar übermächtige Verhältnisse, in denen sich der Sohn als Täter dem Vater als Opfer formaler Borniertheit widersetzt. Bleibt der Konflikt in der Novelle auf Grund der weiterhin fraglos hingenommenen Überordnung des Objektiven über das Subjekt ungelöst, so scheint im Roman eine Lösung durch subjektive Initiative möglich.

Ein spektakuläres Beispiel für den Vater-Sohn-Konflikt in der Kurzgeschichte stellt Franz Kafkas *Das Urteil* (1912) dar. Zumindest das bei weitem den größten Raum einnehmende Binnengeschehen erfüllt mit seiner situativen Pointierung wie mit seiner resultativen Reduktion die wichtigsten Strukturprinzipien des Genres. Im Zentrum steht, dialogisch zugespitzt, der gnadenlose Machtkampf zwischen Vater und Sohn, komprimiert in einer einzigen Situation, die sich als das Resultat fortgesetzten patriarchalischen Geschichtshandelns darstellt. Gespiegelt werden die Macht der Väter und die Ohnmacht der Söhne als Ergebnis längst versteinerter traditioneller Herrschaft. Exemplarisch hebt die Situation die Konsequenzen hervor, für die die Väter verantwortlich sind, die weiterhin Macht ausüben, aber auch die Söhne, die Macht weiterhin fraglos erleiden.

Die Kurzgeschichte konzentriert sich auf die Schlußphase des Konflikts, in der die Dramatik der Entwicklung deutlich erkennbar wird. Prinzipiell scheint auch hier wie im Roman eine Lösung möglich, doch wird sie nicht romanhaft in einer vom Subjekt ausgehenden Handlung angedeutet bzw. vorweggenommen, sondern in einer krisenhaft zugespitzten Situation dringend angemahnt, wobei die situative Stagnation der Handlung konfliktlösendes Handeln herausfordert. Anders als im Roman geht der Anstoß zu aktivem Eingreifen nicht von der Person aus, sondern von der Situation. Das abschließende Handeln des Sohns, der das Todesurteil des Vaters an sich selbst vollstreckt, stellt in diesem Zusammenhang einen provokanten Handlungsimpuls ex negativo dar.

Betonen Roman und Kurzgeschichte die Täterschaft des Menschen, so zeigt ihn die Novelle in der Rolle des Opfers. Räumen der Romancier und der Kurzgeschichtenerzähler dem Menschen die Chance zu selbstbestimmendem Handeln ein, so setzt ihn der Novellist fremdbestimmten Handlungsprozessen aus, deren auslösende Kraft und deren Ziele im Dunkeln zu liegen scheinen.

9

Der Perspektivismus der Novelle

Die literarischen Gattungen lassen sich verstehen als historisch gewordene perspektivische Ansichten des Menschen und seiner Welt. Sie bilden gleichsam die Facetten, in denen sich die verschiedenen Aspekte einer Ganzheit spiegeln.

Jede Erkenntnis, auch die literarische, bedarf eines Standorts. In der einmal eingenommenen Perspektive erscheinen Teilansichten der Wirklichkeit, die niemals allgemein und im Ganzen, sondern immer nur im Besonderen und in Teilen wahrgenommen werden kann.

Nach den Aspekten, unter denen sich der Mensch mit den natürlich-existentiellen und räumlich-zeitlichen Bedingungen seines Daseins auseinandersetzt, lassen sich bestimmte literarische Aussageweisen unterscheiden. Zwischen Handlung und Reflexion sind die Möglichkeiten gespannt, mit Realität umzugehen, sich des eigenen Standorts bewußt zu werden.

Reflektiert die dramatische Dichtung menschliches Dasein vorwiegend dialogisch-argumentativ, so die Lyrik intuitiv-monologisch. Die epische Dichtung gestaltet demgegenüber die Auseinandersetzung mit der Wirklichkeit im Medium der Handlung, wobei der Mensch als das bedingende Subjekt oder als das bedingte Objekt von Handlung begriffen werden kann. Die Handlung selbst läßt sich situativ, progressiv oder resultativ darstellen. Sie kann Wirklichkeit spiegeln und kommentieren sowie Möglichkeit vorwegnehmen. Wo der Mensch als bedingendes Subjekt gesehen wird, steht er der von ihm ausgelösten Handlung gegenüber, die ihn wie in vielen Epen und Abenteuerromanen zum projektierten Ziel führt. Im sogenannten Bildungs- und Entwicklungsroman besteht das Ziel in der aus vielfältigen Begegnungen hervorgehenden unverwechselbaren Persönlichkeit. Oft gestattet gerade der Roman dem einzelnen den Rückzug aus einer enttäuschenden Wirklichkeit in eine Enklave der Selbstbewahrung und des eigenbestimmten Handelns.

In der Novelle ist dagegen ein solcher Rückzug ausgeschlossen. Sie zeigt den Menschen integriert in Zeit und Raum, in Gesellschaft und Geschichte und gebunden an die eigenen elementaren existentiellen Bedingungen. Liebe ist wie der Tod existentielles Schicksal. Glück und Unglück fügen sich, ohne daß der einzelne unmittelbaren Einfluß zu nehmen vermag. Die Novelle ist mit den positiven wie mit den negativen Zufälligkeiten des Daseins befaßt, mit den glücklichen Wendungen im Leben des Menschen wie mit seiner Hinfälligkeit.

Überzeitlichkeit, Unvergänglichkeit, jede Form von Transzendenz ist der Novelle im Grunde fremd. Ihr großes Thema ist der dem Hier und Jetzt zwischen Gelingen und Scheitern ausgesetzte Mensch. Es gibt keine Auswege aus dem konkret bestimmten Dasein, keine Sonderrechte für den einzelnen und kein individuelles Heldentum. Die Novelle zeigt den Menschen eingebunden in ein unwandelbares Dasein, das sich ihm in seinen Erfahrungen und Erlebnissen erschließt, über das er aber niemals verfügen und das er noch weniger verändern kann.

Das Dasein vermag dem einzelnen alles zu bieten: Genuß und Entbehrung, Liebe und Haß, Glück und Unglück, Macht und Ohnmacht, Leben und Sterben. Ebenso undurchschaubar und nicht steuerbar bleiben Erfüllung und Besitz wie Enttäuschung und Verlust. Dort, wo der einzelne handelt, holen ihn die Konsequenzen seines Handelns ein. Überhaupt werden die Ergebnisse geschichtlich-gesellschaftlichen Handelns wie etwas über den einzelnen Verhängtes, von ihm nicht Abwendbares erfahren. Die Novelle macht das scheinbar schicksalhaft Bestimmende durchschaubar als etwas durch den Menschen und durch menschliche Macht Verursachtes, sie weigert sich aber in der Regel, Änderungen zum Besseren darzustellen. Immerhin unternimmt sie es gelegentlich, die menschlich verschuldeten Krisen und Katastrophen als Anstoß darzubieten für eine grundsätzliche Wende.

Da das Subjekt sich in der Novelle im letzten als bedingtes Objekt erlebt, kann es auch keine wirklich zielgerichteten Handlungen geben. Der Mensch im Hier und Jetzt ist immer schon am Ziel. In den niemals ruhenden Wechselfällen des Daseins, das sich an ihm vollzieht, geht ihm die eigene Flüchtigkeit und Vergänglichkeit auf. Auch die

Novelle hat teil an der modernen Erzählliteratur, der Lukács, allerdings bezogen auf den Roman, »transzendente Obdachlosigkeit« attestierte. Wo der Lebenssinn außerhalb diesseitiger Existenz gesucht wird, verwischen sich die Grenzen zum idealistischen Entwurf, zur Utopie, zum Märchen und zur Legende.

Der novellistische Erzähler verbleibt in aller Regel innerhalb der Grenzen des kollektiv unwandelbaren, aber individuell vergänglichen Daseins, auf das er hedonistisch, stoisch, resignativ elegisch oder satirisch reagiert. In der Lust und in der Erfüllung verweist er auf ihre Gefährdung und ihr unweigerliches Ende, im Leiden und in der Enttäuschung bekennt er sich trotz allem zur Schönheit und zum Glück des Lebens. »Und so wie sich an die äußere Freude der Schmerz schließt«, sagt Boccaccio, »so wird auch der Jammer von einer hinzutretenden Lust begrenzt.«

Der Perspektivismus der Novelle erwächst aus dem Bewußtsein der Teilhabe am Ganzen, aus dem niemand entlassen werden kann. Im Ensemble der Lebensäußerungen findet der einzelne seinen Spielraum und seine Begrenzung. Die Novelle verabschiedet die spekulativen Sinnentwürfe wie die quälende Sinnsuche, indem sie dem einzelnen im Vollzug des Daseins selbst, in der Annahme seiner heiteren wie seiner düsteren Seiten, seinen Lebenssinn anweist.

10

Die Modernität der Novelle

Michael Krüger erzählt unter dem programmatisch klingenden Titel *Das Ende des Romans. Eine Novelle* (1990) die Geschichte eines Autors, der nach jahrelanger Anstrengung

ein Achthundert-Seiten-Manuskript zusammengeschrieben
hat, die »romanhafte Geschichte der Einbildungskraft eines
heroischen Sonderlings«, eine Art Bildungs- und Entwicklungsroman. Ziel war, ein »Gebäude in der Stille aufzubauen als strenge Denkübung, um dem Trüben und Ver-
mischten«, das die Köpfe der »Zeitgenossen mit einem
widerlichen Schleier überzog, ein klares Gegenüber zu
schaffen«. Aber die trübe Wirklichkeit der New-Age-Szene
und der Postmoderne in Form von dick aufgetragenem Na-
turschmus, lesbischen Nachbarinnen, sich vor den Kameras
spreizenden Philosophen, Blutegelforschern und Frischzel-
lenprofessoren mischen sich auch in seine Fiktion und
entwerten sie. Auch sein Roman scheint am Ende »den
infamen Glanz der banalen künstlichen Naivität« wider-
zustrahlen und geprägt zu sein von der peinigenden »Geist-
losigkeit der soziologischen Denkweise«.

Der romanhafte Versuch subjektiver Selbstbehauptung
und Selbstbewahrung ist gescheitert. Dem Autor bleibt
nichts, als sein Manuskript zu vernichten, seinen Helden zu
liquidieren. »Was war aus meinem Werk geworden, mit
dem ich der lähmenden Ohnmacht meines Lebens eine gewaltige Fügung geben wollte?« Der gescheiterte Roman
provoziert die Novelle als den erzählten Prozeß des Scheiterns. Nicht die romanhafte Entwicklung des Helden und
seine zumindest in Aussicht gestellte Vollendung bilden den
Kern des Erzählens, sondern die unausweichliche Verwicklung des Helden, der am Ende ist. Die geistentleerte Wirklichkeit durchkreuzt und negiert alle Entwürfe einer geistigen Existenz.

Krügers Novelle, eine Bankrotterklärung des Romans, ist
ebenso programmatisch wie exemplarisch. Der heutigen
Welt, um ein Wort Dürrenmatts abzuwandeln, kommt im
Bereich des Erzählens offenbar nur noch die Novelle bei,
die Gattung ohnmächtigen Scheiterns an dem, was unabläs-
sig und unkontrollierbar geschieht. Buchstäblich unter den
Händen zerfleddert dem Autor die Romanfiktion überle-

bensfähiger Persönlichkeitskonzepte. Als traditionelle Ausdrucksform dessen, was am Menschen, weniger durch ihn geschieht, wird die Novelle zum Spiegel des modernen Bewußtseins, übermächtigen, weitgehend unkontrollierbaren Prozessen unterworfen und ihnen ausgeliefert zu sein. Sie drängt den Menschen aus der Rolle des Täters in die des Opfers, sie zeigt weder das nach außen noch das auf sich selbst gerichtete Wirken des dezentralisierten Menschen, sondern die passio humana und den vernichtenden Druck anonym erlebter Prozesse. In Zeiten zunehmender Anonymität, der Verdrängung des Menschen aus dem Zentrum des Handelns, der Dominanz der Produkte und in Geschichtsphasen drohender Katastrophen hat die Novelle als literarische Handlungsfiktion potentiellen wie aktuellen Scheiterns ihren Platz.

Gestaltet Boccaccio die Novelle als Möglichkeit, der Pest, der schlimmstmöglichen Wendung, fiktiv zu entkommen, so gestaltet die Novelle nach Boccaccio zunehmend die Wirklichkeit einer Welt, die sich zum Schlimmen wendet. Das Scheitern holt die Literatur ein und überwältigt als das eigentliche novellistische Ereignis die Fiktion personaler Souveränität. Die moderne Novelle entfernt den Leser nicht vom Schauplatz der Katastrophen, sondern führt ihn hautnah heran. »Für die Wiederkehr dieses Genres«, schreibt Thomas Steinfeld, »muß es einen Grund geben. Man ist geneigt, der Allgegenwart des Katastrophischen einen Anteil daran zuzusprechen. Die Pest hat viele moderne Erben.«[23]

23 Thomas Steinfeld, »Das klingende Ohr. Zur schönen Literatur in diesem Herbst«, in: »Frankfurter Allgemeine Zeitung«, 28. September 1996, S. 27.

II

Geschichte der Novelle

1

Frühe Neuzeit

Die 1472/73 erschienene Übersetzung des *Decamerone* von Heinrich Schlüsselfelder (Arigo) machte die italienische Renaissancenovelle einem gebildeten Publikum bekannt. Daneben können Heinrich Steinhöwels Eindeutschung der *Griseldis*-Erzählung aus dem *Decamerone* (X,10; Steinhöwel übersetzt nach der lateinischen Fassung Petrarcas) von 1471 und Albrecht von Eybs *Ehebüchlein* (1472) als Beispiele novellistischen Erzählens gelten. Eine eigenständige deutsche Novellenliteratur leiteten diese Adaptionen jedoch nicht ein. Allzu freizügig und sinnenfroh, blieb die Renaissancenovelle auf einen vergleichsweise kleinen humanistischen Kreis beschränkt.

Wie beherrschend die moralischen Vorbehalte gegenüber der erotischen Novellistik im Stil Boccaccios waren, zeigt noch Georg Philipp Harsdörffers umfangreiche Sammlung von »Geschichterzählungen« *Der Grosse Schau-Platz jämmerlicher Mord-Geschichte* (2 Bde., 1649–50). Harsdörffer kannte die romanische Novelle gut, ohne sich allerdings deren renaissancehafter Lebenslust anzuschließen. Im Gefolge Margaretes von Navarra verweist er in seinen Übersetzungen ausdrücklich auf die didaktische Intention des Genres. Erst sie läßt einen Umgang mit Literatur dieser Art vertretbar erscheinen. »Hierauß ist zu sehen, was Unheil eine blinde Liebes-Brunst mit sich bringet«. In seinen eigenen *Mordgeschichten* nach französischem Vorbild konzentriert sich Harsdörffer,

um moralisch abzuschrecken, auf die Darstellung des Schreck-
lichen und Abstoßenden. Die Handlung schrumpft auf einen
exemplarischen Lehrfall zusammen, auf die angehängte Lehre
zugeschnitten und diese illustrierend. Hinter die Fallkon-
struktion tritt das Erzählen selbst zurück. Bemerkenswert ist
allerdings die Geschichte *Die verzweifelte Liebe*, eine Ver-
sion des Romeo-und-Julia-Stoffs.

Vergleichbare didaktische Ziele verfolgte Harsdörffer mit
Der Grosse Schau-Platz Lust- und Lehrreicher Geschichte
(1650), *Der Geschichtspiegel* (1654) u. a. m. Nicht zu übersehen ist bei aller Beteuerung der lehrhaften Intention eine
gewisse Lust an der Darstellung unerhörter Fallbeispiele.
Weniger die Moral als die dargebotene Sensation trug zur
Popularität der Geschichten bei. Mitunter drängt sich der
Eindruck auf, daß die bekundete lehrhafte Absicht lediglich
ein Vorwand ist, Verpöntes und Verwerfliches, Skandalöses
und Frivoles vorzubringen. Novellistisches Erzählen äußert
sich bei Harsdörffer in überwiegend sensationellen Fall-
darstellungen mit oft reißerischen Geschehenswendungen.
Seine Sensationsgeschichten nehmen in Darbietungsweise
und Funktion die Boulevardpresse vorweg.

In der Aufklärung spielt die Novelle keine Rolle, wenn
man nicht der moralischen Erzählung, so wie sie in den
»Moralischen Wochenschriften« der Zeit begegnet, gewisse novellistische Qualitäten und Entfaltungsmöglichkeiten
zubilligen will. Die im wesentlichen aus dem sittenstren-
gen Bürgerbewußtsein erwachsenen kürzeren Erzählformen
mit ihrer dualistischen Struktur von Tugend und Laster,
Lohn und Strafe und ihren satirischen Typenkarikaturen
stehen der Novelle relativ fern, da die moralische Belehrung
die Lust am Erzählen unterhaltsamer und aufregender Begebenheiten in aller Regel verdrängt. Allerdings zeigt die
erzählerische Inszenierung der moralischen Fallexempel
durchaus Ansätze zu einer Weiterentwicklung im Sinn
novellistischer Gestaltung, zumal die prinzipiell dialektische Erzählstruktur mit ihren schroffen Brüchen zwischen

lasterhaftem Verhalten und moralischer Bestrafung sich durchaus mit dem Prinzip novellistischer Peripetie verbinden ließ.

Auffällig ist, daß bedeutende Literaturtheoretiker der Zeit wie Sulzer und Eschenburg den Novellenbegriff nicht verwenden und die kürzeren epischen Formen unter der Sammelbezeichnung »Poetische Erzählungen« abhandeln. Wenn Eschenburg deren Reiz vor allem in der »Beschreibung von Hauptbegebenheiten« sieht, die um so interessanter erscheinen, je »mannichfaltiger, neuer, treffender und malerischer« sie sind (»Entwurf einer Theorie und Literatur der schönen Redekünste«, [4]1817), so ist solche Auffassung vom Charakter der Novelle nicht mehr allzu weit entfernt.

2

Die Novelle der Klassik

Erst spät, am Ende des 18. Jahrhunderts, setzt in Deutschland das Bemühen um eine adäquate Adaption der romanischen Novelle ein, deren Begriff sich nun auch allmählich einzubürgern beginnt. Die Gattung, die wie kaum eine andere das am Diesseits orientierte Menschenbild der Renaissance widerspiegelt, schien sich als Ausdruck des erstarkten bürgerlichweltlichen Selbstbewußtseins zu empfehlen. Nicht zu übersehen ist allerdings, daß die Novelle im Vergleich mit anderen epischen Formen in dieser Periode, insbesondere mit dem Roman, über eine Randstellung nicht hinausgelangte.

Im 18. Jahrhundert hatte sich unter den erzählenden Gattungen auf breiter Basis der bürgerliche Roman durchgesetzt und die Lesererwartungen geprägt. Die Novelle bot demgegenüber offenbar kaum vergleichbare Möglichkeiten

zur Selbstdarstellung des Bürgers. Bei aller realistischen
Weltzugewandtheit fehlte ihr – zumindest, was den italienischen Typus betraf – die Bindung an die Leitwerte der Tugend und der Tüchtigkeit, verbunden mit dem Glauben an
die vernünftige Bildbarkeit des Menschen. Nicht von ungefähr schätzte Goethe gerade die Novellistik von Cervantes
wegen ihrer ausdrücklichen moralischen Beispielhaftigkeit.

Trotz der Wertschätzung, die die *Novelas ejemplares* ge-
nossen, bildete aber Boccaccios *Decamerone* das Vorbild
schlechthin, so daß wohl dieser Umstand vor allem dafür
verantwortlich gewesen sein dürfte, daß sich die Novelle
zunächst nicht wirklich durchzusetzen vermochte. Wo aber
eine Adaption versucht wurde, etwa bei Goethe und bei
Wieland, nahm man einschneidende Veränderungen vor,
die den Gattungscharakter nicht selten verfremdeten und
Mischformen hervorbrachten.

Friedrich Schiller (1759–1805)

Schiller, dessen Interesse an erzählender Prosa ohnehin begrenzt war – bekannt ist seine abwertende Einstellung zum
Roman –, ließ sich selbst auf die romanische Novelle erst
gar nicht ein, wenn sie ihm mit Sicherheit auch bekannt war.
Dennoch war er es, der einer künstlerisch wirklich überzeu-
genden, von dem romanischen Typus indes spürbar abwei-
chenden deutschen Novelle die Richtung wies. Seine 1786
anonym in der »Thalia« erschienene »wahre Geschichte«
vom *Verbrecher aus Infamie*, die später den heute ge-
bräuchlichen Titel *Der Verbrecher aus verlorener Ehre* erhielt, knüpft an die im 18. Jahrhundert beliebte moralische
Erzählung an. Aufhorchen läßt bereits die Genrebezeichnung im Untertitel, betont sie doch die auch für die Novelle

charakteristische Verbindung mit wirklichem Geschehen. In der Tat handelt es sich um die wahre Geschichte des Räubers Friedrich Schwan (1729–60), die Schiller durch seinen Lehrer Abel bekannt geworden war.

Dargestellt wird der Fall Christian Wolf im Spannungsfeld von bürgerlicher Norm und individuellem Anspruch, wobei es dem Leser anheimgestellt wird, »selbst zu Gericht zu sitzen«. Der Autor tritt zunächst als neutraler Berichterstatter hinter die Fakten zurück und gewährleistet so einen hohen, für novellistisches Erzählen typischen Grad von Objektivität. In knappen, auf reine Information abgestellten Sätzen werden die sozialen Bedingungen skizziert: der frühe Tod des Vaters, die Mißwirtschaft und die mangelhafte Erziehung. Ein abstoßendes Äußeres und wiederholte gesellschaftliche Zurückweisungen tun ihr übriges, die verweigerte soziale Integration, ohne die der einzelne zu keiner überlebensfähigen Identität zu finden vermag, trotz allem zu erzwingen.

Christians Wilderei, mit der er die Gunst Johannes gewinnen will, führt schließlich zu einer mehrjährigen Festungshaft, die das Opfer einer bloß formalen Rechtsprechung als Aufkündigung der gesellschaftlichen Fürsorgepflicht erlebt. Um alle persönlichen Entwicklungschancen innerhalb seines Sozialverbands gebracht, wandelt sich der Straftäter zum Rächer an einer verständnis- und gnadenlosen Gesellschaft.

Der Umschlag der bisherigen Berichterstattung in die Ich-Erzählung unterstreicht die Isolation des Subjekts, das, aus der Gruppe ausgestoßen, sich allein wieder seinen selbstsüchtigen Interessen ausgeliefert sieht. Steil führt die Entwicklung bergab. Der Mord an dem Jäger Robert und der menschlich desolate Zustand der Räuberbande, deren Führer Christian geworden ist, bringen ihn schließlich zur Einsicht in die Notwendigkeit der Integration des einzelnen in die legitime Gesellschaft, wenn er nicht im Abseits von Recht und Menschlichkeit verkümmern will.

Parallel zur Rückkehr in die Gesellschaft mündet die Ich-Erzählung wieder in den epischen Bericht. Christian legt ein

Geständnis ab und nimmt die Strafe auf sich, nachdem er gerechte, aber auch verständnisvolle Richter gefunden hat. Die novellistisch strukturierte Handlung mit ihren beiden markant gesetzten Wendepunkten, einmal aus der Ordnung in das Chaos, dann zurück zur Ordnung führend, bindet die Humanisierung des einzelnen an das Leben in der Gemeinschaft. Sie bildet Ausgang und Ziel der individuellen Aktion. Wie der Richter zum Schluß die Fehler der Richter am Anfang wiedergutmacht, so sieht auch Christian seine sittliche Verirrung ein. Kollektiv und Individuum werden einem Läuterungsprozeß unterworfen, der im Finale das Vertrauen in die grundsätzlich mögliche Veredlung des Menschen und die verständnisvolle Integrationsbereitschaft der Gesellschaft stärken soll.

Aus der moralischen Erzählung entwickelt Schiller eine Novelle im klassischen Sinn, indem er dem einzelnen den Weg in das Ganze weist. Die Gesellschaft kann ihre humanisierenden Aufgaben nur dann erfüllen, wenn sie die Schutz- und Integrationsbedürftigkeit des einzelnen ernst nimmt und sich entsprechend verhält. Sowohl die verantwortungsbewußte, den inneren Wandel einleitende Reflexion des Räubers, als auch die einsichtsvoll wahrgenommene Fürsorge auf der Seite der gesellschaftlichen Organe sind ideale Verhaltensformen, die nicht abbilden, was ist, sondern darauf verweisen, was sein sollte. Insofern mündet der Novellenschluß, die Gattungsgrenzen überschreitend, in eine moraldidaktische Utopie.

Johann Wolfgang Goethe (1749–1832)

Goethe knüpft demgegenüber in seinem 1795 in Schillers »Horen« erschienenen *Unterhaltungen deutscher Ausgewanderten* unmittelbar an Boccaccios *Decamerone* an. Ein-

gebettet werden die sechs Geschichten und das abschließende Märchen in einen vor allem dialogisch dargebotenen
Rahmen, dessen »Unterhaltungen« Angehörige des Adels
und des Bildungsbürgertums führen. Ist es bei Boccaccio
die Pest, die die Gesellschaft zur Flucht zwingt und die Erzählsituation begründet, so sind es hier die vorrückenden
Revolutionstruppen, die ein Ausweichen auf rechtsrheini-
sche Besitzungen nahelegen. Damit ist zum einen ein geho-
benes Anspruchsniveau etabliert – ausdrücklich fordert die
Baronesse: »lassen Sie uns wenigstens an der Form sehen,
daß wir in guter Gesellschaft sind« – zum andern ereignet sich das Erzählen im Gefolge einer Notlage, die die
Menschen in nicht persönlich kontrollierbare Prozesse verwickelt erscheinen läßt, als »Opfer« von »großen Weltbege-
benheiten«, wie die Baronesse sagt. Erzählen wird zum
Versuch, sich angesichts des geschichtlichen Chaos der
menschlichen Ordnung zu vergewissern.

Im Vordergrund soll vor allem die Begebenheit stehen, die
durch ihre »Neuheit« besticht, da nur das wirklich Neue
Aufmerksamkeit und Anteilnahme zu erregen vermag. Doch
ist damit wenig mehr als lediglich ein Anreiz für den Zuhörer im rhetorischen Sinn ausgesprochen. Wichtiger ist, daß
allein vier der sieben Geschichten einschließlich des Märchens von dem »Alten«, einem Geistlichen, erzählt werden,
der auch in den Rahmengesprächen den Ton angibt. Die
Wahl eines solchen dominanten Erzählers weicht auffällig
von dem italienischen Muster mit seiner prinzipiell gleichbe-
rechtigten Stellung der einzelnen Erzähler ab. Der Grund für
die Heraushebung des Bildungsbürgers im Kreis der Adligen
scheint auch hier in der lehrhaften Absicht des Erzählens
begründet. Er leitet die Geschichten ein und schließt sie
mit dem Märchen ab, auf diese Weise Ziele setzend und Perspektiven öffnend. Der Aufbau der novellistischen Rahmenerzählung folgt einem klar erkennbaren Prinzip.

Am Anfang stehen zwei Geschichten, eine längere und
eine kurze, die von Unerklärlichem und Unfaßbarem, aber

dennoch offenbar Wahrem erzählen. In der *Geschichte von der Sängerin Antonelli* geht es um rätselhafte akustische Sensationen, die die schöne Sängerin nach dem Tode ihres Geliebten verfolgen, von dem sie sich bereits losgesagt und dessen Wunsch, sie noch einmal zu sehen, sie nicht entsprochen hatte. Die zweite Geschichte erzählt von seltsamen Klopfgeräuschen, die die Schritte eines Mädchens begleiten, das sich beharrlich weigert, einen ihrer Freier zu erhören. Mag in beiden Fällen auf die geheime Kraft der Gefühle angespielt sein, so ist es doch müßig, nach tieferen Erklärungen zu suchen. Entscheidend ist vor allem, daß hier das Unerhörte und Unerklärliche als Dimension des geschichtlichen Menschen Gestalt annimmt und ihm seine Grenzen weist. Das Phantastische stellt jedoch die menschliche Ordnung nicht grundsätzlich in Frage, sondern fordert vielmehr den einzelnen dazu heraus, in dem ihm zugewiesenen, überschaubaren Lebensraum sich selbst und den anderen gerecht zu werden.

Auf das Unerklärliche folgt in den zwei sich anschließenden Geschichten das Schicksalhafte, Spielarten des novellistisch Unerhörten hier wie dort. Sowohl die *Geschichte von der schönen Krämerin* als auch die *Geschichte vom Schleier*, beide auf Bassompierre zurückgehend, erzählen von dem jähen Ende leidenschaftlicher Liebe. Wird die schöne Krämerin ein Opfer der Pest, so unterliegt das ehebrecherische Paar einem geheimnisvollen Zauber, der vom Schleier der betrogenen Ehefrau ausgeht. Das Schicksal bricht in die eine wie in die andere Beziehung ein und macht dem Glück ein Ende, ohne daß die Betroffenen eine Chance haben, in den Lauf der Dinge einzugreifen.

Handelten die Geschichten bisher von unaufgeklärten und wohl auch unaufklärbaren Begebenheiten sowie von unglücklichen, schicksalhaften Wendungen, in allen Fällen die menschliche Ohnmacht unterstreichend, so erzählen die beiden abschließenden Geschichten von moralischen Wandlungen und Läuterungen, die den Glauben an den wirksamen Einfluß des Menschen, zumindest im Bereich sittlichen Handelns, neu begründen. In der den *Cent Nouvelles nouvelles* (1482) entlehnten – Goethe besaß die Ausgabe von 1786 – *Geschichte vom Prokurator* wird von einer jungen Frau erzählt, deren Mann zu einer Handelsreise aufgebrochen ist und die sich schließlich in ihrer Sehnsucht nach Zuwendung und Zärtlichkeit an einen schönen Anwalt wendet, der jedoch gerade wegen eines Gelübdes jedem Genuß abgeschworen hat und sich ausschließlich von Wasser und Brot ernährt. Sie nimmt seinen Vorschlag an, die asketische Lebensweise für die verbliebene Frist mit ihm zu teilen, und sieht sich am Ende von ihrem ehebrecherischen Verlangen geheilt, indem sie zu der Einsicht gelangt, »daß in jedem Menschen die Kraft der Tugend im Verborgenen keimt«.

Wie diese Geschichte handelt auch die folgende (beide werden vom Geistlichen erzählt) von einer sittlichen Läuterung, nach nun allerdings tatsächlich vollzogenem schuldhaften Handeln. Die *Geschichte von Ferdinands Schuld und Wandlung* läßt einen jungen Mann in seinem verschwenderischen Lebenswandel zum Dieb am Geld seines Vaters werden und führt ihn schließlich durch Selbsteinsicht zur Umkehr auf seinem abschüssigen Weg. Am Ende steht seine Entwicklung zum erfolgreichen Geschäftsmann und angesehenen Bürger.

Deutlich wird gerade in den beiden abschließenden, dem *Märchen* vorausgehenden Geschichten die Tendenz zur moralischen Erzählung. Vergleichbar mit Schiller stellt auch Goethe die sittliche Würde des Menschen wieder her und läßt ihn am Ende über das Chaos in sich selbst triumphieren.

Das Profil der klassischen Novelle ist vor allem geprägt durch einen humanen Optimismus, der dem Menschen auf Grund ihm innewohnender Kräfte zutraut, moralisch zu handeln. So entsteht ein im wesentlichen didaktischer Novellentypus, der der Wirklichkeit verbunden bleibt, aller-

dings mit dem Anspruch, sie sittlich zu gestalten und
zu veredeln. Stärker als bei Schiller aber tritt bei Goethe
die Gewißheit des Unabänderlichen, auch durch sittliches
Handeln nicht Beeinflußbaren, hervor. Letztlich, selbst
wenn sie durch die abschließenden Wendungen zum Guten in den Hintergrund gedrängt werden, bleiben das
Phantastische wie das Schicksalhafte als unbewältigte Bedrohungen menschlichen Daseins bestehen. Diese Gewißheit, die die nachklassische Novellistik mehr und mehr
bestimmen sollte, mag Goethe dazu bewegt haben, sich
der Gattung mit seiner *Novelle* (1828) noch einmal zu nähern, in der Absicht, das Bedrohliche und Chaotische
weiter abzuschwächen, indem er die regulierenden Kräfte
intensivierte.

In den *Unterhaltungen* sucht Goethe die Lösung der
Problematik außerhalb der Gattungsgrenzen. Das abschließende *Märchen* erfüllt mit seiner Durchdringung wirklicher und wunderbarer Elemente alle Erwartungen an das
Kunstmärchen und entfernt sich dabei denkbar weit von
der Novelle. Nur im Bereich des Wunderbaren ließ sich offenbar die Bedrohung durch das Chaos überzeugend ab-
wenden. Goethes *Märchen* beschwört in symbolischer wie
allegorischer Sinnbildhaftigkeit die letztlich siegreiche Harmonie des Lebendigen, die Verbindung von Macht, Sanftmut und Weisheit im Zeichen der Liebe. Sie ist in Gestalt
der Lilie das eigentlich schöpferische Prinzip, von dem
auch das Handeln der Schlange bestimmt ist, die sich selbst
opfert, um als Brücke über den Fluß den in diesem ver-
sinnbildlichten Zeitstrom zu überwinden. Die sich häu-
tende Schlange steht für das sich unaufhörlich erneuernde
Leben. Im Überbrücken der Zeit spiegelt sich die Ewigkeit
des Seins, im Hin und Her auf dem Rücken der Schlange
gewinnt das Vergängliche des Seienden Gestalt, das aber in
immer neuen Formen und Erscheinungsweisen wiederauf-
ersteht.

Das Wunderbare des Märchens transzendiert die Darbietungsweise der Novelle, in der Aussage indes bestätigt es die novellistische Tendenz, den Menschen in die Immanenz des Daseins einzubinden. Während aber die Novelle den im Zeitstrom mit fortgetragenen Menschen zeigt, formuliert das Märchen in sinnbildhafter Anschauung der ewigen Wiederkehr des Lebens ein über alle Zeitlichkeit hinausgehobenes Bewußtsein. Ist die Novelle mit dem Seienden selbst befaßt, so weitet das Märchen den Blick auf das das Seiende umschließende Sein aus.

Die klassische Novelle zeigt die Tendenz, die unerhörte Begebenheit bis zu dem Punkt zu führen, wo sich die Konflikte und Krisen auflösen im Licht einer jederzeit möglichen Harmonie. Deutete sie sich bei Schiller in der sittlichen Fähigkeit des Menschen und der Gesellschaft zur Einsicht in das eigene Fehlverhalten an, so ist die Harmonie bei Goethe gebunden an die das bloß Wirkliche transzendierende Erkenntnis des in ihm wesenhaft Wirksamen. Hebt bei Schiller das Moralische das Schicksalhafte der Novelle auf, so überwindet es Goethe in der wunderbaren Fügung, indem er die moralische Wendung der Prokurator-Geschichte in der Geschichte vom reuigen Sohn noch einmal poetisch überhöht. Sowohl bei Goethe als auch bei Schiller erfährt die Novelle eine über die engeren Gattungsgrenzen hinausweisende Adaption.

Dies gilt ebenso für Goethes 1828 erschienene *Novelle*, in der sich der klassische Gattungstypus noch einmal beispielhaft ausprägt. Novellistisch mustergültig ist die Handlung strukturiert. Den Anfang bilden eine Kleinstadt- und eine herbstliche Landschaftsidylle, vergrößert und detailliert nähergerückt durch das Teleskop der Fürstin. Ihr Spazierritt zur alten, verlassenen Stammburg gipfelt in dem Erlebnis der völligen Einheit von natürlichem Wachstum und Menschenwerk, von Natur und Kunst. Symbiotisch verquickt erscheint die Vegetation mit den Ruinen, »doch niemand wüßte zu sagen, wo die Natur aufhört, Kunst und Handwerk aber anfangen«. Die Wildnis ist wie begrenzt und ge-

zähmt durch die Spuren der Zivilisation, und diese, überge-
hend in die Wildnis, beginnt ihre Erstarrung und Leblosigkeit zu verlieren. In einer vollkommenen Idylle scheint die
verlorengegangene Einheit von Natur und Geist wiederhergestellt.

Wenig später bricht in die vollendete Harmonie, am ersten markanten Wendepunkt der Handlung, das Chaos ein,
vorbereitet durch die Furcht des Oheims und durch die vor-
ausgegangene Begegnung mit den wilden Tieren auf dem
Marktplatz, wo Schausteller ihre Buden aufgeschlagen haben. Das ausgebrochene Feuer, das Hervortreten des zerstörerischen Elements, setzt der Idylle ein jähes Ende. Ihren
Höhepunkt erreicht die Katastrophe in der Konfrontation
der zurückreitenden Fürstin mit dem ausgebrochenen Tiger.
Das Feuer und das wilde Tier treten dem Menschen und seiner Ordnung als destruktive Urkräfte entgegen, die sein
Streben nach Gestaltung unheilvoll zu durchkreuzen drohen und seine Ohnmacht offenbar werden lassen.

Fast genau in der Handlungsmitte ist der Scheitelpunkt
der Katastrophe erreicht und ein tragischer Ausgang scheint
sich abzuzeichnen. Die Tötung des Tigers durch den Beglei-
ter der Fürstin ist weniger eine durchgreifende Lösung der
Krise als ein retardierendes Moment, denn auch der Löwe
ist ausgebrochen und hat sich hinter der Ringmauer der
alten Stammburg gelagert.

Erst die leidenschaftliche Rede des Schaustellers leitet die
zweite, entscheidende Wende ein. Fest vertraut er darauf,
daß der Mensch den Löwen zu zähmen weiß, denn »das
grausamste der Geschöpfe hat Ehrfurcht vor dem Ebenbilde
Gottes«. In der Tat gelingt es dem Sohn des Schaustellers
durch sein Flötenspiel, den Löwen zu besänftigen und damit die Gefahr endgültig abzuwenden. Das fromme Vertrauen auf Gott und der Glaube an die harmonisierende
Kraft der Kunst im Zuge einer unerhörten Begebenheit stellen die idyllische Ordnung am Ort der alten Stammburg
wieder her, dort, wo Natur und Geist weithin sichtbar eine

Einheit eingegangen sind. Die Symbolik des Orts, am Anfang vorgestellt, bewahrheitet sich am Ende in der Wirklichkeit. Das Symbol und seine Wirksamkeit bilden einen kunstvollen Rahmen. Wendete sich die Handlung zunächst vom Idyllischen ins katastrophal Chaotische, so ereignet sich im Finale die Wende einer vom Chaos bedrohten Welt ins Legendenhafte.

Nur vordergründig handelt es sich um zerstörerische Kräfte, in einem tieferen Sinn ist alles aufgehoben in der göttlichen Gesetzmäßigkeit, die im Kleinen wie im Großen den Kosmos der Wirklichkeit durchdringt und bestimmt. Mit dem Sprung in die Legende wie vorher mit dem Sprung ins Wunderbare des Märchens überschreitet Goethe einmal mehr die Grenzen der Novelle. Der klassische Novellentypus stellt sich erneut als eine Mischform dar, in der das bloß Wirkliche jeweils idealisch überhöht erscheint.

Christoph Martin Wieland (1733–1813)

Im Gefolge Goethes versuchte sich auch Christoph Martin Wieland mit seinem 1805 erstmals erschienenen *Hexameron von Rosenhain* an der Novelle im Stil der Rahmenerzählung Boccaccios. Sechs Damen und Herren einer erlesenen Gesellschaft erzählen sich an sechs aufeinanderfolgenden schönen Sommerabenden in idyllischem Ambiente sechs Geschichten, wobei es sich bei der Rahmensituation im Unterschied zu den literarischen Vorbildern um keine Notlage handelt, sondern um ein geselliges Beisammensein mit dem Ziel, die Langeweile möglichst geistreich zu vertreiben. Wenn in den Vorgesprächen auch ausdrücklich von »Novellen« die Rede ist, die Gattungsbezeichnung damit zum erstenmal an markanter Stelle eingeführt wird, so handelt es sich bei den nachfolgenden Geschichten keineswegs durchgehend um Novellen. Bunt gemischt nach dem Prinzip »variatio delectat« sind Geister- und Feenmärchen sowie mythologische Erzählungen, verbunden durch das gemeinsame Leitthema der Liebe. Erst die vierte Geschichte, die *Novelle ohne Titel*, führt ein echtes Gattungsbeispiel vor. Unmißverständlich schickt der Erzähler voraus, daß sich die Novelle »weder im Dschinnistan der Perser [...] noch in einem andern idealischen oder utopischen Lande, sondern in unserer wirklichen Welt begeben« sollte.

Weil nur der männliche Nachkomme erbberechtigt ist, der Sohn aber verstirbt, setzen die Eltern die dem Sohn zum Verwechseln ähnliche Tochter an seiner Statt zum Haupterben ein. Als diese sich jedoch in den rechtmäßigen Erben aus zweiter Linie verliebt, dieser sich aber einem mit dem Haus ebenfalls verwandten Mädchen zugeneigt fühlt, kommt es zum Konflikt. Die als Mann verkleidete Frau gibt sich daraufhin in einer überraschenden Wendung des Geschehens zu erkennen und entschließt sich, in ein Kloster einzutreten.

Der widernatürliche Geschlechtertausch und die schließlich siegreiche Natur ermöglichen eine typisch novellistische Handlungsführung und erfüllen die Erwartung des neuen und Unerhörten sowie die streng realitätsorientierten Ansprüche des Genres. Eine besondere Pointe erhält die Novelle dadurch, daß am Ende in einem Strukturspiel auch ein möglicher tragischer Ausgang versucht, aber zugleich ironisiert wird.

Die klassische Novelle gibt sich auch bei Wieland als versöhnlich zu erkennen, geleitet von dem Vertrauen auf stets mögliche Konfliktlösungen kraft einsichtsvoller Humanität. Auf diesem Wege nähert sich die *Novelle ohne Titel* der menschliches Handeln idealisierenden moralischen Erzählung an.

Auch die beiden abschließenden Geschichten folgen im

wesentlichen diesem Novellenverständnis, wobei die gewählte Gattungsbezeichnung »Anekdote« auf das Neue, noch nicht Veröffentlichte und auf den Wahrheitsgehalt des Erzählten verweist. Geht es in *Freundschaft und Liebe* um einen allerdings schon bald wieder rückgängig gemachten Partnertausch zwischen zwei Ehepaaren – eine Anregung zu Goethes *Wahlverwandtschaften* ist vermutet worden –, so handelt die abschließende Geschichte *Liebe ohne Leidenschaft* von der sittlichen Bewährung des Liebhabers, der sich durch sein untadeliges Verhalten von jedem Verdacht, die Geliebte nur ihres Geldes wegen zu lieben, reinigt. Kunstvoll öffnet sich am Schluß die Binnengeschichte in die Rahmenerzählung, indem die Geliebte sich mit einer der zuhörenden Damen der Gesellschaft als identisch erweist. Damit spiegelt sich auch in der Gesamtanlage die harmonisierende Erzähltendenz.

Die idealischen Gattungsvarianten bei Schiller, Goethe und Wieland blieben im wesentlichen ohne Nachfolge, da der Glaube an die humane Selbstkontrolle des Menschen und der Gesellschaft in dem Maße schwand, wie die Novelle die im Grunde optimistischen Menschen- und Weltbilder hinter sich ließ und sich den realen gesellschaftlich-geschichtlichen Bedingungen und den problematischen Verfaßtheiten des Menschen stellte.

Mit den zunehmend enttäuschenden Entwicklungen in der Öffentlichkeit nahmen auch die Glaubwürdigkeit und die Orientierungskraft sittlich überhöhender individueller wie kollektiver Entwürfe ab. Das Bewußtsein, ohne entscheidenden Einfluß mit fortgerissen zu werden im Strom der Geschichte und gesellschaftlicher Prozesse, ausgesetzt den eigenen existentiellen Abgründen, entwertete schließlich auch die Kunstschöpfungen des im Kern edlen Menschen und der guten Gesellschaft.

Unleugbar aber ist Schiller dem tragischen Aspekt der Novelle um ein wesentliches näher als Goethe und Wieland mit ihren vom Alltag abgehobenen feinen Gesellschaften,

wenn auch bei Goethe – und das teilt er mit Boccaccio – die
Tragik des Daseins als latente Gefährdung durchaus präsent
bleibt, nur im noblen Ambiente durch ästhetische Sublimierung auf Distanz gerückt.

3

Heinrich von Kleist (1777–1811)

Mit den 1810 und 1811 in zwei Bänden erschienenen *Erzählungen* von Heinrich von Kleist setzt die Geschichte der
modernen deutschen Novelle ein. Der noch in Kleists Brief
von Mai 1810 an den Verleger Reimer erwogene Titel »Moralische Erzählungen« wurde fallengelassen, vermutlich um
eine allzu optimistische, den vorliegenden Novellen im
Grunde unangemessene Akzentuierung zu vermeiden. Bei
den acht Geschichten handelt es sich nur bei zwei Stücken
um Erstdrucke. Die übrigen sind ganz bzw. in Teilen schon
vorher erschienen. Sieht man einmal von *Die heilige Cäcilie*
und *Der Zweikampf* ab, so ist in allen anderen Fällen die
novellistische Erzählführung prägend und unverkennbar.
    Anders als die klassischen Novellen Goethes und Wie-
lands sind die Novellen Kleists beherrscht von der »gebrechlichen Einrichtung der Welt« (*Michael Kohlhaas*, ähnlich in *Die Marquise von O. . .*). Geschichte und Gesellschaft, aber auch der Mensch selbst scheinen hineingezogen
in einen Sog latenter Gefährdung und Zerstörung. Menschlichkeit und ordnendes, moralisches Handeln sowie alle
idealistischen Werte sind beschränkt auf wenige Ausnahme-
fälle und erweisen sich aufs Ganze gesehen als einflußlos
und ohnmächtig.
    Mit Kleists Novellen betritt der Leser, die abgeschirmten

Räume klassisch überhöhten Menschentums hinter sich lassend, die von Verunsicherung gezeichnete Welt revolutionären Aufruhrs. Die alten Ordnungen sind brüchig geworden, in Auflösung befinden sich Moral und Sitte, und die Aggression in Geschichte und Gesellschaft schreitet voran. In historischen Spiegelungen und Verfremdungen, gelegentlich in scheinbar ferngerückten Räumen, entwerfen Kleists Novellen das Bild der von Grund auf erschütterten traditionellen Welt, in der sich menschliche wie gesellschaftliche Abgründe zu öffnen beginnen. Merkwürdig gebrochen erscheint der Glaube an ordnungsstiftendes, humanes Handeln angesichts des sich immer wieder ereignenden Chaos, in das sich der sittlich wollende Mensch zerstörerisch verstrickt.

Humanität entfaltet sich ausschließlich in der Isolation von einer heillosen Welt, Krisen erscheinen oft nur abwendbar durch zufällige Fügungen oder Interventionen übermenschlicher Mächte. Weniger der versöhnliche Geist der italienischen Novelle als die moralisch skeptische Haltung von Cervantes, auf den der ursprünglich vorgesehene Titel zurückweist, bestimmt die Novellistik Kleists. Sie ruft mit ihrer tragischen Grundierung eine eigenständige deutsche Novellentradition ins Leben. Bewußt vermeidet Kleist wohl mit Blick auf Goethe und Wieland die erwartete Genrebezeichnung. Gleichzeitig setzt er im Anschluß an Goethes *Märchen* mit der die Gattungsgrenzen transzendierenden Geschichte von der heiligen Cäcilie Akzente für die romantische Novelle. Geht es dort um eine wunderbare, so geht es hier um eine legendenhafte Bewältigung der Krise.

Programmatisch für das novellistische Werk Kleists ist sein *Michael Kohlhaas*, der – dort zum erstenmal im vollen Umfang gedruckt – den 1810 erschienenen ersten Band der *Erzählungen* einleitet. Zurückgehend auf eine alte märkische Chronik aus dem Jahr 1731, gestaltet Kleist eine chronikalische Erzählung. Die Erzählperspektive des Chronisten betont den historisch authentischen Charakter des Erzählten und begründet zugleich eine deutliche Distan-

zierung von der zentralen Figur, über die es bereits einleitend heißt: »Das Rechtgefühl aber machte ihn zum Räuber
und Mörder.« Nicht auf den einzelnen konzentriert sich
hier das Erzählinteresse, sondern auf den unerhörten Fall
eines Menschen, dessen Rechtsgefühl ihn ins Unrecht verstrickt. Die Novelle erzählt einen Prozeß, der ins Negative
umschlägt, wobei dem Erzählvorgang selbst die Aufgabe
zufällt, die einzelnen Stationen dieses Prozesses zu verfolgen und dessen repräsentative Aspekte zu demonstrieren.

Zunächst schildert der Chronist mit minutiöser Genauig-
keit das Unrecht, das dem Pferdehändler Kohlhaas beim
Überschreiten der Landesgrenzen von Berlin nach Sachsen
durch den Junker von Tronka widerfährt: das widerrechtliche Zurückhalten der Rappen, die Mißhandlung des
Knechts und die unzureichende Versorgung der Pferde, in
deren jämmerlichem Aussehen sich sinnbildhaft der desolate Rechtszustand spiegelt. Nachdem alle Versuche, über
die normalen Instanzenwege sein Recht zu erlangen, an der
Korruption und der Protektionswirtschaft der Oberen gescheitert sind, nimmt Kohlhaas an einem entscheidenden
Wendepunkt der Handlung die Sache selbst in die Hand.

Von jetzt an nimmt die Katastrophe ihren Lauf, indem
der einzelne seinem beleidigten Rechtsgefühl auf dem Wege
der Selbstjustiz gewaltsam Genugtuung zu verschaffen
sucht. Der Überfall auf die Tronkenburg beantwortet offenbares Unrecht mit brutaler Gewalt, Korruption mit Mord
und Totschlag. Unschuldige leiden mit den Schuldigen. Aus
den Fenstern der Vogtei fliegen »die Leichen des Schloß-
vogts und Verwalters, mit Weib und Kindern«. Kohlhaas ist
weniger ein revolutionärer Empörer als ein Rechtsfanatiker,
der, das Gewaltmonopol des Staats usurpierend, zum Terroristen verkommt.

Auf dem Weg zum verbrecherischen Gewalttäter, in
blindwütiger, das Leben Unbeteiligter mißachtender Verfolgung des Junkers, legt er Feuer in Wittenberg und greift
Leipzig an, nichts als Verwüstung hinterlassend und Un-

frieden stiftend. Das subjektive Rechtsstreben mündet in Rechtlosigkeit, der für sein Recht Kämpfende wird zum outlaw. Ein unerhörter Wandel geht mit dem Handlungsträger der Novelle vor. Kohlhaas setzt das Unrecht, das durch den Junker in die Welt gekommen ist, fort und wird dabei, während er sich noch in der Rolle des Täters glaubt, zum Opfer seiner sich verselbständigenden, jeder Kontrolle entgleitenden Aggression.

Erkennbar wird der tragische Aspekt öffentlichen Handelns im Zeitalter der Revolution, der Entstehungszeit der Novelle. Der Aufbruch zur Wiederherstellung der Gerechtigkeit unter den Menschen mündet in einen ebenso recht- wie friedlosen Zustand. Das entfesselte Subjekt schickt sich an, die objektive Welt in ein Chaos zu stürzen. Erst durch die Intervention Luthers scheint sich eine Wende abzuzeichnen. Aber die Amnestierung des ehemaligen Pferdehändlers und die Einleitung eines rechtmäßigen Verfahrens gegen den Junker werden schon bald durch die Plünderungen und fortgesetzten Gewalttaten Nagelschmidts, eines Unterführers von Kohlhaas, konterkariert.

Kohlhaas, der heimlichen Verschwörung bezichtigt, wird in Ketten gelegt. Die Folgen seines verbrecherischen Handelns holen ihn ein, indem sein Schicksal verbunden erscheint mit dem Handeln seines Unterführers, eines ganz gewöhnlichen Räubers und Landfriedensbrechers, dessen Verbrechen aber ihre Ursache ganz allein in Kohlhaas selbst haben. Über den Rechtsfanatiker, der zum Bandenführer, zum Kriminellen und Terroristen verwahrloste, wird vom Kaiser die Todesstrafe verhängt.

Die Geschichte um den mysteriösen Zettel, von einer Zigeunerin dem Verurteilten zugespielt, mit einer vermutlich schicksalhaften Prophezeiung für das sächsische Fürstenhaus, verweist in den Händen dessen, der sein Leben verwirkt hat, auch auf die Hinfälligkeit der Großen.

Am Schluß scheint sich auf den ersten Blick ein versöhnlicher Geist auszubreiten. Im wohlgenährten Zustand der

Rappen, dem Leitmotiv der Novelle, wird die wiederherge-
stellte Gerechtigkeit sinnfällig, nachdem der Junker für
seine Übergriffe gegen den Pferdehändler bestraft worden
ist. Vom brandenburgischen Kurfürsten zu Rittern geschlagen, erwartet die Söhne des hingerichteten Vaters eine ver-
heißungsvolle Zukunft. Der Kurfürst von Sachsen aber, in
dessen Land das Übel seinen Anfang genommen hatte, wo
Korruption und Protektion an der Tagesordnung waren,
kehrt, »zerrissen an Leib und Seele«, nach Dresden zurück.

Doch der allzu versöhnliche Ausgang ist trügerisch. Erst
das terroristische Handeln erzwingt die Wiederherstellung
der Gerechtigkeit, nachdem man Kohlhaas noch vorher bedeutet hatte, mit seiner »Stänkerei« und seinem »Querulan-
tentum« aufzuhören. Der erpreßbar gewordene Staat handelt nicht aufgrund eines vorbehaltlosen, unparteiischen
Rechtsbewußtseins, sondern unter dem Druck der Gewalt.
Für das angerichtete Chaos ist er ebenso verantwortlich wie
der unmittelbare Täter. Die Korruption von oben und die
Destruktivität von unten sind gleichermaßen beteiligt an
der allgemeinen Recht- und Friedlosigkeit.

Nur eine dünne Decke scheint über das Chaos gebreitet,
das jederzeit wieder hervorbrechen kann, da weder das Kollektiv noch das Individuum auf die Dauer den Ansprüchen
aufrichtiger Humanität zu genügen vermögen. Die Nobili-
tierung der Söhne, die Bestrafung des Junkers und die Fütterung der Rappen wie überhaupt der etwas dick aufgetra-
gene versöhnliche Geist am Schluß erwecken den Eindruck
eines verzweifelten Versuchs, das sichtbar gewordene Chaos
hastig wieder zuzudecken zu wollen, nachdem es durch die
Mitwirkung aller eskaliert war. Die Novelle läßt den Leser
in die Abgründe menschlicher und gesellschaftlicher Verfaßtheit blicken und stellt, weit entfernt vom klassischen
Optimismus, eine dauerhafte humane Kontrolle der latenten chaotischen Energien prinzipiell in Frage.

Kleists Novellistik ist geprägt von der dialektischen
Spannung zwischen Chaos und Ordnung, genauer: zwi-

schen der sich immer wieder eruptiv ereignenden Katastrophe und ihrer versuchten Kompensation. Nicht nur die Struktur der einzelnen Novellen, sondern die Struktur des Novellenwerks insgesamt folgt der Dialektik von Aufruhr und Ausgleich, wobei der einmal herbeigeführte Ausgleich durch den eskalierenden Aufruhr in der nachfolgenden Novelle jedesmal relativiert erscheint. Gerade durch diese das Einzelwerk übergreifende Strukturierung tritt die gebrechliche Einrichtung der Welt markant hervor. Nicht zuletzt spiegelt sich die inhärente Dynamik der Katastrophe in der vorwärtsdrängenden Syntax, deren strenge Formung den Versuch darstellt, der eigendynamischen Bewegung wenigstens auf dem Felde der Kunst Herr zu werden.

Auf den *Kohlhaas* folgt in den *Erzählungen* die 1808 erstmals gedruckte *Marquise von O...*, auf die mühsame Eindämmung zerstörerischer Aktion das erneut ungezügelt hervorbrechende Chaos. Die unerhörte Begebenheit einer rätselhaften Schwangerschaft leitet die analytisch angelegte Novelle ein und führt über die Suche nach dem unbekannten Vater zur rückblendenden Darstellung kriegerischer Auseinandersetzungen, in deren Verlauf die verwitwete Marquise, Tochter des Festungskommandanten, einer Vergewaltigung durch russische Soldaten zum Opfer zu fallen droht. Bei ihrer Befreiung durch einen russischen Offizier wird sie ohnmächtig.

Wieder scheint die Welt, verstrickt in kriegerische Wirren, aus den Fugen. Entfesselte Gewalten setzen die Selbstkontrolle des einzelnen außer Kraft und machen ihn zum willenlosen Opfer. Konfrontiert mit den Folgen einer verbrecherischen Tat, bleibt für die Betroffene der Täter selbst anonym. Beispielhaft entfaltet sich eine novellistische Situation, die den einzelnen in ein Geschehen verwickelt zeigt, dessen Antriebe ihm unbekannt bleiben. Das Geständnis des russischen Offiziers läßt für die Marquise eine Welt einstürzen. Aus ihrem Retter ist ihr Schänder, aus dem Engel ein Teufel geworden. Die jäh polarisierte Wirklichkeit wird trügerisch und unverläßlich. Betrogen ist das Vertrauen auf den, an den man sich unendlich dankbar erinnerte, betrogen ist der Glaube an die uneigennützige, reine Menschlichkeit. Zwar führen die aufrichtigen Liebesbeweise und die Reue des Täters am Ende zu einer Versöhnung und in eine Ehe, in der dem schuldig Gewordenen »um der gebrechlichen Einrichtung der Welt willen« verziehen wird, die verbrecherische Tat selbst aber kann nicht ungeschehen gemacht werden.

Der Blick in die Abgründe menschlicher Triebverfallenheit offenbart die tragische Gefährdung sozialer Beziehungen, die Unsicherheit des Urteils über den Mitmenschen und die Hinfälligkeit der Humanität. Zurück bleibt der Eindruck der gegenseitigen Eskalation kriegerischer und triebhafter Aggressionen, die durch die unbeirrbare Menschlichkeit des weiblichen Opfers noch einmal ausgeglichen werden. Tragisch aber ist die Erfahrung, daß dem Frieden in der Welt und zwischen den Geschlechtern immer das Ausüben und das Erleiden von menschenverachtender Gewalt vorausgehen muß. Erst die sich ereignende menschliche Katastrophe ist imstande, vorübergehend eine Wende zur Menschlichkeit einzuleiten.

In der zum erstenmal unter diesem Titel in den *Erzählungen* gedruckten Novelle *Das Erdbeben in Chili* geht die Katastrophe nicht allein vom Individuum, sondern vor allem vom Kollektiv aus. Jeronimos unbeherrschtes Verhalten zieht die Einweisung Josefes in ein Kloster nach sich, wo er noch im Klostergarten die letztendliche erotische Erfüllung erzwingt. Die Folgen des Liebesabenteuers führen zum Todesurteil über Josefe, während der eigentliche Urheber des Übels ins Gefängnis geworfen wird. Aus der leidenschaftlichen, die Verantwortung für den anderen mißachtenden Liebe erwächst das persönliche, in erster Linie von der Frau erlittene Desaster.

Auch hier beschwört ungezügeltes Triebverhalten eine ausweglose Situation herauf, die sich jedoch durch den Ausbruch des Erdbebens überraschend zu wenden scheint. Josefe, bereits auf dem Wege zu ihrer Hinrichtung, kann mit ihrem Kind ebenso wie Jeronimo entkommen. Doch das Erdbeben ist von durchaus ambivalenter Sinnbildhaftigkeit. Bedingt es auf der einen Seite die Befreiung des Liebespaars und dessen Zuflucht bei der Familie Ormez, wo Josefe das Kind der erkrankten Donna Elvira nährt, so verweist es auf der andern Seite auf den schwankenden Boden, auf dem der einzelne steht und auf dem er soziale Beziehungen zu knüpfen versucht. Einbeschlossen darin ist die Leidenschaft Jeronimos, die erdbebengleich das unglückliche Geschehen erst auslöste. Unkontrollierbar wie die Naturkatastrophe erscheint der einmal ausgebrochene Trieb.

Die Familienidylle wie der versöhnliche Geist unter den Menschen nach dem Erdbeben täuschen. Als Josefe und Jeronimo an dem Gottesdienst aus Dank für das Eingreifen des Allmächtigen teilnehmen, werden sie als das »frevlerische Paar« erkannt, vor die Kirchenpforte gedrängt und zusammen mit den Verwandten der Familie Ormez und deren Kind auf bestialische Weise ermordet.

Im fanatischen Handeln setzt sich das zerstörerische Wirken der Naturgewalten fort, zu denen auch der entfesselte Mensch zählt. Humanisierung hat nicht stattgefunden. Der christliche Glaube läutert die Menschen nicht, sondern läßt sie in ihrem blinden Fanatismus zu Bestien verkommen. Stärker als die Liebesbotschaft erweist sich die latente Aggressivität, der der Glaube nur als Vorwand dient.

Inmitten der menschlichen Greuel bilden die Ormez, die sich des Kinds der Sünde anstelle ihres ermordeten eigenen Kindes annehmen, eine Insel echter Humanität, zu klein aber, um ein wirkungsvolles Vorbild abzugeben und eine umfassende, dauerhafte Veränderung einzuleiten. Bereute in *Die Marquise von O...* der russische Offizier noch sein verbrecherisches Handeln, so glauben sich die Fanatiker hier bis zum Schluß im Recht. Nichts, weder die äußere noch die innere destruktive Natur, kann ihnen den Weg zur Menschlichkeit weisen, da sie sich jeder Einsicht verschließen.

Ein wahres Inferno von Undankbarkeit, Unrecht und Mißtrauen entfesselt die den zweiten Band der *Erzählungen* einleitende Novelle *Die Verlobung in St. Domingo*. Wiederum bildet ein aufwühlendes, die Ordnung der Menschen in Frage stellendes Ereignis den Hintergrund des Geschehens. Beim Aufstand der Schwarzen auf den Antillen werden die weißen Herren von ihren Sklaven wahl- und gnadenlos ermordet. An Brutalität tut sich insbesondere Congo Hoango hervor, der von seinem Herrn ausschließlich Wohltaten empfangen hatte. In den revolutionären Wirren gerät Gustav von der Ried in das Haus des Negerführers, wo er von dessen Mätresse festgehalten wird, um später hingerichtet zu werden. Schwankend zwischen Angst und Begierde, verliebt er sich in deren mit einem Weißen gezeugte Tochter Toni, die sich ihm in aufrichtiger Liebe hingibt.

Doch sein Mißtrauen der Hautfarbe gegenüber, genährt durch die Erinnerung an eine fieberkranke Schwarze, die einen Weißen, um ihn tödlich zu infizieren, umarmte, läßt ihn das reine Gefühl Tonis verkennen. Als Hoango zurückkehrt und Toni ihren Geliebten zum Schein fesselt, während sie andere Weiße ins Haus holt, schießt er die Geliebte nach seiner Befreiung nieder. Über die Treue Tonis aufgeklärt, legt er schließlich Hand an sich selbst.

Radikaler als in den vorausgegangenen Novellen verweigert Kleist hier jede humane Perspektive. In den blutigen Wirren, im Klima von Haß, Täuschung und Mißtrauen, bleibt schließlich auch die Liebe auf der Strecke. Ungesichert und gefährdet ist die menschliche Existenz. An entscheidenden Wendepunkten der Handlung schlagen die soziale Fürsorge in den Vernichtungswillen, Solidarität in Aggression und die Liebe in Haß um. Besessen scheinen die Menschen, nicht länger Herr über sich selbst, von blinder Destruktivität und dem unausrottbaren Argwohn gegen den andern. Gespalten ist die Gesellschaft in Schwarze und Weiße, in Freund und Feind. Kollektive Verurteilung vereitelt individuelles Abwägen und Verstehen. Der sich chaotisch verselbständigende Aufstand entfesselt in verfremdender historischer Anspielung auf die Französische Revolution die Hölle unter den Menschen. Einmal mehr wird die Novelle zum Medium von Menschen ausgelöster, aber ihrer Kontrolle entgleitender Prozesse.

Überhaupt verstärkt sich im zweiten Band der *Erzählungen* die pessimistische Grundierung. Schlossen die drei Novellen des ersten Bandes jeweils mit dem Ausblick auf den menschlich herbeigeführten sittlichen Ausgleich, so scheint nun der Glaube an den sittlich handelnden Menschen und an die prinzipielle Durchsetzbarkeit von Humanität geschwunden.

In der Novellette *Das Bettelweib von Locarno* wird der Marquese zwar für sein verständnisloses, im Grunde unmenschliches Verhalten, das den Tod der Frau herbeiführt, bestraft, aber der Bestrafung geht weder eine Einsicht in das eigene Fehlverhalten voraus, noch wird der Schuldige von den Menschen zur Verantwortung gezogen. Vielmehr bricht ein phantastisches Gericht über den Marquese herein, das ihn selbst und seinen engsten Lebensraum, in dem er schuldig geworden war, vernichtet. Das Phantastische ist dabei nicht die Ursache, sondern das Symptom einer tiefreichenden Zerrüttung. Es zeigt den Riß in einer durch den Menschen korrumpierten Ordnung. In der phantastischen Erscheinung spiegelt sich eine verstümmelte, amputierte Welt.

Mit *Der Findling* setzt Kleist die Tendenz des zweiten Bandes fort, Geschichten von der hoffnungslosen Verworrenheit menschlicher Beziehungen zu erzählen. Der von dem genuesischen Kaufmann Piachi an Sohnes Statt aufgenommene Nicolo entpuppt sich als ebenso leichtsinnig wie skrupellos. Wegen seiner guten beruflichen Arbeit zunächst als Teilhaber seines Pflegevaters eingesetzt, der ihm bereits zu Lebzeiten das Haus der Familie überschreibt, erweist er sich schon bald als gefühllos und undankbar, indem er seiner noch jungen Pflegemutter nachstellt und, nachdem ihn Piachi vor die Tür gesetzt hat, seinen Rechtsanspruch auf das Haus geltend macht. Als seine Frau aus Gram über das

erlittene Unrecht stirbt, tötet Piachi seinen Pflegesohn und
verweigert sich vor seiner Hinrichtung der Absolution, um
Nicolo in der Hölle wiederzutreffen und sich weiter an ihm
zu rächen.

Der Pflegesohn, mit Fürsorge und Liebe behandelt, wird
zum Teufel in Menschengestalt und treibt den unbescholte-
nen, großzügigen Kaufmann zum Mord. So verzehrend ist
der Haß auf den, der das Leben seiner Frau und das eigene
zerstört hat, daß er selbst auf das ewige Seelenheil verzichtet, nur um sicherzugehen, daß der Urheber des Bösen sein
verdientes Ende in der Hölle gefunden hat. Das Finale
der Novelle, die sich trostlos und unumkehrbar zur größt-
möglichen Katastrophe wendet, verweigert jeden sittlichen
Ausgleich. Am Ende offenbart sich nach schlimmen Verwicklungen und tragischen Zuspitzungen ein perspektive-
loser, chaotischer Weltzustand, vergleichbar der Situation
am Ausgang der ersten Novelle des zweiten Bandes. Wie
dort auf den Triumph der Destruktion das phantastische
Gericht in der nachfolgenden Novelle antwortet, so folgt
hier auf dem tiefsten Punkt der Menschlichkeit die legendenhafte Überhöhung.

Mit der Erzählung *Die heilige Cäcilie oder Die Gewalt
der Musik* verläßt Kleist den Bereich der Novelle. Die
menschlichen Verhältnisse haben einen Zustand erreicht, in
dem nur noch das Wunder helfen kann. Im Zuge der Bilder-
stürmerei am Ende des 16. Jahrhunderts droht das Cäcilien-
kloster in Aachen (eine Erfindung Kleists) der Zerstörungs-
wut einer Gruppe von Randalierern zum Opfer zu fallen.
Als die Katastrophe kaum noch abwendbar erscheint, zumal alle Abwehrmaßnahmen gescheitert sind, tritt plötzlich
die krank geglaubte Schwester Antonia auf, hinter der sich
die heilige Cäcilie selbst verbirgt, und leitet die Aufführung
der italienischen Messe. Von der Gewalt der Musik be-
zwungen, lassen die Bilderstürmer von ihrem Vorhaben ab.
Wie besessen müssen sie fortan das »gloria in excelsis deo«
anstimmen und landen schließlich im Irrenhaus. Die de-

struktiven Elemente sind die eigentlich Irren, doch nicht die Menschen, sondern nur ein Wunder kann sie von ihrem irrsinnigen Tun abbringen. Ohnmächtig scheint die Welt dem Wahnsinn der Zerstörung ausgeliefert, wenn sich nicht wunderbare Kräfte ihrer erbarmen.

In der den zweiten Band abschließenden Erzählung *Der Zweikampf* vermischen sich novellistische und legendenhafte Züge. Friedrich von Trota, der, ein Gottesurteil herausfordernd, für die Unschuld Littegardens im Zweikampf gegen Jakob den Rotbart antritt, erholt sich, nachdem schon alles gegen ihn entschieden scheint, von seiner tödlichen Verwundung, während sein zunächst triumphierender Gegner an einer scheinbar harmlosen Wunde zugrunde geht.

Wo die Gerichte längst ihr Urteil gefällt haben und sich alles gegen die Unschuld verschworen hat, während der Schuldigen das Recht dem Anschein nach auf ihrer Seite haben, führt eine wunderbare Fügung die Wende herbei. Wie in der vorausgegangenen Legende markiert der entscheidende Wendepunkt nicht länger den Absturz in die Katastrophe, sondern weist den Weg zur rettenden Lösung. Ähnlich wie Goethe mit dem die *Unterhaltungen deutscher Ausgewanderten* abschließenden *Märchen* und der legendenhaften Wendung in seiner Muster-*Novelle* verlegt Kleist versöhnliche Lösungsperspektiven in den Bereich des Wunderbaren und weist damit auf die romantische Novellistik voraus.

Die Zuflucht zu dem den menschlichen Alltag Transzendierenden aber bedeutet gleichzeitig eine Kapitulation des Vertrauens auf die selbstordnenden und selbstheilenden Kräfte des Menschen. Äußerte sich bei Goethe in den wunderbaren Fügungen noch der Glaube an die letztlich siegreiche Humanität, so gestalten die Interventionen transzendenter Mächte bei Kleist den Wunschtraum einer geordneten humanen Wirklichkeit, die im real existierenden, sich stets neu ereignenden Chaos immer wieder untergeht.

In dem Maße, wie die regulierende Kraft der Gesellschaft an Einfluß verliert, tritt notwendig auch der gesellige Rah-

men als konstituierende Erzählsituation zurück. Kleists
Einzelnovellen sind miteinander verbunden durch die innere Struktur der Katastrophe, durch eine innermenschliche
Tragik, die in ihrem eigendynamischen Streben nach einer
Lösung über die novellistischen Gattungsgrenzen hinaus-
drängt und den das Reale mit dem Wunderbaren vermi-
schenden Gattungstypus der Romantik antizipiert.

4

Die Novelle der Romantik

Die Novelle nimmt innerhalb der romantischen Literatur
einen überraschend breiten Raum ein, überraschend, weil
die novellistische Bindung an die Endlichkeit und Begrenztheit des Daseins dem Streben der Romantiker nach unendli-
cher Entgrenzung auf den ersten Blick entgegensteht. In der
Tat ist die Gattung nie wieder einer vergleichbaren Zerreiß-
probe ausgesetzt worden wie in der Romantik. Im Zuge der
»progressiven Universalpoesie« bildete die Novelle mit ihrer akzentuiert immanenten Blickführung eine Herausforderung, die Gattungsgrenzen zu erkunden, Möglichkeiten
der Grenzüberschreitung zu erproben und so die Weite der
Kunst wie des Lebens auszumessen.

Das expansive Daseinskonzept der Romantiker führte zu
einer Ausweitung nach innen wie nach außen, zu einer Vertiefung in extreme existentielle und geistig-seelische Erfahrungsbereiche und gleichermaßen zu einer Überhöhung der
bloßen Alltagsexistenz. Bewußtes und Unbewußtes, Phantasie und Phantastik fügten sich in der Novelle zu einer
Dialektik von Begrenzung und Entgrenzung, von der Erfahrung des Wunderbaren und des Grauenvollen. Beides

aber, das Wunder wie das Grauen, die Wirklichkeit des Schreckens wie die Möglichkeit der Erlösung gehören zum Dasein des Menschen, machen seine polare Identität, seine Ganzheit aus.

Die Novelle leuchtet tief hinein in die psychischen Verfassungen und Abgründe, sie zeigt die Nachtseiten des einzelnen wie seine Höhenflüge, seine materiellen wie seine ideellen, seine ichsüchtigen, verbrecherischen und genialen Antriebe und seine Sehnsüchte nach erweiternder Liebeserfüllung und Ahnungen einer Existenz jenseits der eng gezogenen Grenzen seines Alltags.

Die romantische Novelle zeichnet im Zeitalter des revolutionären Aufbruchs mit seinen Hoffnungen und seinen Ängsten das ganze Spektrum menschlichen Bewußtseins von seinen düstersten bis hin zu seinen lichtesten Farbtönungen. In der Romantik gewinnen die phantastische Novelle und die Märchennovelle, die Novelle extremer persönlicher Entwürfe und radikaler tragischer Prozesse Gestalt. Das Wunderbare, die Gattungsgrenzen überschreitend, verweist auf die expansiven Möglichkeiten menschlichen Bewußtseins und erweitert die Einsichten in die Natur des Menschen. Die Novelle der Romantik ist der Spiegel existentieller Totalität, die in der Gattung weder vorher noch nachher in diesem Maße wieder gestaltet und sichtbar wurde.

Ludwig Tieck (1773–1853)

Am Anfang der romantischen Novelle steht Ludwig Tiecks *Der blonde Eckbert* (1797), von ihm selbst noch »Volksmährchen« genannt, bei näherem Hinsehen aber charakteristische Merkmale novellistischen Erzählens in der romanti-

schen Phase ausprägend. 1812 übernahm Tieck die knappe
Erzählung in seinen Märchen, Schauspiele und ausdrücklich
»Novellen« umfassenden *Phantasus*, in dessen Rahmenge-
sprächen poetologische Fragen erörtert werden. Eine klare
Grenzziehung zwischen Märchen und Novelle erfolgt je-
doch bezeichnenderweise nicht.

Die Hauptgestalten Bertha und Eckbert gehören in ihrer
beschränkten, eingeengten Lebensweise zunächst ganz dem
Alltag an. Aber unter der Oberfläche eines philisterhaft geregelten Daseins verbirgt sich ein furchtbares Geheimnis, an
dem Bertha ihren Gast Walther in der Binnenerzählung
teilhaben läßt. Charakteristisch für romantisches Erzählen,
öffnet sich das bloß Vordergründige in die Tiefe. Verdrängtes überwältigt das Bewußtsein der Erzählerin.

Erinnert wird das verlorene Paradies der Kindheit in der
Waldeinsamkeit bei der Alten, die Bertha bei ihrer Flucht
zurück in die Alltagswelt bestiehlt und sich dadurch in
Schuld verstrickt. Die Wendepunkte markieren jeweils die
Übergänge aus dem Realen ins Wunderbare und umge-
kehrt, zwischen der begrenzten Wirklichkeit des Menschen
und seinen unbegrenzten Möglichkeiten. Repräsentiert die
Waldeinsamkeit das Dasein in seiner ungebrochenen elementaren Fülle, so steht die Burg mit ihren Ringmauern für
die selbstverschuldete Beschränktheit.

Walther, zunächst nur in der passiven Rolle des Zuhörers,
entpuppt sich im folgenden in unheimlich wechselnden Gestalten als die von Bertha einst verlassene und betrogene
Alte. Mit ihm bricht das tödliche Verhängnis in das Leben
Berthas und Eckberts ein. Das phantastische Ereignis gewinnt bei Tieck Gestalt als ein vom einzelnen selbst ausgelöster Prozeß, der an dem entscheidenden Wendepunkt der
Handlung zerstörerisch wirksam wird. Tiecks phantastische
Novelle offenbart den Zwiespalt einer Welt, die sich gegen
das unendlich Mögliche für das endlich Wirkliche entschieden hat, in der das Grauen vor der Leere an die Stelle des
Glücks angesichts ursprünglicher Fülle getreten ist.

Ist im *Blonden Eckbert* die Sphäre jenseits des Alltags die eigentliche Heimat des Menschen, so erscheint sie in *Der Runenberg* (1802) als der Ort existentieller Gefährdung. Christian, aus der Ebene, aus der als öde empfundenen Arbeit als Gärtner in die einsame Welt der Berge geflohen, begegnet auf dem Runenberg der faszinierenden Bergkönigin, die ihm eine Tafel überreicht, deren geheimnisvolle Zeichen sich tief in seine Seele einbrennen und ihn verzaubern. Fortan entfremdet er sich mehr und mehr von der normalen Menschenwelt und endet schließlich im Wahnsinn.

Die einsamen Wege im Gebirge, die Schächte, in die er hinabsteigt, veranschaulichen die im Grunde unfruchtbare Begegnung mit seinem Selbst, das sich von allen Bezügen zu den Mitmenschen und zur vegetativen Natur unten in der Ebene losgesagt hat. *Der Runenberg* ist das polare Gegenstück zum *Blonden Eckbert*. Erfährt der Mensch dort die zumindest episodische Ausweitung seiner Existenz, so hier deren Verengung. Geht er dort durch den Verrat am Wunderbaren zugrunde, so hier durch seine Verstrickung in die Enge. Eine überlebensfähige Symbiose mit der lebendigen Natur findet in beiden Fällen nicht statt.

Die sogenannten Märchen aus dem *Phantasus*, Stücke, die Tieck zum Teil eigens für die Sammlung schrieb, kreisen um selbstzerstörerische latente Konflikte. Sowohl Tannhäuser in *Der getreue Eckart und der Tannenhäuser* (1799) als auch Emil im *Liebeszauber* (1811) und die beiden jungen Menschen in *Der Pokal* (1811) sind so sehr in sich verschlossen, daß sie sich dem geliebten Menschen gegenüber nicht zu öffnen vermögen. Unfähig zur Liebe, zerstören sie ihr eigenes Leben. Die übernommenen Sagen- und Märchenmotive berühren dabei den existentiellen Aussagekern kaum. Der in die eigene Enge verstrickte Mensch ist ein novellistisches Thema, das aber gerade in seinen jeweils tragischen Zuspitzungen die Frage nach den Möglichkeiten der Befreiung wachruft.

Ludwig Tiecks gesammelte Novellen, die nach einigen

vorausgegangenen Ausgaben 1854 in zwölf Bänden geschlossen vorlagen, verzichten auf das eigentlich Wunderbare, verbleiben jedoch weitgehend im Kreis romantischer Orientierung. Gelegentlich werden die Grenzen zum Roman deutlich überschritten. So umfassen Tiecks *Dichterleben* 300 Seiten, *Der Aufruhr in den Cevennen* 270 Seiten und *Der Tod des Dichters* ebenfalls 300 Seiten.

Tiecks zentrales Thema bleibt die Dialektik von Enge und Weite, dem Sichverschließen und dem Sichöffnen, von Isolation und Integration. In seinen Dialognovellen bildet das Gespräch als Ausdruck des geselligen Umgangs miteinander bereits ein markantes integratives Moment. Die Novelle *Die Gemälde* (1822) läßt die Handlung deutlich hinter den Dialog zurücktreten. Im Gespräch bekennen sich die Sprechenden zu ihren inneren Überzeugungen, durch die sie charakterisiert, aber auch entlarvt werden. So sieht der Bilderfälscher Eulenböck in der Begegnung mit großer Kunst lediglich die Anregung zum geistigen Selbstgenuß, zur Begegnung mit sich selbst. Nicht seine Fälschungen aber führen die Liebenden zusammen, sondern die Entdeckung einer verschollen geglaubten Sammlung echter Gemälde.

Die Ich-Vergötterung als radikale Konsequenz romantischen Denkens führt in eine Sackgasse. Sie verengt die soziale Natur des Menschen und bringt in der Tat lediglich Fälschungen hervor. Die am Schluß sich erfüllende Liebe überwindet die persönliche Verengung und markiert die Wende zur sozialen Öffnung.

Gelegentlich nimmt Tiecks Kritik an romantischen Verstiegenheiten ironische Züge an. Der Aufschneider in *Der Geheimnisvolle* (1822), der, um sich wichtig zu machen, vorgibt, eine Kampfschrift gegen Napoleon verfaßt zu haben, gerät im Zusammenstoß mit französischen Soldaten in Lebensgefahr, aus der ihn am Ende die aufrichtige Liebe einer Frau befreit. Spöttisch fällt die Kritik an weltfremden Selbstbildern in *Die Verlobung* (1823) aus, wo die geistige

Schwärmerei zunächst echte menschliche Verbindungen zu verhindern droht. Aber auch hier siegt schließlich die weltzugewandte Liebe über alle geistig-seelischen Überspanntheiten.

Wichtig ist für Tieck weniger der Intellekt als die Intuition, die dem Menschen Zugänge öffnet zu den Kräften elementaren Daseins, dem auch er angehört. Der Junge, der in der Novelle *Der fünfzehnte November* (1827) in einen geistigen Dämmerzustand versinkt, in dem er ein Boot baut, das später bei einer Flutkatastrophe als letzte Rettung eingesetzt wird, erscheint gerade bei gemindertem Bewußtsein mit den geheimen Daseinskräften verbunden. Am Wendepunkt der Handlung, dort, wo der einzelne seinen Alltagsverstand vorübergehend verliert, erfährt er eine Vertiefung und Ausweitung seiner Existenz, indem er im erlebten Zusammenhang mit der Natur sinnvoll handelt.

Derjenige aber, der sich verschließt, der das ihn mit den anderen und der Welt verbindende Gefühl zu unterdrücken sucht, muß am Ende vor dem, was sich unwiderstehlich in ihm regt, kapitulieren. In der kleinen, der umfassenden Erzählung *Das Zauberschloß* (1830) eingefügten Novelle *Die wilde Engländerin* entblößt sich Florentine durch ein Mißgeschick beim Absteigen vom Pferd vor dem Mann, den sie insgeheim liebt, ohne sich jedoch zu ihrer Liebe bekennen zu wollen. Das Mißgeschick aber offenbart in sinnbildhafter Weise ihren wahren inneren Zustand und bereitet die Erfüllung der Liebe vor, zu der sich Florentine am Ende vorbehaltlos bekennt.

In ihrer dialektisch strukturierten Handlungsführung wenden sich die Novellen Tiecks in aller Regel zu einer allseitigen Öffnung des Menschen, der gerade in der Überwindung persönlicher Enge seine Ganzheit und sein Einssein mit der Daseinsgesetzlichkeit erfährt, wie die kranke Gräfin in der Novelle *Der Schutzgeist* (1839), die in ihrem heilsamen Glauben an die göttliche Führung durch die Erinnerung ihrer Kindheit wunderbar gestärkt wird. Deutlich aber setzt sich Tieck von allen Versuchen ab, die in abergläubischer Borniertheit dem Wunder des Lebens beikommen wollen. Kritik an der bloßen Wundersucht enthält die Novelle *Die Wundersüchtigen* (1831). Magier und Hellseher, die vorgeben, Zugänge zu den Geheimnissen des Lebens zu haben, erscheinen als Taschenspieler und betrogene Betrüger.

Das Wunder des Lebens wie die Liebe als das größte unter allen Wundern verbieten das bloße Spiel und die ausschließliche Selbstinszenierung. Die Novelle *Die Klausenburg* (1837) führt sowohl auf der Ebene der rückwärtsgewandten Binnenerzählung als auch auf der Ebene der rahmenden Erzählgegenwart das verderbliche Spiel mit der Liebe vor, das im Binnenteil ins gespenstisch Bedrohliche übergeht und zur Zerstörung der Burg führt, während im Rahmen der verantwortungslose, im Grunde selbstsüchtige Umgang mit dem andern letztlich überwunden und der Wiederaufbau der als Leitmotiv gesetzten Klausenburg in Aussicht gestellt wird.

Während die genannten Novellen vergessen sind, ist *Des Lebens Überfluß* (1839) – nicht zuletzt durch die Aufnahme in den von Paul Heyse und Hermann Kurz herausgegebenen *Deutschen Novellenschatz* (1871–76) – einem kleinen Kreis bis heute bekannt geblieben. Die Geschichte von dem jungen Ehepaar, das sich aus der Öffentlichkeit zurückzieht und durch das Verheizen der Treppe den Zugang zur Welt draußen abbricht, erweckt zunächst den Eindruck einer biedermeierlich-resignativen Rückzugsidylle. In einer überraschenden Schlußwendung jedoch wird die Verbindung zur Außenwelt wiederhergestellt und das Liebespaar erneut in die Gesellschaft integriert. Mit seiner Rückführung in die Gemeinschaft der anderen haben auch diese nun Teil an dem Wunder der Liebe. Der Überfluß der Liebenden geht über auf die anderen und gleicht ihren emotionalen Mangel aus. Noch einmal beschwört Tieck den romantischen Glauben an die gemeinschaftsstiftende Kraft der Liebe, in der

der Mensch seine tiefste existentielle Erfüllung erfährt.
Doch die in der Zeit allgemeiner Resignation und des Rück-
zugs erschienene Novelle zeigt unverkennbar nostalgische
Züge.

Tiecks späte Novellistik blieb ohne wesentlichen Einfluß
auf die weitere Entwicklung der Gattung. Impulse gingen
vor allem von seinen sogenannten Märchen aus dem *Phantasus* aus. Die Transzendierung des Alltags ins Wunderbare
sowie der Einbruch des Grauens in die geordnet geglaubte
immanente Welt, oft innerhalb einer Erzähleinheit miteinander verbunden, begründeten mit ihren schroffen Wirk-
lichkeitsbrüchen eine dialektische, das Unerhörte provozie-
rende Struktur, die dem romantischen Streben nach externer
wie interner Entgrenzung entgegenkam.

Achim von Arnim (1781–1831)

Enger als Tieck bindet Achim von Arnim im Gefolge des
italienischen Musters die Novelle thematisch an die Liebe.
Anders aber als etwa Boccaccio geht es ihm dabei nicht um
die erotische Erfüllung, sondern um die Liebe als ein existentielles Erleben zwischen der Sehnsucht nach personaler
Entgrenzung und der Erfahrung der im bürgerlichen Alltag
eng gezogenen Grenzen. Die problemlose Identifikation
des Menschen mit seiner sinnlichen Natur weicht dem problematischen Bewußtsein von dem im Grunde unlösbaren
Widerspruch der nach Unendlichkeit strebenden Liebe mit
der Endlichkeit der Welt.

In seiner 1809 erschienenen Erzählsammlung *Der Win-
tergarten* knüpft Arnim mit der Rahmenerzählung an das
italienische Modell an, indem er ähnlich wie Boccaccio den
Erzählanlaß an eine Notlage bindet, diesmal an die franzö-

sische Besetzung Berlins in den Jahren 1806–08. Dazu tritt
ein strenger Winter, der sechs Personen in einem Landhaus
festhält. Den Schwerpunkt der Sammlung bilden Bearbei-
tungen deutscher Barockliteratur mit dem erklärten nationalen Ziel der Wiederbelebung des »Volksgeistes« durch
Spiegelung der Gegenwart in der Vergangenheit.

Allein bei der auch von Goethe geschätzten *Mistris Lee*
handelt es sich um eine echte Novelle. Erzählt wird die Geschichte der Entführung einer verheirateten Frau in deren
ausdrücklichem Einvernehmen. Als die Entführte jedoch erkennt, daß sie nicht den liebt, der leidenschaftlich um sie
wirbt, sondern dessen Bruder, läßt sie die Entführung scheitern und kehrt zu ihrem Mann zurück. In letzter Konsequenz erweist sich Mistris Lee als unfähig, sich zur Unbedingtheit ihrer wahren Liebe zu bekennen, indem sie die
unerhörte Begebenheit der Entführung rückgängig macht
durch die freiwillige Rückkehr in den abgesicherten bürgerlichen Ehealltag. In psychologischer Motivierung konzentriert sich die Novelle auf den an der Halbherzigkeit der
Frau gescheiterten Aufbruch.

Isabella von Ägypten (1812) bildet insofern das Gegenstück zur vorausgehenden Novelle, als sich hier die vorbehaltlos und unbestechlich Liebende einem wahren Pandä-
monium der Lieblosigkeit gegenübersieht. Umgeben vom
nackten Materialismus, verkörpert in den phantastischen Figuren des Bärenhäuters, eines schatzhütenden Wiedergän-
gers, und des Alrauns, eines Wurzelmännchens mit dem un-
trüglichen Instinkt für verborgene Reichtümer, sowie von
bloßer Sinnlichkeit, Gestalt geworden in der ihr äußerlich
täuschend ähnlichen Doppelgängerin, dem weiblichen Go-
lem Bella, bewahrt die Zigeunerprinzessin Isabella ihre
reine Liebe. Als ihr klar wird, daß der jugendliche Karl V.
ihrer Liebe nicht wert ist, da er sich verstrickt in die ins
Phantastische gesteigerten materiellen und sinnlichen Verführungen, bricht sie auf mit ihrem Volk der Zigeuner und
ihrem Kind, das sie von Karl empfangen hat, in ein utopi-

sches, nicht näher beschriebenes Land jenseits der korrupten Geschichtswelt. *Isabella von Ägypten* gehört zu den bedeutendsten phantastischen Novellen der deutschen Literatur. Spiegeln sich im Phantastischen die Abgründe der Geschichte, so im Wunderbar-Utopischen die Möglichkeiten einer menschlichen Erhebung und Erlösung. Wie in Tiecks *Phantasus*-Novellen ist das Geschehen strukturiert durch die oft schroffen Brüche zwischen dem Phantastischen, Geschichtlichen und Wunderbaren.

Zusammen mit *Isabella von Ägypten* veröffentlichte Arnim *Melück Maria Blainville, Die drei liebreichen Schwestern und der glückliche Färber* sowie die ausdrücklich »Novelle« genannte Erzählung *Angelika, die Genueserin, und Cosmus, der Seilspringer.* Insbesondere die Geschichte von der schönen Araberin Melück hat von den genannten Stücken größere Beachtung gefunden. Im Zentrum steht die Unbedingtheit der Liebe zwischen Melück, die seit ihrer Taufe den Namen Maria Blainville trägt, und Saintree, der neben ihr auch Mathilde liebt. Aus dem Dreiecksverhältnis entwickelt sich das tragische novellistische Geschehen. Melück ist zwar bereit, ihrer Liebe zu entsagen, aber als sie einen gewaltsamen Tod erleidet, stirbt auch Saintree ohne erkennbare Ursachen. Nur die vollkommene Liebe bedeutet wirkliches, lebenswertes Leben. Doch in der Welt des Alltags vermag sie sich nicht zu verwirklichen. Am Ende steht die Tragik der Liebenden, für die im Endlichen kein Raum ist. Mit dem Triumph des Banalen in der *Mistris Lee,* dem utopischen Aufbruch in der *Isabella von Ägypten* und dem tragischen Scheitern in der *Maria Blainville* gestaltet Arnim Grundmodelle des Liebesschicksals in einer endlichen Welt, Modelle, die eine wirkliche Erfüllung im wesentlichen ausschließen.

In seiner bis heute bekanntesten Novelle *Der tolle Invalide auf dem Fort Ratonneau* (1818) nimmt Arnim das Motiv ehelicher Liebe wieder auf, vertieft es aber im Vergleich mit der *Mistris Lee* um ein wesentliches. Der am Kopf ver-

wundete Sergeant Francœur unterstellt seiner Frau Rosalie
ein Verhältnis mit dem Kommandanten und hält auf dem
Fort mit seinen großen Pulvervorräten die Stadt Marseille
durch Kanonaden und ein immenses Feuerwerk in Atem.
Erst als er sich in größter Verzweiflung ein Haarbüschel
ausreißt, platzt seine alte, schlecht verheilte Kopfwunde
wieder auf, und er kommt zur Besinnung. Die unerhörte
Begebenheit des Feuerwerkes ist zugleich Sinnbild der Eifersucht wie der Leidenschaft, Ausdruck von Wut und Enttäuschung wie der erneuernden Kraft einer großen Liebe.
Am Schluß steht in einer versöhnlichen Wende das ungetrübte Bekenntnis der Ehepartner zueinander. Die Ehe bildet den Vorschein menschlicher Erfüllung überhaupt und
einer übergreifenden Harmonie. Erst das Mißverständnis
zwischen den Liebenden und das Mißtrauen beschwören
Dissonanzen herauf und lassen die Lebensordnung für die
Dauer einer unheilvollen Episode zerbrechen.

Gerade die versöhnlich ausklingenden Novellen Arnims
kreisen immer wieder um die erfüllte eheliche Liebe, die an
die Stelle der Erotik in der italienischen Novelle tritt. In *Die
drei liebreichen Schwestern und der glückliche Färber*
(1812) findet Golno endlich bei der dritten Schwester die
Erfüllung seiner Liebeshoffnungen, nachdem er von den
anderen beiden enttäuscht worden war, und Frau von Sa-
verne in der gleichnamigen Novelle (1817) wird in einer
glücklichen lebendigen Ehe geheilt von ihrer Verehrung der
leblosen Büste Ludwigs XVI., dem sie persönlich in Versail-
les begegnet war und der Büste in fataler Weise glich. In
Fürst Ganzgott und Sänger Halbgott (1818) ist es der Sänger, der den Fürsten dazu bewegt, spontaner zu leben und
zu lieben, so daß er, aus seiner traditionalen Erstarrung befreit, für seine Frau wieder liebenswert wird. Allen Erstarrungen und pedantischen Verknöcherungen überlegen erweist sich die Poesie auch in den *Holländischen Liebhabe-
reien* (1826), wo der gelehrte Philologe dem jungen Dichter
in der Werbung um die Gunst eines Mädchens unterliegt.

Zu einer wahren Flut von Eheschließungen kommt es schließlich in *Die Ehenschmiede* (postum in Bd. 2 der »Sämtlichen Werke«, 1839). Ehestifterin im schottischen Heiratsparadies Gretna Green ist eine aus dem Reich der Nixen und der Neckgeister aufgetauchte Frau, die schließlich mit einem Erfinder in einem Tauchboot zu unbekanntem Ziel entflieht. Die gestifteten Ehen, die sie als ihr Vermächtnis hinterläßt, sind der Widerschein einer wunderbaren Welt, in die die Stifterin selbst am Ende zurückkehrt, nachdem sie eine Ahnung des Wunderbaren in die Wirklichkeit hineingetragen hat. Die unerhörte Begebenheit bildet in den genannten Novellen jeweils die erfüllte Ehe selbst, in der der einzelne die Ganzheit seines Daseins erfährt und die ihn zugleich eine Welt jenseits der Grenzen seines endlichen Alltags ahnen läßt.

Doch neben die versöhnlich endenden Novellen mit ihrem Abglanz der vollkommenen Harmonie in der erfüllten ehelichen Liebe tritt immer wieder auch die tragische Novelle, die eine Erfüllung im Hier und Jetzt ausschließt und in eine andere Welt verlegt. In Arnims zweiter großen phantastischen Novelle *Die Majoratsherren* (1819) sind der Majoratsherr und die schöne Esther übersinnlich durch das Zweite Gesicht miteinander verbunden. Als imaginierte Doppelgänger begegnen sie sich in einer phantasmagorischen Abendgesellschaft und offenbaren sich gegenseitig ihre Lebensschicksale. Während der Majoratsherr als uneheliches Kind seines Vaters der Mutter unterschoben wurde, um die männliche Erbfolge zu sichern, ist die ungefähr gleichzeitig geborene Esther keine Jüdin, sondern die eheliche, einem jüdischen Roßhändler anvertraute Tochter, die von dessen zweiter Frau Vasthi mit tödlichem Haß verfolgt wird. In einer Vision erlebt der Majoratsherr den Tod Esthers und erblickt Vasthi als Würgeengel. Als er aus dem Becher trinkt, in dem der Todesengel sein Schwert abgewischt hat, stirbt auch er.

Nur im geheimnisvoll aufeinander abgestimmten Zustand der Halluzination begegnen sich Esther und der Majoratsherr. In der Wirklichkeit ist kein Platz für ihre Zuneigung. Allein der Tod verbindet sie in einer makabren realen Szene. Die Welt, regiert von Haß, Macht und Profitdenken – so läßt Vasthi das verfallene Majoratslehen zu einer Salmiakfabrik umbauen –, erstickt und tötet die Liebe. Während die Liebenden in der realen Welt scheitern, lassen sie in ihren Visionen eine höhere Wirklichkeit ahnen: »und es erschien überall durch den Bau dieser Welt eine höhere, welche den Sinnen nur in der Phantasie erkenntlich wird«. Arnims von den Surrealisten hochgeschätzte Novelle führt das am Empirischen orientierte novellistische Erzählen bis zu dem Punkt, wo das, was endlich versagt ist, transparent wird für eine unendliche Gewährung.

Die Künstlernovelle *Raphael und seine Nachbarinnen* (1824) gestaltet Arnims bemerkenswertesten Versuch, die Tragik von sinnlich-endlicher Existenz und höheren, geistig-seelischen Ansprüchen auszugleichen. Der große italienische Maler Raffael verzehrt sich nach der engelgleichen Benedetta, macht aber die sinnliche Ghita zu seiner Geliebten. Die Weissagung, er werde in weißen Haaren inmitten seiner Kinder sterben, erfüllt sich als unerhörte Begebenheit, als er erfährt, daß er Kinder mit Ghita hat, die, von dieser verschwiegen, von Benedetta aufgenommen und aufgezogen werden. Sinnliches und Geistiges scheint in dieser Gruppe vereint. Geistiges ist auch für den Künstler nur abbildbar im Sinnlichen; so trägt die Sixtinische Madonna die Züge Benedettas, während die Kinder zu ihren Füßen für die Kinder mit Ghita stehen. In der Verschmelzung von Eros und Agape weist die irdische Liebe im künstlerischen Sinnbild auf die wunderbar erlösende, letztlich Ganzheit stiftende Macht der Liebe. Charakteristisch für die Novellistik Arnims ist auch hier die Gestaltung endlicher Wirklichkeit, die an entscheidenden Übergängen des Geschehens transparent wird für das Unendliche.

Friedrich de la Motte-Fouqué (1777–1843)

Fouqué ist als Novellist kaum gewürdigt worden. Berühmt wurde er zu Lebzeiten mit seinen romantischen Ritter- und Heldendichtungen, mit den Gestalten seiner rückwärtsgewandten, scheinbar unerschöpflich fabulierenden Phantasie und seinen literarischen Bekenntnissen zum Vaterländischen. Für Eichendorff hatte der alte Fouqué »etwas peinliches Rührendes«, wenn er ihn, einem »abgedankten Tragöden« gleich, »noch immer zwischen den umgeworfenen Kulissen und verlöschenden Lampen in seiner alten Rüstung rumoren« sah (*Geschichte der poetischen Literatur Deutschlands* VII).

Doch das Bild des hoffnungslos anachronistischen Romantikers hat bis heute den novellistischen Erzähler verdeckt, zumindest aber einer gerechten Würdigung im Wege gestanden. Zweifellos ist Fouqués ernstzunehmendes Novellenwerk schmal. Weder die 1812 erschienene Novelle *Die beiden Hauptleute* um eine versöhnlich endende Liebesaffäre noch die zwischen 1815 und 1821 im »Frauentaschenbuch« verstreut erschienenen Novellen, die Fouqué unter dem Sammeltitel *Kleine Romane* herausgab, können größeres Interesse beanspruchen.

Allenfalls die Novelle *Ixion* (1812) zeigt ein bemerkenswertes novellistisches Erzählprofil. Der junge Dichter Ernst von Wallborn steigert sich nach einer gescheiterten Liebe in den Wahn, der thessalische König Ixion zu sein, den Zeus auf den Olymp versetzt hatte, wo er sich in frevelhafter Liebe Hera zuwendet. Von einer Wolke in Gestalt der Hera von Zeus auf die Probe gestellt, wird er schwach, und Zeus fesselt ihn zur Strafe an ein feuriges Rad. In tragischer Weise ist der romantische Künstler an eine göttliche Liebe jenseits der irdischen Grenzen gebunden. In der Auflösung seiner Geliebten zur Wolke erfährt er die Unmöglichkeit der Erfüllung seiner tiefsten Sehnsüchte. Fouqué läßt Wallborn in

einem fingierten Brief an Hoffmanns Kreisler bekennen:
»Gibt es doch nichts Schmerzlicheres im Leben, nichts
furchtbarer Zerstörendes, als wenn die Juno zur Wolke
wird.«

Die überzeugendsten erzählerischen Leistungen Fouqués
jedoch bilden die weiterhin gelesene *Undine* und sein *Galgenmännlein*. Die 1811 als Frühlingsheft der Zeitschrift
»Die Jahreszeiten« erschienene *Undine* ist vor allem als ein
typisches romantisches Kunstmärchen rezipiert worden,
obwohl, strenggenommen, nur der erste Teil mit dem Fi-
scherehepaar auf der von einem klaren See umspülten
Halbinsel märchenhaft im Sinne eines Naturmärchens ist.
Mensch und Natur sind wie die »Erdzunge«, die sich wie
»aus Liebe zu der bläulich klaren Flut« in diese hineindrängt, innig miteinander verbunden. Ähnlich wie in Tiecks
»Waldeinsamkeit« entsteht der Eindruck eines paradiesischen Lebensentwurfs, unmittelbarer und gegenwärtiger
noch, da er nicht in der erinnernden Rückblende, sondern
in der Erzählgegenwart Gestalt gewinnt. Die Hochzeit
Huldbrands mit der schönen, dem See entstiegenen Undine
markiert den Höhepunkt der Verschmelzung von Mensch
und Natur, des Geschöpfs mit seinem elementaren Lebensgrund.

Das Märchen von der vollkommenen Harmonie, von
Sein und Bewußtsein, aber ist nur Episode, ein ebenso ur-
sprüngliches wie flüchtiges Paradies. Mit dem Einzug in die
Reichsstadt tritt der Mensch aus der Zeitlosigkeit der Natur
in die Zeitlichkeit der Geschichte ein. Der Zustand glück-
stiftender Harmonie wird zerstört durch das Unfrieden und
Unglück schaffende Handeln der Menschen. Sein und Bewußtsein brechen auseinander, das Märchenglück weicht
der novellistischen Verwicklung. Ähnlich wie Tieck gestaltet
auch Fouqué den scheinbar unaufhebbaren Widerspruch
von natürlichem Dasein und geschichtlicher Existenz.

In seinen geschichtlichen Handlungsräumen jenseits des
verlassenen Naturparadieses an der Seespitze gerät der ein-

zelne in den Sog scheinbar übermächtiger Ereignisse, bis die Ehe des geschichtlichen Menschen mit dem Naturwesen endgültig scheitert und Undine zurückkehren muß in den Bereich elementaren Seins. Das Paradies ist verspielt, ahnbar nur noch in der Reminiszenz der das Grab Huldbrands umfangenden Wasserarme. Fouqués *Undine* gestaltet durch den Umschlag des Märchens in die Novelle die Kapitulation des Wunderbaren vor der menschlichen Geschichtswelt. Der Mensch scheitert notwendig dort, wo er die Natur als seinen elementaren Lebensgrund hinter sich läßt und Verrat an ihm übt.

Fouqués 1810 erschienener *Geschichte vom Galgenmännlein*, in der er auf die Grimmsche Sage vom spiritus familiaris zurückgreift, liegt Grimmelshausens fiktiver Bericht vom *Simplicissimi Galgenmännlein* (1673) zugrunde. Vor der lebensfrohen Kulisse Venedigs verstrickt sich der junge Kaufmann Reichard in die Welt seichter Genüsse und einer wohlfeilen Dirnenerotik, bis er, in akuten Geldnöten, sich in den Besitz des Galgenmännleins bringt, das seinen Besitzer dem Teufel zuführt, sofern es ihm nicht gelingt, das für immer neue Geldmengen sorgende Männlein noch vor seinem Tode zu veräußern. Das phantastische Wesen hetzt Reichard in ein wüstes Leben, in einen Genußtaumel, der in rasender Geschwindigkeit dem Tode zustrebt. Nach wiederholt gescheiterten Versuchen, sich des teuflischen Männleins zu entledigen, schlägt die Lust in den Jammer, der Genuß in Grauen um. Der Genußmensch, verloren in wohlfeiler Lust und Konsum, ist eine menschliche Kümmerform, die nur auf dem Wege der Selbsterkenntnis, durch heilsames Grauen vor sich selbst, überwunden werden könnte.

An dieser Stelle wendet Fouqué die phantastische Novelle zum Erlösungsmärchen, indem er Reichard in der Begegnung mit einem dem Teufel bereits verfallenen Ritter die Chance gibt, sich von dem Galgenmännlein in letzter Minute zu befreien. Die Erzählung weitet sich aus zur Parabel menschlicher Existenz zwischen Lebensgenuß und Todesgrauen. Reif wird der Mensch erst, wenn er den Tod in sein Leben miteinbezieht und die Unendlichkeit nicht fortwährend an die Endlichkeit verrät.

In der *Undine* wie im *Galgenmännlein* gewinnen die charakteristischen romantischen Erzählmuster der Märchennovelle wie des Novellenmärchens beispielhaft Gestalt. Wendet sich dort das Wunderbare durch die Berührung mit einer intriganten Geschichtswelt zum Desaster, so löst sich hier die phantastische Verwicklung schließlich in einer wunderbaren Fügung des Geschehens auf. Die geschichtliche wie die gesellschaftliche Wirklichkeit, so wie sie die Novelle abbildet, ist für den romantischen Erzähler Gefährdung und Herausforderung, Bedingung seines Scheiterns, sofern er sich mit der Enge identifiziert, aber auch Möglichkeit seiner Erlösung, sofern er über das bloß Wirkliche in der Gewißheit seiner persönlichen Weite hinausstrebt.

Adelbert von Chamisso (1781–1838)

In der Erzählstruktur ähnelt Chamissos einziges, 1814 erschienenes Novellenmärchen *Peter Schlemihls wundersame Geschichte* Fouqués *Galgenmännlein*. Hier wie dort bildet die Verstrickung des einzelnen in eine materiell vordergründige Welt den Ausgang eines konfliktreichen Geschehens, das schließlich nach Reue und Umkehr des Verstrickten in ein märchenhaftes Finale ausläuft.

Schafft aber bei Fouqué das Geld die Möglichkeiten für ein ausschweifendes Genußleben, so erhalten das Geld und sein Besitz in Chamissos Geschichte einen selbstgenügsamen Eigenwert. Geld zu haben bedeutet, herausgehoben zu sein aus der Menge, wie der reiche Herr John, dessen luxuriöse Welt den armen Schlucker faszinieren muß. Im phan-

tastischen Motiv des Mannes im grauen Rock, der alles
Gewünschte herbeizaubert, veranschaulicht Chamisso das
Prinzip einer materiell dominierten Waren- und Konsum-
gesellschaft. Der Schein des Geldes usurpiert den inneren
Wert und macht ihn unkenntlich.

Schlemihl gibt seinen Schatten in den Handel für einen
scheinbar nie versiegenden Geldfluß und verliert dabei
seine persönliche Identität. Geld, ohne wirkliche Leistung
erworben, ist jedoch in der bürgerlichen Gesellschaft ein
Geld ohne Geltung, es sei denn, man gibt wie Herr John
auch seine höhere geistige Persönlichkeit preis und identifiziert sich mit dem materiellen Schein.

Die Weigerung Schlemihls, diesen letzten Schritt zu tun,
isoliert ihn von der Gesellschaft. Der Pakt mit dem Grauen,
der Sündenfall des Menschen vor dem kapitalistischen Prinzip, bedeutet schwere menschliche Schuld, zugleich aber
vermag er auch die Augen zu öffnen für den wahren inneren Reichtum. Erst der Verlust des sozialen Ansehens macht
Schlemihl hellsichtig für das, was er auf keinen Fall verlieren darf: seine geistig-seelische Existenz. Mit der freiwilligen Trennung von dem Geld spendenden Fortunati Glücks-
säckel bahnt sich Schlemihl einen Weg aus der selbstverschuldeten Verengung seines Lebens. Hatte ihn bisher die
Faszination des Geldes unfrei gemacht und ihn in die Welt
des Kapitals verwickelt, so eröffnet der Verzicht auf die materiellen Scheinwerte die Möglichkeiten für eine geistig-seelische Entwicklung.

Vollzog sich die erste entscheidende Wende seines Lebens
durch die phantastische Begegnung mit der scheinhaften
Welt des Habens um seiner selbst willen, so erfährt er in der
zweiten Wende das wahre Sein des Menschen in der durch
das Märchenmotiv der Siebenmeilenstiefel veranschaulich-
ten geistigen Ausweitung seiner Persönlichkeit. Doch diese
vermag sich nur abseits der materiellen Welt wirklich zu
entfalten.

Ungleich pessimistischer als Fouqué deutet Chamisso die

Lösung eines utopischen Lebensentwurfs lediglich an. Die sich etablierende bürgerliche Gesellschaft mit der wachsenden Tendenz, sich mit dem materiellen Schein zu identifizieren, ist die Welt novellistischer Verwicklungen. Geistigseelische Entwicklungen können nur stattfinden im selbstgewählten märchenhaften Exil desjenigen, der dem Schein des Habens freiwillig entsagt.

Carl Wilhelm Salice-Contessa (1777–1825)

Contessa gehörte unter dem Namen »Sylvester« zu dem engsten Kreis der vier Serapionsbrüder um E. T. A. Hoffmann, dem er innerlich nahestand und dessen Auffassungen von der Unbedingtheit der Kunst er teilte. Vieles klingt in seinen Erzählungen bereits an, was dann bei Hoffmann seine Vollendung finden sollte. Radikaler als die meisten anderen romantischen Novellisten, kann es für ihn im geschichtlichen Leben eine Erfüllung des nach dem Unbedingten strebenden Menschen nicht geben. Aus dieser Gewißheit erwachsen seine zumeist tragisch endenden Novellen, in denen das Leben des einzelnen scheitert, aber im Scheitern sich Ausblicke eröffnen auf eine dauerhafte Erlösung. Leiden und Tod bilden die Bedingungen für ein Dasein jenseits bedrückender Zeitlichkeit.

Im humoristischen Stil schildert Contessa in *Magister Rößlein* (1810) die leidvoll-zermürbende Ehe des Magisters mit einer zänkischen, unduldsamen Frau, der er sich schließlich mit Hilfe des Teufels zu entledigen versucht. Doch selbst der Teufel, nachdem er die Gestalt des Magisters angenommen hat, sieht sich außerstande, das im Vertrag vereinbarte Jahr an ihrer Seite auszuharren. Zuletzt nimmt der Magister selbst, den der Vertrag bereits gereut und der im vorhinein

Höllenqualen ausgestanden hatte, sein Ehejoch wieder auf sich. »Wer aber, was ihm auferlegt, den schweren Sack ohn' Murren trägt«, heißt es abschließend, »der geht gradaus ins Himmelreich.« Das Leiden an der Welt ist unaufhebbar, aber aus dem romantischen Humor erwächst in der Relativierung der realen Beschränkungen der Glaube an ein über den leidvollen Alltag hinausgehobenes Glück.

In der Novelle *Meister Dietrich* (1811) wird der an einem Andachtsbild arbeitende Maler Dietrich vom Teufel zu einem wüsten Leben verleitet, in dem er seine Frau verrät und zum zweifachen Mörder wird. Nachdem er sich freiwillig gestellt und das Andachtsbild noch vollendet hat, vereinigt er sich in einer Vision mit seiner inzwischen verstorbenen Frau und nimmt in frommer Hoffnung die Hinrichtung auf sich. Nur im endgültigen Abschied von einem teuflisch verworrenen, verwerflichen Leben scheinen die Vollendung der Kunst und die Erfüllung der Liebe möglich. Novellistisches Erzählen konzentriert sich auch hier auf ein in die depravierte Welt verwickeltes Handeln, aus dem allein der Tod als die eigentliche Existenzwende zu erlösen vermag.

Bis zum gemeinsamen Liebestod gesteigert, nimmt Contessa das Motiv noch einmal in *Der Todesengel* (1814) auf. Der junge Goldschmied Wolf, verliebt in die Tochter des Meisters, wird, als Bräutigam abgewiesen, schuld an dessen Tod. Am Tag seiner Hinrichtung stirbt er zusammen mit seiner Geliebten, der vorher ihr verstorbenes gemeinsames Kind als Vorbote ewiger Glückseligkeit erschienen war. Die Erfüllung wird erneut ins Überirdische projiziert. Der Ausgang des novellistischen Geschehens bedeutet nicht Ende, sondern Neuanfang, so wie aus dem als Todesengel auftretenden Bräutigam schließlich der unsterbliche Geliebte wird. Die Novelle bricht dort ab, wo die wahre Poesie beginnt. Gerade dieser Verzicht auf eine märchenhafte Ausmalung des Glückszustands verleiht der Novelle Contessas ihre tragische, nur durch den unerschütterlichen Glauben der Betroffenen aufgehellte Grundierung.

Clemens Brentano (1778–1842)

Brentano ist zweifellos einer der bedeutendsten Märchenerzähler der Romantik. Von seinen Novellen und Novellenübersetzungen hat man dagegen mit Ausnahme der *Geschichte vom braven Kasperl und dem schönen Annerl* kaum Notiz genommen. Ganz in Vergessenheit geraten sind seine 1804 und 1806 in zwei Bänden erschienenen Eindeutschungen der *Novelas amorosas y ejemplares* (1637) der Spanierin María de Zayas y Sotomayor. Bereits die zeitgenössische Resonanz war so zwiespältig, daß man auf die Fortsetzung, die italienische Novellen enthalten sollte, verzichtete.

Brentano hat den Novellenbegriff nur einmal ausdrücklich verwendet, und zwar bei der 1815 in der Zeitschrift »Friedensblätter« gedruckten Erzählung *Die Schachtel mit der Friedenspuppe*. Bereits hier zeigt sich seine Vorliebe für die analytische Novelle, die die bei Erzähleinsatz zurückliegende unerhörte Begebenheit als kriminellen Akt realisiert, in dem sich ein nicht hinzunehmender individueller Übergriff niederschlägt. In der Aufdeckung wird zweierlei deutlich: einmal die Abgründigkeit subjektiver Existenz und zum andern die Überlegenheit der objektiven gesellschaftlichen Kräfte. Der Grab- und Leichenschänder Demoulin, der durch Vertauschung eines Neugeborenen mit einer Kindesleiche den rechtmäßigen Erben verprellt und einem intriganten Erbschleicher zum Erfolg verhilft, wird noch nach vielen Jahren überführt, so daß die Rechtmäßigkeit der Verhältnisse wiederhergestellt werden kann.

Stringenter gebaut ist die 1817 erschienene Enthüllungsnovelle *Die drei Nüsse*. Das den Titel bildende Leitmotiv führt zum Erschrecken des Alchemisten, der den vermeintlichen Liebhaber seiner Frau, der in Wahrheit ihr Bruder zu sein scheint, getötet hat und sich darauf dem Gericht stellt. Schließlich ist es ein Bild der drei Nüsse, das die Entdeckung des wahren, seinerzeit als Kind vertauschten Bruders einleitet, so daß sich im nachhinein der Ermordete in der Tat als der Liebhaber herausstellt. Die wiederholt kunstvoll eingesetzten Wendepunkte verweisen auf die hintergründigen Verflechtungen menschlicher Beziehungen und auf den oft trügerischen Wirklichkeitsschein, aber auch auf die plötzlich in Erscheinung tretende Wahrheit. Wie die Schachtel in der erstgenannten Novelle, so ist es auch hier ein markantes Requisit, das zur Enthüllung eines düsteren Geheimnisses beiträgt. Dabei erscheint der einzelne, eingebunden in eine Kette scheinbar zufälliger Begebenheiten, abhängig von rätselhaften, aber dennoch zielgerichteten Handlungsvollzügen und in tragischer Weise determiniert.

In der *Geschichte vom braven Kasperl und dem schönen Annerl*, erstmals 1817 im 2. Band der von Friedrich Wilhelm Gubitz in Berlin herausgegebenen *Gaben der Milde* erschienen, erreicht Brentanos analytische Novellistik mit dem Glauben an den geheimen Zusammenhang der Menschen und der Dinge und der Darstellung menschlicher Abgründigkeit ihren Höhepunkt. Aus der Erzählung der alten Bäuerin erfährt der Dichter von dem ehrsüchtigen Verhalten ihres Enkels Kasper, der sich als angesehener Unteroffizier in der Armee des Fürsten erschießt, weil er nicht länger mit dem Bewußtsein zu leben vermag, Sohn eines diebischen Vaters zu sein. Ehrsüchtig verhält sich auch seine Geliebte Anna, die sich durch herrschaftlichen Dienst eine Steigerung ihres Ansehens verspricht und dabei von einem Adligen verführt wird. Zur Kindsmörderin geworden, um ihre Schande zu verbergen, verurteilt man sie zum Tode.

An dieser Stelle endet die Geschichte der Bäuerin, die den Dichter, der sich bescheiden als Schreiber ausgibt, bittet, ein christliches Begräbnis für Kasper und Anna beim Landesherrn zu erwirken. Das aktive Eingreifen des bisher passiven Zuhörers in das Geschehen vermag zwar den Wunsch der Alten zu erfüllen, die erwirkte Begnadigung Annas aber kommt zu spät.

Unausweichlich scheint das Schicksal Annas von Anfang

an, veranschaulicht in dem fatalen Requisit des Richt-
schwerts, das in der Gegenwart der noch kindlichen Anna
ins Pendeln gerät. Kasper und Anna werden zu exemplarischen Vertretern des zeitlichen Menschen, den die eigene
Bedingtheit ausweglos in den Untergang treibt. Ohne
Chance, ihre persönliche Borniertheit zu revidieren, werden
sie zwangsläufig zu Opfern des novellistischen, sich unerbittlich erfüllenden Fatums. In der Ohnmacht vor der eigenen individuellen Verfaßtheit spiegelt sich die Kehrseite des
romantischen Individuationsstrebens.

Eine Erlösung von den inneren Zwängen kann es in der
zeitlichen Welt nicht geben, doch die Dingsymbole des
Kranzes, der Rosen und des Schleiers sowie die Graballego-
rie der wahren und der falschen Ehre verweisen auf die Erlösung der Opfer durch die göttliche Gnade. Brentanos analytische Novellen radikalisieren das zwanghaft Böse in der
Welt, bis zum Schluß angesichts der sich ereigneten Katastrophe der Erlösungsglaube als letzte verzweifelte Zuflucht
bleibt.

E. T. A. Hoffmann (1776–1822)

E. T. A. Hoffmann ist der bedeutendste Erzähler der Romantik. In seinem erzählerischen Werk bündeln sich die
einzelnen Tendenzen und Intentionen der Epoche und gelangen zur Vollendung. Hoffmanns Grundthema, der un-
auflösbare Widerspruch von Alltag und Poesie, von der
realen Bedingtheit und dem in der Phantasie geschauten
Unbedingten, von der determinierenden Gegenwart des
Wirklichen und der Ahnung einer möglichen Befreiung ist
bereits in *Ritter Gluck* (1809), der ersten veröffentlichten
Erzählung, präsent. Vor dem banal-geistlosen Treiben in

der Stadt flieht der Erzähler in einen Dialog mit imaginierten Gestalten, mit denen er »über alles, was den Menschen am teuersten sein soll«, spricht. In der Schwebe zwischen Wirklichkeit und Vorstellung begegnet er einem sonderbaren Menschen, der später vorgibt, Ritter Gluck zu sein. Von ihm erfährt er, daß der höchste Moment für den einzelnen »die Berührung mit dem Ewigen, Unaussprechlichen« sei.

Don Juan, eine weitere 1814 erschienene Musikdichtung, nimmt das Thema erneut auf. In der vom Erzähler wie im Traum erlebten Aufführung von Mozarts *Don Giovanni* verschmilzt die Sängerin der Donna Anna völlig mit ihrer Rolle, so daß sie am Ende wirklich stirbt. Die Musik, für Hoffmann die Kunst des Unaussprechlichen schlechthin, führt den Menschen über den Alltag hinaus. Eine überlebensfähige Harmonie von Kunst und Leben scheint ausgeschlossen.

Medium eines Daseins jenseits des Alltäglichen wird für Hoffmann vor allem das Kunstmärchen. Sowohl in *Der goldne Topf* (1814) als auch in *Klein Zaches* (1819) gehen die von der Poesie erfüllten und geleiteten Figuren schließlich in ein Märchenreich jenseits des Alltags ein. »Ist denn überhaupt des Anselmus Seligkeit etwas anderes als das Leben in der Poesie«, heißt es am Ende des *Goldnen Topfs*, »der sich der heilige Einklang aller Wesen als tiefstes Geheimnis der Natur offenbaret?«

Die besondere Gabe, kraft der Phantasie die Daseinsbereiche der Poesie und des Geistes zu schauen, ist das oft genannte serapiontische Prinzip, in Hoffmanns Werk verbunden mit dem Grafen von P., der sich in der Erzählung *Serapion* (1819) für den wiedererstandenen Märtyrer hält und dem von seinem Hügel aus nichts verborgen bleibt. Aber nicht nur die Reiche des Geistes sind dem serapiontischen Erkennen zugänglich, sondern auch die Spießerwelten des Konrektors Paulmann und des Registrators Heerbrand, des pedantischen Aufklärers Paphnutius und des lächerlichen Gnoms Klein Zaches. Durch den unbestechlichen Blick und

die Gestaltungsgabe des Dichters gewinnt das Wesentliche
jeglicher Erscheinung erst Konturen. Aus der serapiontischen, auf das Begrenzte und Bedingte gerichteten Perspektive ensteht das eigentliche novellistische Erzählen. »Serapion«, so heißt es in der genannten Erzählung, »erzählte
jetzt eine Novelle, angelegt, durchgeführt, wie sie nur der
geistreichste, mit der feurigsten Fantasie begabte Dichter
anlegen, durchführen kann.«

Schmerzlich bewußt sind vor allem dem Künstler die
Enge und die Kurzsichtigkeit des bürgerlichen Alltags. In
der Erzählung *Die Jesuiterkirche in G.* (1815) erlebt der
Maler Bertold in der flüchtigen Begegnung mit einer hinrei-
ßend schönen Frau seine Erweckung zum Künstler. Sie
wird ihm zum Idealbild einer überirdischen Schönheit, die
er fortan in all seinen Bildern als Abglanz des Unendlichen
darstellt. Als er dann jedoch der Frau wiederbegegnet und
mit ihr eine Familie gründet, versiegt seine künstlerische
Schaffenskraft. Er verläßt Frau und Kind und nimmt sich
am Ende offenbar das Leben. Das Ideal, das man besitzt,
löst nicht länger schöpferische Prozesse aus. Eingeschlossen
in die Grenzen des Alltags, stirbt die Kunst. Im unauflös-
lichen Widerspruch von Kunst und Leben spiegelt sich
die Antinomie von endlicher Existenz und dem unendlich
Schönen, das im Künstler nach Ausdruck und Gestalt verlangt.

Antonie in der Novelle *Rat Krespel* (1816) ist begabt mit
einer fast überirdisch wohlklingenden Stimme. Doch ihr
Gesang zehrt an ihrem Leben und tötet sie schließlich. Die
unbegrenzte Harmonie hat in der Begrenztheit des Daseins
keinen Platz. Am Ende bleiben nur die Erinnerung an das
Wunderbare, flüchtig und verletzbar, und die Gewißheit
seines unweigerlich tragischen Untergangs.

Obwohl nicht im engeren Sinn zu den Künstlernovellen
zählend, veranschaulicht die Erzählung *Die Bergwerke zu
Falun* (1818) die antinomische Spannung des novellistischen
Erzählens Hoffmanns in besonders eindringlicher Weise.

Am Morgen des Hochzeitstages bricht der junge Bergmann Elis Fröbom auf, um einen kirschroten Stein zu heben, in dem »unser Inneres verwachsen ist mit dem wunderbaren Gezweige, das aus dem Herzen der Königin im Mittelpunkt der Erde emporkeimt«. Erst nach einem halben Jahrhundert findet man den wohlerhaltenen Leichnam des Jünglings, während seine Braut »ein steinaltes, eisgraues Mütterchen« geworden ist. Das Alter ist das Schicksal aller, die sich mit dem Lebensprozeß selbst verbinden, das Wunder der ewigen Jugend aber ereignet sich jenseits des Lebens, allerdings um den Preis seines individuell begrenzten Vollzugs.

Die Versuche, den tragischen Widerspruch menschlicher Existenz zwischen der Bindung an ein begrenztes Dasein und der Sehnsucht des Menschen nach einem unbegrenzten Leben aufzuheben, sind innerhalb des novellistischen Werks selten und bleiben zwiespältig. Die schöne Rosa, irdische Verkörperung himmlischer Schönheit, in *Meister Martin der Küfner und seine Gesellen* (1818) wird zur Frau des Kunstschmieds Friedrich, dem es gelingt, in der Schaffung eines Pokals, in dem eingearbeitete Engelsfiguren im Wein zu schweben scheinen, Handwerk und Kunst, praktischen Zweck und höheren Sinn miteinander zu verbinden. Der Junker Conrad, der das Glück durch seine Stärke zwingen will, geht ebenso leer aus wie der Maler Reinhold, dessen Glück im Geistigen jenseits der bürgerlichen Welt liegt. Verräterisch ist, daß der Ausgleich zwischen künstlerischer und bürgerlicher Existenz, zwischen dem endlich und dem unendlich Schönen in die weit entrückte Zeit des Mittelalters verlegt wird, in eine von den Romantikern verklärte Geschichtsphase, unerreichbar für die Gegenwart und in der dargestellten Form nur eine schöne Fiktion.

Zu einem heiter-satirischen Spiel aufgelöst erscheint die borniert Bürgerwelt in *Signor Formica* (1819). In einer Art Kabarett karikiert der Maler Salvator Rosa unter dem Namen Signor Formica den alten, liebestollen Don Pasquale, der sich einbildet, ein begabter Komponist zu sein, und dessen Freunde, unter ihnen ein Doktor, der seine Patienten von allen Leiden erlöst, indem er sie unter die Erde bringt. Erbost über das anzügliche Spiel, vergißt Pasquale seine junge Braut Marianna, die mit dem Maler Antonio längst das Weite gesucht hat. Die spielerische Ausschaltung der bedrückenden Wirklichkeit schafft einen Zustand der Befreiung und der Öffnung. Fiktion und Alltag durchdringen sich und formen den Wunschtraum des Künstlers von der Überlegenheit des Spiels über den lähmenden Ernst des Alltags.

Die meisten Novellen Hoffmanns, unter ihnen seine bekanntesten, erfassen den Menschen im Einflußbereich dunkler Mächte, die, in ihm selbst begründet, ihn beschädigen und ins Verderben reißen. Novellistisches Erzählen porträtiert das vom Verlust seiner Ganzheit bedrohte Subjekt, das in sich selbst und in die Welt unheilvoll verstrickt ist. In *Die Abenteuer der Sylvester-Nacht* (1814) tritt neben Peter Schlemihl Erasmus Spikher auf. Hat jener seinen Schatten, so dieser sein Spiegelbild verloren. Betont Chamisso, auf den Hoffmann anspielt, die materielle Verblendung, so Hoffmann selbst die Verführung durch das Sinnlich-Erotische. Spikher hat sein Spiegelbild Julia, seiner Geliebten in Italien, überlassen und wird darauf von seiner Frau verstoßen. Das Bedingtsein durch die sinnliche Natur führt in einer fatalen Lebensepisode zum Verlust der geistig-seelischen Dimension und der bürgerlichen Existenz. Der Mensch erscheint als Opfer triebhafter Kräfte, die ihn in dem Maß zerstören, wie er sich ihnen willenlos überläßt. Anders als im klassischen Menschenbild ist der sittliche Widerstand des einzelnen gegen das Selbstzerstörerische deutlich eingeschränkt.

Insbesondere in den von Hoffmann unter dem Sammeltitel *Nachtstücke* zusammengefaßten Erzählungen treten die Menschen getrieben von Verletzungsängsten und dämonischen Verführungsgewalten auf. Nathanael in *Der Sand-*

mann (1816) erfährt an einem traumatischen Wendepunkt seines Lebens die menschliche Besessenheit von technischem Allmachtsstreben. Entdeckt als Zeuge alchemistischer Versuche seines Vaters und des verhaßten Coppelius, die einen künstlichen Menschen herstellen wollen, wird er von Coppelius mit dem Verlust seiner Augen bedroht. Das Miterleben des hybriden Experiments verursacht eine lebenslange Beschädigung und eine Verformung der Wahrnehmung. Im Alchemisten verkörpert sich das pseudoschöpferische Prinzip. Der Versuch des Geschöpfs, sich an die Stelle des Schöpfers zu setzen, bringt nur Stückwerk hervor und bedingt ein von Grund auf gestörtes Verhältnis zur Wirklichkeit und zu den Menschen. Nathanael wird zum Opfer eines technischen Allmachtsstrebens, das die Angst vor dem Verlust des Vermögens, das Wahre und Wirkliche zu erkennen, heraufbeschwört.

Die durch die Angst verformte Wahrnehmung läßt ihn schließlich die Kunstpuppe Olimpia mit seiner Geliebten verwechseln und reißt ihn in einem Anfall von Wahnsinn in den Abgrund. Dargestellt wird die Verblendung des Menschen durch die Technik aus der Perspektive eines ihrer Opfer. Das Produkt gewinnt ein gespenstisches Eigenleben und verwischt die Grenzen zwischen dem Leblosen und dem Lebendigen, dem Virtuellen und dem Authentischen. Das Leitsymbol des künstlichen Glases veranschaulicht die Pervertierung menschlicher Erkenntnis, die Simuliertes für Reales nimmt, so daß der einzelne den Verlust seiner Orientierung erleidet.

Steht im *Sandmann* das Opfer menschlicher Machthybris im Zentrum, so in *Ignaz Denner* (1816) der Täter selbst. Ein satanischer Arzt ermordet seine eigenen und die mit ihm verwandten Kinder, um ein Heilserum aus deren Blut zu entnehmen. Das Streben, Macht über das Leben zu gewinnen, hat widersinnigerweise die Zerstörung von Leben zur Folge. Der Arzt wird zum Mörder. Auch wenn die Schauereffekte hier und da die Grenzen des Erträglichen überschreiten, formt sich novellistisches Erzählen dennoch zum demonstrativen Medium menschlicher Obsession, die zerstörerisch in das Leben anderer eingreift und die dunklen, verbrecherischen Seiten des Menschen offenbart. Unerhört ist im *Sandmann* wie in *Ignaz Denner* das Herausfallen des Menschen aus der humanen Erwartung, die Aktualisierung latenter Triebkräfte, die sich in der Angst des Opfers wie in der Aggression des Täters destruktiv entladen. Illusionslos legt Hoffmann gerade in seinen *Nachtstücken* das Entsetzliche und Verheerende im Menschen bloß, seine unheilbare Verletzbarkeit durch die von außen wie von innen wirksamen Kräfte.

Nach den technisch-mechanischen und den medizinisch-therapeutischen Obsessionen stellt Hoffmann in dem 1817 erschienenen Nachtstück *Das Majorat* die Besessenheit des Menschen von politisch-materiellen Umtrieben dar. Auch hier handelt es sich um eine der menschlichen Pervertierungen, die sich dem Dasein nicht schauend, mit dem Wunsch, es im Innersten zu verstehen, nähern, sondern es beherrschen wollen und gerade dadurch zum Scheitern verurteilt sind. In der Form der rückwärtsgewandten chronikalischen Erzählung erscheinen die Vertreter des freiherrlichen Hauses derer von Rossitten ausnahmslos beherrscht von unersättlicher Habgier und dem Willen, die eigene Macht nicht allein zu erhalten, sondern sie immer noch zu erweitern. Aus dem Racheakt des Schloßverwalters Daniel, der von dem Schloßherrn tödlich beleidigt wurde, entwickelt sich die unerhörte Begebenheit eines Wiedergängerspuks, bei dem Daniel den Mord an seinem Herrn jedesmal zwanghaft wiederholen muß. Die abgelebte Aristokratie schafft durch ihre starre Bindung an Besitz und Macht die Bedingungen für den eigenen Untergang, der sich in einer unheimlich-phantastischen Inszenierung vollzieht. Die chronikalische Erzählweise präsentiert aus der Rückschau ähnlich wie in Kleists *Bettelweib von Locarno* den Handlungsort als Stätte eines unaufhaltsamen Verfalls.

Die zerstörerische Herrschaft des Produkts über seinen Produzenten steht im Mittelpunkt der Novelle *Das Fräulein von Scuderi* (1819). Der Goldschmied Cardillac, der seine Werkstücke, einem inneren Zwang folgend, stets wieder an sich zurückbringen muß, indem er die Auftraggeber ermordet, verkörpert weniger den besessenen Künstler als allgemeiner den entfremdeten Menschen, der sich an die äußere Gegenständlichkeit verliert und dabei seine persönliche Identität einbüßt. Veräußerlichung und Entpersönlichung setzen einen unheilvollen Prozeß in Gang, in den unschuldige Menschen hineingezogen werden, bis durch eine glückliche Fügung eine Aufdeckung der wahren Sachverhalte herbeigeführt wird.

In Hoffmanns erfolgreichsten Novellen steht der von seinen Obsessionen umgetriebene Mensch im Mittelpunkt, nicht als Herr seiner selbst, sondern als Opfer eines dunklen Schicksals, in dem sich die Bindung des Menschen an seine endliche Existenz tragisch spiegelt. Mit der Versklavung an die toten Werte des Geldes, der Technik und der eigenen Produkte verrät der Mensch seine geistig-seelische Bestimmung und betreibt, indem er danach strebt, sich zu behaupten, in tragischer Ironie seinen eigenen Untergang. Hoffmanns Novellen, zumindest seine erfolgreichsten, sind geprägt von der Pervertierung des Geistigen und von dem durch diese ausgelösten ausweglosen Scheitern.

In der späten Novelle *Des Vetters Eckfenster* (1822) veranschaulicht Hoffmann noch einmal rückblickend seine aus der serapiontischen Schau entwickelte, auf das Begrenzte und Beengte gerichtete Novellenperspektivik. Hoch oben in seiner Berliner Dachwohnung beobachtet der gelähmte Vetter, der nur noch in seiner Phantasie und mit seinen Augen in Verbindung zur Welt treten kann, die Menschen und die Szenen unten auf dem Marktplatz. Sie bedeuten für ihn »die mannigfachste Szenerie des bürgerlichen Lebens«, die sich aber nur einem Auge erschließt, »welches wirklich schaut«. Stets ist der scharf strukturierende Blick des Novellisten ge-

richtet auf das menschliche Dasein, wie es sich in seinen
zeitlichen und räumlichen Grenzen abspielt. Die eigentliche
Wirklichkeit aber, in der der Mensch seine Erfüllung findet,
ist oberhalb der geschäftigen Marktwelt angesiedelt. Sie erschließt sich in vertikal entgegengesetzter Blickrichtung
dem Blinden, »der mit emporgerichtetem Haupt in die
weite Ferne zu schauen scheint. [...] sein inneres Auge
strebt schon das ewige Licht zu erblicken, das ihm in dem
Jenseits voll Trost, Hoffnung und Seligkeit leuchtet.«

Joseph von Eichendorff (1788–1857)

Bei Eichendorff verengt sich der bei Hoffmann voll entfaltete
romantische Dualismus von endlicher Bedingtheit und un-
endlicher Sehnsucht auf den Dualismus von Sinnlichkeit und
Sittlichkeit, von bloßer Leidenschaft und reiner Liebe. Aus
ihrem Widerstreit entwickelt sich der novellistische Konflikt,
der den einzelnen in leidenschaftliche Verwicklungen hineinführt, aus denen er am Ende vergleichsweise unbeschadet
wieder auftaucht, bereichert durch Erfahrungen, die ihn
künftig vor allen weiteren Versuchungen behüten.
  Gegenstand der Novelle ist die Konflikterfahrung selbst,
während das Finale regelmäßig im Zeichen innerer Harmonie steht, die in den Gedichteinfügungen immer schon ahnbar ist und das Geschehen als versöhnlicher Grundton begleitet. Orientierung für den einzelnen bietet die Natur als
Spiegel seiner persönlichen Gefährdung, meistens aber, indem sie sich ins Weite öffnet, Verweis auf die Befreiung von
sinnlicher Bedrückung. Im Vergleich mit der Novellendichtung Hoffmanns ist die Novelle Eichendorffs, indem sie der
tragischen Zuspitzung des Geschehens ausweicht, auf Einklang gestimmt.

Eindrucksvoll entfaltet Eichendorff sein Grundthema bereits in der 1819 gedruckten Novelle *Das Marmorbild*, in der er aus dem 17. Jahrhundert stammende Berichte von der Venusstatue und dem sogenannten »Lucenser Gespenst« verarbeitet. Die Verknüpfung heidnischer Erotik mit einer Spukgeschichte akzentuiert dabei von vornherein die abwertende Urteilsperspektive. In Lucca nimmt der junge Florio, berauscht von der überwältigenden sinnlichen Atmosphäre des Südens, die Farben, Düfte und Klänge des bewegten Lebens mit ungeahnter Intensität in sich auf. Während er sich der sittlich lauteren Bianka nähert, betritt der bleiche Ritter Donati, in dem der Venussklave Tannhäuser wiedererstanden zu sein scheint, die Szene. Mit ihm dringt an einem entscheidenden Wendepunkt des Geschehens die ungezügelte Sinnlichkeit in Florios Leben ein und stürzt ihn in tiefe Verwirrung.

Zwischen höchster sinnlicher Erregung und der Angst, von den Sinnen überwältigt zu werden, erlebt er die Venusstatue während einer nächtlichen Begegnung als lebendige, verführerische Frau und zugleich als einen bloßen Stein, von dem jedoch eine unheimliche Bedrohung ausgeht. Die Ambivalenz des Erlebens wiederholt sich im Garten der Venus, wo Florio auf eine rätselhafte, überaus schöne Frau trifft und auf den Ritter Donati, der wie im Todesschlaf zu liegen scheint. Florio selbst bewegt sich im Irrgarten einer Lust, die ihn zu zerstören droht.

Erst auf dem Höhepunkt seiner Verirrung, bei zunehmender Annäherung an die Verführerin im Innern des Schlosses, als die schöne Frau Venus ihre Reize in verschwenderischer Fülle vor ihm ausbreitet, verlangt es ihn aus der leidenschaftlichen Schwüle zurück in die Freiheit der sich ins Weite öffnenden Natur. Nun geht ihm auf, was aus sittlicher Überzeugung sein sollte und nicht länger sein darf, aber durch die eigene archaische Triebhaftigkeit bedrohlich in ihm hervorgelockt wurde. Am Morgen setzt er seinen Weg mit Bianka fort, die ihm »wie ein heiteres En-

gelsbild auf dem tiefblauen Grunde des Morgenhimmels«
erscheint. Die reine Madonnengestalt hat den Sieg über die
verderbliche Frau Venus errungen, die heidnische Sinnen-
lust ist endgültig christlicher Sittlichkeit gewichen. Am
Ende steht das Bewußtsein eines geistigen Lebenssinns, der
den Menschen allein davor zu bewahren vermag, in der
Welt verlorenzugehen.

Wie Florio, so bewegt sich auch der Taugenichts (*Aus
dem Leben eines Taugenichts*, 1826) zwischen Aufbruch
und Heimkehr. Bedeutet im *Marmorbild* die Heimkehr zu
der reinen Geliebten zugleich einen befreienden Aufbruch
aus der sinnlichen Enge, so münden die Aufbrüche des Taugenichts schließlich in die endgültige Heimkehr, in eine
ideale, abgehobene Existenz. Der Aufbruch aber setzt erst
ein novellistisches Geschehen in Gang, indem er den einzelnen in unerhörte, seine innere Freiheit bedrohende Begebenheiten verwickelt.

Dreimal bricht der Taugenichts auf. Zunächst aus dem
bedrückenden, perspektivelosen Dasein bei der väterlichen
Mühle, darauf aus der philiströsen Lebensweise eines
Zolleinnehmers mit seinem Gärtchen und schließlich aus
der sinnlich-schwülen Atmosphäre Italiens zurück in das
Schloß bei Wien, wo er seine Erfüllung in der Liebe findet.
Im Grunde aber ist auch diese endgültige Heimkehr ein
Aufbruch aus der stets nur in neue Sackgassen hineinfüh-
renden Welt zur Freiheit des über alle äußeren Grenzen
hinaus Liebenden.

Die Novelle mit ihrer Darstellung beengter und einen-
gender Verhältnisse weitet sich aus zum Märchen vom grenzenlosen Liebesglück. Prinzipiell anders als Florio ist der
Taugenichts immun gegen alle Verführungen von außen.
Wie dem Märchenhelden kann ihm die Welt im Grunde
nichts anhaben. Gerade diese persönliche Ausstattung des
Erlebnisträgers aber macht ihn konfliktunfähig und transzendiert die novellistischen Gattungsgrenzen.

Novellistisch spitzen sich demgegenüber die Ereignisse in

Das Schloß Dürande (1837) zu. Der Jäger Renald, ein anderer Michael Kohlhaas, versucht zur Zeit der Französischen Revolution das, was er für sein Recht hält, mit allen Mitteln durchzusetzen, indem er den Grafen zwingen will, seine Schwester Gabrielle, die Geliebte des Grafen, zu ehelichen. Bei Renalds Angriff auf das Schloß kommen seine Schwester und der Graf um, der vorher noch den Ehering mit Gabrielle, die aus Liebe zu ihm zurückgekehrt war, getauscht hatte. Der Kampf für ein vermeintliches Recht entartet zu blinder Destruktion, mit der die Liebe Gabrielles und die sich trotz allem erfüllende innere Beziehung zwischen ihr und dem Grafen tragisch kontrastiert. In der geschichtlichen Welt behalten die einmal entfesselten chaotischen Kräfte die Oberhand über die unbeirrbare Liebe und das geläuterte Menschentum.

Die unvollendete Erzählung *Eine Meerfahrt* (1835) und *Die Entführung* (1839) nehmen das Venus-Motiv noch einmal auf. Während in der ersten Geschichte die junge Verwandte einer exotischen Frauengestalt, in der sich Diana und Venus verbinden, zur aufrichtigen Liebe fähig wird, verfällt der Graf Gaston in der zweiten Erzählung zunächst der schönen und wilden Gräfin Diana, von der er sich jedoch schließlich trennt, nachdem er ihre bloß vordergründige Leidenschaft erkannt hat.

Die Venus-Liebe ist hier wie dort nur sinnliche Täuschung. Leidenschaftliche Erotik, in der italienischen Novelle Ausdruck eines bejahten sinnlichen Daseins, ist bei Eichendorff lediglich der Anlaß für Leid schaffende Verwicklungen in eine Welt des Scheins. Eichendorffs Novellistik kreist um die Liebe als geistig-sittliche Erfahrung, als Bewährung gegen Täuschung und Trug, die, wo immer sie sich ausbreiten, novellistische Konfliktprozesse in Gang setzen.

Wilhelm Hauff (1802–1827)

In den 1828 erschienenen Novellen Hauffs (fast alle waren vorher einzeln an unterschiedlichen Orten gedruckt worden, zum Teil wurden sie für die Buchausgabe überarbeitet) ist die romantische Novelle im Stil Tiecks und Hoffmanns bereits zum ohne weiteres adaptierbaren Muster geworden. Geschickt gestaltete Spannungsbögen, analytische Erzähleinsätze, geheimnisvolle Andeutungen sowie irritierende Verdunkelungen und Verschleierungen lassen die Beherrschung des Repertoires erkennen und zeigen deutliche Ansätze zu seriellem Schreiben. Die scheinbar spielerische Verfügbarkeit der Mittel deutet auf Spätzeitliches.

Zweifellos wirkt manches in den Novellen Hauffs allzu effektvoll und kolportagehaft, Tribut an ein breites Unterhaltungsbedürfnis, das auch schon Hoffmann bediente. Aber ebensowenig zu leugnen ist die bemerkenswerte strukturelle Konsequenz. Die gelungensten Novellen Hauffs konzentrieren sich ausnahmslos auf ein zentrales Ereignis, eine unerhörte, folgenreiche Begebenheit, die aus der Vergangenheit in die Gegenwart hineinwirkt und diese verunsichert und herausfordert. Nichts ist nach romantischer Überzeugung in sich abgeschlossen, allein aus seiner endlichen Zuständlichkeit verstehbar. Verdrängtes drängt wieder ins Bewußtsein, die Folgen seines Handelns holen den Menschen ein, einmal Erlebtes gestaltet die augenblickliche Gegenwart des Lebens mit.

In der Novelle *Die Bettlerin vom Pont des Arts* (1826) ist es die schicksalhafte Begegnung Fröbens mit einer verschleierten Bettlerin, die den Gang des Erzählens bestimmt. Viele Jahre später bei dem Besuch eines Freundes entpuppt sich dessen Frau Josephe, nachdem Fröben die Geschichte von damals erzählt hat, als eben jene Bettlerin. Als der wenig sensible Freund und Ehemann die Begegnung als ein gewöhnliches Erlebnis mit einer Dirne grob mißversteht, trennt sich Josephe von ihm und verlobt sich mit Fröben, der ihr einst in einer prekären Situation beigestanden hatte. Die Begegnung am Pont des Arts wird zum Schlüsselerlebnis, zum richtungweisenden Lebenszentrum. Menschliches Dasein gibt sich in seiner notwendig bestimmten Ganzheit zu erkennen.

Ähnlich strukturiert ist *Das Bild des Kaisers* (1828). Der schwäbische Freiherr von Thierberg, der Napoleon haßt, weil er ihn um seinen vorrevolutionären Status gebracht hat, ist entschieden gegen eine Verbindung seiner Tochter mit dem Sohn eines ehemaligen napoleonischen Generals. Der Konflikt löst sich jedoch wider Erwarten, als Thierberg auf einem Gemälde in dem jungen Napoleon jenen französischen Kapitän wiedererkennt, der ihn seinerzeit auf dem Großen St. Bernhard vor plündernden Franzosen rettete. Wieder ist es die vergangene, unerhörte Begebenheit, die in die Gegenwart eingreift und den sich bedrohlich zuspitzenden Konflikt löst. Das, was geschehen ist, bestimmt den Menschen und bricht seine starre Haltung auf. Entscheidend ist nicht der einzelne mit seinen festgefügten Standpunkten und seinen Vorurteilen, sondern seine Geschichte.

In der Novelle *Othello* (1826) wendet Hauff die Konzentration auf das Zentralereignis ins Kriminalistisch-Gespenstische. Nachdem der Herzog seine in der Rolle der Desdemona auftretende Mätresse, ihrer überdrüssig, von dem als Mörder gedungenen Darsteller des Othello wirklich hatte töten lassen, setzt jeweils acht Tage nach jeder neuen Aufführung ein rätselhaftes Sterben im herzoglichen Hause ein. Die menschlich verschuldete Umwandlung des Spiels in blutigen Ernst mischt sich, vom Bühnengeschehen ausgehend, in die Wirklichkeit. Die unter dem Schein der Fiktion getarnte Schuld wird im Leben von einer höheren Gerechtigkeit geahndet. Spiel und Ernst, Fiktion und Wirklichkeit sind rätselhaft, vom Menschen nicht kontrollierbar, miteinander verflochten.

Kriminalistisch zugespitzt, aber ohne phantastische Verwicklungen ist das Geschehen ebenfalls in *Die Sängerin*
(1827). Von ihrem Vater an den Besitzer eines Pariser Freu-
denhauses verkauft, gelingt der Sängerin Fiametti die
Flucht. In einer deutschen Stadt, wo sie als erfolgreiche
Künstlerin auftritt, verübt der um sein Geld betrogene
Freudenhausbesitzer einen Mordanschlag auf sie. Plötzlich
ist ihre vermeintlich anrüchige Vergangenheit, die eigentliche zentrale Begebenheit der Novelle, in aller Munde, so
daß ihre Liebesbeziehung zu einem Musiker zu scheitern
droht. Wenn sich zum Schluß auch alles zum Guten wendet,
so bleibt doch der Eindruck von der Gefährdung und Zerbrechlichkeit menschlichen Lebens.

Hauffs Novellendichtung realisiert noch einmal die Erzählmuster der Romantik, doch nicht nur im handwerklich-
technischen Sinn, sondern bei zugestandener, gelegentlich
reißerischer Darstellung als Ausdruck des romantischen
Glaubens an den geheimen Zusammenhang allen Geschehens, in dem sich die im Kern geistig bestimmte Welt
spiegelt.

5

Die Novelle der Restaurationszeit

Bereits in der späten Novellistik Tiecks und in einer Reihe
der herausragenden Novellen Hoffmanns sowie durchgehend in den novellistischen Erzählungen Hauffs treten das
Wunderbare, die geistigen Aufbrüche ins Märchen, auffallend zurück. Romantisch im eigentlichen Sinne aber bleibt
die Sehnsucht nach Entgrenzung, nach der Öffnung der
Existenzräume ins Unendliche.

Die nachromantische Generation beginnt mit dem Wunderbaren auch die Sehnsucht nach dem Unbedingten zu verabschieden, indem sie im Beengten des Einzeldaseins wie in den begrenzten Lebensräumen sich einzurichten unternimmt. Das Glück, wenn es denn eins gibt, liegt im Subjekt wie in der Annahme der objektiven Lebensbedingungen, in der Geborgenheit in engen Grenzen und in einer Natur, deren idyllische Schönheit man zu entdecken beginnt. Die Novelle wird zum Medium der Daseinsvergewisserung, des Bekenntnisses zum subjektiv wie objektiv Gegebenen. Kritische Töne werden dort laut, wo der Einklang zwischen dem einzelnen und seinem Lebensraum empfindlich gestört ist, sei es durch die anarchische Triebhaftigkeit des einzelnen oder durch den kollektiven Druck von außen.

Die Novelle in der Restaurationsphase stellt den konsequenten Versuch dar, auszuloten, was dem Menschen an Lebenschancen geblieben ist, nachdem die revolutionären Aufbrüche gescheitert waren und die utopischen Entwürfe ihre Glaubwürdigkeit und Attraktivität verloren hatten. Gestalt gewinnen geschichtliche wie gegenwärtige Lebensformen, immer mit dem Blick auf Möglichkeiten des Daseins in einer eng gewordenen Welt, in der nicht die Erfüllung, sondern die Entsagung die menschliche Erfahrung dominiert, in der der entsagende Mensch lernt, seiner Frustration in resignierender Gelassenheit Herr zu werden bzw. sein Glück mit dem zu identifizieren, was ihm geblieben ist. Spürbar bleiben hinter dem bürgerlich Geordneten und Idyllischen stets das Chaos und das Grauen, die verunsichernd und gefährdend auf das Abgründige menschlicher Existenz verweisen und die für die Restaurationsnovelle charakteristische Dialektik von erlebter Idylle und geahntem Inferno begründen. Die novellistische Resignation vor dem sich am Menschen Vollziehenden wird zum adäquaten Ausdruck einer ganzen Epoche und begründet eine gewisse Vormachtstellung der Gattung.

Franz Grillparzer (1791–1872)

Repräsentativ für das Menschenbild der Restaurationsnovelle ist Grillparzers *Der arme Spielmann* (1848). Der empfindsame, introvertierte Sohn eines hohen Staatsbeamten scheitert an der Wirklichkeit, aus der er sich immer wieder zurückzieht in seine eigene, von Träumen bestimmte Welt. Unfähig, sich im Berufsleben zu behaupten, muß er schließlich auch das Zerbrechen seiner Liebe erleiden. Sein einziger Trost bleibt sein Geigenspiel, ein nach außen dilettantisches, mißtönendes Musizieren, das in tragischem Widerspruch zu dem innerlich Gehörten steht. Die Antinomie von Wollen und Handeln, Absicht und Tat, wie sie sich leitmotivisch im Geigenspiel spiegelt, ist das Grundthema der Novelle und Ausdruck einer Zeit, die dem einzelnen jede aktive Selbstverwirklichung verweigert. Sowohl der betrachtende Erzählrahmen als auch die Binnengeschichte des armen Spielmanns selbst sind gezeichnet von auffälliger Handlungsarmut, Reflex des empfindlich beschnittenen Bewegungsraums in einer Phase allgemeiner Erstarrung.

Bereits 1827 war Grillparzers Novelle *Das Kloster bei Sendomir* erschienen. Gelingt im *Armen Spielmann* der innere Rückzug aus der Welt, so scheitert er hier an der zerstörerisch hervorbrechenden Leidenschaft. Der zurückgezogen auf seinem Schloß lebende Graf Starschensky, zu politischen Geschäften nach Warschau gerufen, verliebt sich in Elga, Tochter einer Familie politischer Revolutionäre gegen das absolutistische Regime. Die Ehe nimmt eine katastrophale Wendung, als der Graf erfährt, daß das einzige Kind von dem Liebhaber seiner Frau stammt. Außer sich, ersticht er sie und zieht sich in ein Kloster zurück, wo ihn jedoch die Erinnerung an die Mordtat nicht zur Ruhe kommen läßt. Zerstört ist sein innerer Friede, verursacht durch eine Leidenschaft, deren Gefahren er zu spät erkannte. Einmal in die Wirren der Welt draußen hineingezogen, scheint der einzelne in ein hoffnungsloses Scheitern verwickelt. Überleben kann er offenbar nur dann, wenn er sich von allem politischen Handeln und erotischen Verlockungen fernhält und sich in sich selbst zurückzieht. Doch Starschensky, Opfer katastrophaler Verwicklungen, muß wie unter Zwang das Entsetzliche, das in sein Leben eingedrungen ist, immer wieder nacherleben. Er ist der Erzähler seiner eigenen Geschichte in dem Kloster, wo er seinen verlorenen Frieden gesucht hat und wo die leidvolle Vergangenheit immer wieder aufersteht. Eindrucksvoller als im *Armen Spielmann* wird hier das Zerstörerische einer Wirklichkeit erlitten, in der dem einzelnen das Heimatrecht verwehrt ist.

Karl Immermann (1796–1840)

Leidenschaftliche Verwicklungen bilden in einer Reihe von Restaurationsnovellen den thematischen Kern. Nur wenn es gelingt, sich ihrem vernichtenden Sog zu entziehen, kann der einzelne sein Glück finden, ein Glück indes, das die sittliche Läuterung und den Willen zu einem verinnerlichten Dasein voraussetzt.

In Immermanns Novelle *Der neue Pygmalion* (1825) läßt der Baron Werner die Försterstochter Emilie, sie gleichsam als Objekt seines Bildens benutzend, zu seiner Frau heranbilden. Doch Emilie, nicht bereit, nur als Geschöpf des Mannes behandelt zu werden, leitet eine überraschende Gegenbewegung ein, indem sie dem Baron das Versprechen abnötigt, in ihr niemals mehr als die Freundin zu sehen. Damit ist der Vorgang des Bildens auf den Bildner zurückbezogen. Nun muß er sich bewähren und läutern, zumal Emilie offenbar zu Recht vermutet, daß sein Interesse für sie zunächst von vordergründiger Begehrlichkeit bestimmt

ist. Erst, als er seine leidenschaftliche Obsession überwindet
und zur echten Liebe reif wird, zeigt sich Emilie bereit,
seine Geliebte und seine Frau zu werden. Novellistisches
Erzählen erfüllt sich als Darstellung eines gegenseitigen
Reifungsprozesses mit dem Ziel eines auf zwei Menschen
eingegrenzten, isolierten Glücks.

Bevorzugt stellt Immermann die Beziehungen zwischen
Eheleuten ins Zentrum seiner Novellen, wohl nicht zuletzt
deswegen, weil insbesondere die Ehe eine Enklave des privaten Glücks bilden kann in einer menschlich enttäuschenden Öffentlichkeit. Weniger Leidenschaft und Erotik, denen man im Grunde mißtraut, werden dabei herausgestellt,
sondern vielmehr Treue und die unermüdliche Bereitschaft,
sich gegenseitig Geborgenheit zu stiften.

Isolation als Bedingung ungetrübten ehelichen Glücks
problematisiert die in Immermanns *Reisejournal* aus dem
Jahr 1833 eingefügte Novelle *Die verschlossene Kammer*.
Solange Alcidor und Isabelle ganz für sich leben, verläuft
ihre Ehe harmonisch. Erst als sie beginnen, gesellschaftliche
Kontakte zu pflegen, entwickelt sich eine Krise. Während
man Isabelle anzüglich und boshaft begegnet, findet Alcidor besonders bei den Damen eine liebenswürdige Aufnahme. Nachdem er sich entschlossen hat, die Gesellschaft
allein aufzusuchen, kommt es zu eifersüchtigen Auseinandersetzungen, denen man am Ende erfolgreich ausweicht,
indem man den Ort wechselt. Eindeutig fällt die Entscheidung für das selbstgenügsame eheliche Glück, das
man fortan vor Gefährdungen von außen abzuschließen be-
strebt ist.

Wie zerbrechlich allerdings das isolierte Eheglück ist,
zeigt Immermanns vielleicht überzeugendste Novelle *Der
Carnaval und die Somnambüle* (1830). In der aus Tagebuch
und Memoiren aufgebauten Erzählung geht es um die
Krisenfestigkeit der Ehe von Adolfine und Gustav. Strukturbildend ist die Erinnerung. Zunächst ist es die Geschichte Gustavs, die die eheliche Gegenwart mit der Ver-

gangenheit konfrontiert. Gustav erinnert sich an die Begegnung mit einem Magnetiseur, der ihm vorspiegelte, er könne zur Heilung der somnambulen Sidonie beitragen. Am Ende fehlt ihm seine gesamte Barschaft. Was bleibt, ist die Erinnerung an Sidonie, die ihn auch noch nach Jahren nicht losläßt. In einer Karnevalsmaske in der Rolle Sidoniens versucht die eifersüchtige Adolfine, die Erinnerung ihres Mannes an die Somnambule zu trüben, nachdem die betrügerischen Machenschaften des Magnetiseurs zutage getreten sind. Doch die einmal aufgedeckte Vergangenheit, die Begegnung mit der erkrankten Sidonie und das Auffinden von Briefen offenbaren in einer unerwarteten Fügung, daß Adolfine die Geliebte des Magnetiseurs gewesen ist. Die Vergangenheit überwältigt die Gegenwart und zerstört am Ende die Ehe von Adolfine und Gustav. Das beschworene Eheglück ist nur dann von Dauer, wenn man nicht nur den gesellschaftlichen Kontakt, sondern weitgehend auch die vergangene Zeit ausschließt. Sowohl den anderen wie dem, was geschehen ist, mißtrauend, wird das insular etablierte Glück höchst angreifbar, da es im Grunde einen artifiziellen Zustand voraussetzt. Die Novelle schildert den Einbruch der vergeblich ausgeschlossenen Zeit und läßt die Brüchigkeit menschlicher Beziehungen in einem existentiell verengten Abseits offenbar werden.

Jeremias Gotthelf (1797–1854)

Auffällig ist in einigen Restaurationsnovellen ein deutlich pädagogischer Grundzug. Die drückende Enge der Lebensumstände fordert die Fragen nach einem menschenwürdigen Dasein heraus. Bei Jeremias Gotthelf (d. i. Albert Bitzius) wird die pädagogische Tendenz dominant und läßt in

wenigen Beispielen den Typus einer didaktischen Novelle
erkennen, die dem Menschen seinen Platz in übergreifenden
Lebensvollzügen anweist. Die Bändigung der Leidenschaft,
der Eigenliebe und der Selbstgerechtigkeit geschieht im Namen eines allein sinnstiftenden Glaubens. Wo allerdings die
didaktische Intention allzu beherrschend wird, tritt die novellistische Verunsicherung notwendig zurück.

Anknüpfend an Langbeins gleichnamige Novelle von
1819 gestaltet Gotthelf in seiner lebendig gebliebenen Novelle *Die schwarze Spinne* (1842) fundamentale Bedrohungen und Ängste, wie sie aus einer ungebändigten, zügello-
sen Natur erwachsen. Gestaltgebend ist die Dialektik von
idyllischer Rahmensituation und bedrohlich zerstöreri-
schem Binnengeschehen. Steht im Rahmen mit der Taufe
ein Initiationsereignis im Zentrum, das den Menschen von
der Sünde reinigt, indem es, das Böse besiegend, die Wiedergeburt des Reinen und Guten herbeiführt, kommt es in
den Binnengeschichten immer wieder zu fatalen Begegnungen mit dem Bösen selbst. Idyllische und novellistische
Darbietungen stehen sich gegenüber, wobei Gotthelf die
Novelle konsequent als Medium destruktiver Energien und
Prozesse nutzt. Gebrochen durch die Erzählperspektive des
Großvaters und der dadurch bewirkten Verschiebung der
Zeitebenen, erscheint das Böse in der Vergangenheit als
Warnung für die Gegenwart. Tragendes Symbolzeichen ist
der »wüste, schwarze Fensterposten«, in den die teuflische
Spinne eingeschlossen ist.

Virulent wird das Böse aber immer erst dann, wenn die
Menschen in eitler Selbstüberschätzung mit ihm paktieren
wie Christine, die die Hilfe des Teufels in Anspruch nimmt
für den vom Landesherrn befohlenen Bau eines Schatten-
gangs aus hundert Buchen. Aus seinem Kuß auf Christines
Wange gehen die Spinnen als Ausgeburten der Hölle hervor. Verfällt Christine ganz und gar der teuflisch dämoni-
sierten Sinnlichkeit, so ist es später die Putz- und Prunk-
sucht der Frauen, die noch einmal die verderbliche schwarze

Spinne auf den Plan ruft. Wie in der biblischen Erzählung vom Sündenfall erscheint die Frau als die durch dämonische Kräfte Verführbare. Durch sie wird die zerstörerische Sinnlichkeit entfesselt, die bedrohlich präsent bleibt und jederzeit verheerend in die Idylle einbrechen kann, sofern der Mensch sich ihr ausliefert. Wie ein Sperriegel legt sich der idyllische Rahmen um das chaotische Binnengeschehen, Sinnbild des biedermeierlichen Lebensgefühls zwischen der Identifikation mit dem Verengten und der Angst vor dem real existierenden Abgründigen.

Als Novelle im engeren Sinn ansprechbar ist im erzählerischen Werk Gotthelfs neben der *Schwarzen Spinne* nur noch *Elsi, die seltsame Magd* (1843). Elsi, die Tochter eines durch Ausschweifung und Verschwendung heruntergekommenen Müllers, verläßt ihren Vater und arbeitet bei einem Bauern als Magd. Aus Scham ihr Inkognito wahrend und ihren niederen Dienst als Sühne auffassend, weist sie die Werbung des Bauern Christen zurück, der darauf enttäuscht in den Krieg zieht. Erst jetzt erkennt Elsi ihre falsche Entscheidung und folgt dem Geliebten auf das Schlachtfeld, wo schließlich beide den Tod finden.

Verantwortlich für den tragischen Verlauf des Geschehens sind der verletzte Stolz Elsis und ihr fehlendes Vertrauen auf den verzeihenden Gott. Ihre Selbstgerechtigkeit läßt sie zunächst den höheren Wert der Liebe verraten, und als sie zur Einsicht gelangt, ist es zu spät. Die Folgen ihrer falschen Entscheidung holen sie unerbittlich ein. Als tragische Parabel zeigt die Novelle das Scheitern des Menschen, der seiner sozialen Bestimmung nicht gerecht wird, indem er sein verletztes Ehr- und Selbstwertgefühl absolut setzt.

Den meisten Erzählungen Gotthelfs fehlen die tragische Pointierung und das Bewußtsein eines stets möglichen Scheiterns. Sowohl in *Hans Joggeli, der Erbvetter* (1848), der die heuchlerische Verwandtschaft bei der Erbschaft leer ausgehen läßt, als auch im Fall erfolgreicher Strebsamkeit in *Der Besenbinder von Rychiswyl* (1851) und in der Darstel-

lung eines sittlich vorbildlichen Lebenslaufs in *Das Erd-
beeri-Mareili* (1851) handelt es sich um positive moralische
Beispielerzählungen, in denen Didaktisches eindeutig im
Vordergrund steht, so daß tragische Begebenheiten von
vornherein ausgeschlossen sind. Die von Paul Heyse in seinen *Deutschen Novellenschatz* (1871–76) aufgenommene
längere Erzählung *Kurt von Koppigen* (1844) zeigt in der
Entwicklung des Helden vom heruntergekommenen Raub-
ritter zum gottesfürchtigen Menschen, der das eigene und
das Ansehen seines Geschlechts wiederherstellt, deutlich romanhafte Züge.

Annette von Droste-Hülshoff (1797–1848)

Eine herausragende novellistische Einzelleistung stellt Annette von Droste-Hülshoffs *Die Judenbuche* aus dem Jahr
1842 dar. Mit Bedacht setzte sich Theodor Storm für die
Aufnahme der Novelle in den von Hermann Kurz und Paul
Heyse herausgegebenen *Deutschen Novellenschatz* ein, wo
sie 1876 vorlag. Erst dieser Druck begründete den endgültigen Durchbruch des Drosteschen Werks. In der Tat prägte
sich hier die realistische Konzeption der Gattung nahezu
mustergültig aus.

Mit unbestechlicher Objektivität zeichnet Droste-Hülshoff den abschüssigen Lebensweg eines Menschen nach, der
in blinder Anpassung an herrschende Standards zum Opfer
der borniertern Dorfgemeinschaft wird, ohne jemals deren
Unzulänglichkeiten zu durchschauen. Die einzelnen auffällig herausgehobenen Lebensdaten formieren sich nicht zu
einer persönlichen Entwicklungsgeschichte, sondern markieren den steil abfallenden Lebensweg zwischen der Geburt in einer Elendsbehausung, dem selbstgewählten Er-

hängungstod und dem Verscharrtwerden des Judenmörders auf dem Schindanger.

Die Heimat, konkret angesiedelt im authentischen Raum, mit ihrer Orientierung am materiellen Schein hat den bedürftigen einzelnen erledigt. Wo es lebenswichtig gewesen wäre zu verstehen, hat man verurteilt und den Außenseiter zum Opfer der eigenen anmaßenden Maßstäbe verkümmern lassen. Mit bemerkenswerter Konsequenz realisiert Droste-Hülshoff das novellistische Fatum und macht in den an den Anfang gesetzten Versen zugleich diejenigen, die sich ein Urteil über den anderen anmaßen, von vornherein verantwortlich für das Desaster des Menschen aus ihrer Mitte, der ihrer Hilfe bedurft hätte. Im wiederholten symbolischen Verweis auf den Unglücksbaum wird die Fatalität wirklicher Lebensbedingungen für denjenigen anschaubar, der sich ihnen unterwirft. Exemplarisch für novellistisches Erzählverhalten ist die Beteuerung der Erzählerin, selbst gebunden zu sein an den als authentisch vorgestellten Handlungsverlauf, ohne die Chance, eingreifen oder verändern zu können. Zwangsläufig nimmt die persönliche Katastrophe ihren Lauf, solange der einzelne nicht fähig wird zur Kritik und die Gemeinschaft sich nicht zu ihrer sozialen Verantwortung bekennt.

Die objektive Darstellung eines scheiternden Lebensentwurfs, der Vorrang des Prozesses vor der Person, der unterschwellige Verweis auf die menschliche Eigenverantwortlichkeit, die sozialgeschichtliche Konkretisierung und die Verlagerung einer möglichen Wende zum Positiven auf die Rezeptionsebene, unterstrichen durch die von der Erzählprosa deutlich abgehobenen Verseinlagen, machen die Drostesche *Judenbuche* zu einer Novelle par excellence. Bemerkenswert, auf den Realismus vorausdeutend, ist die Darstellung der selbstgewählten Enge als existentielle Gefährdung des Menschen, der in tragischer Ironie gerade an den beschränkten Lebensverhältnissen scheitert, in denen er sich einzurichten versucht hatte, um zu überleben.

Wilhelm Meinhold (1797–1851)

Eine novellistische Einzelleistung ist auch Wilhelm Meinholds Novelle *Die Pfarrerstochter von Coserow*, aus der sein 1843 gedruckter Roman *Die Bernsteinhexe* hervorging. Die Vollendung der Novelle fällt in das Jahr 1825. Sie konnte aber erst nach dem sensationellen Erfolg des novellistisch strukturierten Romans im Sommer 1844 in der in Leipzig verlegten »Novellenzeitung« erscheinen.

In der längeren Fassung fingiert Meinhold den Manuskriptfund einer chronikalischen Erzählung, die im ersten Drittel des 17. Jahrhunderts zur Zeit des Dreißigjährigen Kriegs auf der Insel Usedom spielt. Als Verfasser wird der Pfarrer Abraham Schweidler angegeben, der die Geschichte in der Novelle im Unterschied zur Ich-Erzählsituation des Romans in der größere Objektivität anstrebenden 3. Person erzählt. Vergleichbar mit der Drosteschen *Judenbuche* gewinnt auch hier die menschlich gnadenlose und geistig verengte Gesellschaft einen zerstörerischen Einfluß auf den einzelnen.

Maria, die Tochter des Pfarrers, die mehrmals in der Dunkelheit das Haus verläßt, um unbemerkt einen Bernsteinfund zu bergen, wird beobachtet und der Teufelsbuhlschaft und Hexerei verdächtigt. Aus Mißgunst und Rache nimmt sich der vom Pfarrer verächtlich behandelte Amtmann der Sache an und unterwirft Maria einem Hexenprozeßverfahren, in dem sie phantastischen Beschuldigungen ausgesetzt und gefoltert wird. Das Todesurteil begrüßt man im Dorf mit der Aussicht auf die nicht alltägliche Sensation einer Hinrichtung auf dem Scheiterhaufen. Befangen in abergläubischen Vorstellungen, sich einander in wüsten Anschuldigungen überbietend, ist keiner aus der Dorfgemeinschaft bereit, Partei für das Mädchen zu ergreifen. Heimat und Gesellschaft schützen den einzelnen nicht, sondern bedrohen und zerstören ihn. Die Enge der Lebensverhältnisse erstickt die Humanität in einem unerhörten Fall menschlicher Borniertheit.

Die abschließende dramatische Rettung der zum Tode Verurteilten durch den in sie verliebten Junker relativiert die tragische Stringenz novellistischen Erzählens durch ein Happy-End im Stile des Abenteuer- und Liebesromans und kündigt die spätere Umarbeitung bereits an. Dennoch handelt es sich über weite Strecken um ein bemerkenswertes Beispiel für das novellistische Erzählgenre, zumal deutlich wird, daß die Kräfte des Kollektivs dort lebensbedrohliche Züge annehmen, wo die räumliche und geistige Enge am größten ist.

Franz von Gaudy (1800–1840)

Der um die Jahrhundertwende noch gern gelesene Erzähler Franz von Gaudy ist heute völlig in Vergessenheit geraten. Dabei nimmt er in der Geschichte der Novelle einen nicht unbedeutenden Platz ein. In seinen 1838 in zwei Bänden erschienenen *Venetianischen Novellen* verweist er auf die mündliche Erzähltradition des Genres, indem er einleitend an den »öffentlichen Erzähler von der Riva degli Schiavoni« erinnert, dem er sowohl in der Motivik als auch in der Darbietungsweise einiges verdankt. Vor allem verraten die in der Regel glücklichen Ausgänge das italienische Erzählmuster.

Eufemia in der Novelle *Die Brenta-Blume* gewinnt ihren Geliebten trotz aller Widerstände durch ihren Entschluß, anstelle ihres Zwillingsbruders, als Mann verkleidet, in den Krieg zu ziehen, wo sie den schwerverwundeten Emidio vor dem sicheren Tod rettet. Nicht das Heldische der Tat steht dabei im Vordergrund, sondern das private Liebesglück. Die Errettung des Geliebten ist der Wendepunkt, der aus dem Kriegsgeschehen in die Ehe führt. Charakteristisch für Gaudy ist der Triumph des wahren Gefühls über die äußere Gewalt. Das Glück liegt im Innern des Menschen, nicht in der in ewige Auseinandersetzungen verwickelten Geschichtswelt. Nur das echte Gefühl bildet angesichts öffentlicher Verunsicherungen eine verläßliche Orientierung.

In der Novelle *Die Maske* wird ein junger Mann von zwei täuschend ähnlichen weiblichen Masken beim Karneval in Venedig auf die Probe gestellt. Er entbrennt in Liebe zu einer der Masken, mit der er einen Ring tauscht, und erfährt, daß die eine sehr schön, die andere aber abgrundtief häßlich sein soll. Nach einem Liebeserlebnis enthüllt sich die angeblich Geliebte bei einer zweiten Begegnung vor ihm. Bestürzt sieht er sich der Häßlichen gegenüber, die vorgibt, die reiche Witwe Teresa Mazzini zu sein. Sie ist bereit, ihm all ihren Reichtum zu schenken, wenn er bei ihr bleibt. In tiefster Verwirrung schlägt er das Geld aus, weil sein Gefühl die Geliebte in der Dame, auch wenn sie ihm den getauschten Ring vorweist, nicht wiedererkennt. Jetzt erst, nachdem er die Probe bestanden hat, gibt sich die wahre Teresa, die schöne Schwester der Häßlichen, zu erkennen. Was wirklich zählt, ist nicht das Geld, sondern die tiefe Gewißheit des Gefühls, das sich gegen alle Maskeraden und Verlockungen am Ende durchsetzt.

Außerhalb der *Venetianischen Novellen* überwiegen die elegischen Töne. Stets aber ist es das untrügliche Gefühl, das den Kern des Geschehens bildet und selbst noch dem Entsagenden Halt zu geben vermag. In *Der Jahrestag* (1837) erinnert sich der greise polnische Freiheitsheld Kosciuszko an seine Jugendliebe, die an Standesvorurteilen gescheitert war. Dennoch blieb sie dem Ich-Erzähler in der Binnengeschichte als persönlicher Höhe- und Bezugspunkt seines Daseins lebendig. Auch noch nach einem ganzen Menschenleben ist das Gefühl von damals gültig und füllt den in der Abgeschiedenheit Lebenden aus. »Mehr und mehr zog ich mich in meine selbstgeschaffene Einsamkeit zurück.« Entsagung ist eine zwar schmerzliche Erfahrung, aber sie weist auch den Weg zum Selbsterleben in der Empfindung der unbeirrbaren emotionalen Wahrheit.

Jugendliebe ist der Titel einer 1839 erschienenen Novelle, in der sich der altgewordene Chorpräfekt an eine jung verstorbene Baronesse erinnert, der, obwohl sie für ihn unerreichbar war, seine ganze Liebe gehörte. Noch eindeutiger bestimmt hier die Erinnerungsperspektive den Erzählverlauf. Glück ereignet sich erneut jenseits der Erfüllung ausschließlich im Innern des Menschen, der sich in seiner Einsamkeit eingerichtet hat. Immer wieder erzählen die Novellen Gaudys von der Vergeblichkeit der einzigen, wahren Liebe, die aber, in der Erinnerung unangreifbar, zum sicheren Besitz geworden ist.

In *Ludwiga* (1839) entsagt die Baronesse ihrem Geliebten, einem als Findelkind bei ihren Eltern aufgewachsenen Maler, nachdem es zwischen diesem und dem ihr als Ehemann ausgewählten Vetter zu einem Duell gekommen war, das der Vater zum Anlaß genommen hatte, sich von seiner Tochter loszusagen. Fortan glaubt Ludwiga, für das sühnen zu müssen, was sie ihrem Vater, allein ihrer Liebe folgend, angetan hat. Erneut scheitert die Erfüllung an den herrschenden Bedingungen, hier an der übermächtigen Vaterautorität. In der restaurativen Gesellschaft ist für das Glück des einzelnen kein Platz. Was ihm aber bleibt, ist die Wahrhaftigkeit seines Fühlens, das ihn noch im Verzicht erfüllt und seinem Leben einen von innen heraus begründeten Sinn zu geben vermag.

Eine bemerkenswerte Variation erfährt Gaudys Grundthematik in der Novelle *Katzenraffael* (1837) um den verwachsenen Schweizer Maler Gottfried Mind (1768–1814). Seine ausschließlich Katzen, Bären und gelegentlich Kinder darstellenden Bilder faszinieren in ihrer naiven Unverstellt-

heit und Gefühlsechtheit die Patriziertochter Anna, der
Gottfried in hoffnungsloser Liebe zugetan ist. Als sie ihn
mit ihrem Verlobten, einem hochfahrenden, standesstol-
zen Junker, aufsucht, beleidigt dieser den Maler in brutaler Weise. Anna, die Kälte und Unmenschlichkeit ihres
Verlobten plötzlich durchschauend, sagt sich darauf von
ihm los.

Gaudys Novellenhelden leben in einer grausam enttäuschenden Welt, in der sie nur zu existieren vermögen, indem
sie sich der Wahrheit ihres Gefühls vergewissern und danach ihr Dasein einrichten. Glück scheint allein möglich
durch Rückzug aus der Welt in eine selbstgeschaffene, von
der Erinnerung an eine Erfüllung, die hätte sein können,
bestimmte Einsamkeit. Beispielhaft gestalten Gaudys Novellen, in denen die innere Bewegung das äußere Geschehen
in der Regel relativiert, das biedermeierliche Lebensgefühl
der Vergeblichkeit in der Gewißheit eines brachliegenden
inneren Reichtums.

Eduard Mörike (1804–1875)

Unter den Erzählungen Mörikes lassen sich zwei Stücke als
Novelle im strengeren Sinn benennen, in denen die typische
Erzählstruktur der Gattung als repräsentativer Ausdruck
des Zeitbewußtseins erkennbar wird. Die allgemein als *Lucie Gelmeroth* bekannte Novelle erschien bereits 1834 unter
dem Titel *Miß Jenny Harrower*. Erst 1856 erhielt sie in
leicht gekürzter Fassung den heutigen Titel. Es ist die als
Manuskriptfiktion dargebotene Geschichte komplizierter
menschlicher Beziehungen aus der Sicht eines in das Geschehen integrierten Ich-Erzählers.

Bei einem Besuch in seiner Heimatstadt findet der junge

Gelehrte seine Jugendliebe Lucie in einen Mordfall verwik-
kelt. Sie soll den Liebhaber ihrer Schwester Anna, einen
Leutnant, getötet haben, die, nachdem dieser sie lieblos verlassen hatte, die Trennung nicht überlebte. In zeitlich ge-
staffelten Rückblenden erfährt der Leser von dem bescheidenen Leben der beiden verwaisten Schwestern mit dem
Leutnant in einem »Winkel des genügsamsten Glückes«
und von den kindlichen Beziehungen zwischen dem Erzähler und Lucie, von glücklichen Spielen im Park des Lud-
wigsburger Schlosses und ihren Ängsten bei Einbruch eines
Unwetters.

Sowohl die Gegenwart als auch die Vergangenheit sind
gezeichnet von der Gefährdung eines beschaulichen und
glücklichen Daseins. Der Einbruch des Unwetters wie die
Aufkündigung der Liebe durch den Mann und dessen Ermordung markieren jeweils das Ende eines harmonischen
Zustands, der sich in seiner Vergänglichkeit als bloße Episode erweist. Die Novelle mit ihrer Akzentuierung des Ereignishaften und der plötzlich eintretenden Geschehenswendungen fängt das Bewußtsein einer Zeit ein, in der man
hellsichtig geworden ist für die schmalen Grenzen zwischen
Glück und Verzweiflung, Geborgenheit und Angst. Stets
präsent ist die Gefahr, daß der Sog der Vernichtung einbricht und das, was ein wenig Glück bedeutet hat, mit fort-
reißt. Auch wenn sich am Ende die Unschuld Lucies herausstellt und sie die Frau des Erzählers wird, bleibt die
tragische Erfahrung der gefährdeten privaten Paradiese
schmerzlich bewußt.

Die tragisch erlebte Dialektik von Lebensgenuß und Exi-
stenzangst bildet auch den Aussagekern in *Mozart auf der
Reise nach Prag* (1855). Zusammengedrängt auf einen einzigen Tag im Leben Mozarts auf dem Weg zur Uraufführung
seines *Don Juan* (*Don Giovanni*) in der tschechischen
Hauptstadt, gewinnt die Spannung zwischen der Liebe zum
Leben und zum Schöpferischen und dem ohnmächtigen Gefühl des unausweichlichen Verfalls des Schönen Gestalt.

»Allmittelst geht und rennt und saust das Leben hin –«, geht dem noch jungen Komponisten die Ahnung seines frühen Todes auf, »Herr Gott! bedenkt man's recht, es möcht einem der Angstschweiß ausbrechen.«

Der Gang in den Schloßpark des adligen Gastgebers zur Mittagszeit, im Zenit des Lebens, das träumerische Erleben der Wärme, der Düfte und der Farben und nicht zuletzt der sogenannte »Orangenfrevel« fügen sich zu einer paradiesischen Episode, in der die Zeit stillzustehen scheint und der Raum in seiner zeitlosen Gegenwart sich ausdehnt und den Menschen mit einschließt. Aber der Auftritt des Gärtners, der das Pflücken der Orange mißbilligt, und sein Hinweis darauf, daß die Früchte gezählt seien, läßt auch hier das Paradies in seiner Beschränktheit und Begrenztheit erkennen. Nur einen Augenblick lang dauert das Glück, das vor der Wirklichkeit der Verbote nicht standzuhalten vermag.

Die Episode im Garten ist das symbolische Vorspiel zur Aufführung der Musik aus dem *Don Juan* im Schloß durch Mozart selbst. Auf dem Höhepunkt des Schöpferischen und der allgemeinen Begeisterung wendet sich beim Choral »Dein Lachen endet vor der Morgenröte« der Lebensgenuß erneut zum Todesgrauen. Eugenie, die Tochter des Gastgebers, ahnt, daß Mozart sich in der grenzenlosen Hingabe an die Kunst wie an das Leben bald verzehren wird.

Intensives Daseinserleben und frühes Sterben stehen in einem tragischen Zusammenhang. Kaum jemals wieder hat Mörike so eindringlich das Lebensgefühl einer Generation zum Ausdruck gebracht, die genau wußte um die Gefährdung der engen bürgerlichen Idyllen im restaurativen Klima der Erstarrung und Stagnation. Unter dünner Decke lauerte die Fragwürdigkeit eines Daseins, das in der Stickluft der Zeit der Perspektivelosigkeit ausgesetzt war. Novellistisch ist die Gewißheit der Übermacht des sich letztlich ereignenden Verfalls. Seine Vorausahnung ist die eigentliche unerhörte Begebenheit. Der Wendepunkt der Novelle spiegelt in radikaler Auffassung die Wende vom Leben in den Tod.

Adalbert Stifter (1805–1868)

Auch Stifter weiß um die Abgründe menschlicher Existenz, um die Enttäuschungen und Ängste des Menschen in einer Zeit, die, zurückgewandt, keine Zukunft zu haben scheint, in der der einzelne in der Enge, in die er sich zurückgedrängt sieht, zu ersticken droht. Anders aber als Mörike reagiert Stifter auf die kollektive Geschichtsenttäuschung seiner Epoche mit der ästhetischen Beschwörung idyllischer Fiktionen. In scheinbar realistischer Darbietung entstehen in sorgfältiger Detaillierung und sinnlicher Komplexität Bilder harmonischer Natur- und Gesellschaftszustände, Miniaturen des Friedens und des Selbstgenügens.

Aber bei genauerem Hinsehen sind auch die Retuschen kaum zu leugnen, die das Disharmonische und Destruktive sorgfältig entfernen oder dort, wo es bereits eingedrungen ist, es regelmäßig überwinden, um den idyllischen Einklang von Mensch und Natur, Individuum und Kollektiv nicht zu stören. Stifters Novellen entwerfen Fiktionen der Harmonie, die als sanftes, das Dasein formende Gesetz auch das menschliche Leben bestimmen. In dem hermetisch gegen alle Beunruhigung und Verstörung von außen abgeschlossenen Kreis vermag der einzelne zu überleben. Wo das Bewußtsein der Gefährdung und des Verlusts die ästhetisch beschworene Idylle zu überwältigen droht, fordert es im Erzählprozeß zu verstärkten Abwehranstrengungen heraus. Hierin findet der Detailrealismus des auch malerisch begabten Dichters seine eigentliche Begründung. Durch die Ausmalung sinnlich komplex wahrgenommener Situationen entsteht der Eindruck einer zuständlich in sich selbst ruhenden Welt als fiktiver Schutzraum. Nur in wenigen, aber aufschlußreichen Fällen scheinen die dichterischen Kompensationsversuche zu versagen.

Mit der Bezeichnung *Studien* für seine erste Erzählsammlung (6 Bde., 1844–50) betont Stifter den Entwurfs-

charakter seiner Arbeiten, das Skizzenartige seiner Erzähl-
bilder, die aus dem Geschehensstrom gleichsam herausgehoben sind und in denen sich exemplarisch ein erreichter
harmonischer Zustand abbildet.

Repräsentativ ist gleich die frühe Erzählung *Das Heidedorf* (1840). Felix, als Schaf- und Ziegenhirt auf der Heide
aufgewachsen, ist glücklich in seiner kleinen dörflichen
Welt. Als junger Mann bricht er zunächst auf, um sich draußen zu bilden, kehrt aber zurück ins Dorf mit dem Ziel,
dort Kulturarbeit zu leisten. Erfüllt von seinen Plänen und
seinem Wirken im engen Kreis, baut er ein Haus für sich
und seine Braut, die ihm jedoch in die selbstgewählte Isolation nicht zu folgen vermag. Als am Pfingstmorgen der erlösende Regen fällt, begibt man sich auf den Weg zur Kirche; »auch Felix ließ es durch seine Kleider sinken, ging mit
und dankte mit, und keiner wußte, was seine sanften, ruhi-
gen Augen bargen«.

Die Entscheidung für den engen Lebenskreis ist notwendig für das persönliche Überleben, aber sie schließt auch
den Verzicht auf das große Liebesglück mit ein. Stets muß
die von innen gewollte und bejahte Idylle der Sehnsucht
nach einer umfassenden Erfüllung abgerungen werden. Den
romantischen Träumen und Visionen entsagend, sucht und
findet der einzelne sein bescheidenes persönliches Glück,
indem er heimkehrt in den eng begrenzten Kreis, wo sein
Leben seinen Anfang nahm und sein Ende nehmen wird.
Die Geschichte von Felix bricht ab, aber der Leser weiß
ohnehin, daß es seinem Daseinskreis bestimmt ist, sich zu
runden.

Stifters Novelle, allein konzentriert auf die inneren Bindungen des Menschen, verzichtet auf spektakuläre Ereignisse und Begebenheiten und wendet die Entwicklung dort,
wo sie sich tragisch zuzuspitzen droht, ins Idyllische. In der
Erzählung *Der Hochwald* aus dem Jahr 1842 ist die äußere
Welt ungleich bedrängender und bedrohlicher. Die Geschichte spielt zur Zeit des Dreißigjährigen Kriegs in Stif-

ters engerer böhmischen Heimat. Vor dem Heranrücken des Kriegs versucht der Freiherr von Wittinghausen, seine beiden Töchter Clarissa und Johanna in einem Blockhaus in der Waldeinsamkeit in Sicherheit zu bringen. In den Frieden der Natur dringt der von Clarissa einst geliebte Ronald ein und stellt mit seinem leidenschaftlichen Auftreten den idyllischen Lebenszustand vorübergehend in Frage. Nach der Verlobung verspricht Ronald, seine Beziehungen zu den Schweden für den Erhalt des Schlosses zu nutzen. Doch durch ein Mißverständnis kommt es zur Katastrophe. Ronald wird vom Freiherrn getötet, und das Schloß geht mit seinen Bewohnern im Feuer zugrunde. In der Schloßruine verbringen die beiden Schwestern fortan ihr Leben bis ins hohe Greisinnenalter hinein.

Das tragische Geschehen aber bildet nur den Binnenteil der Novelle, erzählt aus der Sicht eines sich erinnernden Berichterstatters. Eingerahmt wird die katastrophale Entwicklung durch die Schilderung des Waldes. Längst hat er mit seinem unaufhaltsamen Wachstum wieder Besitz ergriffen von den einstigen Geschichtsstätten und relativiert in seiner vitalen Gegenwart das Vergangene zur bloßen Episode. Dauer stiftet allein das Naturgesetz des Wachsens. Es kommt nur darauf an, den geschichtlichen Aufruhr auf Distanz zu rücken. Das ewige Sein entwertet das zeitlich Seiende wie die Zustandsschilderung den Geschichtsbericht, und der vital gegenwärtige Naturrahmen läßt das geschichtliche Binnengeschehen als längst abgestorbene Vergangenheit erscheinen. Schildernd schlägt die Novelle auch hier einen Kreis um das Beunruhigende und Gefährdende und überwindet es, indem es das, was gewesen ist, Stück für Stück zurücktreten und verblassen läßt.

Stifters weiterhin bekannteste Novelle ist die 1843 erschienene *Brigitta*. Das Geschehen wird in abwägender Distanzierung von einem Erzähler dargeboten, der den ungarischen Major Stephan Murai auf dessen Einladung auf seinem Gut in der Steppeneinsamkeit besucht. Eindringend in einen im

Grunde nach außen abgeschlossenen Lebenskreis, erfährt er
von der gescheiterten Ehe Murais und seiner Gutsnachbarin
Brigitta, der Herrin auf Maroshely, und deren gemeinsa-
mem Sohn Gustav, der bei der Mutter lebt. Gescheitert war
die Ehe an der Untreue Murais. Er hatte sich kurzfristig einer schönen, leidenschaftlichen Frau zugewandt und dadurch die äußerlich unattraktive, aber seelenvolle Brigitta
tief verletzt. Erst nachdem Murai den gemeinsamen Sohn
vor Wölfen gerettet und in seinem Haus aufopferungsvoll
gepflegt hat, finden die Eheleute wieder zueinander.

Erotische Leidenschaft wird in den Novellen der Restaurationszeit immer wieder als zerstörerisch empfunden. Bei
Stifter tritt das Motiv der Faszination durch die äußere
Schönheit hinzu, die indes nur begehrlich, aber nicht notwendig gut macht. Brigitta ist die äußerlich reizlose Frau,
deren schöne Augen aber ein reiches Seelenleben ahnen lassen. Wahre Schönheit kann nur von innen heraus kommen,
erwachsend aus einem reifen, edlen Menschentum. Erst die
innere Schönheit, zu der im Alter auch Murai findet, überwindet alle Veräußerlichung und die Leidenschaft. Die Novelle fügt sich einmal mehr zum Medium einer sittlichen
Entwicklung, in der der einzelne seiner humanen Identität
inne wird. Am Ende verläßt der Erzähler den Lebenskreis
eines unangefochtenen Glücks, das in seiner Unwirklichkeit
räumlich und zeitlich der Welt entrückt scheint.

Ein tiefgreifender menschlicher Wandel bildet auch den
Kern in der Novelle *Der Waldsteig* (1845). Theodor Kneigt,
ein närrischer Hypochonder und Erbe eines großen Vermögens, erhält den ärztlichen Rat, sich der Natur zuzuwenden
und sich eine Frau zu suchen, um von seinen eingebildeten
Krankheiten geheilt zu werden. Im Kurbad gerät er auf einem seiner Spaziergänge tief in den Wald, der mit seiner
würzigen Luft, seinen Farben, seinen Düften und seinen
Lichtspielen einen nachhaltigen Eindruck auf ihn hinterläßt.
Eine besondere Wirkung übt auf ihn ein Waldsteig aus, der
ihn gleichsam aus seiner närrisch versponnenen Welt in die

den ganzen Menschen erfüllende Natur hineinführt. Bei wiederholten Besuchen dort begegnet er einem Mädchen, mit dem er gemeinsam Erdbeeren zu suchen beginnt. Die symbolische Handlung erfüllt sich schließlich in der Heirat, und das junge Ehepaar entschließt sich, fortan in inniger Verbindung mit der Natur zu leben.

Der närrischen Selbstverliebtheit den Rücken kehrend, öffnet sich der Mensch für die heilenden Daseinsmächte der Natur und der Liebe. Der Waldsteig als das zentrale Leitmotiv leitet, fernab von einer Wirklichkeit, die den einzelnen nur krank macht, hinüber in eine heile, auch das häusliche Ambiente prägende Welt. Das Erdbeermädchen von einst wächst schnell in seine neuen Aufgaben hinein, »und mit ihrer naiven, klaren Kraft, dem Erbteile des Waldes, ist ihr Hauswesen blank, lachend und heiter geworden, wie ein Werk aus einem einzigen, schönen und untadelhaften Gusse«.

Auffällig sind wiederum das Abgegrenzte und Abgeschiedene einer solchen Existenz und die sie erfüllende unwirkliche Harmonie. Stifters Novellen gestalten Rückzüge aus einer geschichtlich und gesellschaftlich enttäuschenden Welt und suchen den Menschen wieder mit den fundamental ursprünglichen Kräften seines Daseins zu verbinden. Im Prozeß dieser Vereinigung des einzelnen mit dem Ganzen erfüllt sich der novellistische Charakter in versöhnlicher Weise. Problematisch allerdings bleibt der Verzicht auf breiteres soziales Handeln und auf die kritische Auseinandersetzung mit dem öffentlichen Leben.

Stifters zweite große Erzählsammlung, die 1853 in zwei Bänden erschienenen *Bunten Steine*, waren ursprünglich bestimmt für junge Menschen, um sie zu bilden. Tatsächlich spielen Kinder in ihnen eine bedeutende Rolle. Ausnahmslos verfolgen die Geschichten eine inhärent didaktische Intention, die in der Restaurationsnovelle wiederholt hervortritt, Ausdruck problematischer Lebensverhältnisse und des Bemühens, sie zu bewältigen. Die Geschichten selbst sollen, wie die einzelnen Titel nahelegen, kostbaren Steinen gleich, in denen sich die Leseerfahrungen symbolisch verdichten und aufbewahrt sind, heimgetragen werden.

Am populärsten aus der Sammlung ist weiterhin die Erzählung *Bergkristall* (1845), die ursprünglich den Titel *Der heilige Abend* trug. Zentral ist der Schneeberg, den die beiden Kinder Konrad und Susanna am Heiligabend überqueren, um ihre Großeltern auf der anderen Seite des Berges zu besuchen. Auf dem Rückweg werden sie von einem gewaltigen Schneefall überrascht. Sie verirren sich in der Schnee- und Gletscherwüste, bis man sie am Morgen glücklich zu bergen vermag. Am Ende sind sie ihren Eltern wiedergeschenkt und können mit ihnen das Weihnachtsfest feiern.

Verloren scheint der einzelne in der feindlichen, jeden Halt und jede Orientierung verweigernden Winterlandschaft. Bedrückend anschaulich wird in der unerhörten Begebenheit auf dem Berg das ohnmächtige Ausgesetztsein des Menschen, die Vergeblichkeit all seines Bemühens, sich aus eigener Kraft zu behaupten. Es ist der beispielhafte Entwurf einer novellistischen Situation, in der das Individuum von der Übermacht eines anonymen Kollektivs erdrückt zu werden droht. Die Rettung der Kinder, von den Eltern wie von den andern parallel zum Weihnachtsgeschehen wie eine Wiedergeburt erlebt, bedeutet Gnade und Hoffnung für den Menschen in einer Welt, in der er ohne göttlichen Beistand zugrunde gehen müßte. Das Symbol des Bergkristalls ist ambivalent. Es steht sowohl für die Leben bedrohende Gletscherwelt als auch für das göttliche Licht und das unerschütterliche, reine kindliche Vertrauen auf die Geborgenheit in Gott. Wiederum ist die heile Welt das Ziel des Erzählens. Neben die Natur und die Liebe, die in den *Studien* vorherrschten, tritt der Glaube als die den Menschen in der Welt bewahrende Kraft.

Das unverrückbar Feststehende und Bleibende bildet den Kern der *Bunten Steine*. *Granit*, 1848 unter dem Titel *Der Pechbrenner* erschienen, leitet die Sammlung ein. Die Granitbank vor dem elterlichen Haus des Erzählers ist der

Platz, von dem aus man in die Welt blickt, der perspektivische Standort, und, weit in die Vergangenheit zurückreichend, der Sitz der Eltern und Voreltern, Sinnbild der Generationenkette, die aus der Zeit, die einmal war, über die Gegenwart in die Zukunft deutet.

Von der Granitbank, dem Leitsymbol der Novelle, aus sieht der Erzähler als Kind den Pechbrenner Andrees und hört vom Großvater die Geschichte von dessen Vorfahren, die vor langer Zeit versucht hatten, vor der Pest zu fliehen. Aber nur der Sohn hatte überlebt und ein adliges Mädchen gerettet, das ebenfalls allein zurückgeblieben war. Der Onkel, ein Pechbrenner, dessen Nachkomme Andrees ist, hatte den Jungen aufgenommen, bis ihn das adlige Mädchen als Mann auf das Schloß geholt hatte.

Aus der Vergangenheit reicht die schaurige Geschichte, die sich dann doch zum Guten wandte, anknüpfend an den Pechbrenner Andrees, an den Jungen heran. Von Tod und Gefährdung ist die Rede, aber auch vom ewigen Fortbestand des Lebens. Am Ende sind es die Kinder der Schwester, die sich an der Bank tummeln, während der Erzähler bereits zur mittleren Generation zählt. Das Vertrauen auf die ungebrochene Weitergabe des Lebens überwindet die Angst. Längst verschwunden sind die Pechspuren auf den Füßen des Erzählers, dort durch eine Unachtsamkeit von Andrees einst hinterlassen.

Der Waldgänger (1847), eingegangen in die 1869 postum erschienenen *Erzählungen* (2 Bde.), überschreitet die Grenze zum Tragischen. Die Novelle nimmt insofern eine Sonderstellung in Stifters Werk ein und zeigt besonders deutlich dessen dunkle Grundierung. Im Mittelpunkt steht die glückliche, aber kinderlose Ehe Georgs und Coronas. Obwohl sie sich alles geben, was sich Eheleute zu geben vermögen, und der eine für den andern eine ganze Welt bedeutet, gibt Corona durch einen unerhörten Entschluß den geliebten Mann gegen dessen inneren Widerstand frei, damit er sich in der Weitergabe des Lebens ganz erfüllen möge. Zwar hat Georg mit einer anderen Frau Kinder, aber bei der Wiederbegegnung mit der alleingebliebenen Corona nach Jahren erkennen beide, was sie verloren haben. Georg beschließt sein Leben nach dem Tode seiner Frau und nach dem Weggang der Söhne als einsamer Waldgänger.

In tragischer Unvereinbarkeit stehen sich die Geschlechterliebe und das Mitwirken am Fortgang des Lebens gegenüber. In beiden Bereichen vollendet sich der Mensch, indem er seiner Liebe und der Natur als den fundamentalen Daseinsmächten folgt. Wo aber das eine nur möglich ist ohne das andere, beginnt die tragische Verwicklung. Zwar wird der Entschluß Coronas am Ende als Irrtum bewertet und der Liebe der Vorrang gegeben, was aber bleibt, ist die Erkenntnis des unüberbrückbaren inneren Zwiespalts vor den Daseinsmächten, die nur im Einklang zur wirklichen Erfüllung des Menschen führen können.

Stifters »sanftes Gesetz« (Vorrede zu *Bunte Steine*), die selbstverständliche Harmonie von Ich und Du, Mensch und Natur, weicht einem tragischen Mißklang, den auch die Beschwörung der in den Daseinsgesetzen ruhenden Wälder nicht auszugleichen vermag. Gerade eine Novelle wie *Der Waldgänger* zeigt die unerhörte Spannung der Restaurationsnovelle im allgemeinen und der Novelle Stifters im besonderen zwischen dem Idyllischen und dem Tragischen, zumal hier die Idylle an der Tragik menschlichen Daseins scheitert.

Karl Gutzkow (1811–1878)

Karl Gutzkows Novellen nehmen in ihrer Zeit insofern eine Sonderstellung ein, als sie sich nicht mit einer mehr introvertierten Daseinsvergewisserung begnügen, sondern

sich darüber hinaus kritisch mit aktuellen Problemen aus-
einandersetzen. Dabei erreichen einige Stücke eine bemerkenswerte satirische Schärfe, gelegentlich sogar eine gewisse
utopische Perspektivik. Die soziale Ausgangssituation bildet aber auch hier die verengte bürgerliche Lebensweise.

In der Novelle *Der Sadduzäer von Amsterdam* (1834)
wendet sich Gutzkow in historischer Verfremdung gegen
die jeden humanen Fortschritt vereitelnde Orthodoxie. Uriel Acosta, für den die Wahrheit niemals Besitz, sondern immer nur Ziel sein kann, bestreitet öffentlich vor dem Gericht in der Synagoge den Glauben an ein Fortleben nach
dem Tode. Von seiner Geliebten Judith verlassen und sozial
ausgestoßen, erschießt er in einer Verzweiflungstat Judith
und darauf sich selbst.

Eine orthodox erstarrte Welt, Erzählmodell der restaurativen Lebenssituation, verwehrt dem liberal Denkenden das
Existenzrecht. Doch das fortschrittliche Gedankengut ist
nicht für alle Zeiten verloren. Noch vor seinem Tode hat
Uriel Acosta seinen Neffen Baruch Spinoza damit beauf-
tragt, sein Werk im Sinne fortschreitender Humanisierung
fortzuführen. Die überraschende Wendung der Novelle
liegt in dem zukunftsgewissen Vertrauen auf einen liberalen
Geschichtsprozeß.

Vorwiegend satirische Akzente setzt die Novelle *Die
Selbsttaufe* (1845). Die Darstellung des reichen, müßigge-
henden Kommerzienrats und seiner verwitweten, verwöhn-
ten Tochter Sidonie spitzt sich zu einer bissigen Karikatur
des satten, ökonomisch erstarrten Geldbürgertums zu. In
dem gescheiterten Theologen und Philosophen Gottfried,
der seinen Namen in egomanischer Selbstverliebtheit in
»Ottfried« umwandelt, gewinnt der sich allein dem oberflächlichen Lebensgenuß verschreibende bürgerliche Snob
Gestalt. Längst ist die bürgerliche Gesellschaft, in der
selbstverschuldeten materiellen Enge erstickt, unfähig geworden, eine humane Zukunft mitzugestalten. Tragisch ist
am Rande das Schicksal der zweiten Tochter Agathe, eine

aufopferungsvolle, von sozialer Verantwortung erfüllte
Frau, die aber sowohl von der eigenen Familie als auch von
Gottfried-Ottfried, der ihr zunächst Hoffnungen gemacht
hatte, verachtet wird. Deutlich jedoch ist, daß die negativen
Entwicklungen sich keineswegs in fatalistischer Ausweglosigkeit ereignen, sondern verschuldet sind durch die satu-
rierte, soziale Verantwortung ignorierende Bourgeoisie.

Um die Auseinandersetzung mit verengten Welt- und
Menschenbildern geht es in der 1847 erschienenen Novelle
Imagina, die Gutzkow später in *Eine Phantasieliebe* umbe-
nannte. Das dreizehnjährige Mädchen glaubt unbeirrt an
den aus ihrer Vorstellungswelt entsprungenen Prinzen, den
sie schließlich in Otto von Sudburg wiedererkennen will.
Das romantische Motiv der Identität von Phantasie und
Wirklichkeit erhält angesichts der real beschränkten Welt
eine emanzipatorische Funktion.

Der Vater, um dem, was er für bloße Schwärmerei hält,
wirkungsvoll zu begegnen, drängt die kaum achtzehnjäh-
rige Tochter, die Ehe mit einem anderen einzugehen. Während einer Italienreise lernt die junge Frau Sudburg näher
kennen, der versprochen hatte, Feodore, die Witwe seines
von ihm getöteten Duellgegners, zu heiraten. Um Sudburg
aber von seinem Versprechen zu entbinden, willigt sie in die
Scheidung von ihrem Mann ein, der sie ohnehin der Untreue bezichtigt und im Grunde selbst Feodore zur Frau gewinnen möchte. In einem letzten Schritt trennt sie sich am
Ende auch von Sudburg, um frei von allen Bindungen, nur
der eigenen Kreativität verpflichtet, als Malerin in Italien leben zu können.

Mit der abschließenden, ein Happy-End bewußt verweigernden Wendung reagiert die bisher unfreie, in die Ehe
hineingezwungene Frau mit radikaler Emanzipation von
männlicher Vereinnahmung. Nur im Bewußtsein ihrer
weiblichen Identität vermag sie der auf die männliche Dominanz verengten Welt zu entkommen und sich frei zu entfalten. Romantische und jungdeutsche Vorstellungen ver-

binden sich im Rahmen einer Novelle, die auf die kritisch beleuchtete Wirklichkeit der Unterdrückung mit der Utopie der völligen Befreiung antwortet. Die Novelle ergreift in Gestalt der sich emanzipierenden Frau Partei für das ganze, ungebrochene Dasein.

Otto Ludwig (1813–1865)

Mit der Bejahung dessen, was den Menschen in seiner Handlungsfreiheit einengt und sein Handeln bestimmt, weisen Otto Ludwigs Novellen bereits auf den Realismus voraus, als dessen programmatischer Vordenker er gilt. Die im Jahre 1842 entstandene Novelle *Maria* klingt an Kleists *Marquise von O...* an, die Ludwig allerdings kaum bekannt gewesen sein dürfte. Überdies fallen hier die sittlichen Wertungen von vornherein versöhnlicher aus.

Marie, ein schlafwandelndes Mädchen, legt sich in der Nacht, nachdem sie sich entkleidet hat, in Eiseners Bett, der der Versuchung nicht zu widerstehen vermag. Als Marie, nachdem sie aus einem todesähnlichen Schlaf erwacht ist, sich mit der ihr rätselhaften Schwangerschaft konfrontiert sieht, nimmt sie die Folgen vorbehaltlos auf sich, indem sie auf Drängen des Vaters das Elternhaus verläßt und sich allein ihrem Kind zuwendet. Nach drei Jahren findet Eisener in schweren Gewissensqualen zu Marie und dem Kind. Die glückliche Marie nimmt ihn ohne Vorhaltungen auf, denn sie »verstand ihn nur mit dem Herzen«.

Von innen heraus bejaht die Frau ihre Mutterschaft und versteht, daß der Mann seiner Natur hatte folgen müssen. Ihr somnambuler Zustand und der Schlaf, in den sie nach der Empfängnis versinkt, deuten auf die unbewußt in ihr wirkenden Naturkräfte, die ihr Verhalten bestimmen und sie erfüllen und glücklich machen. Bewußt gewählt ist der Frauenname. Aus Marie wird Maria, die wie die Gottesmutter an sich das Rätsel einer ungewöhnlichen Schwangerschaft erlebt. Ihre abschließende Aufklärung aber, dem Leser ohnehin bekannt, säkularisiert den Vorgang und bettet den Menschen ein in selbstverständliche Naturprozesse.

Geht es hier um die natürlichen Determinanten menschlichen Daseins, so wendet sich Ludwig in der im Umfang dem Roman sich annähernden Novelle *Zwischen Himmel und Erde* (1855) dem sozialen Bestimmtsein des Menschen zu. Der Rahmen um die breit ausladende Binnengeschichte zeigt den reichen, sozial vorbildlichen Dachdeckermeister Apollonius Nettenmair als einen Mann in peinlich geordneten Verhältnissen, hochgeachtet von seiner Umwelt. In seinem Haus leben seine verwitwete Schwägerin und deren Kinder. Der Umstand, daß beide niemals geheiratet haben, bildet den Anstoß für die folgende rückblendende Erzählung.

Eigentlich waren Apollonius und Christiane füreinander bestimmt, aber Fritz hatte eine langjährige Abwesenheit seines Bruders genutzt, sie für sich zu gewinnen. Um zu verhindern, daß Christiane sich dem Heimgekehrten wieder zuwendet, zumal sich die Eheleute längst entfremdet haben, unternimmt Fritz bei Dachdeckerarbeiten zwei Mordanschläge, die ihn schließlich selbst das Leben kosten.

Die eigentlich unerhörte Begebenheit liegt nun aber darin, daß es auch jetzt zu keiner Heirat von Christiane und Apollonius kommt, weil dieser jeden Verdacht von sich abweisen möchte, er habe seinen Bruder vom Dach gestoßen, um in den Besitz der geliebten Frau zu gelangen. Er nimmt Entsagung und Verzicht auf sein individuelles Lebensglück auf sich, weil er seine soziale Integrität nicht gefährden will. Der einzelne tritt hinter die Gesellschaft und das, was er für deren sittliche Erwartungen hält, fraglos zurück. Die Novellen Ludwigs entwerfen beispielhaft zugespitzte Lebens-

situationen, in denen dem einzelnen das eigene Bestimmtsein durch kollektive Mächte aufgeht, denen er sich zu
unterwerfen hat. Indem er sich in das Unabänderliche
schickt, beweist er seine menschliche Reife.

Georg Büchner (1813–1837)

Georg Büchners Erzählung *Lenz*, in der er Briefe des
Sturm-und-Drang-Dramatikers sowie Tagebuchaufzeich-
nungen des Pfarrers Oberlin aus Waldersbach bei Straßburg
als authentisches Material verwendet, konnte aus Zensur-
gründen erst 1839 postum erscheinen.

Das ausweglose Scheitern eines Lebensentwurfs als Ausdruck des Leidens an einer perspektivelosen Zeit formt den
Kern des novellistischen Erzählens. Lenz tritt in einer als
feindlich und chaotisch empfundenen Natur von vornherein
als pathologischer Fall entgegen. Empfindlich gestört ist
sein zeitlich-räumliches Erleben. Während der Raum beginnt, sich in bizarre Bildsequenzen aufzulösen, zerfällt die
Zeit in diskontinuierliche Episoden. Ohne Halt und Ziel
steuert der einzelne in einer Geschichtsphase fehlender Da-
seins- und Sinnkonzepte in die persönliche Auflösung.

In der Episode mit dem kranken Mädchen, für dessen Tod
er sich nachher verantwortlich fühlt, erfährt Lenz in tiefer
Erschütterung die Schöpfung als ein sinnloses Machwerk.
Ihm ist, »als könnte er die Welt mit Zähnen zermalmen und
sie dem Schöpfer ins Gesicht speien«. Augenblicke, in denen
Lenz, ganz in sich selbst zurückgezogen, zur Ruhe kommt,
wechseln immer wieder mit vernichtenden Angstzuständen
und mit Versuchen der Selbstauslöschung. Die Antwort auf
das Chaos der Zeit ist der Wahnsinn des einzelnen, der so da-
hinlebt, wie es zum Schluß heißt, ohne Hoffnung und ohne

einen erkennbaren Sinn. Im abrupten, scheinbar fragmenta-
rischen Schluß spiegelt sich ein Leben, das nicht sinnvoll
entwickelt und human vollendet werden kann.

Büchners Fallstudie eines todkranken Menschen in lebloс
stagnierender Zeit ist Novelle als radikaler Ausdruck der
individuellen Ohnmacht vor der zerstörerischen Macht des
Kollektivs. Nur im Kunstgespräch mit Kaufmann wird
deutlich, was der Zeit im fundamental existentiellen Sinn
fehlt, wenn Lenz ausführt: »Ich verlange in allem – Leben,
Möglichkeit des Daseins, und dann ist's gut«. Aber gerade
das Leben, die Möglichkeiten des Daseins sind abgeschnitten, so daß der Lebensentwurf des einzelnen zum zusam-
menhanglosen Fragment verkümmert.

Wilhelm Heinrich Riehl (1823–1897)

Riehls 1856 erschienene *Culturgeschichtliche Novellen* reichen in ihrer Auffassung noch deutlich in die Restaurationszeit zurück. Gelegentlich hat man ihnen den Gattungscharakter abgesprochen, da ihnen ein zentrales Ereignis fehle.
Heyse sah Riehl außerstande, tiefere seelische Konflikte zu
gestalten. Dabei hat man indes übersehen, daß gerade
Riehls kulturgeschichtlicher Ansatz die Novelle als Ausdruck menschlichen Bestimmtseins durch Zeit und Raum
realisiert. »Der Boden aber, worauf sich die erfundene
Handlung bewegt«, führt Riehl im Vorwort aus, »ruhe auf
den Pfeilern der Zeitgeschichte; die Luft, worin die erdich-
teten Personen atmen, sei die Luft ihres Jahrhunderts«.
Riehl sucht die Menschen in ihren eng umgrenzten Lebensräumen auf, die er genrehaft getreu im Kolorit der jeweiligen Zeit ausmalt, und läßt in den geschilderten Menschen-
schicksalen »die Hand des gerechten Gottes erkennen«. Es

ist eine heile Welt, die die kulturgeschichtlichen Novellen entwerfen, eine Welt, in der die Menschen im Einklang leben mit den vorgefundenen Daseinsbedingungen. Riehls Novellistik bildet die optimistische Variante der Restaurationsnovelle, indem er seine Figuren sich mit dem identifizieren läßt, was ihnen die Zeit auferlegt.

Der Weilburger Stadtpfeifer Heinrich Kullmann in der Novelle *Der Stadtpfeifer* (1847), ein mittelloser, leichtlebiger Mann, heiratet zur Zeit des Siebenjährigen Kriegs. Die Ehe läßt ihn in einer Geschichtsphase der Teuerungen und der Not sozial reifen und führt ihn zur realistischen Einsicht in die eigene Mittelmäßigkeit als Musiker. Seine Hoffnungen setzt er auf seinen Pflegesohn Friedrich, der hochbegabt bei Haydn in Wien studiert, sich dort aber überarbeitet und stirbt. Am Rande taucht der geniale, allerdings heruntergekommene Musiker Neubauer auf, der sich zu Tode säuft. Sowohl Friedrich als auch Neubauer bilden Kontrastfiguren zu Kullmann, der in nüchterner Selbsterkenntnis seinen sozialen Aufgaben gerecht wird und noch in späten Jahren zum Hofmusikus avanciert. Selbst in widrigen Geschichtszeiten bei nur durchschnittlicher Begabung vermag der einzelne sein Auskommen zu finden, sofern er sich mit dem begnügt, was ihm zugewiesen ist. Riehls Novelle präsentiert im Vertrauen auf eine göttlich gelenkte gerechte Welt den angepaßten Bürger, der sich in biedermeierlicher Entsagung mit seinem bescheidenen Glück in seinem Lebenswinkel zufriedengibt und dabei sowohl individuellen Anfechtungen als auch tragischen Verwicklungen ausweicht.

Der Wollenweber Gerhard Richwin aus Wetzlar in *Der stumme Ratsherr* (1862; gedruckt in der Sammlung *Geschichten aus alter Zeit*, 2 Bde., 1863–64) vergeudet als reicher Mann, was sein Vater erarbeitet hatte, und versucht, es den Patriziern der Stadt gleichzutun. Sein Problem ist nur sein Hund Tasso, der ungezähmt seinem Herrn Ärger bereitet und ihn in Verruf bringt, bis sich Richwin entschließt, den Hund durch eine strenge Erziehung zu bändigen.

In einer witzig pointierten Wende des Geschehens wird
aber nun auch der Erzieher selbst erzogen und reift zu einem
geachteten Bürger heran, der nach dem Umsturz in Wetzlar
zum Ratsherrn ernannt wird. Als stummer Ratsherr liegt ihm
fortan sein Hund bei den Sitzungen zu Füßen. Nach einem
Zwischenfall im gräflichen Forst, und nachdem der sonst
stumme Tasso den in der Ratssitzung auftretenden Grafen in
der Ratssitzung angebellt hat, zieht es Richwin zunächst vor,
zu Hause zu bleiben. Dabei entgeht er dem Putsch des Grafen
und der Patrizier, dem einige Ratsherren zum Opfer fallen.

Offensichtlich ist die didaktische Intention des Erzählens.
Egozentrisches Genußleben wird im Laufe eines wirkungs-
vollen Erziehungsprozesses in soziales Verantwortungsbe-
wußtsein umgewandelt, das den Bürger vor allem auszeichnet
und ihn auch noch dann als Vertreter eines vorbildlichen Gemeinwesens erscheinen läßt, wenn die Kräfte der Reaktion
mal wieder die Oberhand gewonnen haben. Die Novelle gestaltet in der wiederkehrenden Dialektik von reaktionären
und fortschrittlichen Geschichtskräften ein geschichtliches
Modell. Im Vertrauen auf die letztliche göttliche Gerechtigkeit
verzichtet sie auf jede Form politischen Aufbegehrens.

Mit Riehls Geschichten klingt die Restaurationsnovelle
aus, in der Entsagung, Handlungsverzicht und die aufbau-
ende wie zerstörerische Identifikation mit der Enge bei weitem überwiegen.

6

Die Novelle des poetischen Realismus

Der Umbruch der bürgerlichen Gesellschaft nach 1848 von
den traditionellen zu moderneren Lebensformen spiegelt
sich in der Novelle des poetischen Realismus in der Ausein-

andersetzung mit den kollektiven, den einzelnen bestimmenden und bedingenden Kräften, die um so spürbarer hervortraten, als die alten Ordnungen brüchig wurden und sich die neuen technischen und sozialen Entwicklungen Bahn brachen und zugleich Einblicke in die Menschennatur jenseits idealistischer Überhöhungen, in moralische Abgründe und negative Antriebe eröffneten. Die Novelle erreicht in dieser Phase ihren Höhepunkt im 19. Jahrhundert. Ohnehin mehr mit den Bedingungen menschlicher Existenz befaßt, die jeweils als Ereignis und Begebenheit erfahren werden, zeichnet sie den einzelnen als Mitgestalter seines sozialen und geschichtlichen Daseins, das er als Aufgabe und Ziel erfährt, häufiger aber als Erleidender von sozialen, geschichtlichen und psychischen Entwicklungen, die sich seiner Kontrolle zu entziehen scheinen. Die pessimistische Erfahrung der Umbruchsituation nach 1848 überwog bei weitem die optimistische Zukunftserwartung. In der traditionellen Ausdrucksform der Novelle verbindet sich die Trauer über den Niedergang der schützenden Tradition mit der Angst vor der heraufziehenden, noch weitaus konturlosen Modernen, der man sich schutzlos ausgeliefert fühlte.

Insofern bildet die Novelle vor allem die tragische Erzählvariante im poetischen Realismus, in der das Geistige, Humoristische und Poetische, die Refugien humaner Souveränität, erdrückt werden von scheinbar außer Kontrolle geratenen, über den einzelnen sich hinwegsetzenden Prozessen. Die Wirklichkeit schickt sich an, alle Versuche poetischer Sinnstiftung außer Kraft zu setzen. Entwicklung weicht der Verwicklung, die Tat dem Ereignis, ein Vorgang, den Storm gleich einleitend zu seiner frühen Novelle *Auf dem Staatshof* als Frage formuliert: »und ob es eine Tat war oder ein Ereignis?« Vor der Übermacht der politischen Autorität, gerade nach der kollektiven Enttäuschung von 1848/1849 und durch die wirtschaftlich-industriellen Prozesse, begleitet von der naturwissenschaftlichen Desillusionierung des freien Geistes und idealistischer Weltbilder, kapitulierten in der Novelle auch die poetischen Rettungsversuche des Menschen, die Sinnstiftungen und die poetischen Hoffnungsgebärden. Im novellistischen Ereignis spiegelt sich die pessimistische Erfahrung einer eigenmächtig sich verselbständigenden, den Menschen an den Rand drängenden Wirklichkeit, die individuelle Alleingänge nicht zuließ. Anders aber als die restaurativen Novellenmodelle – darin liegt ihr eigentlicher Neueinsatz begründet – begreift die realistische Novelle die Determinanten menschlichen Schicksals durchweg als Ergebnis gesellschaftlich-geschichtlichen Handelns.

Die realistische Novelle, skeptisch gegenüber allen übergreifenden Einwirkungen, macht das, was dem einzelnen scheinbar undurchdringlich und unkontrollierbar begegnet und ihn überwältigt, durchsichtig für das Allzumenschliche als den letzten und eigentlichen Beweggrund. Hinter der Pseudokonkretheit auf den ersten Blick übermächtiger Verhältnisse macht sie die konkreten Handlungsträger und Verursacher sichtbar. Ihre Sympathie aber gehört den in die Verhältnisse verwickelten Opfern, denen sie die Täter als Opfer der von ihnen selbst heraufbeschworenen Verwicklungen gegenüberstellt. Angesichts der tatsächlichen Verwicklungen des einzelnen verweigert sie in den meisten Fällen eine wie immer geartete Lösung, aber gerade dadurch, daß der konkrete Mensch und nicht ein abstraktes Schicksal für das, was geschieht, verantwortlich gemacht wird, scheint eine Wende zum Guten prinzipiell möglich.

Theodor Storm (1817–1888)

Der Erzähler Theodor Storm ist fast ausschließlich Novellist. Seine frühen Prosaskizzen (*Marthe und ihre Uhr*, 1848; *Im Saal*, 1849) sind in ihrer konzentrierten Erzählführung novellistische Vorarbeiten. Außerhalb des Novellenwerks stehen im Grunde nur die echten Märchen (*Der kleine Häwelmann*, 1850; *Die Regentrude*, 1864 u. a.) sowie die anekdotischen kulturhistorischen Skizzen, die unter dem Titel *Zerstreute Kapitel* zwischen 1871 und 1873 erschienen. Von den sogenannten *Drei Märchen* (1866) weisen *Bulemanns Haus* (1864) und *Der Spiegel des Cyprianus* (1865) in den Bereich der phantastischen Novelle, deren einziger bedeutender Vertreter Storm im poetischen Realismus ist. In diesen Zusammenhang gehören auch die Gespenstergeschichten *Am Kamin* (1862), die sich kunstvoll zu einer Rahmennovelle fügen. Phantastisches Erzählen artikuliert die Existenzängste des unter äußerem Druck beschädigten Menschen. In einzigartiger Weise verwirklicht Storm literarische Phantastik als Stil eines Bewußtseinsrealismus, der in das Innere hineinleuchtet und es in erregenden Sinnbildern anschaubar macht.

Storms illusionslose Weltsicht, seine Erfahrungen des politischen und wirtschaftlichen Verwickeltseins des Menschen, drängten ihn zur Novelle, zur Darstellung menschlichen Daseins in einem weitgehend determinierenden Umfeld. Nur gelegentlich gestattete er sich märchenhafte und idyllische Ausblicke, Perspektiven einer möglichen, in Wirklichkeit aber immer wieder gefährdeten Humanität. Storms bekanntes Wort von der Novelle als »Schwester des Dramas« (s. S. 16) akzentuiert die strenge Objektivität der Gattung, die den subjektiven Erzählraum empfindlich einschränkt, und zugleich die Konfliktträchtigkeit realen Lebens unter den verschärften politisch-ökonomischen Bedingungen nach 1848.

Bereits in der ersten, 1849 entstandenen Novelle *Immensee*, lange Zeit das populärste Werk Storms, stößt der Wunsch nach ganzheitlicher Entfaltung in der Liebe und in der Kunst mit dem nüchternen bürgerlichen Erwerbsalltag zusammen. Was aber die gesellschaftliche Wirklichkeit versagt, bleibt in der Erinnerung und in der Suche nach dem verlorenen, aber nicht aufgegebenen Glück präsent. Der novellistische Rahmen schließt nicht ab, sondern dringt in innere Anschauung über die engen äußeren Grenzen hinaus ins Weite.

Storms Novellistik nimmt sich von Anfang an der gesellschaftlichen und geschichtlichen Prozesse an, die den bürgerlichen Menschen im 19. Jahrhundert bestimmen und seinen Lebensraum prägen. In der frühen Novelle *Auf dem Staatshof* (1859) versinkt mit der zentralen weiblichen Gestalt die fein ausgebildete patrizische Kultur mit ihrem Kunstsinn und ihrem erlesenen Geschmack. An ihre Stelle tritt der nüchtern-geistlose Erwerbsalltag des Bürgers. Zwecke verdrängen den Sinn, geistiger Genuß weicht dem Streben nach materiellem Gewinn. Im novellistischen Ereignis spiegelt sich eine Zeit im Umbruch. Der Erzähler vermag die Entwicklung zum Großgewerbe als Teil der sich ausbreitenden Industrialisierung nicht aufzuhalten, in eindringlichen Sinnbildern aber macht er anschaubar, was verlorengeht. Literatur bewahrt auf und erinnert. Konfrontiert mit der ökonomischen Durchdringung aller Lebensbereiche, hält sie das Bild einer versinkenden geistigen Kultur fest.

Stehen sich in *Auf dem Staatshof* Patriziertum und aufstrebendes Erwerbsbürgertum gegenüber, so entzündet sich der Konflikt in der Novelle *Auf der Universität* (1862) an der Kluft zwischen dem Besitzbürgertum und dem Handwerkerstand. In beiden Fällen sieht sich der einzelne eingebunden in soziale Verhältnisse, die ihn bestimmen und über seine Lebenschancen entscheiden. Hier scheitert die Heldin, weil sie Erfüllung und Schönheit jenseits ihrer kleinbürgerlichen Herkunft im großbürgerlichen Milieu sucht. Was aber überlebt, ist die ungestillte Sehnsucht nach dem Glück über alle sozialen Grenzen hinaus. Die versagte Erfüllung verweist auf die Übermacht der Verhältnisse und die Ohnmacht des Menschen, der im tieferen Sinn im Recht bleibt. Der realistische Novellist kann kein Glück stiften, das die

Gesellschaft verweigert, aber er kann durch Darstellung, in symbolisch-repräsentativer Gestaltung, Licht werfen auf das, was im Namen des Menschen nicht sein sollte. Indem er die Verhältnisse mit den Mitteln seiner Kunst durchleuchtet und durchschaut, behauptet er einen Rest von Souveränität.

Mit den zwischen 1863 und 1865 entstandenen *Drei Märchen* (1866; 1873 unter dem Titel *Geschichten aus der Tonne*) weitet Storm sein stilistisches Spektrum erheblich aus. Im Wunderbaren und Phantastischen gewinnen polare Möglichkeiten des Erzählens Gestalt. Während das Märchen von der *Regentrude* die Menschen aus der Erstarrung wunderbar erlöst, scheint der Egoismus in *Bulemanns Haus* phantastisch versteinert. In *Der Spiegel des Cyprianus* sind über die Struktur von Rahmen und Binnenerzählung Wunderbares und Phantastisches kunstvoll miteinander verknüpft. Erkennbar wird menschliches Dasein in seiner extremen Spannung zwischen Hoffnung und Angst, Glück und Grauen.

Das Schwergewicht des Erzählers Storm liegt jedoch auf der Durchdringung der von der Schönheit wie von der emotionalen Erfüllung gleichermaßen weit entfernten bürgerlichen Wirklichkeit im Medium eines poetisch sinnbildlichen Realismus. In der Novelle *Draußen im Heidedorf* (1870) geht ein junger Bauer in den Tod, weil er, um seinen Besitz zu erhalten, zur Ehe mit einer ungeliebten Frau gezwungen wird, aber von seiner leidenschaftlichen Liebe zu einem schönen mittellosen Mädchen aus der Fremde nicht lassen kann. Im Konflikt zwischen Nutzen und Neigung zerbricht der einzelne, während die anderen ungerührt in ihren Geschäften fortfahren. Am Ende ist das schöne Mädchen spurlos verschwunden. Notwendig muß die Schönheit in einer Welt des platten Nutzens fremd und flüchtig erscheinen. Zurück aber bleibt, aufbewahrt in der Novelle, die Erinnerung an eine Faszination, die die bürgerliche Enge und Verflachung nur um so deutlicher hervortreten läßt.

Egoismus und das Streben nach totem Besitz durchkreuzen in vielen Novellen Storms das Glück des Menschen, sein Verlangen nach lebendiger Liebe und Schönheit. Storm kritisiert das Bürgertum seiner Zeit jedoch nicht, weil sich in ihm das bloß Negative verkörpert, sondern weil es seine positiven Möglichkeiten nicht verwirklicht. Er ist kein Fatalist, der fortwährend Katastrophen beschwört, sondern ein realistischer Chronist, der die Bedingungen prägnant Gestalt werden läßt, unter denen der ursprüngliche Reichtum des ganzen Menschen notwendig verkümmern muß. Eine Wendung zum Positiven erscheint immer dann möglich, wenn der Bürger die Bedingungen durchschaut und verwirft, die Humanität verhindern.

Besonders liebenswürdig gelingt Storm die Darstellung einer solchen Wende zum Guten mit der Novelle *Die Söhne des Senators* (1880). Die Einsicht in die eigene Borniertheit verbindet sich mit der Sehnsucht nach Begegnung und Gemeinschaft, die man gegen das eigene Gefühl aufgekündigt hatte, und führt schließlich zu einem beinahe märchenhaften Happy-End. Kunst ist nicht nur schöner Schein, sondern auch Entwurf von Humanität. In der Novelle *Pole Poppenspäler* (1874) bilden Ästhetisches und Ethisches eine Einheit, indem der einzelne durch die Kunst sittliche Impulse erhält für eine harmonische Lebensgestaltung, während sich das reine Spiel dem sittlichen Ernst nicht gewachsen zeigt.

Tragisch klaffen Spiel und Ernst, Neigung und Pflicht in *Carsten Curator* (1878) auseinander. Am Ende steht nicht wie in *Pole Poppenspäler* die Freude in der Gemeinschaft mit dem geliebten Menschen, sondern die Trauer über die Trennung von allem, was einem lieb und teuer war. Ökonomische Zweckorientierung durchkreuzt den Wunsch nach Erfüllung und Liebe. Amor und Caritas zerbrechen in der späten Novelle *Hans und Heinz Kirch* (1882) an der zutiefst unchristlichen bürgerlichen Wirtschaftsgesinnung. Ohnmacht, Verzweiflung und Einsamkeit erfüllen die Menschen vor den Trümmern unwiederbringlich zerstörter Gemeinschaft.

Kompromißlos drängt die bürgerliche Gesellschaft den Habenichts in der Novelle *Ein Doppelgänger* (1886) an den Rand und treibt ihn schließlich in den Abgrund. Lebensrecht hat nur der Besitzende. Die unbarmherzige Wirtschaftsgesinnung führt zur Spaltung und in radikaler Konsequenz zur Zerstörung individueller Identität. In der kompromißlosen Darstellung der Determiniertheit des einzelnen durch seine Lebensverhältnisse nähert sich Storm bereits naturalistischen Sichtweisen an.

Während sich Storms Kritik am Besitzbürgertum seiner Zeit in der Regel in der Gesellschaftsnovelle vor zeitgenössischem Hintergrund entfaltet, wählt er für die Auseinandersetzung mit dem Adel und dem Klerus vorzugsweise die historische Chroniknovelle. In zeitlicher Verfremdung tritt der Anachronismus feudaler und klerikaler Machtansprüche deutlich zutage. Liebe und Glück versinken in *Aquis submersus* (1876) in einer von ständischer Überheblichkeit und Gewalt beherrschten Zeit. Humanität kapituliert vor der Arroganz der Macht. Auch die Novelle *Zur Chronik von Grieshuus* (1884), eine der besten Arbeiten Storms, führt den Leser zurück ins 17. Jahrhundert. In erschütternden Bildern und Szenen schildert der Chronist adlige Macht und ihre Folgen, Gewalt und Brudermord, Unversöhnlichkeit und Haß. Die brutale Herrschaft feudaler Zwingherren macht alle Hoffnungen auf Frieden und Liebe zunichte. Was jedoch unversöhnlich einsetzt und seinen Lauf nimmt, endet schließlich doch noch versöhnlich. Bürgerlich-christliches Ethos legt den Grundstein für eine befriedete, lebensstiftende Gemeinschaft.

Die Chroniknovelle lotet die geistig-sittlichen Möglichkeiten des Bürgers in der Auseinandersetzung mit dem Adel aus. Seine erlangte sittliche Überlegenheit aber verspielte der Bürger in der Folgezeit in dem Maße, wie er es im wirtschaftlichen Bereich dem politisch führenden Adel gleichzutun versuchte. Macht, ob politisch oder wirtschaftlich ausgeübt, korrumpiert letzten Endes das Gemeinschaftsgefühl durch ein Übermaß an Geltungsstreben, weil sie nur darauf aus ist, sich mit allen Mitteln selbst zu erhalten, und darüber den Menschen an den Rand drängt.

Von der Unversöhnlichkeit von Macht und Liebe handelt die späte Chroniknovelle *Ein Fest auf Haderslevhuus* (1885), die im 14. Jahrhundert ausschließlich im Kreise des Adels spielt. Eine tiefe Liebesbeziehung zerbricht am national geschürten Haß, nachdem die Bindung des Mannes an eine ungeliebte Frau eine wirkliche Erfüllung von vornherein ausgeschlossen hatte. Die Novelle ist die pessimistische Parabel von der Unmöglichkeit der Liebe in der realen geschichtlichen Machtwelt.

Der Adel und das Besitzbürgertum, die Macht der Politik wie die Macht des Geldes und der Geschäfte sind die eigentlichen Widersacher menschlichen Glücks. Dazu tritt in der Novelle *Renate* (1878) die Macht des Klerus. Egoismus und Intoleranz triumphieren gleichermaßen über Verständnis und Menschenliebe, Totes und Anonymes über die lebendige Persönlichkeit. In der zentralen Frauengestalt verkörpert sich die Überlegenheit weiblicher Humanität.

Adel und Klerus erschienen Storm als das »Gift in den Adern der Nation« (Brief an Hartmuth Brinkmann vom 18. Januar 1864). Erst vor dem Hintergrund solcher Auffassung treten die negativen Entwicklungen eines Bürgertums deutlich hervor, das sich für die zunächst politisch versagte mit der wirtschaftlichen Macht entschädigte und dabei ebenso wie der Adel sein menschliches Gesicht verlor. In *Der Schimmelreiter* (1888), seiner letzten vollendeten Novelle, entstanden im chauvinistischen Klima des wilhelminischen Deutschland nach der Reichsgründung von 1871, stellt Storm in letzter Konsequenz mit dem Deichgrafen den bürgerlichen Machtmenschen in den Mittelpunkt, der sich zum Führer berufen glaubt. Sein kompromißloses Geltungsstreben verdrängt jedes Gemeinschaftsgefühl. Im gespenstischen Wiedergänger gewinnt das Schreckensbild einer heillosen Ich-Obsession Konturen. Der neue Deich ist nicht für die Menschen, sondern für den persönlichen Ruhm erbaut. In ihm verewigt sich der Machtanspruch noch über den Tod hinaus. *Der Schimmelreiter* bildet den folgerichtigen Abschluß eines Novellenwerks, das den Menschen im Sog der von ihm heraufbeschworenen Macht zeigt, die ihn nun selbst beherrscht.

Nur selten gestaltete Storm einen versöhnlichen Ausgang. Aber gerade in der *Regentrude* und in *Der Spiegel des Cyprianus* wie in den Novellen *Beim Vetter Christian* und *Die Söhne des Senators* wird im überhöhten poetischen Gegenbild deutlich, was die reale Bürgerwelt entbehrt. Die Novelle wird im bürgerlichen Zeitalter zum Spiegel politischer und ökonomischer Krisen und darüber hinaus zur Andeutung einer jederzeit möglichen humanen Wende.

Gottfried Keller (1819–1890)

Es ist wohl kein Zufall, daß Theodor Storm unter den Novellen Kellers, mit dem er in regem Briefwechsel stand, gerade *Romeo und Julia auf dem Dorfe* besonders schätzte. Gewann hier doch, eher selten im Werk des Schweizers, die tragische Novelle Gestalt, wie sie bei Storm ihre gültige Ausgestaltung erfuhr. Auch in der 1856 im ersten Teil der Sammlung *Die Leute von Seldwyla* erschienenen Novelle scheitert die Liebe an der Borniertheit der Gesellschaft, hier an der Raffgier und Unversöhnlichkeit der Väter. In der Aktualisierung des besonders durch den italienischen *Novellino* (Ende 13. Jahrhundert) und durch Shakespeare bekannten Motivs des herkunftsbedingten Liebeskonflikts spiegelt sich die Beschränktheit einer Gesellschaft, für die repräsentativ der fiktive, aber durchaus realistisch gezeichnete Ort Seldwyla steht. Mit tödlicher Folgerichtigkeit mündet die wechselseitige widerrechtliche Aneignung eines Stücks Acker in einen zermürbenden Rechtsstreit, der, von Eigensinn und Trotz geprägt, nicht nur das Leben der Väter zerstört, sondern auch das Glück Vrenchens und Salis, der Kinder. Eine Gesellschaft aber, die der Liebe der Jungen keine Chance gibt, richtet sich selbst zugrunde.

Konsequent abwärts geneigt ist der novellistische Prozeß von der Verstümmelung der Puppe am Anfang bis hin zur abschließenden, dem Tod entgegentreibenden Schiffsfahrt. Das steuerlos sich flußabwärts bewegende Schiff ist Sinnbild des sich verselbständigenden Ereignisses, eines Vorgangs, der sich menschlichem Eingreifen offenbar entzieht. Das Ziel ist nicht die persönliche Erhöhung in der Liebe, sondern Untergang und Tod. Wie wohl in keiner seiner anderen Novellen pointiert Keller hier die selbstverschuldete Tragik der bürgerlichen Gesellschaft, die ihre Kinder zu unschuldigen Opfern macht, wehrlos und ohne Chance, sich aufzubäumen gegen den Widersinn einer lieblosen Welt.

Borniertert Eigensinn und seine Folgen für das menschliche Zusammenleben bilden ein zentrales Thema in den Novellen Kellers. Dominierend ist aber weniger die tragische als die didaktische bzw. satirische Darstellungsweise. *Pankraz der Schmoller* leitet *Die Leute von Seldwyla* ein und setzt zugleich Maßstäbe, an denen menschliches Verhalten zu messen ist. Pankraz, zunächst ein stets unzufriedener Nichtstuer, erfährt draußen vor exotischer Kulisse die Gefährdung des Menschen in Gestalt einer eitlen, nur in sich selbst verliebten Frau und in der unmittelbaren Bedrohung durch einen Löwen. In dem Maße, wie ihm das raubtierhaft Verschlingende der Welt aufgeht, erkennt er, daß seine eigentliche Aufgabe in seiner eigenen bürgerlichen Welt liegt. Nach seiner Rückkehr verläßt er Seldwyla und findet in der Hauptstadt des Kantons Gelegenheit, »ein dem Lande nützlicher Mann zu sein und zu bleiben«.

Die didaktische Tendenz ist unverkennbar. Während die persönliche Läuterung zum Gemeinsinn jedoch nur allgemein angedeutet wird, steht die von Pankraz selbst erzählte Geschichte seiner Irrwege im Mittelpunkt. Zentrales novellistisches Thema, ebenso detailliert wie sinnbildlich entfaltet, ist die Gefährdung des einzelnen durch ein übersteigertes Selbstwertgefühl, das ihm selbst zum Verhängnis zu werden droht. Der Hinweis auf seine Bekehrung formuliert in lehrhafter Absicht die Rezeptionsrichtung.

In *Frau Regel Amrain und ihr Jüngster* nimmt das Erzieherische einen großen Teil der Novelle selbst ein und bringt den Erzählprozeß über weite Strecken zum Erliegen. Frau Amrain, von ihrem Mann, einem typischen großsprecherischen Seldwyler, verlassen, übernimmt die Verantwortung für die Familie, insbesondere für den kleinen Fritz, den sie im Sinne einer soliden, gemeinschaftsbewußten Bürgerlichkeit zu erziehen versucht.

Satirisch gewendet erscheint das Thema dann in der Novelle *Die drei gerechten Kammacher*, in der die drei Gesellen, der Sachse Jobst, der Bayer Fridolin und der Schwabe Dietrich, kein anderes Ziel kennen, als arbeitsam und sparsam ihr Leben zu verbringen mit dem Blick auf die freiwerdende Meisterstelle. Selbst ihr gemeinsames Werben um die über ein beachtliches väterliches Erbteil verfügende Züs ist ausschließlich von wirtschaftlichen Wünschen geleitet. Nach der Heirat von Dietrich und Züs erhängt sich Fridolin, und Jobst ertränkt sein Unglück im Alkohol, während Dietrich unter den Pantoffel gerät. Seldwyla entpuppt sich einmal mehr als Spießernest, in dem das Geld und das Ansehen, das es verleiht, Geschäftigkeit und knauseriges Wesen jede echte Lebensfreude und den Genuß, wahre Leidenschaft und Liebe verdrängen. Spießige Beschränktheit verwickelt ihre Urheber in ein freudloses Dasein, über das der Satiriker den Stab bricht. Die Novelle wird zur Fallstudie der verkehrten Welt, die es im Leseprozeß zu bewerten gilt nach der Norm unverstellter Humanität.

Mit einem satirischen Kabinettstück klingt der erste Teil
der *Leute von Seldwyla* aus. *Spiegel, das Kätzchen*, als
Kunstmärchen getarnt, ist eine bissige Abrechnung mit der
Verlogenheit und der Scheinhaftigkeit der Seldwyler. Medium der Satire ist der Kater. Im »Spiegel« seines Bewußtseins wird die Häßlichkeit der Menschen offensichtlich.
Nachdem er in äußerster Not sich selbst für ein kurzfristi-
ges sorgenfreies Leben an den Stadthexenmeister verkauft
hat, gelingt es ihm kurz vor Ablauf der Frist, diesen durch
die Aussicht auf einen fabulierten Geldschatz zu überlisten.
Bedingung für die Hebung des Schatzes sei die aufrichtige
Liebe zu einer schönen, unbemittelten Frau, die in der
Nachbarin gefunden zu sein scheint. Doch die bescheidene,
saubere Fassade ihres Hauses täuscht über das Geschehen
auf der verwahrlosten Rückseite hinweg, wo die Frau regelmäßig um Mitternacht als Hexe durch den Schornstein
fährt. Die Verbindung des Hexenmeisters mit der Hexe, in
arglistiger Täuschung betrieben, bildet den Höhepunkt sati-
rischer Perversion. Der geldgierige Egoist landet in den
Fängen der machtlüsternen Hexe. Das Glücksmärchen um
einen angeblichen Schatz verkehrt sich in eine satirische Parabel von den verlogenen Maskeraden einer korrupten
Welt, in der die Betrüger am Ende die Betrogenen sind.

Nach der didaktischen Eröffnung und der tragischen Zuspitzung steht am Ende die radikale satirische Verkehrung
von Gemeinschaftsgefühl und Humanität. Menschlich im
eigentlichen Sinn ist am Ende nur der Kater. Mit den bornierten, spießigen und eigennützigen Seldwylern ist kein
Staat zu machen. Nicht zufällig bewährt sich Pankraz außerhalb des Orts heilloser Verwicklungen. Nicht die Tragödie kommt den Seldwylern in erster Linie zu, sondern die
Satire, nicht die Trauer, sondern das schadenfrohe Gelächter.
Die in der einleitenden Novelle noch zumindest angedeutete sittliche Norm ist am Ende der satirischen Szene ganz
und gar gewichen. In der kritischen Schärfe erreicht Keller
gerade hier das Niveau von Cervantes-Novellen wie *Die*

betrügliche Heirat oder *Gespräch zwischen Cipion und Berganza* (*Zwiegespräch der Hunde*). Ähnlich wie in diesen verbergen sich in Kellers Stücken im Gegenbild nützliche Beispiele für eine humane Lebensführung.

Der zweite Teil der *Leute von Seldwyla* (1873/74) ist strukturell weniger konsequent. Eine beißende Satire gelingt noch einmal mit *Der Schmied seines Glückes*. Der Seldwyler Johann Kabis versucht sein Glück bei dem alten Litumlei in Augsburg, der bereits zum drittenmal kinderlos verheiratet ist und nun Johann zu adoptieren gedenkt. Nach einem Schäferstündchen mit Litumleis junger Frau wird er auf eine Bildungsreise geschickt. Zurückgekehrt, findet er ein Neugeborenes vor, das seine Hoffnungen auf ein reiches Erbe zunichte macht. Auf seinen Hinweis, daß das Kind nicht von dem alten Mann stammen könne, wird er hinausgeworfen. Demjenigen, der davon überzeugt war, daß jeder seines Glückes Schmied sei, bleibt nur noch die Gründung einer Nagelschmiede in Seldwyla, wohin er in der Tat gehört. Leichtsinn und Gedankenlosigkeit aus moralischer Indifferenz haben den Glücksritter – in diesem Sinn ein echter Seldwyler – um den schon sicher geglaubten Erfolg gebracht, indem er sich in seinem eigenen unreflektierten Verhalten verfängt. Dort, wo allein sinnvolle Arbeit zum Ziel führen kann, vertraut er blind einem Glück, das ihm nur Nieten zuspielt. Für die fatale Wende in seinem Leben ist aber weder Fortuna noch irgendein böses Geschick verantwortlich, sondern der, der sich dem Fatalismus des Glücks aus fehlendem persönlichen Einsatzwillen anvertraut.

Neben dieser eindeutig satirischen Novelle variieren die anderen Stücke des zweiten Teils das novellistische Erzählmuster von drohendem Scheitern und der angedeuteten Wende zu einem möglichen Gelingen, wobei allerdings jeweils der endgültige Erfolg zweifelhaft bleibt, zumindest aber nicht näher ausgeführt wird. Ähnlich wie die Novelle *Der Schmied seines Glückes* geht die Novelle *Kleider machen Leute* von einem Sprichwort aus. Während dort jedoch

das Sprichwort durchaus eine tiefere Wahrheit enthält, indem
es auf die individuelle Tüchtigkeit verweist, die ironischer-
weise allerdings ausbleibt, hebt hier das Sprichwort den Vorrang des Scheins vor dem Sein, der Lüge vor der Wahrheit
hervor. In der Tat verhält sich der Schneider Wenzel Strapinski in seinem vornehmen Mantel ganz im Sinne des
Sprichworts. Zwar sind es die anderen, die Seldwyler, die
vom blendenden Äußeren auf den persönlichen Rang schließen, Strapinski aber ist es, der die angetragene falsche Identität schweigend akzeptiert und sich in ihr sonnt. Vorgeführt,
für den Leser von vornherein durchschaubar, wird die Parodie eines romantischen Lebensentwurfs, der aus nichts als
aus Täuschung und Einbildung, aus purer Fiktion besteht.
Die Goldacher sind es, die in einem turbulenten Maskenspiel
schließlich die Scheinexistenz ihres Landsmanns entlarven.
Damit ist der Versuch, Leben auf bloßen Schein zu gründen,
gescheitert, und die Seldwyler, die Urheber wie die Opfer der
Scheinexistenz, sind die eigentlich Blamierten. Die Liebe
Nettchens aber rettet den Schneider vor einem tragischen
Ende und eröffnet ihm glänzende Perspektiven als erfolgreicher Tuchherr. Wie Pankraz kehrt Wenzel am Ende Seldwyla
den Rücken und etabliert sich in Goldach. Anders als Pankraz aber, von dem es ausdrücklich heißt, daß er dem Lande
ein nützlicher Mann war, ist Strapinski ausschließlich mit
dem eigenen Geschäft und seiner Familie befaßt. Der erfolgreiche Marchant-Tailleur, bescheiden, sparsam und fleißig,
rund und stattlich bei steigendem Vermögen und Jahr für
Jahr sich vermehrender Kinderzahl, zeigt in seiner selbstgenügsamen Saturiertheit unverkennbar die Züge des reüssie-
renden Spießers. An die Stelle des imaginativen ist der ökonomische Lebensentwurf getreten, an die Stelle des Scheins
das Geld, ohne daß sich ein übergreifendes Gemeinschaftsgefühl wie bei Pankraz regt. Wenzel hat es mit Hilfe seiner
Frau im zweiten Anlauf geschafft, etwas zu gelten. Das Ziel,
das eigene Geltungsbedürfnis zu befriedigen, ist das gleiche
geblieben. Nur der Weg hat sich geändert.

In *Dietegen*, der einzigen Seldwyler Novelle vor historischer Kulisse, spitzt sich das Geschehen zweimal tragisch zu, um dann jedoch jedesmal wieder in eine Lösung auszulaufen. Die im 15. Jahrhundert spielende Handlung führt zunächst den streitsüchtigen Ruechensteiner Dietegen vor, der, wegen eines Diebstahls gehängt, glücklich überlebt und von der Seldwylerin Küngolt aufgenommen wird. In einem zweiten Handlungsteil ist es Küngolt, die in spielerischem Leichtsinn einige Ruechensteiner durch einen Liebestrank toll macht und die, nachdem es einen Toten gegeben hat, selbst mit dem Leben für ihren Leichtsinn bezahlen soll. Diesmal aber wird sie von Dietegen gerettet, indem er erklärt, sie heiraten zu wollen. Beide, Dietegen wie Küngolt, begegnen sich auf dem tiefsten Punkt ihres Lebens im Armsünderhemd, Verweis auf die Schuldverstrickung und Gefährdung des einzelnen, solange er nur sich selbst durchzusetzen versucht bzw. sein Spiel mit den anderen treibt. Die Heirat setzt der drohenden tragischen Entwicklung ein vorläufig gutes Ende – vorläufig, weil sich Dietegen im weiteren als Söldner fortwährend in kriegerische Auseinandersetzungen verwickelt, die ihn schließlich fern der Heimat das Leben kosten. Auch Küngolt kommt beim Besuch des Grabes um. Am Ende scheint die angedeutete Lösung eigentümlich relativiert, indem sich die Betroffenen selbst um die Früchte von Anteilnahme und Liebe gebracht haben.

Wie in *Kleider machen Leute* verweigert Keller einen zufriedenstellenden Schluß. Dominierte im ersten Teil der *Leute von Seldwyla* die satirische Verkehrung von Humanität, so im zweiten Teil die Relativierung sich anbahnender humaner Lösungen. Beherrschend bleibt die Skepsis des Novellisten Keller, der in Seldwyla ein realistisches Modell menschlicher Existenz in der Perspektive des wirklichen wie des stets möglichen Scheiterns entwarf. Die positive Wende der einleitenden Pankraz-Novelle bleibt ein uneingelöstes, ironisch eingeschränktes Versprechen.

Eine Sonderstellung nehmen die 1872 erschienenen *Sie-*

ben Legenden ein. Durch pointierte Kontrafakturen der *Legenden* (2 Bde., 1804) des protestantischen Pfarrers Gotthard Ludwig Theobul Kosegarten im Sinne der Physisches und Psychisches vereinenden Philosophie Feuerbachs entwickelt sich durch die Verschiebung der ursprünglich geistlichen Aussage ein Bekenntnis zur Sinnlichkeit. Novellistisch ist jeweils die unerhörte Begebenheit, die die Wende einleitet, vor allem aber die Überzeugung, daß der Mensch nicht auf Dauer gegen seine sinnliche Bestimmung zu handeln vermag, indem er sich dem Irdischen entzieht. Aus der sinnlichen Kontrafaktur der geistlichen Aussageform entstehen novellistische Miniaturen im Stil der oft schwankhaft erotischen Renaissancenovelle. In *Eugenia* weigert sich die Frau, sich zu ihrer Weiblichkeit zu bekennen, um ganz dem Geistigen leben zu können. Als Mann getarnt, stiftet sie als Abt in einem Kloster heillose Turbulenzen, die schließlich nur dadurch gelöst werden können, daß sie sich vor dem Mann enthüllt, den sie insgeheim liebt und der ihre weibliche Identität ironisch in Frage stellt. Was mit der Hinwendung zum Himmlischen begann, endet mit der Hingabe an das Irdische.

In *Die Jungfrau und der Teufel* kämpft der dämonisch schöne Teufel mit der Jungfrau Maria um den Besitz einer Frau. Vereinsamt und sehnsüchtig nach der verlorenen himmlischen Liebe, vermag ihn allein die irdische Liebesseligkeit an jene zu erinnern. Zwar gelingt es Maria, den Teufel zum Verzicht zu zwingen, besiegen aber kann sie ihn nicht. Anders als Kosegarten bekennt sich Keller zur Liebe, die nur in sinnenhafter Erfüllung eine Ahnung des verlorenen Paradieses aufsteigen lassen kann.

In diesem Sinne erfährt auch der Mönch in der Legendenkontrafaktur *Der schlimm-heilige Vitalis*, der es unternimmt, Huren zu bekehren, in der unerhörten Begebenheit seine eigene Bekehrung durch die faszinierende Lole. Als Dirne verkleidet, macht sie ihm deutlich, daß in der wahren Geschlechterliebe Sinnlichkeit und Sittlichkeit untrennbar verbunden sind. Jenseits vom frommen Selbstbetrug im asketischen Dienst des nur Geistlichen und jenseits von bloß tierischer Sinnlichkeit geht Vitalis das Irdische als der einzige Weg zur Erfahrung des Göttlichen auf. Wie auch in den übrigen Stücken (*Die Jungfrau und der Ritter, Die Jungfrau und die Nonne, Dorotheas Blumenkörbchen, Das Tanzlegendchen*) ist es die Bindung des Menschen an seine irdisch-sinnliche Bestimmung, aus der allein ihm Erfüllung zuwachsen kann. Kellers *Sieben Legenden* repräsentieren im Anschluß an die Realisierung des Genres in der Renaissance den Typus der Erfüllungsnovelle, die das novellistische Fatum als Bestimmung zum einzig möglichen Glück begreift.

Mit den *Züricher Novellen* aus dem Jahr 1878 wendet sich Keller einem konkreten gesellschaftlich-geschichtlichen Lebensraum zu. Im Unterschied zum fiktiven Seldwyla mit seinen tragischen und satirischen Aspekten bildet die freie Stadt Zürich den authentischen Hintergrund für nachahmenswertes bürgerliches Verhalten. Durchgehend ist die markante didaktische Tendenz, akzentuiert durch die Rahmenhandlung, in der der junge Herr Jacques das Fehlen von Originalen und ursprünglichen Menschen beklagt. Gegen die Reminiszenz des klassisch-romantischen Individuums stellt der Pate das sozial integrierte Menschenbild.

In *Hadlaub* erzählt er die Geschichte des gelehrten Bauernsohns, der für den Burgherrn Rüdiger von Manesse die überlieferten Minnelieder aufzeichnet und illuminiert und schließlich selbst Minnelieder verfaßt, gerichtet an Fides, die uneheliche Tochter des Konstanzer Bischofs. Als Hadlaub nach der begeisterten Aufnahme der Liederhandschrift Fides über das konventionelle Minnespiel hinaus wirklich heiraten will, stößt er auf den Widerstand des standesbewußten Adels. Erst der Erwerb eines Hauses in Zürich erlaubt es Hadlaub als nunmehr freier Bürger, mit der Tochter aus dem Kreis des freien Adels die Ehe einzugehen. Hadlaub verkörpert den Novellenhelden in beispielhafter Weise. Nicht durch originelle Individuation, sondern durch

Integration in die kulturelle Überlieferung formt sich seine
Persönlichkeit. Erst das selbstverständliche Sich-Einfügen
in das, was Menschen geschaffen haben, bringt das Menschliche zur Geltung, das sich in Hadlaub letztlich in der Überwindung der Standesgrenzen verwirklicht und eine freie
bürgerliche Zukunft begründet.

Erzählt *Hadlaub* von der Bestimmung des Menschen
durch Geschichte und Tradition, so *Der Landvogt von Grei-
fensee* von dem persönlich bestimmenden Einfluß menschlicher Beziehungen. Jacques erhält den Auftrag, die vom
Paten in schwer lesbarer Handschrift niedergeschriebene
Erzählung sorgfältig abzuschreiben. Den Inhalt bilden fünf
Liebesgeschichten, die alle unerfüllt enden. Im Rahmen bittet der Obrist Salomon Landolt nach vielen Jahren seine
»Schätze« von einst zu sich und läßt die Vergangenheit noch
einmal lebendig werden. Den beherrschenden Raum nimmt
Figura Leu ein, die einzige wirklich ernsthaft geliebte Frau,
die wie Landolt ledig geblieben ist, nachdem sie wegen einer
erblichen Belastung in ihrer Familie seine Werbung ausge-
schlagen hatte. Doch das Scheitern ihrer Liebe zerbricht sie
nicht, sondern läßt beide in der gemeinsamen Entsagung angesichts des Unabwendbaren reifen. Auch hier verwirklicht
sich echte Humanität jenseits individueller Selbstbestim-
mung in der Zuwendung zum andern, der selbst noch im
auferlegten Verzicht für das eigene Leben bestimmend
bleibt.

Zur Geschichte und zum Mitmenschen, die beide den
einzelnen entscheidend formen, tritt in *Das Fähnlein der
sieben Aufrechten* die Gesellschaft, repräsentiert durch das
freie eidgenössische Gemeinwesen nach der Bundesverfas-
sung von 1848. Kunstvoll verknüpft sind Öffentliches und
Privates. Die Inschrift »Freundschaft in der Freiheit« auf
der Fahne anläßlich des Freischießens soll offenbar nur im
Rahmen der Gesellschaft selbst gelten, denn als Karl, der
Sohn des armen Schneidermeisters Hediger, Hermine, der
Tochter des reichen Zimmermanns Frymann, nachstellt,

lehnen es beide Väter ab, Freundschaft auf Grund gleicher politischer Gesinnung und Familie zu verquicken. Doch am Ende erweisen sich die Liebe der jungen Leute und die Tüchtigkeit Karls als stärker. Das politische Gemeinwesen ist kein abstraktes Gebilde, sondern eine lebendige Gemeinschaft konkreter Menschen. Freundschaft in der Freiheit umfaßt auch die Liebe, die am privaten Egoismus nicht scheitern darf, wenn sich echtes Gemeinschaftsgefühl entfalten soll.

Die Bindung des einzelnen an das von allen mitgeschaffene und gebilligte Ethos ist verpflichtend. Auch wenn die Geschichte vom *Fähnlein der sieben Aufrechten* aus dem Rahmen formal herausfällt, so bleibt sie doch inhaltlich mit der Erörterung sogenannten originalen Menschentums verbunden. Auch hier nutzt Keller die Novelle in bewußter Absetzung von romanhafter Subjektivität als Aussageweise der Unterordnung des Individuums unter seine kollektiven Daseinsbedingungen, die jedoch stets menschlichen Ursprungs sind. Mit der didaktischen Darbietungsweise knüpft er an die Pankraz-Novelle an. Dort wie hier handelt es sich um novellistische Entwürfe menschlichen Gelingens unter der Voraussetzung, daß der einzelne sich einfügt in das bestimmende Ganze.

Das Sinngedicht, Kellers letztes, 1881 erschienenes Novellenwerk, geht aus von einem Epigramm Friedrich von Logaus: »Wie willst du weiße Lilien zu roten Rosen machen? / Küß eine weiße Galathee: sie wird errötend lachen.« Das Werk ist als Rahmennovelle angelegt, in die kleinere und größere Geschichten eingefügt sind, die auf das zentrale Rahmenthema jeweils zurückverweisen. Der Naturforscher Reinhart bricht aus seiner wissenschaftlichen Isolation aus, um die Wahrheit des Sinnspruchs im wirklichen Leben zu erfahren. In der Zöllnerstochter, die ihn küßt, ohne zu erröten, und in der Pfarrerstochter, der er einen Kuß stiehlt, ohne daß sie lacht, erlebt er die Problematik leichtfertiger Sinnlichkeit und prüder Sittlichkeit. Eine

Lösung bahnt sich in der Begegnung mit Lucia, einer jungen, selbstbewußten Frau, an. Auf ihrem Landgut erzählt man sich Geschichten, in denen es um den tragischen Untergang einer unverbildeten Frau geht, die am falschen Bildungsanspruch ihres Mannes scheitert (*Regine*), um den Widerspruch von bloßer Sexualität und liebender Hingabe (*Don Correa*) und um ein Liebespfand, das zur Trophäe verkommt (*Die Berlocken*). Alle Geschichten weisen auf falsches Lieben hin und damit auf Reinhart selbst, der die Liebe zu einer Art Experiment macht, in dem der Frau die Rolle des Versuchsobjekts zufällt.

Ein Wandel in dem ins Nachdenken geratenen Reinhart vollzieht sich, als er zusammen mit Lucia dem Schuster zuhört, der Goethes Lied *Mit einem gemalten Bande* singt. Fasziniert von dem unverstellt innigen Liebesbekenntnis, gipfelnd in der Zeile »Und das Band, das uns verbindet, sei kein schwaches Rosenband«, küssen sich Lucia und Reinhart. Der witzig-pointierte Sinnspruch scheint aufgehoben in der emotionalen Intensität des lyrischen Gedichts. Liebe erfüllt sich erst dort, wo beide zur Hingabe reif werden. Nur der Hingebende hört auf, den anderen zum Objekt zu machen, und erlebt die Erlösung von der eigenen Ich-Befangenheit als das wahre Glück. In der Überwindung des absoluten Ichs in der Liebe gründet Kellers Rahmennovelle, die die italienische novella um ein Vielfaches vertieft.

Unter den Novellisten des poetischen Realismus zeigt Keller die größte Spannweite. Sie reicht von der tragischen, satirischen und skeptisch relativierenden Novelle bis zur didaktischen Realisierung des Genres, einer Domäne Kellers, in der seine Grundhaltung wohl am überzeugendsten zum Ausdruck kommt, daß das Bestreben nach Humanität ewig gleich bleiben müsse.

Conrad Ferdinand Meyer (1825–1898)

Steht bei Keller die Gemeinschaft als Ziel des Menschen im Zentrum, das der borniert einzelne indes häufig verfehlt, so liegt in Conrad Ferdinand Meyers Novellen das Schwergewicht auf dem einzelnen selbst, der, vorangetrieben von seinen eigenen Zielen, Konflikte, Krisen und Katastrophen heraufbeschwört. Den Sonderlingen und Spießern im bürgerlichen Alltag bei Keller stehen bei Meyer herausgehobene Persönlichkeiten in geschichtlichen Zusammenhängen gegenüber. Ist bei Keller die Integration des Menschen in die Gemeinschaft prinzipiell möglich, so scheint der von seinem Eigenwillen beherrschte Mensch bei Meyer eine soziale Integration stets neu in Frage zu stellen. Keller wie Meyer sehen in der bürgerlichen Gesellschaft auf der Grundlage aktiver Humanität das vor allem anstrebenswerte Ziel. In solchem Primat des Ganzen vor dem Einzelnen sind sie echte Novellisten. Während Keller aber die Möglichkeit von Humanität in aller Regel für realisierbar hält, problematisiert das abgründige Menschenbild Meyers eine fruchtbare Synthese von Individuum und Kollektiv. Nur die Einsicht in die eigene Schwäche vermag letztlich humane Perspektiven zu öffnen. Meyers Vorliebe für die Renaissance als Handlungshintergrund erklärt sich vor allem aus der kritischen Auseinandersetzung mit dem übersteigerten Selbstbild des Menschen in dieser Epoche. Immer wieder zeigen die Novellen den einzelnen, überwältigt von unkontrollierten Affekten und zerstörerischen Leidenschaften, aber auch von seinen Schwächen und seiner Ohnmacht.

Das Amulett, Meyers erste, 1873 erschienene Novelle, enthält bereits die wesentlichen Züge der späteren Gattungsausprägungen. Auffällig ist die Neigung zur Rahmennovelle, die das Geschehen auf Distanz rückt und das Vergangene dem kritischen Urteil des aktuellen Lesers anheimstellt. Im *Amulett* öffnet sich gleich ein zweifacher

Rahmen. Nach dem knappen Hinweis auf den Erzähler, der
vorgibt, die auf vergilbten Blättern überlieferte Geschichte
aus dem 17. Jahrhundert in die Sprache der Gegenwart zu
übersetzen, erhält durchgehend der fiktive Ich-Erzähler das
Wort. Seine Erinnerung führt zurück ins Frankreich des
16. Jahrhunderts, genauer in die Phase, in die die sogenannte
Bartholomäusnacht, die Nacht zum 24. 8. 1572, fiel. Während sich der Binnenrahmen schließt, bleibt der äußere Erzählerrahmen offen, eine Aufforderung an den Leser, selbst
nach einem sinnvollen Schluß zu suchen.

Problematisch, Widerspruch provozierend, ist von vornherein die Unwandelbarkeit des Ich-Erzählers Schadau, gespiegelt in der Geschlossenheit des inneren Rahmens. Auch
noch nach zwanzig Jahren sieht er keinen Anlaß, sein Verhalten von damals in Zweifel zu ziehen. In Schadau begegnet der borniere einzelne, der sich auch dann noch im
Recht glaubt, wenn um ihn herum die Folgen von Engstir-
nigkeit und starren Haltungen eine ebenso klare wie furchtbare Sprache sprechen. Bereits seine Jugend ist geprägt von
der Prädestinationslehre Calvins, die dem Menschen keine
Chance läßt, die seine guten wie seine bösen Entscheidun-
gen und Taten entwertet. Obwohl ihm in dem Katholiken
Boccard, der ihn, den Hugenotten, mit einem Amulett der
Maria von Einsiedeln schützt und der am Ende sein Leben
für ihn opfert, in dem alten Rat Chatillon und in seiner
Frau Gasparde und in dem hugenottischen Admiral Co-
ligny Menschen von tolerantem, versöhnlich-ausgleichen-
dem Wesen begegnen, verharrt er selbstgerecht in dem, was
er für die einzig richtige Lehre hält. Selbst die Fanatiker vermögen in ihm keine Selbstkritik auszulösen. Schadau, wenn
auch selbst mehr eine Randfigur, verkörpert die Verhärtung
und Unduldsamkeit schlechthin, an denen der versöhnliche
Geist der Humanität stets neu zu scheitern droht. Weder
der katholische Hetzpriester, der die Ausrottung der An-
dersgläubigen predigt, noch die von Haß, Wut und Angst
verzerrten Gesichter der Mächtigen, unter ihnen der König

und die Königinmutter Katharina von Medici, die eigentliche Drahtzieherin, können ihn zur Einsicht in die menschliche Verantwortung führen. Gerade die konsequent gestaltete Ich-Erzählsituation aber hebt die Verblendung des Ich-Erzählers hervor.

Dogmatische und affektive Verhärtungen beschwören zwangsläufig geschichtliche Katastrophen wie die Bartholomäusnacht herauf, in denen die Gebote der Menschlichkeit in der Gewalt ersticken. Hinter den Katastrophen aber, dies macht Meyers Novelle deutlich, steht der einzelne, beherrscht von seinem Eigensinn und seinen Affekten. Erst seine Selbstbefreiung wäre imstande, einer humanen Gesellschaft und einer humanen Geschichte den Weg zu bahnen. Meyers eigene Einstellung scheint jedoch eher skeptisch, wenn auch der offene Schluß dem Leser Raum für eigene Überlegungen gibt. Die Wirklichkeit ist in den Händen der Mächtigen beherrscht von dem Drang, allen den eigenen Willen aufzuzwingen.

In diesem Sinne ist auch *Der Schuß von der Kanzel* (1877) kaum als komisch anzusprechen. Mit dem spöttischen, im Grunde areligiösen General Wertmüller tritt eine Persönlichkeit entgegen, die die gesellschaftliche Wirklichkeit nicht nur beherrscht, sondern selbst Wirklichkeit schafft. Er ist es, der die Fäden in Händen hält und den anderen ihre Rollen zuweist, indem er deren Schwächen ausnutzt. Mit einem Taschenspielertrick gelingt es ihm, nur um sich selbst zu beweisen, seinen Vetter zum Verzicht auf die Pfarrstelle zu bewegen, den Kandidaten Pfannenstiel mit dessen Tochter zu verbinden und den letzteren zum neuen Pfarrer zu machen. Zentrales Dingsymbol ist eine wertvolle Pistole – dem geistlichen Vetter, der für sein Leben gern jagt und schießt, kurz vor der Predigt zugespielt. Um ihn sicher zu machen, reicht er ihm zunächst eine schwer auslösbare Waffe, die er dann geschickt mit einer einwandfreien vertauscht. Der Vetter, in der Gewißheit des schwergängigen Mechanismus, spielt während der Predigt mit der Pistole und löst zum Entsetzen der Gemeinde einen Schuß aus. Das inszenierte Manöver führt zum Sieg, nachdem der General seinen Vetter zum Verwalter der eigenen Jagdgründe eingesetzt und die aufgebrachte Gemeinde durch eine beachtliche testamentarische Zuwendung beschwichtigt hat.

Das unerhörte Ereignis aber, so ordnet der General an, müsse »zu den ungeschehenen Dingen verstoßen« werden. Die Wirklichkeit entpuppt sich als Spielkonzept des Regisseurs. Nicht das Geschehene ist wirklich, sondern die dramaturgische Idee. Geschichte erscheint als manipulierte Realität, die die realen Antinomien von schießwütigem Jäger und geistlichem Verkünder, von Schuß und Kanzel, von Gewalt und Friedensbotschaft zudeckt. Die Novelle aber hält das Unerhörte fest und meldet Zweifel an an der Verflüchtigung des Wirklichen durch die bloße Spielidee. Versteckt, aber bei näherem Hinsehen unübersehbar ist die Kritik des Realisten Meyer an allen fiktiven und ideellen Interpretationen einer Wirklichkeit, in der Wort und Tat auseinanderklaffen, in der die Mächtigen handeln und imstande sind, ihre Handlungen zu verschleiern. Aber der scheinbar allmächtige Regisseur ist auch hier nur der von sich selbst besessene unfreie einzelne, dem ein dunkles, unheimliches Ende Grenzen setzt. Der Tod holt den Wirklichkeitsspieler ein. Das Lebensspiel mündet in den Ernstfall des Sterbens. Was bleibt, ist der novellistisch vermittelte Einblick in eine Welt, in der die böse Tat das gute Wort aushöhlt, in der die evangelische Botschaft zur Phrase verkommt, weil die Verführung zum Schießen scheinbar unwiderstehlich ist.

»[...] es gibt Augenblicke, da mir gleichermaßen graut vor dem, was die Menschen sind, und vor dem, was sie sich zu sein einbilden!« Der Ausspruch Thomas Beckets in Meyers 1879 erschienener Novelle *Der Heilige*, die zu seinen bedeutendsten zählt, umreißt und pointiert sein novellistisches Programm. An der Hauptgestalt wird die Aussage einmal mehr zur erschütternden Wahrheit. Erzählt wird die

Handlung als Rückblende von Hans dem Armbruster anläßlich des Fests des neuen Heiligen Thomas von Canterbury in Zürich im Dezember 1191, 21 Jahre nach der Ermordung des Primas von England und 18 Jahre nach dessen
Heiligsprechung. Der Erzähler, einst nach Granada verschlagen, wo er das Märchen vom Prinzen Mondschein
hörte, hinter dem sich niemand anders als Thomas Becket,
Sohn einer Sarazenin und eines sächsischen Pilgers, verbirgt,
dem er dann persönlich in England als Kanzler Heinrichs II.
begegnete, ist wie kein anderer legitimiert, von der um-
strittenen Persönlichkeit Zeugnis abzulegen. Zugleich aber
bedeutet die Perspektive des durchaus aufrichtigen, aber
geistig schlichten Armbruster ein durchgehendes Under-
statement, das die leidenschaftlich bewegte Handlung objektiviert und die Grundlage schafft für ein distanziertes Urteil.

Im Märchen tritt Thomas als geschickter und zugleich
humaner Politiker auf, der das Reich des Kalifen ohne Gewalt erweitert und festigt. Doch als der Kalif ihm die Köpfe
der Verschwörer schickt, verläßt er Granada nach dem Tode
seiner Frau mit seiner einzigen Tochter Grace. Noch bevor
Thomas persönlich auftritt, begegnet er als sanfter, friedlie-
bender Mensch, erfüllt vom Geist versöhnlicher Humanität.
Doch das Gewesene scheint in eine kaum noch faßbare Vergangenheit entrückt, verfremdet zum Märchen von einer
gewaltfreien Zeit, die durch die blutige Gabe des Kalifen ein
jähes Ende fand.

Am Hof des normannischen Königs Heinrich II. zum
Kanzler avanciert, versucht Thomas erneut sein Programm
einer humanen Politik durchzusetzen, indem er bemüht ist,
Todesurteile und Hinrichtungen zu verhindern. Doch seine
maurischen Erfahrungen und der politische Alltag haben
ihn skeptisch werden lassen. Gerade aber diese Erfahrungen
sind es, die sein Streben nach Humanität verstärken, ihn
herausfordern, einzutreten für die Würde des Menschen in
einer schlimmen Welt. Die brutale Wirklichkeit holt indes
auch diesmal den Vertreter sanfter Menschlichkeit ein und

unterwirft ihn einer Prüfung, an der er, unheilbar verletzt, zerbricht.

Der markante Wendepunkt des Geschehens fällt zusammen mit dem Tod von Beckets Tochter Grace, zu der der König in ihrem maurischen Schlößchen Zugang gefunden und sie zu seiner Mätresse gemacht hatte und die schließlich unglücklich getroffen wurde, nachdem man versucht hatte, sie vor den Entführern zu schützen. Mit ihrem Tod aus der Welt verschwunden scheinen Gnade und Gunst, Würde und Wohlwollen, die das Mädchen mit dem sprechenden Namen sinnbildlich repräsentierte, wenn auch im wohlgehüteten Abseits von den Zentren der Macht. Aber selbst in solcher Abgeschiedenheit vermag das Gute am Ende nicht zu überleben. Die unerhörte Begebenheit leitet ein tragisches Geschehen ein. Unübersehbar mehren sich die Zeichen einer feindseligen Haltung Beckets dem König gegenüber. Als Erzbischof von Canterbury tritt er für die unterdrückten Sachsen ein und weigert sich, dem König die Kirche botmäßig zu machen. Doch was als konsequentes christliches Handeln erscheint, ist in Wahrheit der Beginn eines Rachefeldzugs gegen den, den Becket für die schlimme Wendung der Dinge verantwortlich macht.

Nach seiner Rückkehr aus der Verbannung verweigert Thomas dem König den Versöhnungskuß und tritt in den offenen Widerstand. Durch seine Ermordung am Altar durch die Totenrichter des Königs erleidet er in der Nachfolge Christi den Märtyrertod, der jedoch für Thomas den Höhepunkt der Rache darstellt. Im Lebensopfer erfährt er den größten Triumph über den verhaßten Gegner, der zum Schluß, von seinem eigenen Sohn verlassen, sich am Grab von Thomas geißelt und in Verbitterung stirbt. Die Sanftmut und die Menschenliebe des Prinzen Mondschein haben sich in Haß und Rachsucht verkehrt. Dem Andrang brutaler Wirklichkeit vermochte das Streben nach Humanität nicht standzuhalten. Meyers Novelle erzählt von der Ohnmacht der Versöhnlichkeit und des guten Willens in einer Welt, die

selbst den gutwilligen einzelnen am Ende überwältigt, indem sie ihn dazu antreibt, auf erlittene Verletzungen seiner-
seits mit der Zufügung von Verletzungen zu antworten. Die
Christusnachfolge, von Thomas selbst wiederholt sinnbildhaft betont, ist Tarnung des unbedingten Zerstörungswil-
lens, der selbst das eigene Leben hinzugeben bereit ist, um
zu vernichten. Der Novellentitel trifft im Grunde nur auf
die weit zurückliegende märchenhafte Existenz des Prinzen
Mondschein zu, die geschichtliche Wirklichkeit aber verschiebt ihn ins Ironische, da sie am Ende alles Heilige und
Heile zerstört wie das Mädchen Grace, deren Tod den Untergang der Gnade bedeutet.

Ein ironisch pointiertes, weniger tragisches Gegenstück
ist die Novelle *Plautus im Nonnenkloster* (1882), die bereits
1881 unter dem Titel *Das Brigittchen von Trogen* erschienen war. Der gealterte Humanist Poggio, aufgefordert, eine
»Facezia inedita« im Stile seiner berühmten Facetien zum
besten zu geben, erzählt die Geschichte von dem Hand-
schriftenfund einer Plautus-Komödie in einem Nonnenkloster vor dem historischen Hintergrund des Konstanzer
Konzils (1414–18). Anders als der biedere Chronist Armbruster bürgt hier der gebildete Humanist für eine urbane,
geistig überlegene Darstellungsweise eines fragwürdigen
Geschehens.

Auf dem Wege zum Kloster erfährt Poggio von der Bäuerin Gertrude, die, einem kindlichen Gelübde folgend, zum
großen Kummer eines Bauern, der sie heiraten möchte, den
Schleier nehmen will. In seinen Bemühungen um den Erwerb der begehrten Handschrift kommt Poggio einem unerhörten Betrugsmanöver auf die Spur, regelmäßig insze-
niert von der Äbtissin »Brigittchen von Trogen«, die jede
Novizin zur Prüfung ihres Erwähltseins in der Nachfolge
der Gründerin das übermenschlich schwere Kreuz tragen
läßt, das sie aber jeweils geschickt mit einer leichten Nach-
bildung vertauscht, um ihr Kloster immer wieder mit dem
nötigen Nachwuchs zu versorgen. Für sein Schweigen ver-

spricht die Äbtissin Poggio die Aushändigung der Handschrift. Doch Poggio bricht sein Versprechen und weiht
Gertrude ein, die dann, nachdem sie unter dem richtigen
Kreuz zusammengebrochen ist, heiraten kann. Poggio aber
macht sich mit der Handschrift davon.

Eine Welt von Täuschung und Lüge, List und Vertrau-
ensbrüchen tut sich auf, ganz wie in den komödiantischen
Intrigenstücken des Plautus, in denen es darum geht, mit
List und Betrug, einem verliebten Jüngling die Geliebte zu
verschaffen. Nur daß sich die Handlung hier in einem Kloster, an einem Ort des Glaubens, vollzieht. Die Liebesgeschichte, in der italienischen novella jeweils im Zentrum, ist
ganz an den Rand gedrängt. Der Akzent liegt auf der skep-
tischen Relativierung des Glaubens, der bei Meyer in die
Nähe einer perfiden Manipulation gerät. Das Wunder ist
die Inszenierung eines ungeheuren Betrugs in der Regie
einer skrupellosen Intrigantin, die die Gläubigkeit für ihre
eigenen Ziele nutzt. Der Gottesdienst verkommt zur komödiantischen Farce. Poggio ist es, der die Wogen der Entrüstung glättet, indem er die Wahl des Papstes durch das
Konzil verkündet, die das bisherige Pontifikat von drei
Päpsten beendet. Der Hinweis auf die neu installierte Autorität deckt den tatsächlichen Mißbrauch klerikaler Autorität
zu und macht sie dadurch um so fragwürdiger. Am Ende
steht die Skepsis geistlichen Institutionen gegenüber, die ihr
Amt offenbar auch dazu mißbrauchen können, ihre eigene
Macht zu erhalten und auszubauen, während die Gläubigen
selbst der Autorität des Klerus ausgeliefert erscheinen.

Die Novelle *Gustav Adolfs Page* (1885), 1882 unter dem
Titel *Page Leubelfing* erschienen, fand bis heute eine eher
geteilte Aufnahme. Während sie auf der einen Seite zu den
populärsten Werken Meyers gehört, unterstrichen durch die
erfolgreiche Verfilmung von 1960, tadelte die Fachkritik auf
der anderen Seite die Inkonsequenzen in der erzählerischen
Durchführung, die Unentschiedenheit zwischen komischen
und tragischen Zügen und die symbolische Überfrachtung.

Zu leugnen ist indes kaum, daß es sich auch hier um ein charakteristisches Stück handelt, in dem Meyer einmal mehr die Ohnmacht der guten Kräfte in bewegenden Szenen einfängt. Anders als in den übrigen Novellen – darin mag die Popularität des *Pagen Leubelfing* gründen – stehen hier die positiven Gestalten im Vordergrund, die vorbehaltlos und ungebrochen bis zum Ende der guten Sache dienen. Verkörpert sich in Gustav Adolf die vorbildliche Sittlichkeit des Glaubens, so ist Auguste Leubelfing, der Page, erfüllt von uneigennütziger Liebe. Tragisch ist allerdings von vornherein, daß sich solche Liebe nicht offenbaren darf. Nur in der männlichen Maske ist es Auguste möglich, sich dem geliebten und bewunderten Mann zu nähern und mit ihm zusammenzuleben. Eine Welt in Waffen läßt Glück und Erfüllung nicht zu.

Wie die Liebe, so ist aber auch der Glaube in einer Welt gefährdet, die nicht von humaner Sittlichkeit, sondern von Begehrlichkeit und Egoismus bestimmt ist. Als Gustav Adolf mit kompromißloser Härte gegen den Herzog von Lauenburg vorgeht, der in einem außerehelichen Verhältnis mit der Slavonierin Korinna lebt, schafft er sich einen unversöhnlichen Todfeind, den weniger der Sieg des Glaubens als der geforderte Verzicht auf die eigene Lust bewegt. Die Verwechslung des Pagen mit dem intriganten Lauenburger auf Grund auffälliger Ähnlichkeiten und Übereinstimmungen, die zur Flucht des Pagen führt, mag wenig überzeugend sein, immerhin signalisiert sie die allgemeine Verwirrung im Gefolge eines krisenhaften, durch menschliche Unzulänglichkeiten bedingten Zustands.

Konsequent parallel geführt sind die unglückliche Trennung von dem geliebten Mann und die tödliche Gefährdung des Vertreters des reinen Glaubens. Ausweglos münden beide Entwicklungen in der Schlacht bei Lützen (1632) in die Katastrophe. Inzwischen wieder an der Seite des Königs, erlebt Auguste seine Ermordung durch eine hinterhältige Attacke des Lauenburgers, bei der auch sie tödlich verwundet wird. Das Finale zeigt sie, gemeinsam aufgebahrt, im Tode vereint. »Ein Strahl der Morgensonne [...] verklärte das Heldenantlitz und sparte noch ein Schimmerchen für den Lockenkopf des Pagen Leubelfing.« Gefallen als Opfer von Egoismus und Rachsucht, wird mit ihnen die Hoffnung auf den Sieg des reinen Glaubens und auf die Erfüllung uneigennütziger Liebe zu Grabe getragen. Die Morgensonne weckt in tragischer Ironie nicht auf zu einem Neuanfang, sondern wirft ihr Licht auf die Toten, auf das Ende eines hoffnungsvollen Aufbruchs.

Mit dem Mönch Astorre in *Die Hochzeit des Mönchs* (1884) gelingt Meyer die Darstellung des Menschen zwischen seiner wesenhaften Bestimmung und ihrer von außen ausgelösten Pervertierung, darin Thomas Becket vergleichbar. Anders als in der früheren Novelle wählt Meyer hier mit Dante einen geistig souveränen Erzähler, der wie in seiner *Divina Commedia* Reales und Fiktives verbindet, indem er die Namen seiner Zuhörer am Hofe der Scaliger in Verona in seine Geschichte einflicht. Eingebettet in den novellistischen Prozeß, erscheint die Wirklichkeit selbst in den Sog des Scheiterns hineingezogen, das im Zentrum des Erzählten steht und nicht zufällig seinen Ausgang von einer Grabinschrift nimmt. An die Seite von Inferno, Purgatorio und Paradiso in Dantes *Commedia* stellt Meyer in novellistischer Fiktion das Diesseits als Ort tragischer Verwicklungen und des Todes.

Der Mönch Astorre soll nach fünfzehn Klosterjahren nach dem Willen seines Vaters Diana, die verwitwete Frau seines Bruders, heiraten, um das Geschlecht zu erhalten. Unter »dem Druck eines fremden Willens«, der ihn von seinem wahren Wesen entfremdet, verwickelt sich Astorre schon bald in eine verhängnisvolle leidenschaftliche Beziehung zu einer anderen Frau, die, nachdem er die Ehe mit ihr geschlossen hat, bei der Hochzeit von der tief verletzten Diana erstochen wird. Astorre selbst ersticht in blinder Wut den Bruder Dianas und findet dabei selbst den Tod, indem

er sterbend Mund an Mund neben seine tote Frau nieder-
sinkt. Die Prophezeiung des lüsternen Mönchs Serapion,
Astorre werde bald neben seiner Frau schlummern, erfüllt
sich in ironisch-makabrer Weise.

Aus dem geistlichen Leben mit seinem Leitideal der
Barmherzigkeit hinausgestoßen in die Brutalität des Welt-
treibens, zum Verrat an seinem wahren Selbst gezwungen,
sieht sich der ehemalige Mönch hineingerissen in ein blutiges Chaos von Leidenschaft, verletztem Stolz, Haß und Rache. Das Inferno scheint bereits auf Erden ausgebrochen
ohne Hoffnung auf Läuterung und Erlösung. Erstorben ist
zum Schluß jede Handlung, die Szene zum Ort des Todes
erstarrt. Auch die Zuhörer verharren, während der Erzähler
Dante langsam »die Stufen einer fackelhellen Treppe« em-
porsteigt, vielleicht ein Verweis auf die Möglichkeiten der
Dichtung, über das Chaos der Wirklichkeit hinauszuwei-
sen, zumindest aber Perspektiven zu öffnen, wie es Dante
in seiner *Commedia* tut, wo Stufen aus dem Inferno bis
hinauf zum Paradies führen.

In der 1883 erschienenen, im Zeitalter Ludwigs XIV. spie-
lenden Novelle *Das Leiden eines Knaben* radikalisiert
Meyer die Ohnmacht des Menschen, indem er ihn in der
unaufhebbaren Diskrepanz von Begabung und persönli-
chem Wunschbild darstellt. Julian, schön, aber ohne geistiges Profil, wird vom Vater, einem Marschall, in ein Internat
gegeben, das von Jesuiten geleitet wird. Der Leiter, Pater Le
Tellier, entpuppt sich schon bald als grausamer Quäler, einzig darauf aus, den Knaben mit dem Spitznamen »le belle
idiot« zu demütigen. Brutal geschlagen, erkrankt Julian
schließlich schwer und stirbt in den Armen des Vaters, der
dem Sterbenden einredet, er kämpfe gerade in der Armee
des Königs und sei im Begriff, die feindliche Fahne zu er-
obern. Im Bewußtsein heldischer Lebenserfüllung stirbt der
Knabe. Der Wunsch, bedeutend zu sein, bleibt nur ein
Traum in der Agonie. Menschliche Würde und Selbstachtung erweisen sich als Selbsttäuschung, als Ergebnis des

Realitätsverlusts in der Stunde des Todes. Die Umwelt erscheint grausam wie die Mitschüler und die Lehrer oder teilnahmslos wie der König und passiv wie der Arzt in der Rahmenhandlung. Zwar ist der Arzt, der die Geschichte erzählt, betroffen von dem Leiden Julians, zu ändern jedoch vermochte er nichts, während der König, der Le Tellier inzwischen zu seinem Beichtvater gemacht hat, bis zum Schluß unbeteiligt bleibt und nur unwillig zuhört. Meyers Novelle ist die tragische Parabel von den Heldenträumen der Menschen, die an den eigenen Unzulänglichkeiten scheitern, und von der Brutalität und der Teilnahmslosigkeit der Gesellschaft, die den einzelnen noch stößt, wenn er zu fallen droht. Zusammen mit der Humanität zerrinnt die Selbstachtung am Ende zur Illusion. Erneut führt die unerbittlich durchgeführte novellistische Ereignisstruktur zur Revision menschlicher Größe.

Als eine seiner besten Leistungen sah Meyer selbst die 1885 erschienene Novelle *Die Richterin* an, wohl weniger wegen ihrer herausragenden ästhetischen Qualität als aufgrund ihrer ethischen Perspektive. Im Mittelpunkt der Binnenhandlung steht mit der Richterin Stemma wiederum eine starke Persönlichkeit, deren schuldhafte Verstrickung jedoch schon weit zurückliegt und die sie aufzuarbeiten entschlossen ist. In diesem Sinne will sie sich vor ihrem Stiefsohn Wulfrin rechtfertigen wegen des ihr angelasteten Todes seines Vaters. Zwar spricht Wulfrin sie von jeder Schuld frei, doch kurz darauf ist es Stemma selbst, die den Mord gesteht, den sie wegen ihrer Tochter, die sie von einem anderen Mann erwartete, verübt hatte. Verknüpft ist das Geschehen um die Richterin mit der erwachenden Liebe zwischen ihrer Tochter Palma und Wulfrin, der die Liebe jedoch als sündhaft empfindet, da er sie für seine Schwester halten muß. Erst das Geständnis Stemmas macht den Weg frei für eine Verbindung. Am Ende richtet sie sich selbst vor den Augen Karls des Großen, der zentralen Gestalt der Rahmenhandlung.

Anders als in seinen vorausgegangenen Novellen gestaltet Meyer hier die Sühne des starken, schuldig gewordenen einzelnen, seine freiwillige Unterwerfung unter die Ansprüche der Gemeinschaft. Der Sieg des Individuums über sich selbst öffnet Wege zur menschlichen Erfüllung, wie sie sich in der Liebe und in der in Aussicht gestellten Verbindung Palmas und Wulfrins abzeichnet. Der christliche Kaiser am Anfang und am Ende der analytisch strukturierten Novellenhandlung repräsentiert den überlegenen Wert christlicher Gemeinschaft. Ihre Zukunft wird auch weiterhin von der Bereitschaft des Menschen abhängen, über sich selbst zu richten und sich zurückzunehmen. *Die Richterin* als eine Novelle der Aussöhnung des einzelnen mit seiner als überlegen anerkannten Gemeinschaft gehört zweifellos zu Meyers ethisch reifsten Leistungen.

Zwischen den auf den ersten Blick so unterschiedlichen Persönlichkeiten der Richterin und Pescara, dem Feldherrn Karls V., in *Die Versuchung des Pescara* (1887) besteht bei näherem Hinsehen eine wesentliche Übereinstimmung. Beide begegnen dem Leser, nachdem sie ihren Höhepunkt überschritten haben und das Leben sie unheilbar verletzt hat, die eine schwer an ihrer Schuld tragend, der andere mit einer tödlichen Seitenwunde nach der Schlacht von Pavia. Weder Stemma noch Pescara vertreten länger den renaissancehaften, leidenschaftlichen Menschentypus. Schuld und Leiden haben sie bescheiden und versöhnlich werden lassen.

Meyers vorletzte Novelle verzichtet fast völlig auf Handlung, wie sie in den vorausgegangenen Novellen jeweils Ausdruck leidenschaftlicher Bewegtheit war. Das Ereignishafte scheint verinnerlicht als seelischer Läuterungsprozeß, dem sich der einzelne im Bewußtsein seiner Machtlosigkeit willig unterwirft. Die Stärke des Menschen besteht nicht im Erwerb und der Ausübung von Macht, sondern im Eingeständnis der Schwäche. Pescara ist der novellistische Antiheld, dessen Seitenwunde ihn mit dem leidenden, ans Kreuz geschlagenen Christus verbindet. Seine Versuchung ist iro-

nisch, wirklich erreichen kann sie ihn nicht mehr. Von vornherein gescheitert ist daher der Versuch der italienischen
Liga (Mailand, Venedig, Florenz und der Vatikan), ihn als
Feldherrn zu gewinnen gegen das spanische Kaiserreich,
dem Pescara bisher gedient hat. Selbst die Krone Neapels,
in Aussicht gestellter Lohn für den verräterischen Übertritt,
kann den nicht locken, dessen Leben sich dem Ende zu-
neigt. Vor der Hinfälligkeit des Menschen und der Gegenwart seines Todes erscheinen alle menschlichen Pläne belanglos und nichtig. Im Zentrum der Novelle steht nicht die
Tat Pescaras, sondern sein Leiden, nicht sein Leben, sondern sein Sterben. Seine unheilbare Wunde ist das novellistische Leitsymbol, Verweis auf die Verletzbarkeit und
Sterblichkeit des Menschen schlechthin. Mit der Figur des
Pescara ist die Revision angeblicher menschlicher Größe
endgültig und unüberbietbar vollzogen. Nicht zufällig
spielt die Novelle noch einmal in der Renaissance, aber ihr
Ursprungsland Italien ist von Niedergang und Korruption
gezeichnet. Die einstige Aufbruchsstimmung ist der Angst
vor dem Untergang gewichen. Am Ende gleicht der tote
Pescara einem »von der Ernte erschöpften und auf seiner
Garbe schlafenden Schnitter«. Der Tod erscheint parado-
xerweise als die eigentliche Ernte des Lebens, das sich im
Selbstvollzug des Sterbens erfüllt.

Angela Borgia, Meyers letzte, 1891 erschienene Novelle,
sprengt durch ihre mehrsträngige Handlungsführung fast
die Grenzen der Gattung. Als Summe des Novellenwerks
spiegelt sie im Kreis um Lukrezia Borgia, ihren verbrecherischen Bruder Cesare und den skrupellosen Kardinal Ippolito das selbstherrliche, verantwortungslose Individuum,
während der Kreis um Angela Borgia, einer Verwandten
Lukrezias, für eine humane, von Läuterung und Anteilnahme bestimmte Lebensform steht. Angela, vom Kardinal
Ippolito leidenschaftlich umworben, der seinem Mitbewer-
ber Giulio beide Augen ausstechen läßt, heiratet den Ge-
blendeten, dem nach seiner Blendung ein inneres Licht auf-

gegangen zu sein scheint. In ihrer Verbindung kündigt sich ein von gegenseitiger Achtung und Anteilnahme getragenes Zusammenleben an, Ausdruck erfüllter Menschlichkeit. Der Kreis um Lukrezia aber bleibt von diesem Wandel unberührt. Die Wende zur Humanität vollzieht sich lediglich im Abseits der herrschenden Gesellschaft, während diese selbst ihre eigenen selbstischen Ziele weiterverfolgt. *Angela Borgia* unterstreicht angesichts der hektischen politischen und ökonomischen Entwicklungen am Jahrhundertende deutlich die Skepsis Meyers gegenüber dem Glauben an die allgemeine Durchsetzbarkeit humaner Lebensgestaltung.

Theodor Fontane (1819–1898)

Fontanes Bedeutung liegt eher im Bereich des Romans. Seine Überzeugung von der gesellschaftlichen Determiniertheit des Menschen, von seinem Eingebundensein in die Bedingungen seiner sozialen Existenz, eröffnet zwar auf der einen Seite grundsätzlich novellistische Perspektiven, fordert aber auf der anderen auch die Distanzierung des humoristischen Erzählers heraus, der den determinierenden Verhältnissen versöhnliche Gesten und geistig eigenständige Persönlichkeiten entgegenstellt, die den Weltlauf mit feiner Ironie kommentieren und sich eine Enklave individueller Selbstbewahrung sichern. Wo aber die humoristische Verarbeitung und die ironische Distanzierung fehlen bzw. nur schwach und wenig überzeugend ausgebildet sind, wächst der Einfluß des Gesellschaftlichen und entfaltet seine ungebrochene Macht über den Menschen.

Ein Werk mit deutlich novellistischen Zügen, das im letzten indes romanhaft gewendet erscheint, ist *Effi Briest*, Fontanes meistgelesene Erzählung. Die Geschichte der jungen

Frau, die sich in eine belanglose Affäre verstricken läßt, deren Folgen sie noch nach Jahren einholen und sie als Opfer eines rigoristischen Ehrenkodexes ausstoßen, fügt sich zu einer novellistischen Handlung schlechthin. Das Kollektiv triumphiert über das Individuum, die starre Norm über den lebendigen einzelnen. Die Konvention, von den Menschen geschaffen, verselbständigt sich und bricht gnadenlos über denjenigen den Stab, der mehr aus Gedankenlosigkeit als aus Überzeugung gegen sie verstoßen hat. Gestalten wie der Apotheker Gieshübler, insbesondere aber der alte Briest, sind es, die die tragische Entwicklung relativieren, indem sie sich weigern, das Abschüssige menschlicher Existenz als endgültig hinzunehmen, bzw. es poetisch überhöhen, und so die Möglichkeit einer Sinnerfüllung des offensichtlich Sinnlosen prinzipiell offenhalten. Die Trostlosigkeit des Scheiterns scheint gemildert durch die Gebärde des Verstehens.

Fühlbar wird die Spannung zwischen Roman und Novelle auch dort, wo vergleichbare Motive in dem einen wie in dem anderen Genre gestaltet werden. Sowohl in *Irrungen, Wirrungen* (1887) als auch in *Stine* (1890) geht es um die Liebe eines Adligen zu einem Mädchen aus dem Volk. Während sich aber Lene Nimptsch und der Baron Botho von Rienäcker dem übermächtigen gesellschaftlichen Druck beugen und am Ende standesgemäße Ehen eingehen, endet *Stine* mit dem Selbstmord des jungen Grafen Haldern und dem körperlichen Zusammenbruch des Mädchens. Was man dort in seiner menschlichen Unzulänglichkeit durchschaut, so daß der einzelne selbst noch in seiner erzwungenen Resignation dem engstirnigen Kastendenken gegenüber im Recht bleibt, führt hier vor der Unbedingtheit des Gefühls, das nicht verzichten will und kann, in die persönliche Katastrophe. Anders als Lene ist Stine schwach, ganz aus ihrem Gefühl lebend und tödlich verwundbar. Auch dem Grafen, krank und hinfällig, fehlt die Kraft zur geistig souveränen Distanzierung. Bereits die unterschiedliche Anlage der Figuren begründet die unterschiedliche Verarbeitung des Motivs. Bleibt dem Entsagenden im Roman noch eine Überlebenschance, so ist der ausweglos in das eigene Gefühl Verstrickte dem Untergang preisgegeben. Der alte Graf Haldern, der Onkel des jungen Grafen, ist in seinem Verhalten zu zwiespältig, um eine versöhnliche Haltung wirklich überzeugend zu formulieren. Zwar bietet er nach dem Begräbnis seines Neffen Stine, die innerlich gebrochen am Straßenrand steht, einen Platz in seiner Kutsche an, aber er ist es vorher auch gewesen, der seinem Neffen standesstolz jede Vermittlung und jedes Verständnis verweigert hat. Im Mittelpunkt der novellistischen Szene verharrt das Opfer. Anders als in *Effi Briest* versagt sich der Erzähler einen versöhnlichen Schluß. Ebenso unbarmherzig wie wahr sind die abschließenden Worte der Polzin: »Heil? Was heißt heil? Die wird nich wieder.«

Die ganze Härte der Gesellschaft bekommt auch Grete Minde in der gleichnamigen, 1879 erschienenen Novelle zu spüren. Die Handlung, einer altmärkischen Chronik entnommen, spielt um das Jahr 1615 in Tangermünde. Aus der Quelle erklärt sich der für Fontane eher untypische balladenartige Zuschnitt des Geschehens. Die elternlose Grete Minde erfährt im Hause ihres Halbbruders, insbesondere durch dessen Frau, eine lieblose, feindselige Behandlung, der sie schließlich zusammen mit ihrem Jugendfreund Valtin zu entkommen sucht. Als sie nach Jahren mit einem Kind zurückkehrt, bittet sie nach dem Tode Valtins ihren Bruder um Verzeihung, wird jedoch herzlos zurückgewiesen. Sowohl ihr Bruder als auch der Rat der Stadt verweigern ihr die Auszahlung ihres Erbteils. In ihrem äußersten Elend legt sie in pathologisch gesteigerter Rach- und Zerstörungssucht Feuer in ihrem Elternhaus und in der Stadt. In einem balladesken Finale findet sie vor den Augen ihres Bruders mit dessen Sohn und ihrem Kind den Tod. Die Schuld an dem tragischen Geschehen trägt die gnadenlose Gesellschaft, die denjenigen, der sich ihren Erwartungen und Normen nicht fügt, ausstößt und ächtet. Eine Gesellschaft ohne Integrationskraft jedoch, ohne Bereitschaft, auch dem Bedürftigen und Deklassierten beizustehen, bringt sich selbst in Gefahr. Das dramatische Ende ist Verzweiflungstat und Strafgericht zugleich. Das zerstörte Individuum und die brutal zerstörende Gesellschaft reißen sich gegenseitig in den Untergang.

Balladeske Züge zeigt überdies die dem Ilseburger Kirchenbuch entnommene Erzählung *Ellernklipp* (1888). Gestaltet Fontane in seinen novellistischen Arbeiten vor allem den erdrückenden Einfluß der Gesellschaft auf den einzelnen, so steht hier die Zerstörung einer intakten sozialen Ordnung durch den verführerischen einzelnen im Zentrum, ohne daß diesen allerdings eine klar benennbare Schuld trifft. Aufgewachsen im Hause des verwitweten »Heidereiters« löst die verwaiste Hilde als junge Frau sowohl in dem alternden Förster als auch in dessen Sohn, ihrem Jugendfreund, zerstörerische Leidenschaften aus, die den Vater zum Mörder seines eigenen Sohns werden lassen. Der Förster heiratet, da die Tat unaufgeklärt bleibt, das Mädchen. Doch sein Schuldbewußtsein treibt auch ihn schließlich in den Tod, indem er sich am gleichen Ort erschießt, wo er den Sohn in die Tiefe gestürzt hatte. In naturalistischer Radikalisierung sieht sich der einzelne ohnmächtig verwickelt in seine Leidenschaft. Die begehrenswerte Schönheit des Mädchens löst nur aus, was in ihm zu seinem eigenen Verderben angelegt ist. Zurück bleibt, bei Fontane wohl einmalig, der Eindruck der Ausweglosigkeit, zumal der Mensch seinem Triebschicksal ohne die Chance der Gegenwehr ausgeliefert erscheint.

Wie in *Effi Briest* entwickelt sich – bei ähnlicher Thematik – in *L'Adultera* (1882) aus der novellistischen Anlage der Roman, eine für Fontanes Erzählen typische Struktur. Melanie, verheiratet mit dem viel älteren Kommerzienrat Van der Straten in Berlin, begegnet dem jungen, eleganten Ebenezer Rubehn. In seiner Gegenwart wird sie sich der leblosen Konventionalität ihrer Ehe bewußt und erlebt peinlich den mangelnden Takt und die Geschmacklosigkeiten ihres Mannes. Nachdem sie sich mit Rubehn eingelassen hat, verläßt sie Mann und Kinder und heiratet nach der Scheidung ihren Liebhaber. Zurückgekehrt nach Berlin, sieht sie sich als Ehebrecherin der massiven Ächtung durch die Gesellschaft ausgesetzt, die die Selbstverwirklichung des Menschen in einer persönlich bejahten Liebesbeziehung nicht zulassen will und auf die freie Entscheidung des einzelnen mit sittlicher Entrüstung reagiert. Die Handlung droht sich zu einem Desaster zuzuspitzen. Erst der Bankrott der Firma ihres zweiten Mannes ermöglicht es Melanie, nun aktiv an der Gestaltung ihrer neuen Familie mitzuwirken. Mit den zuwachsenden Handlungsmöglichkeiten und der Herausforderung persönlicher Initiative ist die Gefahr, erdrückt zu werden, abgewendet. Die Novelle mündet in den Roman, indem das bloß Ereignishafte durch die sich abzeichnende Chance, selbst etwas zu tun, überwunden wird. Eher einem romanhaften als einem novellistischen Finale verpflichtet, wird die Entscheidung für den individuellen Menschen und sein Glück nicht zuletzt durch die versöhnliche Humanität des Fräuleins von Sawatzki, einer Vertrauten Melanies, unterstrichen.

Mit *Cécile*, 1886 erschienen, nahm Fontane die Problematik der bürgerlichen Ehe noch einmal auf, spitzte sie aber diesmal tragisch zu. Die Ehe des Oberst a. D. St. Arnaud und der viel jüngeren Cécile scheint nach außen intakt, ein Muster der in diesen Kreisen üblichen Durchschnittsehe. Erst die Begegnung mit dem jungen Ingenieur Gordon bringt die tragische Entwicklung in Gang. Gordon, der zu Cécile eine leidenschaftliche Liebe gefaßt hat, erfährt von ihrer zweifelhaften Vergangenheit als Kurtisane zweier Fürsten, seinerzeit bei der Heirat Anlaß für den Oberst, den Dienst zu quittieren, nachdem ein Offizier, der die Ehre seiner Frau in Frage gestellt hatte, im Duell von seiner Hand gefallen war. Gordon, schwankend zwischen seiner Liebe

und seiner bürgerlich-prüden Moral, trifft Cécile mit einem
Freund in der Oper. Eifersüchtig sucht er sie noch in der
Nacht auf und macht ihr eine Szene. St. Arnaud, in Kenntnis des Vorfalls, tötet Gordon im Duell. Cécile nimmt sich
das Leben, müde einer Welt, die ihr »Liebe und Freundschaft« versagte. Mit unaufhaltsamer Konsequenz läuft die
Handlung auf die Katastrophe zu, heraufbeschworen durch
eine engherzige Moral, die die Ehre über das Glück, die
Norm über das Leben stellt. Eine Gesellschaft, gebunden an
die toten Buchstaben einer rigoristischen Moralmaxime, ist
unfähig zur Liebe. Cécile wird ihr Opfer wie Stine in der
später entstandenen Novelle, da beide zu schwach sind, dem
normativen Druck von außen Widerstand entgegenzusetzen. Der gesellschaftliche Druck aber, unter dem der einzelne schließlich zusammenbricht, artikuliert sich bei Fontane in aller Regel novellistisch. Die Novelle nimmt sich in
besonderer Weise der Schwachen an und verweist in deren
Scheitern auf eine inhuman erstarrte Gesellschaft. In dem
Maße, wie die abstrakten gesellschaftlichen Institutionen
und Standards den konkreten Menschen in den Hintergrund drängen, wird die Entscheidung für die Novelle als
Gattung unausweichlich.

 Fontane selbst hat es mit den Genre-Bezeichnungen
nicht allzu ernst genommen. So hat er in der Regel auch
dann von »Erzählungen« oder »Romanen« gesprochen,
wenn es sich um eindeutig novellistische Aussageweisen
handelte. Gerade eine konsequente Gattungsuntersuchung
aber kann zu einem differenzierteren Verständnis Fontane-
scher Gesellschaftsanalyse beitragen, die auch im Bereich
der einzelnen Gattungsrealisierungen vielschichtiger ist, als
es die vom Autor selbst gewählten Bezeichnungen vermu-
ten lassen. Fontane hat vor allem die tragische Gesellschaftsnovelle gestaltet, in der der einzelne regelmäßig unter dem Druck von außen zerbricht, weil er nicht stark genug ist, zu widerstehen und nicht souverän genug, zu entsagen.

Eine der persönlich unsichersten und schwächsten Gestalten in Fontanes Spektrum der novellistischen Antihelden ist Schach von Wuthenow in der 1882 erschienenen, nach der Zentralfigur benannten Novelle. Schach lebt die »falsche Ehre« Preußens, wie sie der Zeitkritiker von Bülow nennt, der in seinen bissigen Kritiken die Erstarrung der preußischen Gesellschaft und ihr hohles Pathos geißelt. Weniger aus spontaner Leidenschaft als angeregt durch die Worte des Prinzen Louis Ferdinand, der von einer »beauté du diable« gesprochen hatte, verführt Schach die durch Pockennarben entstellte, geistvolle Victoire von Carayon. Doch erst die Intervention des Hofes kann ihn dazu bewegen, zu den Folgen seines Handelns zu stehen und die Ehe mit Victoire zu schließen. Nach der Trauung erschießt er sich. Schach, der dem Prinzen mangelnde »Rücksicht auf den Schein« vorwirft und Bülows Kritik wenig mehr als das hohle Pathos eines leblosen Ehrbegriffs entgegenzusetzen hat, unterwirft sich dem Diktat des bloß Scheinhaften. Die makellose äußere Schönheit wie der ungetrübte Schein veräußerlichter Ehre machen sein Leben aus. Unfähig, Geist und tieferen Sinn hinter der vordergründigen Fassade zu erkennen, wird er zum kritischen Repräsentanten eines in seinen eigenen Prinzipien erstarrten Preußentums, das in der Schlacht von Jena (1806), auf die sich die Handlung zubewegt, seinen von Bülow prophezeiten Zusammenbruch erlebte. Schach genügt dem Schein, indem er pro forma die Ehe mit Victoire eingeht, aber er sieht sich außerstande, an der Seite einer äußerlich verunstalteten Frau zu leben. Ein Anwalt und Opfer des Scheins, für den er sein Leben preisgibt, bleibt ihm die Tiefe humaner Existenz verborgen.

Die Kritik trifft eine veräußerlichte Gesellschaft, die die Menschen zu bloßen Ehrattrappen aushöhlt und den schwachen einzelnen in den Untergang treibt, weil sie ihm keinen inneren Halt zu geben vermag. Tragisch ist das Geschehen schon deshalb, weil am Ende die Trauer über den Untergang der Menschlichkeit steht, zugleich aber ist die

Tragik ironisch relativiert durch die nur scheinbare Übermacht des Scheins.

   Mit der Novelle *Unterm Birnbaum* (1885) verläßt Fontane die Berliner Adelsgesellschaft und ihre Normenwelt
und wendet sich den Problemen der sich kapitalistisch
entwickelnden Gründerzeit zu, indem er sie in zeitlicher
Verfremdung in der wirtschaftlichen Aufbruchsituation
des Oderbruchs um 1830 spiegelt. Im Mittelpunkt steht
der Kaufmann und Gastwirt Abel Hradscheck, absorbiert
durch Profitkalkulation und expansive Wirtschaftspläne.
Nach dem Leitsatz »Nur nicht arm!« richten er und seine
Frau Ursel sich ein Leben ein, das allein an Geld und Besitz
orientiert ist. Das Kapital wird zum Scheinwert eines sich
ökonomisch etablierenden Bürgertums, das die Renommage des Habens über die innere Werthaftigkeit des Seins
stellt. Die konsequente materielle Orientierung gipfelt in
den Mordplänen Hradschecks. In einer ausgeklügelten Stra-
tegie räumt das Ehepaar den Reisenden eines Bankhauses
aus dem Weg, der gekommen ist, um anfallende Gelder zu
kassieren. Planung und Durchführung der Mordtat erscheinen dabei einer nüchternen, geschäftlichen Kalkulation
nicht unähnlich. Geld, Besitz und Prestige sind die sich
gegenseitig bedingenden Kategorien in der Novelle, nach
denen die Menschen sich selbst bemessen und von anderen
bemessen werden. Das Kapital als Resultat menschlicher
Arbeit verobjektiviert sich und tritt dem Menschen als eigenständige Pseudokonkretheit entgegen, die ihn in die
Entfremdung von sich selbst führt. Plötzlich erscheinen
die Beziehungen zwischen den Menschen im Grunde als
Beziehungen zwischen Sachen. Nach dem Mord beginnen
sich die Mörder zusehends in ihren eigenen Netzen zu ver-
fangen. Während Frau Hradscheck ihrer Gewissensnot erliegt, strebt ihr Mann nach einer immer vollkommeneren
Tarnung des Verbrechens. Als er die Leiche des Ermordeten
aus dem Keller fortschaffen will, rollen plötzlich die Fässer,
deren Halterung er vorher selbst gelöst hatte, auf die von

innen geschlossene Falltür. In panischer Angst vor dem, was er für das rächende Schicksal hält, trifft ihn der Schlag. Der Kalkulator wird zum Opfer seines eigenen Kalküls. Anschaulich dokumentieren die Novelle und das Novellenfinale die selbstverschuldete Unfreiheit des Menschen in einer von ihm selbst installierten Welt der toten materiellen Werte. Die Ökonomisierung und Kapitalisierung des Lebens, vom Bürger vorangetrieben, um gesellschaftliche Unabhängigkeit zu erlangen, bedingt in ironischer Umkehrung seine Abhängigkeit von den von ihm selbst geschaffenen Bedingungen. *Unterm Birnbaum* ist Fontanes aktuellste Novelle, da die in ihr reklamierten Ursachen menschlichen Scheiterns ihre verheerenden Wirkungen weiterhin ausüben. Mit dieser Novelle öffnete Fontane die Gattung für die Auseinandersetzung mit der menschlichen Problematik in der modernen Industrie- und Kapitalwelt.

Wilhelm Raabe (1831–1910)

Läßt der Novellist Fontane den Menschen unter dem Druck der Gesellschaft zerbrechen, so rückt der Novellist Raabe – ähnlich wie Fontane in erster Linie Romancier – den Menschen selbst in seiner Abgründigkeit, seinen egoistischen, irrationalen und anarchischen Antrieben, aber auch in seiner existentiellen Ohnmacht und Determiniertheit in den Mittelpunkt. Menschliche Destruktivität erscheint als die eigentliche Triebkraft der Gesellschaft und der Geschichte, die Täter wie die Opfer gleichermaßen mit Verletzung und Auslöschung bedrohend. Das tragische Scheitern des Menschen, als Handelnder wie als Erleidender, bildet den Kern der Raabeschen Novelle, wobei der scheinbar Bedingende in Wahrheit schon immer der Bedingte ist.

Raabe selbst hat die Gattungsbezeichnung »Novelle«
ausdrücklich nur zweimal verwendet. Zum erstenmal begegnet sie bei *Der Junker von Denow*, 1858 entstanden.
Den historischen Hintergrund bildet die Belagerung der
von Spaniern besetzten Stadt Rees durch ein Reichsheer im
Jahr 1599. Der Junker, auf der Seite Braunschweigs kämp-
fend, wird verwundet, von einem meuternden Haufen entführt und genötigt, sich an dessen Spitze zu stellen. Von den
Braunschweigern gefangengenommen und der Meuterei be-
schuldigt, findet er schließlich den Tod. Bereits in der frühen Novelle erscheint der einzelne als Opfer erpresserischer
Zwänge und gnadenloser Macht. Glaubt er noch, sein Leben retten zu können, indem er den Meuterern zu Willen
ist, so führt ihn am Ende gerade dieser Entschluß in den
Tod, über ihn verhängt von denen, für die er gekämpft hat
und auf deren Seite er im Innern weiterhin steht. Im Geran-
gel von Macht und Meuterei muß der Mensch notwendig
unterliegen.

Das letzte Recht, 1862 entstanden, von Raabe ebenfalls
ausdrücklich »Novelle« genannt, wurde von Paul Heyse in
seinen *Deutschen Novellenschatz* (1871–76) aufgenommen.
Zeigt die frühe Novelle den Menschen im Strudel der
Macht, so erscheint er hier im Bann des Besitzes um seiner
selbst willen. Heyliger – der Name ist durchaus ironisch zu
verstehen –, der Kindler aus seinem Eigentum, der Silberburg, prozessiert hat, sichert einem korrupten Justizsekre-
tär, der ihm illegale Prozeßhilfe geleistet hat, bzw. dessen
Erben den Besitz der Silberburg nach einem Ablauf von
dreißig Jahren zu. Als der Sohn des Sekretärs seinen Rechtsanspruch einlösen will, findet er Heyliger über seinen
Goldtruhen erhängt. In der folgenden Nacht begräbt die
baufällige Silberburg die Leiche des alten Besitzers und den
neuen Besitzer unter ihren Trümmern. Beide werden zu
Opfern ihres ausschließlich materiellen Besitzstrebens. Das
letzte Recht spricht der Tod, nachdem die Menschen das
Recht nur mißbraucht haben. Am Rande kündigt sich in der

Liebe zwischen der Tochter Heyligers und dem Sohn des geprellten Kindler eine positive menschliche Alternative an, nachdem schon vorher ein Frühlingssturm ein Amorbild in der alten Silberburg freigelegt hatte, Verweis auf die verschüttete, uneigennützige Zuneigung unter den Menschen. Der liebende Mensch tritt gerade in Raabes frühen Arbeiten als Gegenfigur denen gegenüber, die der Macht und dem Besitz verfallen sind.

In der 1861 veröffentlichten Erzählung *Die schwarze Galeere* verknüpft Raabe eine Episode aus dem niederländischen Befreiungskrieg gegen die Spanier mit einer Liebesgeschichte. Eingebunden in die geschichtlichen Bedingungen, durch diese bestimmt und bedroht, ist die Liebe von Myga van Bergen und Jan Norris, dem Steuermann der schwarzen Galeere, eines Kaperschiffs, das bei Nacht die spanischen Schiffe angreift. Nur im Schutz der Nacht kann Jan seine Braut besuchen, die überdies den Nachstellungen des skrupellosen Kapitäns der »Andrea Doria« ausgesetzt ist. Die gewalttätige Geschichte beschränkt sich einzelnen gerade dort, wo seine Menschlichkeit ihren spontansten und reinsten Ausdruck findet. Hart prallen begehrliche Leidenschaft und Liebe aufeinander, der Wille, den Besitz zu erzwingen und die freie Entscheidung für den anderen, die persönliche Hingabe an ihn. Bei dem Versuch einer nächtlichen Entführung Mygas durch den Kapitän und seinen Vertrauten Leone stoßen diese auf Jan, der den Kapitän tödlich verwundet. Jan entkommt, während Myga in der Gewalt Leones auf der »Andrea Doria« verbleibt. In der Nacht jedoch gelingt es Jan, mit der schwarzen Galeere das feindliche Schiff zu kapern und seine Braut zu befreien. Am Ende stehen die Freiheit der Geusen und in sie eingeschlossen die Freiheit der Liebenden. Das drohende novellistische Scheitern ist noch einmal glücklich abgewendet, zurück aber bleibt die Erinnerung an die Gefährdung der Liebe durch die geschichtliche Gewalt und deren brutale Vertreter.

Reine Novellen gelingen Raabe mit *Die Hämelschen*

Kinder, 1862/63 entstanden, und der 1863/64 entstandenen *Else von der Tanne*, während in den etwas später
entstandenen Erzählungen *Die Gänse von Bützow* und *Ge-
delöcke* die humoristischen Züge überwiegen. In *Die Hämelschen Kinder* knüpft Raabe an die Hamelner Rattenfän-
gersage an, gibt ihr aber eine eigene, überraschende Deutung. Vor dem historischen Hintergrund des Kampfes um
die Stadt Hameln zwischen den Bürgern und den Truppen
des Bischofs von Minden entwickelt sich mit düsterer Konsequenz eine menschliche Tragödie. Der geächtete Wende
Kiza, der gebrochene Held der Novellenhandlung, löst bei
einem Maifest durch sein betörendes Pfeifenspiel rasende
Leidenschaften in der Jugend der Stadt aus. Nur mühsam
gelingt es, den wilden Tänzen und blutigen Raufereien Einhalt zu gebieten. Die Musik versetzt in einen Taumel, der
die Menschen außer Kontrolle geraten läßt, so daß sie beginnen, ihre Aggressionen hemmungslos auszuleben. Grausam rächt sich der Wende, den man von Haus und Hof vertrieben hatte, an der Jugend der Stadt, indem er die menschliche Niedrigkeit entfesselt. Aber nur deshalb kann er zur
dämonisch beherrschenden Figur werden, weil die anderen
im Grunde von zerstörerischen Antrieben beherrscht sind.
In dem anstehenden Krieg gegen den Mindener Bischof,
von Kiza begeistert begrüßt, tobt sich die latente Gewaltbe-
reitschaft aus, die Kiza anzufeuern und zu aktualisieren versteht; dadurch gelangt er sogar vorübergehend in der Stadt
zu Ansehen. Nach dem Sieg der Hamelner spielt Kiza übers
Jahr erneut auf zur Maifeier, und wieder provozieren sein
Spiel und sein Tanz wüste Ausschweifungen, bei denen er
selbst übel mißhandelt wird. Als Werkzeug der Rache von
den Mindenern ausersehen, lockt er schließlich die Hamelner Jugend in einen Hinterhalt, wo alle, auch er selbst, den
Tod finden. *Die Hämelschen Kinder* gehören zu Raabes
düstersten Erzählungen. Der Mensch in äußerster Ferne
vom sittlichen Leitbild der Humanität scheitert an der eigenen anarchischen Triebnatur, die ihn zum Opfer und zum

Werkzeug verkümmern läßt. Der Verführer wie die Verführten kommen um im Sog entfesselter Aggressivität. Der Mensch pervertiert zur Bestie.

Von ähnlich pessimistischer Haltung ist *Else von der Tanne*, ebenfalls eine Novelle von der Tragik, die die Menschen über die Menschen bringen. Wieder spielt die Handlung vor dem Hintergrund eines Kriegs, genauer: am Ende des Dreißigjährigen Kriegs in dem Harzer Bergdorf Wallrode im Elend. Noch trägt der Pfarrer Friedemann Leutenbacher die Spuren kriegerischer Gewalt am eigenen Körper. Krieg ist für Raabe stets Ausdruck anarchischer Destruktivität, die absolute Krise der Menschlichkeit. Der Krieg als Ereignisrahmen bildet die einschlägige Kulisse für die menschlichen Aggressionen im Alltag. Mitverantwortlich für die kriegerischen Akte ist im Grunde jeder, der sich nicht von Zerstörung und Gewalt distanziert. Die Novelle, die am Heiligabend, am Vorabend des christlichen Friedensfestes also, einsetzt, erzählt von der Gewalt, von ihren Tätern und ihren Opfern und von dem Unfrieden ohne Ende unter den Menschen. Seit zwölf Jahren lebt der Magister Konrad mit seiner nunmehr achtzehnjährigen Tochter Elsa in einer Waldhütte nahe dem Dorf, wo er Zuflucht gefunden hat vor den Kriegsereignissen, nachdem seine Frau und seine anderen Kinder erschlagen worden waren. Doch der Frieden ist trügerisch. Im Dorf hält man den Fremden mit seinen Folianten für einen Hexenmeister und seine Tochter für eine Hexe. Nach dem Abendmahl in der Kirche wird sie von dem entfesselten, abergläubischen Mob gesteinigt und liegt bei Einsatz der Novelle im Sterben. Fassungslos stehen der Vater und der Pfarrer vor einer Toten. Für den Magister gibt es »keine Rettung in der Welt vor der Welt«, und der Geistliche verzweifelt gar an der Güte Gottes: »Er hat seine Hand abgezogen von der Erde, [...] es ist keine Hoffnung und kein Licht mehr in der Welt und wird auch nimmer wieder kommen.« Sein Heimweg durch Nacht und Eis führt den Pfarrer in den Tod. Der Gewalt der Menschen steht in der Novelle die Natur gegenüber, ohnmächtig jedoch wie die hohe Tanne draußen an der Waldhütte, den Menschen auf Dauer vor seinen Mitmenschen zu schützen, die sich längst entfernt haben von dem elementaren Frieden der Kreatur.

Die späteren novellistischen Arbeiten Raabes sind gesammelt in den 1879 in drei Bänden veröffentlichten *Krähenfelder Geschichten*. Eingeleitet werden sie durch die 1873 entstandene Geschichte *Zum wilden Mann*, eine Parabel vom geschenkten und wieder genommenen Glück, eine novellistische Beispielerzählung von der Abschüssigkeit menschlichen Lebens. Die Handlung spielt auf zwei Zeitebenen. Die Erinnerung des Apothekers Kristeller ist erfüllt von der Dankbarkeit seinem Wohltäter gegenüber, der, einer Scharfrichterfamilie entstammend, nach seiner ersten vollzogenen Hinrichtung Deutschland dreißig Jahre zuvor verlassen und damals sein Vermögen Kristeller vermacht hatte. Der Name der von diesem Geld erworbenen Apotheke »Zum wilden Mann« ist jedoch bereits sagenhaft-dämonischer Verweis auf die lauernde unheimliche Bedrohung. In der Erzählgegenwart kehrt der einstige Wohltäter am 30. Jahrestag der Apotheke als brasilianischer Oberst Agonista zurück, um sein Geld einzufordern. Kristeller, der nicht einen Augenblick zögert, der Forderung nachzukommen, endet in Armut. Der Wendepunkt des Geschehens läßt das idyllische kleinbürgerliche Glück ins bitterste Unglück umschlagen. Beispielhaft erfüllt sich die novellistische Struktur in der Wendung des erinnerten Märchens vom geschenkten Reichtum zu der realen Geschichte sich ereignender Armut. Die Novelle als Antimärchen wird zum Spiegel menschlichen Lebens, indem jedes Happy-End sich abschließend in die schlimmstmögliche Wende verkehrt.

Unmittelbar nach *Zum wilden Mann* entstand die regional und geschichtlich konkret umrissene Novelle *Höxter und Corvey*. In Höxter stehen sich 1673 nach dem Abzug der Franzosen die Protestanten unter der Schutzherrschaft

Braunschweigs und die Katholiken unter der durch den Prior des Klosters Corvey repräsentierten bischöflichen Oberhoheit als gleich starke Gruppen gegenüber. Die aufgestauten Aggressionen nach der französischen Besatzung entladen sich in wüsten Raufereien zwischen Protestanten und Katholiken. Fenster werden eingeworfen, Häuser verwüstet, Gewalttätigkeiten hüben und drüben häufen sich. Als Sündenböcke für die allgemeine Konfusion müssen schließlich die Juden herhalten. An der Spitze von Protestanten und Katholiken dringt der protestantische Pfarrer in das Haus der jüdischen Kröppel-Leah ein und fordert die Ausweisung der Juden. Doch die alte Frau, im Schatten der chaotischen Zustände von Dieben heimgesucht, ist verstorben. Frieden gibt es angesichts der anarchischen Aggressionen unter den Menschen nur im Tod. Selbst die christlichen Religionen mit ihrer erklärten Ablehnung von Gewalt und Haß sind wesentlich beteiligt an Unfrieden und Destruktion. Bedenklich sind vor allem die Ausschreitungen gegen Minderheiten. Eigene Verantwortung und Schuld verdrängend, mißbrauchen die Starken die Schwachen als Alibi für ihre eigenen brutalen Exzesse. *Höxter und Corvey* ist vor regionalgeschichtlicher Kulisse ein novellistisches Fallbeispiel für die Unmenschlichkeit der Menschen. Die unerhörte Begebenheit verkommt zum Skandal. Ironisch gefiltert erscheint das Geschehen in der Gestalt des Studenten Lambert Tewes. Mit seinem aus der Bibliothek entwendeten Horaz in der Tasche und seinen jederzeit verfügbaren Horaz-Zitaten vertritt er die Haltung heidnisch-humanistischer Urbanität in wohltuendem Gegensatz zu dem mittelalterlich anmutenden düsteren Geschehen, gegen das er allerdings nichts auszurichten vermag. Zum Schluß verläßt er den Ort heillosen Durcheinanders, um niemals wiederzukehren.

Dominant bleibt in Raabes Werk die sich novellistisch entfaltende pessimistische Lebensstimmung, die in der 1874 entstandenen *Frau Salome* ungebrochen die Handlungsentwicklung bestimmt. Der weitaus umfänglichere erste Teil ist extrem handlungsarm, fast ausschließlich eingenommen von den Gesprächen zwischen dem Justizrat Scholten und der jüdischen Bankierswitwe Frau Salome. Sowohl der illusionslose Rationalist und Voltairianer als auch die mit subtiler Ironie begabte, sensitive Frau in der Nachfolge Heines, auf den sie sich wiederholt beruft, versuchen, sich in geistreichen Gesprächsspielen von einer erdrückenden, geistlosen Welt zu distanzieren. Ihr Dialog, gespickt mit literarischen Anspielungen, fremdsprachlichen Floskeln und Bildungsreminiszenzen, schließt sie gleichsam hermetisch von den anderen ab. Zurückgezogen am Fuße des Brockens im Harz, blenden sie die banale Außenwelt aus. Doch die artifizielle Existenz kann sich nur so lange behaupten, wie es gelingt, sich abzuschließen. Jede Berührung mit der Realität muß sie gefährden, mit Auflösung bedrohen. Zur unerhörten Begebenheit wird der Besuch beim Bildhauer Querian, dessen Tochter Eilike schon vorher das Lebensmuster Scholtens in Frage gestellt hatte. »Der Herr Pate Scholten tut auch nur so, als ob er vergnügt sei«. Auf den ersten Blick scheint der Bildhauer in seinen abgedunkelten Räumen auf seine Weise ein ähnliches Inseldasein zu führen wie seine Besucher. Was ihn jedoch von diesen grundsätzlich unterscheidet, ist der Wahrheitsanspruch des Künstlers, seine Unfähigkeit, die Risse in der Welt mit geistreichen Spielereien zu verdecken. Deshalb verbietet er sich jegliches Lachen in seinem Haus. Sein Lebenswerk, ein Gigant mit einem toten Kind im Arm, offenbart in bestürzender Weise die Problematik des Menschen in dieser Welt, den unbedingten Willen, Lebendiges zu schaffen, und die bittere Gewißheit, daß alles Geschaffene von vornherein von der Sterblichkeit des Schöpfers gezeichnet ist, sie gleichsam endlos reproduzierend. Scholten versucht die im Kunstwerk komprimiert in Erscheinung tretende Wahrheit sofort wieder zuzudecken, indem er in ein Lachen ausbricht, das den gebotenen Ernst verletzt und eine Katastrophe auslöst. Querian zerschlägt die Skulptur und setzt sein Haus in Brand. Während er selbst in den Flammen umkommt, kann seine Tochter gerettet werden. Die unerhörte Begebenheit, die Begegnung mit der existentiellen Wahrheit in der Kunst, lassen Scholten um Jahre altern. Frau Salome formuliert das Fazit der schonungslosen novellistischen Demaskierung aller menschlichen Versuche, sich existentiell zu behaupten, und mögen sie auch noch so geistreich und gebildet angelegt sein. »Wir können nicht heraus, [...] es ist vergeblich – wir stecken in uns, wir stecken in der Menschheit, wir sind gefangen in dem harten Gefängnis der Welt. Wir keuchen nach Freiheit, Erkenntnis, Schönheit und im günstigsten Falle wird uns gestopft der Mund mit Erde.« Mit Novellen wie der vorliegenden desillusioniert Raabe den Glauben des poetischen Realismus an die Möglichkeit geistiger Selbstbehauptung. Was mit Gestalten wie Noah Buchius aus *Das Odfeld* und Heinrich Schaumann aus *Stopfkuchen* gelingt, scheitert in der novellistischen Enttäuschung des sich immer nur selbst täuschenden Geistes. In seiner Novellistik überschreitet Raabe am überzeugendsten die Grenze zur Modernen.

Dies gilt bedingt auch für die ebenfalls 1874 entstandene Erzählung *Die Innerste*, die allerdings nicht mehr allein im Novellistischen aufgeht. Merkwürdig verknüpft sind Mensch und Natur. Die Innerste meint einmal den bei Clausthal-Zellerfeld im Harz entspringenden Fluß und zum andern die wilde Doris Radebreker oben in der Mühle nahe an der Quelle des Flusses. Doris verkörpert die ungezähmte, elementare Naturkraft, impulsiv und unreflektiert. Auf den jungen Müller Albrecht Bodenhagen übt ihre ungebrochene Sinnlichkeit eine verführerische Anziehungskraft aus. Er verläßt die elterliche Mühle in der Ebene, um mit Doris oben im wilden Harz zusammenzuleben. Nachdem ihn die Werber ausgehoben haben und er im Siebenjährigen Krieg hat mitkämpfen müssen, kehrt er reumütig ins Elternhaus zurück, wo er sich mit dem sanften Lieschen Papenberg verloben läßt. Unheimlich beginnt um diese Zeit die Innerste zu schreien, wobei wiederum die wilde Doris und der Fluß merkwürdig verbunden erscheinen. Jeder Schrei fordert ein Todesopfer, erst stirbt der Vater, darauf die Mutter. Doris will sich um jeden Preis an dem rächen, den sie schon ihr eigen glaubte und der dann doch nicht zu ihr zurückgefunden hat. Schließlich versinkt sie selbst in der Innerste, wird endgültig eins mit ihr, nachdem sich der junge Müller erfolgreich gegen sie und den elementaren Naturtrieb zur Wehr gesetzt hat. Der versöhnliche Schluß kann indes nicht über die Gefährdung des Menschen durch die elementare Natur, der er selbst angehört und die der Fluß repräsentiert, hinwegtäuschen. Humanität setzt die Einsicht in die anarchische Sinnlichkeit voraus, die es abzuwehren und zu domestizieren gilt. Albrecht Bodenhagen macht einen Entwicklungs- und Reifeprozeß durch, indem er sich der Faszination durch das bloß Sinnliche entzieht. Unabweisbar aber bleibt, symbolisch gegenwärtig in der Innerste, die latente Gefährdung des humanen Bewußtseins durch die determinierende Triebnatur. Mit der Erzählung *Die Innerste* überwindet Raabe die tragische Novelle, ohne jedoch – hierin echter Realist – deren Antriebskräfte für prinzipiell überwindbar zu halten. Raabes Erzählen ist gespannt zwischen romangemäßem Gelingen durch humane Sublimierung und novellentypischem Scheitern durch den Absturz in die destruktive Triebnatur des Menschen.

Ferdinand von Saar (1833–1906)

Die Novellen des Österreichers Ferdinand von Saar zeigen in der Regel einen betont intimen Charakter. Im Zentrum steht der einzelne, häufig isoliert und sich selbst überlassen. Die gesellschaftliche und geschichtliche Welt gewinnt nur am Rande Konturen, vornehmlich aber ist sie präsent im subjektiven Erleiden. Gerade die Konzentration auf den durch die stets versagende Welt verletzten einzelnen verleiht den Novellen Saars einen lyrischen Grundzug. Immer bleibt die Entsagung durchsichtig für den Schmerz und die Trauer über das von außen verweigerte Glück. Nicht selten münden Enttäuschung und Resignation in zerstörerisches, bisweilen selbstzerstörerisches Handeln.

Saars erste und meistgelesene Novelle *Innocens* (1866) erzählt von Entsagung und Verlust. Vor dem Hintergrund Prags handelt die Geschichte um den Pater Innocens von einer jäh aufflammenden Liebe zu einem jungen Mädchen, einseitig und von vornherein aussichtslos. Verknüpft damit ist die Geschichte einer unerfüllbaren mit der einer sich scheinbar erfüllenden Liebe eines jungen Brautpaars. Schmachtend dringen die Töne eines Liebeslieds, vom Bräutigam gesungen, von der Moldau herauf zu dem einsamen Priester. Aber auch dieser Liebe wird durch den plötzlichen Tod der Braut ein unerwartetes Ende gesetzt. Desillusioniert erscheint das romantische Motiv von der Bootsfahrt der Liebenden auf dem nächtlichen Fluß, von der harmonischen Verschmelzung von Gefühl, Natur und Poesie. Dem Pater aber erschließt sich angesichts des grausamen Verlusts der Schmerz als die eigentlich läuternde, veredelnde Kraft. Freiwillig, in innerer Bejahung, nimmt er den Liebesverzicht auf sich und findet in der Entsagung ein stilles, persönliches Glück. Ähnlich wie Storm weiß Saar um das Scheitern der Liebe in einer letztlich Glück versagenden Welt, aber er verharrt nicht in der elegischen Gebärde, sondern begreift die Erfahrung des Verzichts als Bedingung persönlicher Reife. Der am Ende erreichte Zustand erinnert an den Rückzug vieler Gestalten Stifters in die Innerlichkeit, aber Saar läßt anders als Stifter Leidenschaft und Enttäuschung ganz nahe an seine Helden herankommen und steigert die Vergeblichkeitsgefühle bis an die Grenze des persönlichen Zusammenbruchs. Aus der Krise erst entwickelt sich die Einsicht in den Schmerz als Wegweiser zu einem stillen, von den Stürmen des Lebens ungefährdeten Glück. Nicht das sanfte Gesetz siegt hier, sondern der Mensch, der geläutert aus der Erfahrung des realen Verzichts hervorgeht.

In »dieser Welt der Enttäuschung und des Schmerzes«, wie es in *Die Geigerin* (1875) heißt, gibt es offenbar nur den Weg der Entsagung, um dem unausweichlichen Verlust durch den freiwilligen, persönlichen Verzicht zuvorzukommen. In diesem Sinne ist auch der Binnenerzähler durch den Lebensschmerz geprägt und geläutert. Seine innere Haltung bestimmt die Tonlage des Erzählens. Die Geschichte aber, die er erzählt, handelt im Kern von einem unbeugsamen Verlangen nach dem Glück, nach einer tiefen inneren Erfüllung der Liebe, die sich trotzig weigert, Verlust und Verzicht anzunehmen. Die Geigerin Anna, gleichermaßen begabt mit einem außergewöhnlichen Virtuosentum wie mit einer leidenschaftlichen Unbedingtheit des Gefühls, erfährt in der Begegnung mit Männern, denen sie ihre Liebe schenkt, stets neue Enttäuschungen. Keiner erweist sich der Tiefe ihrer Empfindung würdig. Regelmäßig wird ihre völlige Hingabe mißbraucht und ausgenutzt. In dieser Welt hat die nach unbedingter Erfüllung verlangende Liebe keinen Platz. Notwendig treibt die kompromißlos nur ihrem Gefühl vertrauende Frau in die Selbstaufgabe. Überlebenschancen gibt es nur für die, die wie ihre Schwestern sich entweder in einem biederen bürgerlichen Dasein einrichten oder sich den vordergründigen Genüssen verschreiben und diese zu ihrem eigentlichen Lebensinhalt machen. Weder die biedermeierlich-abgeschirmte Lebensform noch eine Existenz, die vornehmlich auf dem Verstand gründet, vermögen der Tiefe des unbedingten Gefühls gerecht zu werden. Tragisches Scheitern oder die elegische Haltung der Entsagung sind die Alternativen des tief empfindenden Menschen in einer Welt des flüchtigen Scheins und der oberflächlichen Beziehungen. Gerade die Realität des Scheiterns aber, ge-

brochen in der elegischen Perspektive des Erzählers, legt die
Novelle als Ausdrucksform des Schmerzes nahe.

Die Stimmung der Entsagung und des Verzichts, charakteristisch für die Novellen Saars, ist in *Vae victis!* (1883;
1879 unter dem Titel *Der General*) eng verknüpft mit dem
politischen Niedergang Österreichs, wie er sich seit den Napoleonischen Kriegen und in den Niederlagen gegen Napoleon III. bei Magenta und Solferino 1859 und gegen Preußen 1866 abzeichnete. Es ist der Niedergang des alten
Österreich mit der beherrschenden Stellung des Adels und
des Militärs. Das bürgerliche Beamtentum, bürgerliche Politiker und die finanzstarke Bourgeoisie drängen nach vorn
und treten für längst fällige Neuerungen ein. In der Novelle
ist der General Baron Brandenberg Vertreter der alten, niedergehenden Ordnung, während seine Frau, Tochter eines
Hofbeamten, sich dem bürgerlichen Wortführer der Politik
unbedingter Erneuerung zuwendet. Der Riß zwischen alter
und neuer Zeit geht mitten durch die Ehe. Brandenberg, der
feindseligen Verachtung seiner eigenen Frau ausgesetzt, die
ihm und seiner Welt alle Zukunft abspricht, erschießt sich
im Bewußtsein, sich selbst und das alte Österreich überlebt
zu haben, und macht so den Weg frei für eine Ehe seiner
Frau mit dem Politiker und für die neue Zeit. Der Verlust
der Tradition und die Skepsis dem Neuen gegenüber verleihen den Novellen Saars ihre unverwechselbare melancholi-
sche Stimmung, ihren Charakter eines nostalgischen Abge-
sangs. Aus der sich immer deutlicher abzeichnenden Krise
der einstigen glanzvollen k. u. k.-Monarchie erwächst die
Novelle als Ausdrucksform des Untergangs.

Die 1892 erschienene Novelle *Schloß Kostenitz*, die Saar
zu seinen besten Arbeiten zählte, spielt nach 1848, nach der
erneuten Durchsetzung der reaktionären Kräfte in Österreich. Von den historischen Entwicklungen unmittelbar betroffen ist Baron Günthersheim, der, als hoher Beamter
selbst ein Vertreter des liberalen Geistes, verabschiedet
wird. Zurückgezogen lebt er fortan mit seiner um vieles

jüngeren Frau Klothilde auf Schloß Kostenitz. Harmonie
bestimmt ihr Zusammenleben, erfüllt von Musik, Malerei
und Literatur in einer idyllischen Parklandschaft. Doch die
Harmonie ist gefährdet. Im Rahmen einer Einquartierung
begegnet die empfindsame, leicht verletzbare Klothilde dem
Rittmeister Graf Poiga, der sich mit Blick auf ihren gealter-
ten Ehemann ein leichtes Abenteuer verspricht. Klothilde,
zwischen leidenschaftlicher Faszination und Liebe zu ihrem
Mann, kann sich der Zudringlichkeiten nur mühsam erweh-
ren. Zurück bleibt ein vernichtendes Schuldgefühl, das sie in
den Tod treibt. Der geschichtlich-politische Hintergrund
und die geschilderten Ereignisse scheinen auf den ersten
Blick wenig miteinander zu tun zu haben. Und doch gibt es
versteckte Verbindungen zwischen dem Sieg der Reaktion
und den erotischen Eroberungsversuchen des Grafen, der
die liberale Bewegung als Freiheitsschwindel abtut und der
der »Knute« für das Volk das Wort redet. Die reaktionären
Kräfte, nur auf sich selbst und den eigenen Machterhalt
konzentriert, erweisen sich als gänzlich unempfindlich den
Ansprüchen und Eigenrechten des anderen gegenüber. In
einem Klima der Reaktion muß Humanität notwendig
Schaden leiden. Auch wenn der Baron selbst die Schuld am
Tod seiner Frau auf sich nimmt, bleibt die Verantwortung
des eigentlich Schuldigen offensichtlich. Erst dann kann der
Baron in Frieden sterben, als er von dem Tod des Grafen
auf dem Schlachtfeld von Magenta liest. Mit der Niederlage
Österreichs im Krieg gegen das mit Frankreich verbündete
Italien scheint auch das Ende der reaktionären Gesellschaft
eingeleitet. Kein blinder Fatalismus waltet, sondern das politische und menschliche Unwesen einer elitären Kaste, die
Humanität unterdrückt. In der kunstvollen Verknüpfung
von öffentlicher Lage und privatem Schicksal zeigt sich die
Unmenschlichkeit einer Welt, die zerstörerisch selbst in die
abgeschiedensten Winkel erfüllten mitmenschlichen Glücks
eindringt. Radikaler noch als in *Vae victis!* ist die pessimistische Haltung verbunden mit dem Niedergang einer Tradi-

tion, die in der Tat keine Zukunft mehr hat, da sie den humanen Ansprüchen nicht länger gerecht wird. Saar realisiert die Novelle als literarisches Medium einer geschichtlichen Endzeit, als Schwanengesang auf eine endgültig absterbende Vergangenheit. Schloß Kostenitz, schließlich vereinsamt und verödet, wird zum Sinnbild des geschichtlich Überlebten. Die Aufbrüche in eine neue Zeit, flüchtig, mehr summarisch angedeutet, vermögen vorerst keine neuen Perspektiven zu öffnen. Saars Novelle beschwört das Ende einer Epoche ohne Vertrauen auf einen menschlich erfüllenden Neuanfang.

Ähnlich wie in der bereits 1874 erschienenen Novelle *Der Steinklopfer* wendet sich Saar auch in *Die Troglodytin* (1889, in: *Schicksale. Drei Novellen*) dem Arbeiterstand und dem entstehenden Proletariat zu. Der trivialen Liebesgeschichte dort, die trotz widrigster Umstände durch menschliche Anteilnahme glücklich endet, steht hier die Darstellung einer tiefgreifenden sozialen Krise gegenüber, verschärft noch durch die offenbare Verständnislosigkeit des Erzählers, eines Forstmeisters, der sich weitgehend mit der Sichtweise der Herrschenden identifiziert. Das Schicksal des Mädchens Maruschka aus sozial deklassierter Schicht erscheint ihm als naturgegeben. Ihre Arbeitsscheu hält er mit anderen für charakteristisch für Leute ihres Schlages. Wie seine Umwelt neigt er dazu, sie als Sündenbock für ordnungswidrige Vorfälle verantwortlich zu machen und gibt der Gemeinde recht, wenn diese sich ihrer Fürsorgepflicht für die sozial Schwachen entzieht. Den unweigerlichen Untergang des Mädchens quittiert er zum Schluß mit einer gewissen Beruhigung. *Die Troglodytin*, eine soziale Novelle mit naturalistischer Tendenz, gehört zu den besten Arbeiten Saars und markiert zugleich den Abschluß seiner Entwicklung als Novellist. Die Novelle formt sich zur verständnislosen Gebärde der gesellschaftlich führenden Schichten angesichts des wachsenden, industriell bedingten Elends an den sozialen Rändern. Während die alten Ordnungen ins Wanken geraten, die traditionelle Gesellschaft zu zerbrechen beginnt, steht man fassungslos vor einer sich anbahnenden gesellschaftlichen Umstrukturierung, die immer mehr aus der Kontrolle zu geraten droht. Saars Novellen sind Novellen des Übergangs zwischen einer im Niedergang begriffenen Vergangenheit und einer chaotisch anbrandenden Zukunft.

Die späten Novellensammlungen Saars (*Herbstreigen. Drei Novellen*, 1897; *Nachklänge. Neue Gedichte und Novellen*, 1899; *Camera obscura. Fünf Geschichten*, 1900; *Tragik des Lebens. Vier neue Novellen*, 1906) variieren und radikalisieren das Thema des zerbrechenden und untergehenden einzelnen in einer feindseligen, fremder werdenden Welt. Dies gilt ebenso für den alternden Mann in *Requiem der Liebe* (1897), dem plötzlich klar wird, daß er nur der Spielball seiner einstigen Jugendliebe gewesen ist, wie für Doktor Trojan in der gleichnamigen Novelle von 1896, dem bei aller natürlichen Begabung für seinen Beruf das Fehlen des letzten legitimierenden Diploms zum Verhängnis wird, und schließlich für die Liebenden in der Novelle *Die Pfründner* (1905), die spät endlich zueinander finden, um bald darauf durch unheilbare Krankheit und Tod wieder voneinander geschieden zu werden. Die in der »camera obscura« der Novellistik Saars erscheinenden Bilder sind dunkel getönte Ablichtungen der Verletzungen, Niederlagen und Auslöschungen des Individuums in der kollektiven und anonymen Welt auf der Schwelle des 20. Jahrhunderts.

Novellisten im Umkreis des poetischen Realismus

In den novellistischen Arbeiten der Erzähler im Umkreis der großen Novellisten der zweiten Jahrhunderthälfte spiegeln sich noch einmal die Möglichkeiten einer Gattung, die in der Phase des poetischen Realismus in ihrer Breite und Qualität einen Höhepunkt erreichte. Gelegentlich überraschen neue Themen und Tendenzen.

Dabei rückte die betonte Orientierung an den sozialen Werten der Gemeinschaft den, der bloß seinen eigenen Vorteil suchte, zusehends ins Abseits. In der Sonderform der Kriminalnovelle entlud sich der novellistische Konflikt von Individuum und Gesellschaft in der Darstellung von Verbrechen, ihren Folgen und ihrer gerechten Bestrafung. Neben Meyer (*Die Richterin*) und Fontane (*Unterm Birnbaum*) trat vor allem Friedrich Halm mit seiner Novelle *Die Marzipanliese* (1856) hervor, in der der habgierige Mörder einer alten reichen Frau durch eine Verkettung mißlicher, unheimlicher Umstände den Tod findet, nachdem er der irdischen Gerechtigkeit durch Täuschung und Tarnung entgangen war. Fast ausschließlich als Autor von Kriminalnovellen ist der Jurist Jodocus Temme hervorgetreten. In seinen *Criminal-Novellen* (10 Bde., 1860–64) geht es in detektivischer Manier um die exakte Aufklärung der Verbrechen und die Überführung der Täter. Anders als Halm setzt Temme auf den Verstand, dem der im Affekt handelnde Täter prinzipiell unterlegen ist. Unverkennbar bildet sich gerade hier das gestiegene Selbstvertrauen des Bürgers in die eigenen intellektuellen Kräfte ab. Die Kriminalnovelle blieb jedoch schon auf Grund ihrer thematischen Einengung eine Randerscheinung. Die bedeutenderen Novellisten gaben ihr in der Regel keinen Raum.

Aus dem Erzählwerk von Hermann Kurz (1813–73), zusammen mit Paul Heyse Herausgeber des *Deutschen Novellenschatzes* (24 Bde., 1871–76), ragen neben dem Roman *Der Sonnenwirt* auch zwei novellistische Arbeiten hervor. In der Novelle *Die beiden Tubus* (1859) – der Titel stammt von Heyse – entdecken sich der menschenfreundliche Pfarrer von A..berg und der kritisch-querulantische Pfarrer von Y..burg eines Tages durch das Fernglas, durch das sie »spazieren zu sehen« pflegen; der eine mit der Vorliebe für das

Schöne, der andere dem Schiefen und Absonderlichen zugeneigt. Es entspinnt sich ein freundschaftlicher Briefwechsel, der jedoch, nachdem man sich persönlich begegnet ist, in gegenseitiger Enttäuschung abbricht. Wie eine Parodie auf die bürgerliche politische Praxis nach 1848 wirkt die bloß rhetorisch ausgetragene, völlig folgenlose Kontroverse zwischen republikanischen und monarchistischen Standpunkten. Während für den Menschenfreund eine Welt zusammenbricht, fühlt sich der Skeptiker in seinen Ansichten über die Unzulänglichkeiten der Welt bestätigt. Als lebensfähiger erweist sich der Realist, der sich selbst und den anderen nichts vormacht über den Zustand seiner Gesellschaft, die weit davon entfernt ist, die beste aller möglichen zu sein.

Deutlich treten die Schattenseiten menschlichen Zusammenlebens in der Geschichte *Der Weihnachtsfund* (1855) hervor. Konfliktauslösend ist auch hier die Problematik, sich dem anderen verständlich zu machen. Sowohl die Magd Justine als auch der Knecht Erhard erweisen sich als unfähig, ihrer gegenseitigen Liebe klaren Ausdruck zu geben. Statt dessen läßt sich Justine von den falschen Liebesschwüren eines anderen verführen, von dem sie daraufhin ein Kind erwartet. Nach vielen Jahren, als Erhard als wohlhabender Mann zurückkehrt und erfährt, daß Justine das Kind zu Weihnachten ausgesetzt hat, um ihm als Findling eine Zukunft zu sichern, die es als Bankert nie gehabt hätte, dabei aber für das Kind immer dagewesen ist, erkennt er die Größe der Frau, die ihren Irrtum durch ihre aktive Verantwortung für das junge Leben längst wiedergutgemacht hat. Einer Verbindung steht nun nichts mehr im Wege. Die Novelle handelt von den Mißverständnissen im gesellschaftlichen Umgang der Menschen miteinander, aber auch von Verantwortung und Verstehen. Konsequent erscheint der einzelne eingebunden in seine Gemeinschaft, außerhalb derer er nicht zu existieren vermag. Akzentuiert treten die realen Lebensbedingungen in ihren tragischen wie in ihren glücklichen Aspekten zutage.

Soziale Verantwortung ist das Leitthema in den Novellen von Louise von François (1817–93). Die Erzählerin, die mit Marie von Ebner-Eschenbach und Conrad Ferdinand Meyer im Briefwechsel stand, gestaltet die Novelle als moralische Parabel. Ihr didaktisches, an bürgerlicher Solidarität orientiertes Engagement erinnert an Keller. Gemessen wird der einzelne jeweils an seinen Leistungen für die Gemeinschaft. In der Novelle *Phosphorus Hollunder* (1857) stoßen das strebsame, zukunftsoffene Bürgertum und der borniert Adel aufeinander. Der Konflikt endet mit einer aus heutiger Sicht allzu dick aufgetragenen moralisierenden Darstellung des gesellschaftlichen Abstiegs und der Verelendung der adligen Vertreter, während der Bürger wirtschaftlich und politisch reüssiert und sich beispielhaft durch soziale Verantwortung auszeichnet. Bedeutsam ist nach der Enttäuschung von 1848 die dargestellte Rückbesinnung auf die bürgerlichen Werte der Arbeit und der Gemeinschaft.

In der ebenfalls 1857 erschienenen historischen Novelle *Der Posten der Frau* erkennt die Gräfin Eleonore ihre Verantwortung für ihr Haus und ihre Familie, die sie aus Enttäuschung über ihren verantwortungslosen, schwachen Mann verlassen hatte. Nach einem Gespräch mit dem Preußenkönig Friedrich, der allerdings zunächst incognito bleibt, vor dem Hintergrund des Siebenjährigen Kriegs, kehrt sie zurück in das Haus mit der festen Überzeugung, daß gerade die Schwachen des Einsatzes der Stärkeren bedürfen. Die Anmahnung des preußischen Wertethos ist für Louise von François ebenso charakteristisch wie die sittliche Aufwertung der Frau. Eine der überzeugendsten Frauengestalten gelingt ihr in der Novelle *Judith, die Kluswirtin* (1862). Durch persönlichen Einsatz bringt Judith nicht nur ihr heruntergewirtschaftetes Erbe wieder hoch, sondern fühlt sich darüber hinaus auch verantwortlich für die menschlich schlimmen Folgen in ihrer Familie. Die Frau wird einmal mehr zum Zentrum eines sozial verantworteten Handelns, das erst Zukunft aufzubauen vermag.

Neben der sozialen Verantwortung sind es die Werte der Toleranz und des Vertrauens, die in den Novellen von Louise von François unabdingbare Voraussetzungen für jede erfüllte Gemeinschaft bilden. *Hinter dem Dom* (1859) handelt von der protestantischen Hetze gegen jüdische Mitbürger, aber auch von dem vorbildlichen Verhalten des einzelnen, der durch Anteilnahme und Freundschaft dem Unrecht unbeirrt entgegenwirkt. Im Einzelfall tritt die Menschlichkeit als Bedingung eines künftigen befriedeten Zusammenlebens der Andersdenkenden in Erscheinung. Kritisch zeichnet Louise von François in ihrer erfolgreichsten Novelle *Der Katzenjunker* (1879) den eifersüchtigen Zweifel des Mannes an der Treue und Integrität seiner Frau. Tragisch droht die Eifersucht das Vertrauen und damit die Gemeinschaft zwischen den Geschlechtern zu zerstören. Beispielhaft gewinnt gerade in der kleinsten gesellschaftlichen Zelle der Glaube an den anderen, an sein Gemeinschaftsgefühl als sittlicher Kern jedes intakten Gemeinwesens Gestalt. Die Novellen von Louise von François mögen stilistisch inzwischen Patina angesetzt haben, doch sollte dies nicht der Erkenntnis im Wege stehen, daß es sich hier um den nicht gerade häufigen Typus der moralischen Novelle handelt, der im Gefolge des didaktischen Modells der *Novelas ejemplares* von Cervantes »nützliche Beispiele« für ein erfülltes menschliches Miteinander gestaltet.

Die existentielle Beispielhaftigkeit in den Novellen Ferdinand Kürnbergers (1821–79) ist demgegenüber zwiespältig. Um in einer rücksichtslosen Wirklichkeit überleben zu können, müssen Täuschung und Lüge herhalten. In der Novelle *Der Drache* (1857) gelingt es einem Arzt nur durch das Täuschungsmanöver eines fingierten Briefs, einen angeblich besessenen Patienten zu heilen, der in Wahrheit unter Schock steht, da man ihn um eine reiche Erbschaft geprellt hat. Erst die gefälschte Nachricht vom Bankrott des von ihm unter Preis Verkauften lassen ihn wieder gesunden. Die Novelle *Flucht und Fund* (1861) streift das Groteske. Der

Insasse eines Irrenhauses erkennt, daß seine Fluchtchancen in dem Maße steigen, wie er aufhört, seine geistige Gesundheit zu beteuern. Auch hier führt erst Tarnung zum Erfolg. Nicht um Wahrheit geht es, sondern um Überleben. Der Triumph der Lüge wirft ein kritisches Licht auf die verlogene bürgerliche Gesellschaft, in der der Scheinwert des Kapitals das wahre menschliche Sein verdrängt. In der Novelle *Die Opfer der Börse* (1861) sind die Aktien in den Händen der Spekulanten am Ende zu bloßem Papier entwertet. Der anonyme Kapitalprozeß entfremdet den Menschen zur Marionette. Wertschein und Lügen regieren die bürgerliche Welt. Kürnberger gestaltet die Novelle als satirische Abrechnung mit einer Wirklichkeit, in der das Essentielle und das Existentielle weit auseinanderklaffen.

Bei Marie von Ebner-Eschenbach (1830–1916) erhält die moralische Novelle zunehmend tragische Züge. Komische und tragische Töne mischen sich noch in der Novelle *Die Freiherren von Gemperlein* (1879), in der das Motiv der verfeindeten Brüder letztlich versöhnlich gewendet wird. Die unerbittlich geführten politischen Auseinandersetzungen zwischen konservativ-feudalen und fortschrittlich-liberalen Standpunkten können das brüderliche Fühlen und Handeln nie überdecken und verdrängen. Nur theoretisch sind sie uneins, praktisch handeln sie von entgegengesetzten Positionen aus im Sinne aufrichtiger Menschlichkeit. In der realen Krise stehen sie, ohne zu zögern, füreinander ein.

Wird hier die unterschwellig drohende tragische Entwicklung noch abgewendet, so bricht sie in der knappen Erzählung *Krambambuli* (1883), auf der Grenze zwischen Novelle und Kurzgeschichte, voll durch. Im Gefühlsverhalten und im Schicksal des Hundes, hin und her gerissen zwischen der Anhänglichkeit an seinen alten Herrn, einem heruntergekommenen Trinker und Wilderer, und der Treue zu seinem neuen Herrn, den integren, angesehenen Förster, spiegelt sich der Mangel an Verständnis und sozialer Anteilnahme. Ähnlich wie in Saars *Troglodytin* nimmt sich hier

der etablierte Bürger heraus, den deklassierten Mitmenschen wie einen Menschen zweiter Ordnung zu behandeln.
Gerade die Anhänglichkeit des Hundes an seinen ersten,
heruntergekommenen Herrn aber zeigt die brutale Unmenschlichkeit jeglichen Kastendenkens, das durch das elementar richtige Verhalten des Tieres widerlegt wird. Mit
Krambambuli schlägt Marie von Ebner-Eschenbach ihr
Kernthema der sozialen Not an. Diese, weniger die Darstellung vorbildlichen sozialen Handelns wie bei Louise von
François, steht im Zentrum ihrer sich mehr und mehr tragisch zuspitzenden Novellen.

In *Er läßt die Hand küssen* (1886) stehen der ständische
und der menschliche Adel sich widerspruchsvoll gegenüber.
Der kleine Gemeindearbeiter ist ohnmächtig den Übergrif-
fen der Gräfin ausgesetzt, die ihn von seiner Frau und seinem Kind trennt und ihn, nachdem er sich ohne Erlaubnis
entfernt hat, um seine schwer mißhandelte, sterbende Frau
zu besuchen, unter Anwendung brutaler Gewalt zurückho-
len läßt, der er schließlich selbst erliegt. Wie eine ironische
Litanei zieht sich der von dem Kammerdiener der Gräfin
übermittelte Satz »Er läßt die Hand küssen« durch die
Handlung, jeweils an den Stellen, wo dem Gemeindearbeiter offenbares Unrecht widerfahren ist, für das er sich auch
noch in der verlogenen ständischen Komplimentiersprache
zu bedanken hat. Weder seine Arbeit noch seine Verantwortung für seine Familie und die Sorge um die bedürftige
Mutter seiner Frau werden ihm angerechnet. Was zählt, ist
allein der formale Gehorsam, erzwungen von der ebenso
selbstherrlichen wie unmenschlichen Vertreterin des Adels.
Deutlich tritt neben die Darstellung der realen Not die Kritik an ihren Verursachern.

Die späte Novelle *Maslans Frau* (1894) gestaltet das in
der zweiten Jahrhunderthälfte brisant werdende Thema des
Geschlechterkampfs. Der schöne Maslan, mit der reichen
Bauerntochter zunächst in glücklicher Ehe lebend, beginnt
sie nach Jahren fortwährend zu betrügen. Nach anfängli-

chem Verzeihen schwört sie, eher das Haus in Brand zu stecken, als ihn um Einlaß zu bitten, während Maslan schwört, eher in die Hölle zu fahren, als sie zu rufen. Als Maslan im Sterben liegt, fühlen sich beide an ihren Schwur gebunden, so daß der Mann allein, ohne seine Frau, sterben muß. Die Sinnlichkeit des Mannes, seine frei schweifende Sexualität jenseits tieferer Gefühlsbindungen und die Beharrlichkeit und die Treue der Frau, für die sich Erotik nur in der Liebe erfüllen kann, sind unvereinbar. Obwohl sie sich im Grunde lieben, müssen beide an der Liebe des anderen letztlich irrewerden. Die Kluft zwischen den Geschlechtern scheint so lange unüberbrückbar, wie der Mann sich gegen die Einsicht in den inneren Zusammenhang von Körper und Seele sperrt, da erst aus solcher Einsicht moralische Verantwortung erwachsen kann. Ähnlich wie in ihren um die soziale Not kreisenden Novellen verharrt Marie von Ebner-Eschenbach auch hier bei dem ungelösten Konflikt. Humanität, die sich zwischen den gesellschaftlichen Schichten und den Geschlechtern erfüllt, bleibt eine Aufgabe für die Zukunft.

Der gleichaltrige Paul Heyse (1830–1914), mit seinen über hundert Novellen der beliebteste Erzähler des bürgerlichen Lesepublikums, verlagert den Konflikt in die einzelnen selbst. Wie Meyer läßt er seine Novellen vornehmlich in Italien spielen, ohne allerdings mit seinen Figuren die tragische Größe der herrischen Renaissancegestalten des Schweizers zu erreichen. Heyses Menschentyp ist bei allem Selbstbehauptungs- und Durchsetzungswillen fähig zur Einsicht in die eigenen Schwächen. Das klassisch-idealistische Vertrauen in den Menschen löst die sich anbahnenden tragischen Entwicklungen auf oder mildert sie zumindest ab. Heyses Novellentyp erfüllt sich in einer Art Bildungsnovelle, die die Entfaltung von Humanität an die individuelle Reifung bindet und dabei die kollektiven Bedingungen weitgehend ausblendet. Der einzelne scheint jeweils verstrickt in das eigene borniert Lebensmuster, dessen Revision die Perspektiven für ein Leben in einer humanen Gesellschaft eröffnet.

In diesem Sinne ist wohl auch Heyses novellentheoretischer Ansatz zu verstehen, wie er ihn in der Einleitung zum von ihm herausgegebenen *Deutschen Novellenschatz* (1871) formuliert hat. Der »Falke«, die bedeutsame Einzelheit, markiert danach innerhalb der novellistischen Handlungsführung die Wendung zu einer Lösung des borbierten individuellen Verhaltens. In *L'Arrabiata* (1855) löst Laurettas Biß in die Hand des heftig um sie werbenden Schiffers Antonino die endgültige Überwindung ihrer spröden Verschlossenheit aus. Ihr abwehrendes Verhalten, begründet durch ihre negativen Erfahrungen im Elternhaus, entspannt sich in der persönlichen Anteilnahme an dem Schmerz, den sie dem anderen, der sie aufrichtig liebt, zugefügt hat. Erst jetzt, in der Entfaltung ihrer natürlichen Sinnlichkeit, wird sie selbst liebesfähig. Die Erlösung aus einem isolierenden Verhaltensmuster führt den einzelnen in den sinnstiftenden sozialen Zusammenhang zurück.

In der dunkler getönten Novelle *Andrea Delfin* (1862) ist es der Mord an dem Freund, den er mit einem anderen verwechselt hat, der in Delfin die entscheidende Wende auslöst. Als Rächer an der venezianischen Signoria, die für den Tod seiner Geschwister verantwortlich ist, tötet er unter falschem Namen zunächst zwei alte Inquisitoren, bis schließlich der eigene Freund, den er in der Verkleidung ebenfalls für einen Inquisitor hält, durch seine Hand den Tod findet. Der selbsternannte Richter wird zum Mörder, die Gerechtigkeit, die er wiederherstellen wollte, verkehrt sich in blutigen Widersinn. Delfin erkennt, daß Menschlichkeit nicht durch unmenschliche Taten erreicht werden kann. Rache und Gewalt verzerren den einzelnen zu einem Dämon der Vernichtung. Delfin richtet im Bewußtsein der eigenen Anmaßung sich selbst durch einen Sprung in die Lagune. Der selbstgewählte Tod verurteilt in radikaler Pointierung die individuelle Verblendung und hebt sie zugleich auf.

Moderner als die weiterhin dem klassischen Menschenbild verpflichteten Bildungsnovellen Heyses wirken die novellistischen Arbeiten des galizischen Erzählers Leopold von Sacher-Masoch (1836–95), der fast nur noch in Verbindung mit der nach ihm benannten sexuellen Perversion des Masochismus Erwähnung findet. Seine ihrerzeit populärsten und zugleich berüchtigsten Geschichten stehen im ersten Teil der 1870 erschienenen Erzählsammlung *Das Vermächtnis Kains* unter dem Leitthema »Liebe«. In *Don Juan von Kolomea* gelingt es Sacher-Masoch, dem oft realisierten literarischen Motiv originelle Seiten abzugewinnen. Der Binnenerzähler, ein galizischer Gutsherr, erzählt von der zunächst äußerst glücklichen Liebesgemeinschaft mit seiner Frau, die ihm nach der Geburt eines Kindes jedoch merkwürdig verändert vorkommt. Mehr und mehr fühlt er sich ausgeschlossen von der neu entstandenen Gemeinschaft von Mutter und Kind. Zugleich wird ihm aber auch die Abhängigkeit deutlich, in der er lebt, indem er sich ganz an die Frau verloren hat, an ihre sinnliche Natur, mit der er bis zur Selbstaufgabe verschmelzen wollte. Die Liebe, nach der er verlangt, erscheint ihm plötzlich als die Tyrannei des fremden Lebens über ihn selbst. Um seine Freiheit zurückzugewinnen, distanziert er sich von seiner Frau und geht zahlreiche andere Verbindungen ein, die ihn indes nicht länger fesseln, sondern nur noch seinem Vergnügen und seiner Lust dienen. Don Juan ist weniger der egoistische und skrupellose Verführer, wie ihn die antiromantische Kritik darstellte, als der um seine persönliche Befreiung aus den Zwängen weiblicher Liebe ringende Mann. Doch in dem Maße, wie er jenseits der Moral nur noch sein Spiel mit der Liebe und den Frauen treibt, bleibt das tiefere Gefühl auf der Strecke. Freiheit scheint nur möglich ohne Liebe, während die echte Liebe den Mann versklavt.

In seiner berühmtesten Novelle *Venus im Pelz* – der Titel verweist auf die Frau als herrschsüchtige Liebesgöttin – radikalisiert Sacher-Masoch den Kampf der Geschlechter. Der

Ich-Erzähler unterwirft sich bedingungslos der Herrschaft der schönen Wanda, von der er sich peitschen und drangsalieren läßt, um in dem von ihr zugefügten Schmerz höchste Liebesgefühle zu empfinden. Wanda ist es, die den Mann schließlich zu der Erkenntnis bringt, daß Mann und Frau im Grunde immer nur Feinde, Hammer oder Amboß füreinander sein können. Diese Erkenntnis befreit ihn zugleich aus der Herrschaft der Frau und läßt ihn selbst die Rolle des Herrschers übernehmen. Eine Gefährtin des Mannes wird die Frau erst dann sein können, »wenn sie ihm gleichsteht an Rechten, wenn sie ihm ebenbürtig ist durch Bildung und Arbeit«. Der Kampf der Geschlechter ist keineswegs naturgegeben, sondern bedingt durch die patriarchale Herrschaft des Mannes, durch die sich die unterdrückte, aber begehrte Frau provoziert fühlt, dem begehrenden Mann gegenüber ihren natürlichen Vorteil gnadenlos auszuspielen, zumal sie um so begehrenswerter erscheinen muß, je härter sie dem Mann entgegentritt. In einer repressiven Gesellschaft muß letztlich auch die Liebe zwischen den Geschlechtern zur Repression und zu Machtritualen pervertieren. In Sacher-Masochs Novellen spiegelt sich ähnlich wie später in den Dramen Strindbergs das wachsende Bewußtsein einer Gesellschaft, die sich von idealistisch verbrämten Rollenfixierungen zu verabschieden beginnt, aber auch den bloß materialistischen Determinierungen mißtraut. Der Realist Sacher-Masoch setzt auf eine Versöhnung der Geschlechter durch ungetrübte Erkenntnis in einer künftigen Gesellschaft. Bisher aber gibt es nur die, »welche andere belügen, das sind die materiellen Menschen, [...] und dann die Idealisten, wie die Deutschen sich nennen – die sich selbst belügen«.

Ebenfalls aus Galizien stammt der jüdische Erzähler Karl Emil Franzos (1848–1904), der in seinen *Tragischen Novellen* (1886) den von der Gesellschaft vereinnahmten bzw. geächteten Menschen Gestalt werden läßt. In *Melpomene*, einer Geschichte aus dem Prager Getto, soll die schöne Lea Herzheimer mit dem reichen, verwitweten Ruben Blau verheiratet werden, um ihren verarmten Eltern einen sorglosen Lebensabend zu sichern. Ihre außergewöhnliche Schönheit wird ihr zum Verhängnis, erniedrigt sie gleichsam zum Tauschobjekt für materielle Sicherheit. Nachdem unter demütigenden Umständen die Verlobung mit dem viel älteren Blau zunächst wieder gelöst worden war, der sich im Grunde nur eine Frau für seine erotischen Wünsche kaufen will, kommt es dann doch noch zur Heirat. Doch noch in der Hochzeitsnacht vergiftet sich die in ihrem persönlichen Stolz tief verletzte Frau und entzieht sich einem Leben, das ihr nur die Rolle der Prostituierten in einer unwürdigen Ehe aufgezwungen hätte. Tragisch, wie ihr Übername Melpomene bereits andeutet, endet das Leben der Frau, der die Gesellschaft eine persönliche Entfaltung versagte. Zugleich wird das gesellschaftliche Schicksal der Juden als Bedingung für den tragischen Ausgang erkennbar. Ein jüdischer Student kommentiert: »Wir lebten so lange in Knechtschaft, da keimt kein Sinn für Freiheit auf, auch nicht für das freie Recht der Persönlichkeit.«

In der zweiten Novelle *Der Stumme* mißachtet der Vater seinen eigenen Sohn wegen außergewöhnlicher Häßlichkeit und gibt ihn so der Verachtung durch die Gesellschaft preis. Der Geächtete, erfüllt von Haß auf die anderen, aber auch auf sich selbst, vermag sich nicht anzunehmen. Als der Bruder ihm die Frau, die mehr aus Mitleid als aus Liebe in die Ehe eingewilligt hat, entführt, wird er zum Mörder. In der Binnenerzählung schildert er als alter Mann sein tragisches Schicksal, sein Umhergetriebensein nach dem Brudermord. Den Tod, den ihm Gott zu versagen scheint, findet er kurz nach seiner Lebensbeichte bei der Rettung eines Kindes. Eine soziale Tat erwirkt ihm am Ende seines Lebens die Achtung der anderen, die ihn bisher ausgestoßen und dämonisiert hatten. Die tragischen Novellen von Franzos nehmen sich der Opfer einer übermächtigen, grausamen Gesellschaft an. Im Teufelskreis von sozialer Ächtung und dem Verlust der Selbstachtung geht das Individuum unter.

Mit der Novellistik von Isolde Kurz (1853–1944), der
Tochter von Hermann Kurz, klingt die Novelle des poetischen Realismus aus. Noch einmal stehen das Ringen des einzelnen um erfüllte Humanität, seine Entwürfe und sein Scheitern, der Konflikt von bedingungsloser Möglichkeit und be-
dingender Realität und mit ihm die Krise der bürgerlichen
Gesellschaft im Mittelpunkt eines umfangreichen novellistischen Werks. Sowohl in ihren *Florentiner Novellen* (1890)
wie in den *Italienischen Erzählungen* (1895) und in der
Sammlung *Die Nacht im Teppichsaal* (1933) zeigt Isolde Kurz
eine Vorliebe für Italien als Schauplatz, insbesondere für die
italienische Renaissance. Der sich zunächst aufdrängende
Vergleich mit Meyer fördert jedoch eher Unterschiede als
Gemeinsamkeiten zutage. Während es Meyer um die Fragwürdigkeit und den Sturz renaissancehafter Herrengestalten,
um die Revision menschlicher Größe allgemein geht, thematisiert Isolde Kurz, gedanklicher, bei abnehmender Plastizität
der Gestaltung, die Antinomie von Sinnlichkeit und Spiritua-
lität, von heidnischem Eros und christlichem Glauben.

Repräsentativ ist *Der heilige Sebastian* aus den *Florentiner Novellen*. Der geniale Maler Gaetano, der das Bild eines
wie durch ein Wunder wohlerhaltenen, an der Via Appia
gefundenen Leichnams einer noch immer strahlend schönen
Römerin auf einem Gemälde festgehalten und seine Seele
der Toten verschrieben hat, erhält den Auftrag, die Kapelle
des heiligen Sebastian in Florenz auszumalen. In sinnen-
freudiger, renaissancehafter Darstellung gibt er dem Heiligen die Züge seines bildschönen Bruders Fabrizio. Unter
den bewundernden Besuchern fällt ihm das zarte Mädchen
Pia, eine religiöse Schwärmerin, auf, in die er sich verliebt.
Als Pia, die jedoch nicht den Maler, sondern sein Bild liebt,
vor dem Gemälde Fabrizio zufällig begegnet, glaubt sie, der
Heilige selbst sei aus dem Bild herausgetreten, und gibt sich
ihm in religiöser Ekstase hin. Nachdem der Bruder Pias den
Verführer Fabrizio getötet hat, stürzt sich Pia in den Arno.
In den allgemeinen Wirren verdammt der Fanatiker Savona-

rola die sinnlich aufreizenden Bilder Gaetanos, der erschüttert über das von ihm angerichtete Chaos die Gemälde übertüncht und ins Kloster geht. Der Versuch, sinnliche Darstellung und geistliche Aussage zu verbinden, ist gescheitert. Fruchtlos ist das Bemühen des Renaissancekünstlers um die versunkene Antike, die so tot ist wie die schöne Römerin, der Gaetano einst seine Seele gelobt hatte. Irdische und himmlische Liebe scheinen unvereinbar. In der Renaissancekunst offenbart sich die unüberbrückbare Kluft zwischen Diesseitsbejahung und Jenseitsglauben. Deutlich zeigt die Interpretation der Renaissance bei Isolde Kurz barocke Züge. Doch auch der Radikalismus Savonarolas scheint wenig tragfähig in einer Welt, die nach der Aussöhnung von Geist und Natur, Seele und Körper verlangt.

In der späten Novelle *Die Verdammten* aus *Die Nacht im Teppichsaal* nach einem Stoff aus Dantes *Divina Commedia* entspringt der Konflikt aus dem ungelösten Widerspruch von sinnenhafter Schönheit und sittlicher Ordnung. Die schöne Francesca, mit dem häßlichen Gianetto vermählt, der den Beischlaf durch einen Schlaftrunk erzwungen hat, liebt dessen wohlgebildeten Bruder Paolo. In ihrer ehebrecherischen Beziehung entdeckt, werden beide von Gianetto erstochen. Als verdammtes Liebespaar schweben sie durch Dantes Hölle. Francesca und Paolo, allein der Schönheit ergeben, verletzen die sittliche, von der Gesellschaft gesetzte Ordnung und müssen untergehen. Schönheit ohne Sittlichkeit ist amoralisch, aber auch das Handeln der Menschen, gestützt auf sittliche Ordnung, scheint fragwürdig, wenn das formale Recht die Schönheit zwingt und vergewaltigt, so wie Gianetto, der sich an der betäubten Francesca vergeht. Erneut verweigert die Novelle die harmonische Versöhnung in einer Gesellschaft, in der die sinnliche Erfüllung der christlichen Entsagung und die ursprüngliche Schönheit der sittlichen Ordnung unterworfen werden. Die Lösung muß in einer künftigen Versöhnung von Eros und Glauben, von der Liebe zum Schönen mit dem sittlichen Willen liegen.

Die Novellen von Isolde Kurz am Ausgang des poetischen Realismus verweisen im Medium eines Genres, das wie kaum ein anderes die Problematik der sich bürgerlich formierenden Gesellschaft nach 1848 reflektierte, exemplarisch auf die Krise des nach ganzheitlicher Entfaltung drängenden Individuums unter dem Druck kollektiver Zwänge und Beschneidungen und anonymer Entfremdung. Am Ende ihrer Sebastian-Novelle läßt Isolde Kurz den in ein Kloster eingetretenen Maler Gaetano – gültig für den gebrochenen Novellenhelden überhaupt –, der seine Gemälde übertüncht hatte, sagen: »Wie mit der Zeit aus der übertünchten Wand die Farbenpracht meiner Fresken stellenweise wieder durchschlug, so tritt auch von dem alten Gaetano da und dort wieder etwas hervor.« Die Novelle des poetischen Realismus verweist gerade in den Niederlagen des einzelnen auf das Individuum als konstituierende Kraft jeder lebensfähigen Gemeinschaft, die das Ziel allen individuellen Handelns bleiben muß.

7

Die Novelle um die Jahrhundertwende

Die Jahrhundertwende ist geprägt von einer hektischen industriell-wirtschaftlichen Entwicklung, getragen von naturwissenschaftlichem Denken wie vom Fortschritt der Technik. Zusehends verdrängen die Orientierungen an der Produktion und am Produkt die überkommenen geistigen Sinngebungen. Der Mensch, eingebunden in technisch-industrielle und ökonomische Prozesse, gerät in die Gefahr, zur bloßen Funktion dessen zu verkümmern, was er ins Leben gerufen hat.

Literatur und Kunst reagieren auf die sich zuspitzenden Entwicklungen mit der tragisch-ausweglosen Darstellung menschlicher Determinierung und Unfreiheit, indem sie den innerlich von seinen Trieben und äußerlich von seinen sozialen Bedingungen abhängigen Menschen zeigen, mit Kritik an dem bis zur Selbstaufgabe angepaßten Bürger oder auch mit dem Versuch sinnstiftender Gegenentwürfe, die vor allem das Leben, das Ganze des Daseins, der technisch-industriell und gesellschaftlich erstarrten Pseudowirklichkeit entgegenzustellen versuchen.

Gemeinsam ist den tragischen, kritischen und sinnstiftenden Darstellungen die Bindung des Menschen an seine diesseitigen Lebensbedingungen und die Integration des Individuums in kollektive Zusammenhänge. Der von außen und von innen determinierte, im Strom des Daseins zwischen Leben und Tod mit fortgetragene Mensch aber ist nicht zuletzt auch ein Fall für die Novelle mit ihrer prinzipiellen Orientierung am Überindividuellen.

Novellistisches Erzählen um die Jahrhundertwende formte sich zum Ausdruck eines Bewußtseins zwischen tragischem Bestimmtsein und der willig bejahten Verbundenheit mit dem Daseinsganzen in seinen vitalen wie seinen letalen Aspekten. In der direkten wie indirekten Auseinandersetzung mit den durchgreifend das öffentliche wie das private Leben verändernden naturwissenschaftlich-industriellen Bedingungen wurde auch die Novelle zum Medium der Moderne.

Eduard von Keyserling (1855–1918)

Das stilistische und motivliche Spektrum von Keyserlings Erzählungen ist begrenzt, aber durchaus charakteristisch für die Novellistik um die Jahrhundertwende. In der Erzähl-

weise eher traditionell und noch mit den Realisten verbunden, thematisieren seine Geschichten immer wieder die Le-
bensproblematik seiner Zeit, das Verlangen nach einem erfüllten, vitalen Dasein im Kreis der Natur und zugleich das
Gefühl, daß das Leben an dem einzelnen vorübergeht, ohne
daß er es zu ergreifen vermag. Diese zwiespältige Empfindung verleiht den Novellen Keyserlings ihren unverwechselbar melancholischen Ton, Ausdruck der fehlenden Kraft
und des fehlenden Lebensmuts der auftretenden Gestalten.

Im Mittelpunkt stehen Aristokraten, Vertreter einer
niedergehenden Kaste, die sich mit den Lebensansprüchen
einer neuen Zeit konfrontiert sehen und in aller Regel außerstande sind, diesen gerecht zu werden. In ihrem Scheitern aber spiegelt sich der Anbruch der Moderne mit ihrem Bestreben, den Lebenssinn im Leben selbst zu eta-
blieren, um den bedrohlichen Erstarrungstendenzen in
der wilhelminischen Gesellschaft um die Jahrhundertwende entgegenzuwirken. Gerade die elegische Grundierung läßt ahnen, was dem Menschen wirklich fehlt und
was in Keyserlings Erzählungen zumindest im Ausblick
präsent ist.

Graf Felix in der 1905 erschienenen Erzählung *Harmonie*
ist bei aller vitalen Daseinsbejahung unfähig, sich gegen die
überfeinerte Kultur und die abgehobenen Rituale seiner
Frau Annemarie durchzusetzen, gegen einen artifiziellen
Lebensentwurf, der alles elementar Sinnenhafte und alles,
was die künstliche Harmonie stören könnte, verpönt und
verbannt. Es entsteht eine hermetisch gegen das sich außerhalb des Schlosses vollziehende Dasein abgegrenzte Lebensform, die den Keim ihres Untergangs in sich trägt. Fol-
gerichtig schließt die Novelle mit dem selbstgewählten Tod
der Gräfin, mit der Inszenierung des eigenen Endes, mit
dem sie sich allen Herausforderungen des Lebens endgültig
entzieht.

In der ein Jahr später entstandenen Erzählung *Schwüle
Tage*, dargeboten aus der Sicht des jungen Grafen Bill, der

durch das Abitur gefallen ist und sich der Verachtung seines formvollendeten Vaters ausgesetzt fühlt, erhält das Verlangen nach dem wirklichen Leben jenseits von Konvention und Ritual einen jugendlich-trotzigen Aspekt. Verurteilt dazu, die versäumten Lektionen nachzuholen, glaubt er sich von den natürlichen Lebensvollzügen abgeschnitten, bis er sich mit einem der Bauernmädchen einläßt und ein elementares Glück erlebt. In einem neuen Licht erscheint ihm nun auch der Vater, der eine Liebschaft mit einer jungen Adligen gehabt hat, diese aber jetzt zu einer standesgemäßen Ehe drängt. Erst als der Vater stirbt, fühlt sich der junge Graf vom Druck formaler Zwänge befreit: »Das Leben war wieder heiter und freundlich an der Arbeit; es umfing mich warm und weich und löste in mir alles, was mich drückte.«

Graf Hamilkar in *Bunte Herzen* (1908) gelangt am Ende seines Lebens angesichts des Lebenshungers der ihn umgebenden jungen Leute zur Einsicht in die fehlgeleitete, vom wirklichen Leben abführende Adelserziehung. »War es nicht vielleicht ein Mißverständnis, sein Mißverständnis, diese hübsche Kultur, die er sorgsam um sich und die Seinen eingehegt hatte? Konnte man hier leben lernen?« Novellistisches Erzählen ist bei Keyserling das beispielhafte Abbilden eines Umbruchs. In der gesellschaftlichen Erstarrung der wilhelminischen Ära regt sich das Verlangen nach einem befreiten und erfüllten Leben und drängt in tragischen Verwicklungen, aber auch in hoffnungsvollen Ausblicken über die traditionell gezogenen Grenzen hinaus. Novelle erfüllt sich als zeitkritische Fallstudie, in der die abgelebte Aristokratie formal erstarrtes Leben repräsentiert, gegen das eine neue Vitalität in den bäuerlichen und bürgerlichen Schichten machtvoll aufzustehen beginnt.

Am bekanntesten ist lange Zeit Keyserlings Novelle *Am Südhang* (1914) gewesen, in der der frischgebackene Leutnant Karl Erdmann auf das gräfliche elterliche Gut zurückkehrt. Doch seine Erwartungen, hier im Leben mit vertrauten Menschen, umgeben von einer malerischen Landschaft,

Zufriedenheit und Glück zu finden, erfüllen sich nicht. Schon bald entpuppt sich das Dasein am Südhang des Lebens als eine verlogene Idylle, aus der man alles Beunruhigende einfach wegretuschiert hat.

Tragische Ereignisse und Verwicklungen werden zum Gesellschaftsspiel mit dem Schmerz, zu einer willkommenen, bittersüßen Abwechslung in der täglichen Einförmigkeit. Leidenschaftliche Liebe verkommt zu einer Theaterszene, und der Tod als mögliche Duellfolge ist Teil eines harmlos endenden gesellschaftlichen Rituals.

Am Ende kehrt Karl Erdmann der unwirklichen Idylle den Rücken, um dem eigentlichen Leben draußen zu begegnen. Keyserling realisiert den gesellschaftlichen Rahmen der Novelle als kritische Folie, von der sich das Verlangen nach vitalem Lebensvollzug deutlich abhebt. Nur jenseits der konventionellen Rituale und des Formkults, der Selbststilisierungen und der Inszenierung von künstlichem Dasein ist eine Erfüllung des Lebens in seinen Höhen, aber auch in seinen Tiefen möglich.

Hermann Sudermann (1857–1928)

Nach den beiden frühen unter dem Titel *Geschwister* 1888 erschienenen Novellen *Die Geschichte der stillen Mühle* und *Der Wunsch* – wobei es sich bei der ersten mehr um eine Dorfgeschichte handelt, während die zweite in der Spannung zwischen Lebenserfüllung und Todeswunsch bereits eine markante novellistische Dialektik aufweist – und nach seinen sozialkritischen Skizzen *Im Zwielicht* (1886) sowie den unter dem Titel *Die indische Lilie* (1911) zusammengefaßten, mitunter dem Genrebild zuneigenden Geschichten gelang Sudermann mit der die *Litauischen Ge-*

schichten einleitenden Erzählung *Die Reise nach Tilsit* (1917) eine herausragende novellistische Leistung.

Die durchgehend im Präsens erzählte Geschichte handelt von der ewigen Gegenwart des Lebens, das allen Anschlägen und Bedrohungen trotzt. Der angesehene Fischer Ansas, der sich seiner madonnenhaft schönen Frau Indre entledigen möchte, nachdem er der sinnlich aufreizenden Magd Busze leidenschaftlich verfallen ist, setzt sich mit seinen Mordplänen in Widerspruch zu den dem einzelnen überlegenen Mächten des Lebens. Auf der Rückfahrt von Tilsit mit dem Boot soll der als Unfall getarnte Mord geschehen. Doch lange bevor die verhängnisvolle Stelle erreicht ist, geht Ansas die überwältigende Schönheit seiner Frau, die von schlimmen Ahnungen erfüllt ist, von neuem auf, und die Eheleute erleben eine Liebesnacht auf dem Boot inmitten einer vital-sinnenhaften Naturszenerie.

Auffällig ist die dominante Erzählperspektive aus der Sicht der Frau, die zwischen Todesangst und Liebesseligkeit zu einem neuen Leben erwacht. Als Lebensträgerin ist sie die eigentlich beherrschende Figur, während Ansas den geplanten Anschlag auf das Leben unbarmherzig sühnen muß, indem durch Unachtsamkeit nicht Indre, sondern er in den Wellen ertrinkt, nachdem er vorher noch, die Sühne willig auf sich nehmend und bereit, seine Schuld wiedergutzumachen, die Schilfmatte am Körper seiner Frau befestigt hat.

In den überraschenden Wendungen des Geschehens, in denen die Liebe den Tod verdrängt und der, der töten wollte, am Ende selbst den Tod erleidet, spiegelt sich die Übermacht des Lebens, das das Opfer seines Widersachers einfordert. Nach neun Monaten aber gebiert Indre einen Sohn, in dem sich die unendliche Lebenskette fortsetzt. Sudermanns Novelle erzählt von der Ohnmacht des Individuums, das in den kollektiven Gang der Dinge einzugreifen sucht, aber auch von der bezwingenden Macht des Menschen, der sich dem Leben willig unterwirft.

Gerhart Hauptmann (1862–1946)

Der Dramatiker Hauptmann überdeckt den Novellisten bis heute. Zweifellos ist Hauptmann von jeher mehr gesehen als gelesen worden. Diejenigen aber, die sich insbesondere seinen nicht gerade zahlreichen erzählenden Werken zuwandten, erkannten auch in diesen die beherrschende tragische Spannung, die aus einer Verkürzung und Verengung menschlicher Existenz erwächst. Untergang und Scheitern des einzelnen erscheinen jeweils bedingt durch den Menschen, dem das Bewußtsein für das Daseinsganze verlorengegangen ist. In seinen beiden frühen Novellen *Fasching* (1887) und *Bahnwärter Thiel* (1888) führt die existentielle Verkürzung in unerbittlicher Folgerichtigkeit zu katastrophalen Konsequenzen.

Der Segelmacher Kielblock in *Fasching* richtet sein Leben vor allem als ein vergnügliches Spiel ein, in das er auch den Tod miteinbezieht. Bei einem Faschingsfest tritt er in einer Leichenmaske auf, nicht aber, um an das unweigerliche Ende zu mahnen, sondern um sich der eigenen, noch ungebrochenen Lebensfülle zu vergewissern. Weit noch scheinen Sterben und Tod, so weit, daß er glaubt, sein Spiel mit ihnen treiben zu können. Bei der Rückfahrt über den gefrorenen See von einem Gasthof, wo Kielblock den Schrei eines Ertrinkenden, den man noch mit knapper Not gerettet hatte, komisch nachahmte, kommt der Schlitten von der sicheren Route ab, und Kielblock ertrinkt mit Frau und Kind.

Der katastrophale Wendepunkt des Geschehens läßt das Spiel mit dem Tod in den Ernstfall umschlagen und holt in das Dasein wieder hinein, was der Mensch scherzhaft auszuschließen versucht hatte. Die Totenmaske des Faschings ist in tragischer Zuspitzung das wahre Gesicht eines dem Untergang zugeneigten Lebens.

Tragisch strukturiert ist auch *Bahnwärter Thiel*, Hauptmanns bekannteste und weiterhin gelesene Novelle. Nach dem Tod seiner ersten Frau im Kindbett gerät Thiel in der zweiten Ehe mit der grobsinnlichen Magd Lene in den Sog einer ihn mehr und mehr versklavenden Sexualität. Nur draußen in seinem Bahnwärterhäuschen erschließt sich ihm in unmittelbarer Zwiesprache mit den elementaren Mächten der Natur und der Technik, die ständig ineinander überzugehen scheinen, das Dasein in seiner grandiosen Fülle. Im Traum erscheint ihm seine erste Frau und mit ihr das Seelische und Feinere, das in der sexuellen Dumpfheit seiner zweiten Ehe stets neu unterzugehen droht. Die traumhafte Begegnung mit seiner unvergessenen Frau öffnet ihm auch die Augen für die Leidensgeschichte seines Sohns Tobias nach der Geburt eines zweiten Sohns.

In der Spannung zwischen dem Ausgeliefertsein an das sexuell Körperliche und dem Erleben eines auch das Geistige und Seelische umschließenden Daseins, ausgedrückt in der vertiefenden Symbolsprache der Dinge und Erscheinungen, kündigt sich die Katastrophe bereits an. Bei Arbeiten auf einem Acker nahe den Gleisen kommt Tobias, vernachlässigt von Lene, durch einen heranrasenden Schnellzug ums Leben. Erfüllt hat sich der grausige Traum Thiels, in dem er seine erste Frau gesehen hatte, die, etwas Blutiges in den Armen, vor Lene auf den Gleisen floh.

Die Versklavung an ein sexuell verkürztes Leben fordert ihr Opfer ein. Verkörpert in der Erscheinung der ersten Frau, nehmen sich die fürsorgenden Kräfte des Daseins des Menschenkindes an, das in einer Welt des grobsinnlichen Egoismus zugrunde gehen mußte. In der Tötung seiner zweiten Frau wie des Kindes, das er mit ihr hat, versucht Thiel in einer Verzweiflungstat gerade diese Welt auszulöschen. Er erkennt seine Schuld, die er durch die Unterwerfung unter die Sexualität und den Verrat an seinem vollen Menschentum auf sich geladen hat, eine Schuld, die er im Angesicht der über ihn hereinbrechenden Katastrophe am Ende mit dem Wahnsinn büßt.

In der späten Novelle *Der Schuß im Park* (1939) holen
den inzwischen familiär etablierten Baron Degenhart die
Folgen seines mehr als zwölf Jahre zurückliegenden Verhaltens in Afrika ein, wo er als Löwenjäger und Fallensteller
ein abenteuerliches Leben geführt und eine ihm völlig erge-
bene Schwarze zu seiner Frau gemacht hatte, ohne allerdings mehr in ihr zu sehen als ein willfähriges Spielzeug.
Nun erscheint sie plötzlich mit ihrem Sohn in der unmittelbaren Umgebung des Barons und fordert ihre Rechte ein.
Der Baron jedoch, nachdem er sie nachts zuvor im Park an-
geschossen hat, entzieht sich der Verantwortung durch
Flucht.

Spiel und Ernst, Abenteuer und soziale Verantwortung
bilden die Pole, zwischen denen sich das Konfliktgeschehen
ereignet. Eine Annäherung findet nicht statt, zumal sich der
Baron aus der Verantwortung in das alte Abenteurerleben
zurückstiehlt. Das Spiel mit dem anderen, die Lust, die, ver-
antwortungslos, nur den Augenblick des Genusses will, beschwört tragische Verwicklungen herauf, weil ein solches
Verhalten den Persönlichkeitswert des anderen verletzt.
Verkürzt erscheint auch hier das Bild des Menschen, verkürzt um die sittliche Dimension.

Die Tragik, erwachsend aus den ungelösten Widersprüchen von Leben und Tod, Körper und Seele, von aben-
teuerlichem Spiel und sittlichem Ernst, scheint in Hauptmanns großer Rahmennovelle *Der Ketzer von Soana*
(1918) überwunden. Der in der Ich-Person auftretende
Herausgeber begegnet im Tessin oberhalb des Luganer
Sees dem Ziegenhirten Ludovico, einem schönen, überraschend gebildeten Mann, der, die Macht des Eros prei-
send, bei den Leuten in Verruf steht. Von ihm erfährt der
Herausgeber die Geschichte des jungen Geistlichen Fran-
cesco Vela, der sich in die aufreizend schöne Agata, Tochter eines im Inzest lebenden Geschwisterpaars, verliebt,
mit ihr die Urkraft des Eros erlebt und schließlich von
der Gemeinde vertrieben wird. Unvollendet bricht die

Binnenerzählung ab, aber im Schlußteil des Rahmens läßt die Begegnung des Herausgebers mit der Frau des Ziegenhirten kaum einen Zweifel daran, daß es sich bei dem Hirtenpaar um die Hauptgestalten in der Geschichte selbst handelt. Sie sind, nach ihrer Vertreibung zunächst nach Argentinien verschlagen, unter anderen Namen in die Landschaft zurückgekehrt, wo sie ihre erste Erfüllung gefunden hatten.

In der erotischen Liebe sind Körper und Seele vereint, Eros, älter und stärker als Chronos, läßt den Tod hinter sich, indem er unaufhörlich neues Leben hervorbringt. Zentrales Dingsymbol ist der steinerne Sarkophag inmitten der blühenden Landschaft, auf dem ein lebenssprühender bacchantischer Zug abgebildet ist. Die erotische Erfüllung ist Spiel und Ernst, erregendes Abenteuer des einzelnen und das Aufgehen im anderen zugleich. Nur dort, wo sich der Mensch der archaischen Macht des Eros hingibt, erlebt er die ganze Fülle des Daseins.

Der Umschlag vom Christlichen ins Heidnische, von asketischer Lebensüberwindung in die dionysische Lebensbejahung, markiert den Wendepunkt des Geschehens und leitet die Überwindung der tragischen Polarität von Leben und Tod, Körper und Seele, Sinnlichkeit und Sittlichkeit ein, die ihren Grund in der christlichen Dämonisierung des erotischen Naturgesetzes haben.

Trägerin dieses Naturgesetzes ist die Frau, verkörpert in der faszinierenden Geliebten des Hirten: »Sie stieg aus der Tiefe der Welt empor und stieg an dem Staunenden vorbei – und sie steigt und steigt in die Ewigkeit als die, in deren gnadenlose Hände Himmel und Hölle überantwortet sind.« Doch die Erfüllung findet nur statt in der fragmentarisch dargebotenen Binnengeschichte und in der Isolation des Hirtenpaars, während in der Rahmenwirklichkeit des Herausgebers das Christliche dominiert, in dessen Sicht der Hirt Ludovico abwertend als der »Ketzer von Soana« gilt.

Arthur Schnitzler (1862–1931)

Das Engagement für das Leben in all seinen vielfältigen Ausdrucksformen brachte um die Jahrhundertwende nicht nur eine vitalistische, das naturhafte Sein miteinbeziehende Novelle hervor, sondern auch eine psychologische Gattungsvariante, die ihr thematisches Spektrum weniger horizontal als vertikal erweiterte. Arthur Schnitzler ist der Initiator eines nach innen gewandten Novellentypus, der, tief hineinleuchtend in das Einzelbewußtsein, zu charakteristischen neuen Darstellungsweisen findet.

Leutnant Gustl (1900) dürfte die erste deutsche Novelle sein, die konsequent im inneren Monolog erzählt ist, hier kritischer Spiegel eines formalen, menschlich entleerten Ehrbegriffs. Dem borniertem Vertreter der in Konventionen längst erstarrten k. u. k.-Gesellschaft genügt eine angeblich gegen seine Soldatenehre gerichtete Äußerung, um Genugtuung im Duell zu fordern. Grotesk aber spitzt sich die Lage zu, als der ehrbeflissene Leutnant, auf Grund seines flegelhaften Verhaltens von einem Bäckermeister spöttisch gemaßregelt, seine Satisfaktionsfähigkeit einbüßt, da er sich nicht spontan entsprechend zur Wehr setzt. Nur der überraschende Tod des Bäckers bewahrt ihn davor, sich zu erschießen. Der innere Monolog wird zum satirischen Medium einer leerlaufenden Gesellschaft, die sich im Bewußtsein eines ihrer typischen Repräsentanten dekuvriert.

Vergleichbar konsequent hat Schnitzler den inneren Monolog in der späteren Novelle *Fräulein Else* (1924) verwendet. Von ihrer Mutter nach kriminellen Geldtransaktionen des Vaters gedrängt, das fehlende Geld zu beschaffen, um dem Vater die drohende Inhaftierung zu ersparen, wendet sich die neunzehnjährige, wohlgebaute Else an einen älteren, reichen Freund der Familie. Der ist bereit, das Geld zu zahlen, wenn sich Else ihm eine Viertelstunde lang nackt darbietet. Die plötzliche Konfrontation mit der Schäbigkeit ihrer die Persönlichkeit des anderen mißachtenden Gesellschaft bringt sie mehr und mehr aus dem inneren Gleichgewicht und treibt sie schließlich in den Selbstmord. An ihrem Leichnam mag der Lüstling erkennen, daß sie einmal schön gewesen ist. Die lebendige Schönheit aber entzieht sich einer Welt, in der sie zum bloßen Schauobjekt erniedrigt wird. Anders als in *Leutnant Gustl* artikuliert sich in dem hier zu Wort kommenden Bewußtsein weniger die typische Stimme einer fragwürdigen Gesellschaft als eine Gegenstimme zu ihr.

Im Mittelpunkt der Novelle *Der blinde Geronimo und sein Bruder* (1901) steht ein blinder, aus seinem Innern lebender Straßensänger, der, durch die Unachtsamkeit seines Bruders früh erblindet, mit diesem, der sich in tiefem Schuldbewußtsein ganz in den Dienst des Behinderten stellt, seinen Lebensunterhalt erbettelt. Durch den schlechten Scherz eines Reisenden, der dem Blinden weismacht, ein größeres Geldstück in den Hut geworfen zu haben, kommt es zu einer tiefen Vertrauenskrise unter den Brüdern, zumal der Blinde glaubt, der Bruder habe ihn von jeher betrogen.

Erst als der zu Unrecht Beschuldigte das entsprechende Geldstück stiehlt und dafür später zur Verantwortung gezogen wird, erkennt der Blinde plötzlich die aufopferungsvolle Liebe des anderen. Entscheidend sind in der Novelle die seelischen Bewegungen, das zerstörerische Mißtrauen, die Verzweiflung des Verdächtigten und die wortlos vollzogene, in der Läuterung der Bruderliebe gipfelnde Versöhnung. Am Ende erweist sich das innere Auge, das Auge des Herzens, den Irritationen von außen als überlegen, da man bereit ist, sich ihm vorbehaltlos anzuvertrauen.

In die Nähe zur Freudschen Psychoanalyse gerät die späte *Traumnovelle* (1925/26). Die Eheleute Albertine und Fridolin gestehen sich zurückliegende verführerische Begegnungen. Fridolin, darauf in der Nacht zu einem Patienten gerufen, erlebt eine Reihe abenteuerlich-erregender Situationen, in denen latente Triebwünsche lebendig werden.

Albertine träumt in der gleichen Zeit von Liebeserfüllungen mit dem jungen Mann von einst, während sie ihren Mann mitleidlos ans Kreuz schlagen läßt.

Bewußtes und Unbewußtes, geistig-sittliche Kontrolle und anarchischer Trieb fügen sich zu einer komplexen Persönlichkeitsstruktur. Souverän der latenten Bedrohung gegenüber wird der einzelne aber nur dann, wenn er seine unbewußten Wünsche nicht verdrängt, sondern sie artikuliert. Parallel zu psychoanalytischen Vorgehensweisen geht es um die konsequente Aufhellung der dem einzelnen nicht bewußten Bedeutung von Handlungen und Träumen, die, bewußtgemacht und verarbeitet, als neurotische Störungen erkannt und überwunden werden können. Mit Schnitzlers Novellistik rückt das Unausgesprochene und Verborgene des menschlichen Bewußtseins ins Blickfeld. Deutlich wird die Bindung des einzelnen an psychisch zwanghafte Prozesse, deren er nur Herr zu werden vermag, wenn er ihnen den Zugang ins Bewußtsein öffnet.

Paul Ernst (1866–1933)

Die meisten von Paul Ernsts Novellen erscheinen heute als Fallstudien zu seiner Novellenkonzeption, die vor allem die klassische Handlungsstrukturierung und die Bestimmung der Figuren durch Zeit und Gesellschaft betont. In *Förster und Wilddieb* (1916) führt Ernst beispielhaft zwei gesellschaftliche Funktionsrollen vor. Während der Förster von Berufs wegen für Recht und Ordnung eintritt, steht der Wilddieb traditionell für Anarchie. Durch eine Reihe überraschender Wendepunkte – so rettet der Wilddieb den Förster vor dem Absturz, und der Förster setzt sich erfolgreich für die Begnadigung des Wilddiebs ein – scheinen die Funktionserwartungen konter-

kariert, bis der Förster am Ende doch noch erschossen auf-
gefunden wird. Der Wilddieb aber erhängt sich, weil er die
Spannung zwischen der von außen diktierten Rolle und seinem inneren Schuldgefühl nicht mehr auszuhalten vermag.
Handlungsbestimmend und für das Scheitern verantwortlich bleibt streng novellistisch die Bindung des einzelnen an
gesellschaftliche Erwartungsmuster. Das Artifizielle und
Konstruierte des Plots ist indes kaum zu leugnen.

Bedeutender ist Ernsts vom Schematischen abweichende
Novelle *Das Porzellangeschirr* (1919), die tragische Geschichte des genialen Porzellanmalers Ehrhardt, der ein Geschirr mit einem kunstvollen Rosendekor als Sinnbild seiner
Liebe entwirft und ausmalt. Der reiche Ministersohn aber,
dem er das Geschirr verkauft, ist außerstande, den künstlerischen Wert des Porzellans zu würdigen. Bei einem Bankett
wird es achtlos zerbrochen, und Ehrhardt, tief betroffen von
dem Geschehenen, gerät bei der Rückkehr vom Schloß des
Ministersohns auf einen falschen Weg und stürzt in die Tiefe.

Zerbrochen wie das Geschirr ist sein Dasein, begriffen als
Einheit von Leben und Werk. Eine Zeit, die das Kunstwerk
nur noch als Handelsware und Gebrauchsgegenstand betrachten kann, verkürzt die Erscheinung um ihren wesenhaften Hintergrund und schafft eine leblose Oberflächen-
kultur. Das, was dem Leben Bedeutung und Sinn gegeben
und es geistig vertieft hat, weicht der heraufziehenden Zeit
geistloser Verzweckung und materieller Versachlichung.

Rudolf Georg Binding (1867–1938)

Binding ist vornehmlich Novellist, und dennoch hat von
seinen Novellen kaum eine überlebt. Weitgehend überholt
scheint heute seine klassische Wertorientierung an den Idea-

len der Ritterlichkeit, an Treue, Ehre, Zucht und Ordnung.
Dabei sollte jedoch nicht übersehen werden, daß gerade
diese Wertethik für Binding die einzige Chance bietet, dem
Bedrohlichen und Verschlingenden der Lebensprozesse entgegenzuwirken, die in seinen Novellen ausschließlich in
ihren dunklen Seiten präsent sind. Die von großen Um-
wälzungen geprägte Zeit um die Jahrhundertwende rief
Irritationen und Verunsicherungen hervor, den Menschen
jederzeit mit ausweglosen Verwicklungen bedrohend.

Aus solchem Bewußtsein erwuchs Bindings frühe Novelle *Die Waffenbrüder* (1910), in der der Fechtmeister Daniel und der Waffenschmied Thomas eine Männerfreund-
schaft eingehen, die sich im Krieg von 1870/71 ebenso bewährt wie in der Zeit danach. Das Waffenmotiv ist dabei
weniger martialisch als kämpferisch im Sinne einer unbedingten ethischen Lebensführung gemeint.

Das eigentliche unerhörte Ereignis aber offenbart die latente Gefährdung der allem Anschein nach stabilen sittlichen Waffenbrüderschaft. Nachdem sich Thomas in Gertrud verliebt hat, aber unter ihrer vermeintlichen Sprödig-
keit leidet, entschließt sich Daniel, in der Dämmerung zu
ihr zu gehen, um sie auf die Probe zu stellen. Ähnlich wie
in der Brünhilde-Siegfried-Handlung kommt es zu einer
unkontrollierten leidenschaftlichen Begegnung, in der Gertrud ihren Liebhaber für Thomas hält. Erst nach Jahren –
Thomas, der Gertrud geheiratet hat, ist inzwischen verstorben – erzählt Daniels Frau Gertrud von der wahren Begebenheit jener Nacht. Gertruds Sohn, die Frucht jener Nacht,
fordert Daniel zum Duell und tötet ihn, während sich Gertrud das Leben nimmt.

Die ideale ethische Haltung zerbricht an den dunklen
Mächten der Leidenschaft, mit denen Daniel spielen zu
können glaubte, die ihn aber überwältigten und ihn und
seine engste Umgebung in die Katastrophe hineinzogen.
Die sittliche Ordnung unterliegt der entmachtenden Sinnlichkeit des Augenblicks, der, noch nach Jahren erinnert,

zerstörerisch in eine scheinbar geordnete Gegenwart einbricht.

Die ein Jahr später veröffentlichte Novelle *Der Opfergang* bildet das Pendant zu der vorausgegangenen. Albrecht, der Mann zwischen zwei Frauen, zwischen seiner stillen, ernsten Ehefrau Octavia und der sinnlich-lebensvollen Nachbarin Joie, fühlt sich im Zwiespalt zwischen ehelicher Geborgenheit und dem lockenden erotischen Abenteuer. Doch sowohl Joie als auch Albrecht halten den Druck aus, während Octavia, mit ihrem Mann fühlend, ihn durch ihre Liebe zu stärken sucht.

Als Joie an Scharlach erkrankt, bittet sie Albrecht, allabendlich an ihrem Fenster vorüberzugehen, da sie anders nicht genesen könne. Doch Albrecht, der auf Bitten Joies ein Kind aus einer choleraverseuchten Gegend rettet, infiziert sich und stirbt. Um Joies Leben zu retten, entschließt sich Octavia zu ihrem Opfergang, indem sie an vier Abenden im Mantel Albrechts am Fenster der Genesenden vorübergeht.

Die Beteiligten erliegen weder der erotischen Verlockung noch der Verführung zur Rache aus verletzter Liebe. Sittlich vorbildlich widerstehen alle einer Versuchung, die nur Leid und menschliche Unordnung hätte stiften können. Lebensbewältigung erfordert im eigentlichen Entsagung und Achtung vor dem andern. Opfer gebracht haben alle. Albrecht und Joie, indem sie der erotischen Erfüllung entsagten, vor allem aber Octavia, die entscheidend mitwirkte an der Genesung derjenigen, die ihr die Liebe des Mannes genommen hatte. Sowohl in der Warnung vor der Entfesselung der Leidenschaft als auch im Eintreten für die Entsagung als sittliches Ideal zeigt Bindings Novellistik ein markant klassisches Profil.

Max Dauthendey (1867–1918)

Auch die Novelle hat Teil an der exotischen Dichtung des frühen 20. Jahrhunderts. Nach den vitalistischen und psychologischen Erweiterungen und Vertiefungen erfolgt hier eine räumliche Expansion mit dem Ziel, Urthemen des Menschen in anderen Räumen zu spiegeln, gleichsam ihre allgemeine Geltung jenseits aller Grenzen herauszustellen. Dauthendeys beachtenswerteste Novellen stehen ausnahmslos in der Sammlung *Die acht Gesichter am Biwasee* (1911), die vor der Kulisse einer leicht stilisierten japanischen Landschaft spielen.

Gleich das erste Gesicht *Die Segelboote von Yabase im Abend heimkehren sehen* zeigt den lyrisch stimmungsvollen und sinnbildhaft verdichtenden Stil von Dauthendeys novellistischem Erzählen. Aus den Segelfalten dreier Boote auf dem Biwasee liest die schöne Hanake die Botschaften »Ich grüße dich«, »Ich liebe dich« und »Ich töte dich«. Die Erscheinung der Boote bedeutet für die junge Frau die Erweckung zum Leben und zur Liebe. Kurz darauf erlebt sie in den Armen des Mannes, der sie zum Prinzen führen soll, die Liebe als unüberbietbaren Höhepunkt ihres Lebens. Der Geliebte aber wird das Opfer eines Unfalls. Als der Prinz selbst kommt, gibt sich Hanake ihm hin, aber es ist nur wie eine Erinnerung an die erste Liebesnacht. Im Grunde ahnt sie, daß ihre Liebe ihren Höhepunkt bereits überschritten hat und abgestorben ist. Auf dem Liebesmarkt in der Stadt entschließt sie sich, sich lieber bewußtlos vielen Männern hinzugeben, als dem einen ungeliebten Mann Liebe zu heucheln. Die Liebe aber bleibt tot, so daß ihr am Ende kein anderer Weg bleibt, als freiwillig aus dem leer gewordenen Leben zu gehen. Erfüllt hat sich damit endgültig die dritte Botschaft der Segelschiffe.

Zwischen Erweckung, Erfüllung und Untergang liegt nur eine kurze Zeitspanne, und doch umfaßt sie ein ganzes Leben. Nicht um die Dauer, sondern um die Intensität des Erlebens geht es. Die Konzentration auf den erfüllten Augenblick, den flüchtigen Brennpunkt des sich vollendenden individuellen Lebens, verleiht der Novelle ihren lyrischen Grundzug. Die drei Botschaften der Boote umreißen den schicksalhaft vorherbestimmten Weg des einzelnen.

Lyrisch angelegt ist ebenfalls das siebte Gesicht *Das Abendrot zu Seta*. Das Abendrot ist Sinnbild einer kurzen, leidenschaftlichen Erfüllung an der Neige des Lebens. Im Tempel in Kioto begegnet die Frau, die ihren Gatten und ihre Söhne verloren hat, zur Kirschblütenzeit einem Mann, der ihrem verstorbenen Gatten gleicht, und gibt sich ihm in der vom feuerroten Licht der Abendsonne durchfluteten Halle hin. Spätere Begegnungen verlaufen durchweg enttäuschend, da sie den Geliebten nicht länger wie einen Gott wie damals in der Tempelhalle erscheinen lassen, sondern verwickelt in reizlose alltägliche Zusammenhänge.

Müde der Welt, die alle Faszination für sie verloren hat, erblindet die Frau und erlebt vor ihrem inneren Auge immer wieder jene Abendröte, in der ihr das Leben noch einmal beseligend aufgeglüht war. Im Winter, umgeben von blassem Licht, stirbt sie. Auch hier ist das große Glück gebunden an den Augenblick, der eine Ewigkeit umschließt und vor dem alles Nachfolgende belanglos wird. In Dauthendeys Novellen erreicht das Lebenspathos der Jahrhundertwende eine einzigartige lyrische Verinnerlichung und Intensivierung. Tragisch aber bleibt die Erfahrung des Lebens, das dem Menschen nur ein befristetes Glück einräumt.

Heinrich Mann (1871–1950)

Heinrich Mann gilt in erster Linie als Romancier. Seine Novellen sind meistens als Nebenprodukte bzw. als kurzgefaßte Romane betrachtet worden. Eingehende Untersuchungen stehen weiterhin aus. In den kürzeren Prosawerken treten zwei thematische Strukturen deutlich hervor, die, auch aus den Romanen bekannt, hier jeweils eine negative Entwicklung erfahren. Im einzelnen geht es um die Oppositionen von Leben und Kunst bzw. Leben und Macht. Die Macht wie die Kunst werden als Möglichkeiten erfaßt, sich ein zweites, aufregendes Leben zu schaffen, und verfehlen es in tragikomischer Konsequenz.

Der spätgeborene Dichter Mario Malvolto mit dem Bild des Condottiere Pippo Spano in seinem Arbeitszimmer vor Augen (*Pippo Spano*, 1905) will es diesem in seinem Bereich gleichtun und seinem Leben eine gewaltige Wende durch die Kunst geben, doch es entfaltet sich nur eine Komödie – so die Überschrift des ersten Kapitels –, er selbst ist nichts anderes als »ein stecken gebliebener Komödiant«. Leben und Liebe werden ihm regelmäßig zum Anlaß und zum Vorwand für Kunst – eine Kunst jedoch, aus der das Leben selbst längst entwichen ist. Der theatralisch inszenierte Liebestod seiner Geliebten, durch den seine Kunst noch einmal mächtig inspiriert werden sollte, ist nichts anderes als ein schäbiger Mord, die makabre Entlarvung einer ebenso lebensunfähigen wie lebensverachtenden artifiziellen Existenz.

Die im Grunde amoralische Haltung einer Kunst, die dem Leben ständig ausweicht, um ein künstliches Leben in technischer Perfektion zu erschaffen, prägt die Künstlernovelle *Die Branzilla* (1908). Die Primadonna Adelaide Branzilla erlebt die Leidenschaften, die sie auf der Bühne verkörpert, selbst nicht, sondern erzeugt sie lediglich kraft ihrer technischen Virtuosität. Ziel ist nicht die Lebensdarstellung, sondern die in sich leblose Kunstfiktion.

Nur einmal erliegt sie der Verführung des wirklichen Lebens, als sie, fasziniert von der ursprünglichen Sinnlichkeit des Tenors Ulisse Cavazerro, von diesem ein Kind bekommt, ihn aber, als er Stimme und Augenlicht verliert, völlig vernachlässigt und sich weiterhin ausschließlich ihrer Kunst widmet. Ihre Tochter ist es, die sie an der Leiche des Vaters, der sich aus Verzweiflung erhängt hat, in ihrer Lebensfremdheit reif für die Irrenanstalt erklärt. Kunst ohne soziale Verantwortung erscheint als krasser Immoralismus.

Die Novelle *Auferstehung* (1911) problematisiert das Verhältnis von politisch-revolutionärer Macht und den Lebensmöglichkeiten, die sie zu schaffen vorgibt. Zentrale Figur ist Don Rocco, der einstige engagierte Mitkämpfer Bonapartes. In seinen jungen Jahren entschlossen, den Adel aus seinen angestammten Positionen zu vertreiben, wird er in seiner zweiten Lebenshälfte, von Bonaparte und dem Machtegoismus der Revolutionäre enttäuscht, Minister bei dem Herzog, den er vormals stürzen wollte.

Problematisch ist die Gewalt, die vorgibt, Freiheit und Liebe unter den Menschen zu stiften, im Grunde aber nur der Machtinszenierung der wenigen dient, mögen sie nun Napoleon oder Garibaldi heißen. Die politische Macht erscheint wie die Kunst fragwürdig, wenn sie nicht dem Leben und der sozialen Wirklichkeit verpflichtet ist, statt dessen vielmehr eine Pseudowirklichkeit hervorbringt, in der nicht das Leben selbst, sondern das künstlerische bzw. politische Artefakt das höchste Ziel darstellt. In Heinrich Manns Novellen markiert der Wendepunkt jeweils die schlimmstmögliche Wendung in eine künstliche Welt, in der das Vitale dem Artifiziellen und Ideologischen regelmäßig unterliegt.

Hugo von Hofmannsthal (1874–1929)

In Hofmannsthals erzählerischem Werk zeigen nur zwei Stücke auffallend novellistische Züge. Die berühmte *Reitergeschichte* (1898), eine Novellette, konzentriert auf engstem Raum markante Züge des Genres. Vor dem Hintergrund des österreichischen Feldzugs in Italien 1848 begegnet der Wachtmeister Lerch bei einem Streifenkommando einer üppigen, noch fast jungen Frau, mit der er vor Jahren in Wien einige halbe Nächte verbracht hatte. Sein Blick an ihr vorbei in ihr behaglich eingerichtetes Zimmer läßt sein Verlangen nach einem Dasein »ohne Dienstverhältnis« übermächtig werden. Die Begegnung wird zur eigentlichen unerhörten Begebenheit, in der dem Wachtmeister plötzlich seine verkürzte Existenz aufgeht und das, was er verpaßt.

Von nun an läßt ihn die Erinnerung an die Frau, deren Name ihm wieder einfällt, und an das Zimmer nicht mehr los. Besessen von dem Wunsch nach Eigentum und Wohlstand, wird ihm die Erbeutung eines besonders schönen Pferds zum Verhängnis. Als sein Vorgesetzter die Kriegsbeute einfordert, zögert er einen Augenblick zu lang mit der Übergabe und wird erschossen.

Vor allem durch die dominierende Innensicht des Erzählens erfährt der Leser von den Bewußtseinsvorgängen im Wachtmeister, von seiner plötzlichen inneren Abkehr von der eingeengten, unfreien Soldatenexistenz und seiner Hinwendung zu einem erfüllten Leben an der Seite der schönen, üppigen Frau in behaglicher Umgebung. Aber die sich in ihm vollziehende Wendung scheitert an den äußeren Bedingungen, die die freie Entfaltung des einzelnen nicht zulassen. Die Erschießung des Wachtmeisters, dem das Leben aufgegangen ist, ist sinnbildhafter Ausdruck einer Zeit, die die Freiheit des einzelnen nicht will und ihn rigorosen Verfügungszwängen unterwirft, kritischer Hinweis auf die spätabsolutistischen und nationalistischen Verhältnisse in

Europa mit ihren unverkennbar militaristischen Tendenzen. Novellistisch ist vor allem die radikale Enttäuschung des Wunsches nach Freiheit und Leben durch eine unfreie, tödliche Wirklichkeit.

In seiner kleinen novellistischen Erzählung *Das Erlebnis des Marschalls Bassompierre* (1900) nimmt Hofmannsthal die bereits von Goethe behandelte Geschichte von der schönen Krämerin wieder auf. Betont Goethe zwischen erotischem Glück und Pesttod mehr den schicksalhaften Einbruch, so hebt Hofmannsthal den Daseinskreis von Leben und Sterben hervor. Die Novellette wird zum Gleichnis der existentiellen Polarität zwischen der Unendlichkeit der Liebe und der Vollendung im Tod.

Thomas Mann (1875–1955)

Das angesichts einer traditionell erstarrten Gesellschaft und der um sich greifenden Industrialisierung um die Jahrhundertwende aufgekommene Lebenspathos erfuhr im Werk Thomas Manns und insbesondere in seiner frühen Novellistik durch die Opposition von Leben und Geist eine originelle Akzentuierung. In dem Maße, wie der einzelne, sich eine Insel schaffend, sein Leben geistig und ästhetisch einzurichten und zu genießen sucht, entgleitet es ihm in seiner sinnlich-elementaren Unmittelbarkeit. Anders als sein Bruder Heinrich Mann, der die Lebensverfehlung mit Blick auf die soziale Wertbindung kritisch-satirisch darstellt, erhält sie bei Thomas Mann elegisch-tragische Züge. Geistiges Erleben und sinnlicher Lebensvollzug scheinen einander auszuschließen.

Bereits in den durch die Amme verschuldeten körperlichen Gebrechen des Johannes Friedemann in *Der kleine*

Herr Friedemann (1897) drückt sich die Unfähigkeit aus, am Leben ungebrochen teilnehmen zu können. Friedemann flüchtet sich in die sublimen Reize des Lebens, dessen unmittelbaren Berührungen er ausweicht, indem er es in seinen ästhetischen Reflexionen in Poesie und Musik genießt. Wie die Frauen, so meidet er auch die wildwachsende Natur. Seine Liebe gehört der idyllisch arrangierten Parkszenerie.

Erst die Bekanntschaft mit der sinnlich aufreizenden Gerda von Rimmlingen stört ihn nachhaltig aus seiner ästhetisch befriedeten Existenz auf. Von der sinnlich-übermächtigen Gegenwart verwirrt, verliert Friedemann sein inneres Gleichgewicht und fällt aus der künstlich gestalteten Harmonie seines Daseins heraus. Doch Spott und Lachen der Frau, leitmotivisch die Begegnungen Gerdas mit Johannes beherrschend, treiben ihn am Schluß in den Selbstmord. Noch die Antwort auf seinen selbstgewählten Tod im Fluß ist ein spöttisches Lachen, mit dem die Novelle ausklingt. Vor der Sinnlichkeit des Lebens erscheint die ästhetische Existenz dekadent und morbid. Die Versuche, die selbstgezogenen Grenzen zu überschreiten und Zugang zu finden zur spontanen Vitalität, führen in tragischer Ironie in den Tod. Geist und Leben bilden einen unlösbaren Widerspruch. Der novellistische Einbruch des Elementaren und Wirklichen löscht das bloß Abgezogene und Künstliche aus.

In *Tonio Kröger* (1903) sind es das normale bürgerliche Dasein mit seinen einfachen, konkreten Ansprüchen und Erwartungen auf der einen und die fiktive ästhetische Existenz des Künstlers auf der anderen Seite, die in der zentralen Figur ein tragisch widersprüchliches Bewußtsein ausprägen. Tonio, der Sohn des lebenspraktischen, ordnungsliebenden Konsuls, zeigt als Erbteil seiner südländischen Mutter von Jugend auf einen starken Hang zum Träumerischen und Literarischen bei gleichzeitiger Faszination von den selbstverständlichen Dingen des Lebens, wie sie im Walnußbaum des elterlichen Gartens sinnbildhaft präsent sind. Während sein Freund Hans sich mehr für seine Reit-

stunde interessiert und darüber sprechen möchte, ist Tonio erfüllt von der Lektüre des Schillerschen *Don Carlos*
und dem weinenden König, in dessen Einsamkeit er sich
selbst wiedererkennt. Vertreterinnen des einfachen, unbewußten Lebens wie Inge Holm beachten ihn nicht oder
lachen ihn aus.

Als berühmter Künstler begegnet er Hans und Inge, die
ein problemloses bürgerliches Dasein führen, noch einmal,
und es wird ihm klar, daß das Glück weniger in der Deutung als im Leben selbst liegt. Auch wenn seine »tiefste und
verstohlenste Liebe« den »hellen Lebendigen, Glücklichen,
Liebenswürdigen und Gewöhnlichen« gehört, kann er, gebunden an seine Künstlerexistenz, nicht aus seiner Haut
heraus. Die geistige Prägung ist persönliches Verhängnis,
das, was den einzelnen von dem Genuß des Gewöhnlichen
und Eigentlichen trennt und ihn in eine unaufhebbare Einsamkeit hineindrängt. Novellistisches Erzählen gewinnt sowohl in der Darstellung unkomplizierten Daseins, dem man
sich vorbehaltlos anvertraut, Gestalt, als auch im tragischen
Erleben der persönlichen Bestimmung, Leben nicht primär
urbildlich, sondern immer nur in seinen sekundären Abbildungen aufnehmen zu können.

In der ebenfalls 1903 erschienenen Novelle *Tristan* stoßen
das ohnmächtige, lebensfremde Künstlertum und die hand-
lungsmächtige, aber unreflektierte Bourgeoisie aufeinander,
wobei beide Seiten mit kritischer Distanz dargestellt werden. In der Sphäre des Sanatoriums, aus pathologischer Perspektive dargeboten, treffen sich der Literat Spinell, der das
im Empirestil eingerichtete Haus als schützendes Ambiente
für seine ästhetisch-unwirkliche Existenz braucht, und die
zarte, lungenkranke Frau des Großhändlers Klöterjahn.
Spinell gelingt es, mit seiner Schwärmerei für das Schöne
und mit seiner phrasenhaft-verklärenden Sprache die über-
sensible, alltagsflüchtige Gabriele so sehr in seinen Bann zu
schlagen, daß sie entgegen dem ärztlichen Verbot Klavier-
auszüge aus Wagners *Tristan und Isolde* spielt, was zu einer

dramatischen Verschlechterung ihres Gesundheitszustands
und schließlich zu ihrem Tod führt.

Spinell, der in einem Brief an Klöterjahn seinen entscheidenden Einfluß daran herausstreicht, daß Gabriele, nachdem sie das »dumpfe, unwissende und erkenntnislose Leben« durchschaut hatte, »stolz und selig unter dem tödlichen Kusse der Schönheit« vergangen ist, wird von diesem
als gemeingefährlich beschimpft. Kritisch angeprangert
wird der weltfremde Schönheitsbegriff Spinells, der auf Pla-
tens *Tristan*-Gedicht »Wer die Schönheit angeschaut mit
Augen …« anspielt. Kritik aber trifft auch Klöterjahns
Ignoranz, der die schwere Erkrankung seiner Frau nicht
wahrhaben wollte. Beide, sowohl der Künstler als auch der
Bürger, scheitern an der Wirklichkeit, der sie weder sprach-
lich noch handelnd gerecht zu werden vermögen. Die gesellschaftliche Situation erscheint als pathologischer Zustand.

Thomas Manns am meisten geschätzte Novelle *Der Tod
in Venedig* (1912) schließt insofern wieder an *Der kleine
Herr Friedemann* an, als sich hier der Vertreter des Geistigen und Künstlerischen von der verführerischen Macht des
Lebens bestrickt zeigt und, seinen ästhetischen Schutzraum
hinter sich lassend, seinen eigenen Untergang einleitet. Eine
Grabinschrift und die Begegnung mit einem Fremden bilden für den Dichter Gustav Aschenbach den Anstoß, aus
seinem künstlerisch-ritualisierten Dasein in ferne Länder zu
aufregenden Abenteuern aufzubrechen. Der plötzliche innere Wandel als unerhörte Begebenheit verweist verräterisch auf die Enge einer Existenz, die sich bisher in der
Kunst abgeschlossen hat, zugleich aber erhält die Sehnsucht
aufzubrechen im Zusammenhang mit der Grabinschrift eine
makabre Wendung.

Auf seiner Fahrt nach Venedig und in Venedig selbst häufen sich die Todessymbole. Der geschminkte Greis, die
sargähnliche Gondel und noch der bedeckte Himmel in Italien durchkreuzen die lebensoptimistischen Erwartungen.

Schicksalhaft ist die Begegnung mit dem jungen Polen Tadzio, aus dem Meer steigend wie ein Gott, schön und zart mit glänzenden Locken. Tadzio wächst, parallel zu der klarer werdenden Luft und der sich ausbreitenden antiken Atmosphäre, in die Rolle des Eros hinein. Aschenbach, von jugendlicher Lebensfreude erfüllt, läßt sich äußerlich verjüngen. Im Traum erlebt er einen Dionysoszug und erinnert sich an Platons *Phaidros* mit der Darstellung des Eros. Aber die symbolischen Anspielungen sind durchaus ambivalent, unterstrichen noch durch die Nachricht von der Cholera in Venedig. Aus dem *Phaidros* erinnert Aschenbach die Sätze über den Künstler, dessen Weg zur Schönheit notwendig über das Sinnliche und den Eros führt, ein Irrweg mit der ständigen Neigung zum Abgrund, in dem das Sinnliche endgültig überwunden ist.

Zum Schluß nimmt Tadzio, stumm durch das Grenzenlose des in der Ferne verschwimmenden Meers watend, die Züge jenes Jünglings aus dem spätantiken Mythos an, der, die Fackel löschend, den Tod verkörpert. Aschenbach stirbt. Sein Ausbruch in das Abenteuerliche des Lebens ist gescheitert. Unvereinbar sind Eros und Geist, Sinnlichkeit und Schönheit. Im Tod vollendet sich die künstlerische Existenz im unwiderruflichen Abschied von den verführerischen, rauschhaften Lebenskräften.

Zwiespältig aber bleibt das Bild einer Kunst, die, um dem Chaos des Lebens zu entrinnen, dieses immer wieder transzendieren muß und dabei am Ende ebenso in den Tod führt wie das Leben selbst. Es ist die Sehnsucht nach der Ewigkeit der Lust, der Schönheit und des Lebens, die den Künstler inspiriert und die ästhetische Formung hervortreibt, zugleich aber ist es auch das Eingeständnis, daß alle Ewigkeitsentwürfe zum Scheitern und zum Untergang verurteilt sind. Die Novelle ist beides: der Versuch, gegen das Chaos die Form zu setzen, und zugleich Ausdruck der letztlichen Auflösung der Form durch das Chaos.

Erst in seinen späteren Werken wendet sich Thomas

Mann von der individuellen zur sozialen Problematik. An exponierter Stelle steht die 1930 erschienene Novelle *Mario und der Zauberer*. In dem Magier Cipolla verkörpert sich die Verführung der Massen durch den Faschismus. Seinen Willen den anderen, die ihm zujubeln, aufnötigend, stellt Cipolla eine korrupte Führerfigur dar, die die Massen nicht überzeugt, sondern sie hypnotisiert und dem einzelnen seinen Willen nimmt.

Mario, aus seiner Hypnose erwachend, in der er den häßlichen Cipolla für seine Geliebte gehalten und ihn geküßt hatte, erschießt den Zauberer am Ende. Befreien von den irrationalen Zwängen der Magie wie des Faschismus kann sich der einzelne nur selbst, wenn er, seinen lethargischen Zustand überwindend, sich seines eigenen Willens und seiner Tatkraft wieder bewußt wird. Mit *Mario und der Zauberer* gelingt Thomas Mann eine politische Parabel der faschistischen Massenpsychose am geschichtlichen Beispiel Italiens.

Carl Sternheim (1878–1942)

Sternheims Erzählungen, während des ersten Weltkriegs entstanden und in einigen Fällen vorher separat erschienen, lagen unter dem Titel *Chronik von des zwanzigsten Jahrhunderts Beginn* 1918 in zwei Bänden gesammelt vor. Ziel ist der Entwurf eines Psycho- und Soziogramms des Bürgers, der sich anschickt, aus seiner niederkorrigierten, gesellschaftlich verengten Situation herauszutreten, um seine »eigene Nuance« zu entdecken. Die Expansion der Lebensmöglichkeiten erscheint sozialgeschichtlich konsequent an die bürgerliche Bewußtwerdung gebunden. Durch eigenwillige sprachliche Eingriffe wie die Elision des Artikels

und die ungewöhnlichen syntaktischen Umstellungen entstehen experimentelle Texte, die den Versuchs- und Ent-
wurfscharakter der dargestellten bürgerlichen Lebensläufe
unterstreichen. Novellistisch im modernen Sinn ist dabei
das regelmäßige Scheitern der biographischen Entwürfe,
verursacht durch individuelle wie kollektive Bedingungen.

Die erstmals 1913 veröffentlichte Geschichte *Busekow*
handelt von einem Schutzmann, der, von seiner Frau wegen
seiner angeblichen Impotenz mißachtet und unterdrückt,
mit einer Prostituierten ein Kind zeugt und sodann einem
männlichen Größenwahn verfällt, indem er plötzlich die
»heroische Männlichkeit von Jahrtausenden« in seinen
Adern spürt. Aber mitten in seinem maskulinen Potenz-
schwulst und seiner phrasenhaften Selbstinszenierung gerät
er unter ein Automobil.

Die Lebenswende, in der er sich seiner bisher angezwei-
felten Potenz bewußt wird, führt den Bürger nicht zu einem realistischen und überlebensfähigen Selbstwertgefühl,
sondern läßt ihn in wahnhaft übersteigerten Geschlechtskli-
schees verkommen. Sein banales Ende unterstreicht das groteske Mißverhältnis zwischen Wahn und Wirklichkeit. Die
Bildung eines konkreten bürgerlichen Selbstbewußtseins
scheitert an den während der langanhaltenden gesellschaftlichen Unterdrückung heimlich genährten Illusionen von
Macht und Größe, die als fiktive Kompensationen der
Wirklichkeit nicht standzuhalten vermögen.

In der Novelle *Napoleon* (1915) scheitert der einzelne
weniger an sich selbst als an der Gesellschaft. Für den in
Waterloo 1820 geborenen belgischen Kellner ist der Name
des korsischen Kaisers Programm, aber auch, akzentuiert
durch den Geburtsort, Hinweis auf das tragische Ende eines
großangelegten Lebensentwurfs. Napoleon steigt vom Kü-
chenjungen zum genialen Meisterkoch auf, indem er das Es-
sen nicht länger nur vordergründig zweckdienlich als Mittel
sieht, die verbrauchten Energien wieder auszugleichen, sondern als raffinierten Genuß, durch den geheimste Wünsche

erfüllt werden und die unterdrückte Sinnlichkeit des Menschen in ihren feinsten Nuancen zu ihrem Recht kommt.

Doch die Herrschaft der Kommune in Paris und die Veränderung der Gesellschaft durch das Aufkommen der Geldaristokratie verändern auch das gesellschaftliche Bewußtsein. Der Genuß und das freie Bekenntnis zur Sinnlichkeit weichen der zunehmenden materiellen Entfremdung. Das gesellschaftliche Leben verarmt und läßt Napoleons Versuche, wieder an seine große Zeit anzuknüpfen, scheitern. In historischer Verfremdung entsteht ein Bild der wilhelminischen Gesellschaft, in der das Kapital den einzelnen und seinen Wunsch nach Selbstverwirklichung zusehends verdrängte. Der Bürger brachte sich um die Chancen, seine eigene Nuance zu verwirklichen, indem er sich den entfremdenden kapitalistischen Zwängen unterwarf. Das Individuum kapitulierte vor der Verabsolutierung des Ökonomischen. Sternheims Novelle dokumentiert hellsichtig die selbstverschuldete Versklavung des Bürgers an die Pseudokonkretheit des Kapitals.

Franz Kafka (1883–1924)

Kafka vertritt in einem Tagebucheintrag vom 19. Dezember 1914 den Standpunkt, »daß die Novelle, falls sie berechtigt ist, ihre fertige Organisation in sich trägt, auch wenn sie sich noch nicht ganz entfaltet hat«. In seinem Brief vom 15. Oktober 1915 an den Verleger Kurt Wolff spricht er dann von einem geplanten Novellenbuch und bezeichnet die 1915 erstmals erschienene Erzählung *Die Verwandlung* ausdrücklich als Novelle. Gerade an diesem zu den bekanntesten Prosastücken Kafkas zählenden Text läßt sich der spezifische Novellencharakter verdeutlichen.

Ungewöhnlich beginnt die bereits 1912 entstandene Geschichte mit der unerhörten Begebenheit der Verwandlung Gregor Samsas in einen abstoßenden Käfer, eine groteske Metamorphose, die sich als plötzlich in Erscheinung tretende Selbsterkenntnis und zugleich als Protest zu erkennen gibt. Durch die Geschäftspleite des Vaters genötigt, für die Familie aufzukommen, sieht sich Gregor Samsa bei wachsendem Widerwillen gezwungen, als Reisender sein Geld zu verdienen, wobei er selbst hinter der Berufstätigkeit immer unkenntlicher wird. In der Gestalt eines ungeheuren Ungeziefers gewinnt sein durch die Schuld der Familie deklassiertes Selbstbild Ausdruck. Zugleich prägt sich darin die Weigerung aus, weiterhin die von außen aufgezwungenen Erwartungen zu erfüllen. Verständnislos und brutal von der Familie behandelt – der Vater bombardiert den mißgestalteten Sohn mit Äpfeln und verletzt ihn schwer –, stirbt er schließlich in völliger Vernachlässigung und Verlassenheit.

Die sich notwendig entfaltende novellistische Organisation verwirklicht sich in der Stringenz individuellen Scheiterns unter dem Druck des gesellschaftlichen Kollektivs, das eine freie Entwicklung des einzelnen nicht zuläßt. Übermächtig tritt hier bereits der Vater trotz seines geschäftlichen Fehlschlags entgegen, Vertreter der von der Vaterautorität bestimmten Gesellschaft, in der die Söhne vor der traditionellen Hierarchie ohnmächtig kapitulieren müssen. Exakt fängt Kafkas Novelle den sozialen Zustand vor dem ersten Weltkrieg ein, die Unterdrückung der Söhne durch eine patriarchale, den Nachkommenden alle Lebenschancen verweigernde traditionalistische Gesellschaftsordnung.

Die Novelle wird zum Medium einer geschichtlichen Stagnation. Während die Söhne zum Untergang verurteilt sind, überleben die Väter als scheinbar unsterbliche Wiedergänger aus einer autoritären Vergangenheit, die die Gegenwart erstickt. Auffällig ist die Schwäche der jüngeren Generation, die das über sie Verhängte unreflektiert und widerstandslos hinnimmt. Opfer der patriarchalen Verhältnisse, verfehlt sie den Weg zu sich selbst, zur Etablierung eines stabilen Selbstwertgefühls.

Der 1914 geschriebene, aber erst 1919 gedruckte Text *In der Strafkolonie* ist nach dem Brief vom 11. Oktober 1916 an Wolff von Kafka ebenfalls als Novelle angesehen worden. Erklärend zu dieser Erzählung schreibt er, »daß nicht nur sie peinlich ist, daß vielmehr unsere allgemeine und meine besondere Zeit gleichfalls sehr peinlich war und ist«.

Aus der distanzierenden Perspektive eines Forschungsreisenden wird im Binnenteil der Geschichte von einer Strafkolonie auf einer geographisch nicht näher bestimmten Insel berichtet, wo ein mit sadistischer Akribie konstruierter Apparat brutale Exekutionen durchführt, bei denen den festgeschnallten Exekutierten der Schuldspruch in die Haut tätowiert wird. Nach sechs Stunden beginnen sie regelmäßig verzückt die Schrift mit ihren Wunden zu entziffern, nach weiteren sechs Stunden sterben sie und werden von dem Apparat in eine Grube geworfen. Verteidigung und Revision sind ausgeschlossen. Unbezweifelbar wie die Schuld der Exekutierten ist die unmenschliche und grausame Ungerechtigkeit der Exekution selbst.

Der Reisende wird Zeuge einer Hinrichtung, bei der der Apparat außer Kontrolle gerät und die Hinrichtung »unmittelbarer Mord« wird. Die Exekution ist die eigentliche unerhörte Begebenheit, auf den ersten Blick ebenso makaber wie rätselhaft. Aufschluß gibt der Besuch des Grabs des verstorbenen Kommandanten, des Erfinders der Exekutionsmaschinerie, dessen Wiederauferstehung auf dem Grabstein in Aussicht gestellt wird. Der Alte, wie man ihn nennt, und der Apparat stehen in einem ursächlichen Zusammenhang: im Apparat sind die tradierte Autorität und Verfügungsgewalt zum mechanischen Prinzip, zum patriarchalen Automatismus erstarrt. Einem Verurteilten wird mit blutiger Schrift bezeichnenderweise der Spruch »Ehre deinen Vorgesetzten!« auf den Leib geschrieben.

Die Verurteilten ähneln Josef K. in *Der Prozeß*, in dessen Nachbarschaft die vorliegende Novelle entstanden ist. Beide verfehlen den Zugang zum Gesetz, also zu sich selbst, weil sie wie gebannt nur auf die sich verselbständigende Gerichtsmaschinerie starren. Der novellistisch inszenierte Untergang des einzelnen ist kein ausweisloses fatales Verhängnis, sondern die notwendige Folge eines fatalen Unterwerfungsverhaltens. Dabei steht die Schuld der Exekutierten in der Tat außer Zweifel. Aufzuheben wäre sie nur durch das Bekenntnis des Individuums zu sich selbst, indem es aufhört, die traditionelle kollektive Autorität fraglos anzuerkennen. Die Novelle Kafkas gestaltet besonders eindrucksvoll die Verstümmelung und Vernichtung des einzelnen als Folge seiner unreflektierten, hündischen Unterwerfungsmoral.

8

Die Novelle zwischen den Weltkriegen

Die Novelle zwischen den Weltkriegen steht unter dem Eindruck der geschichtlichen Katastrophe. Beherrschend in ihr ist das Bewußtsein, dem Ungeheuren und Verheerenden ausgeliefert zu sein. Die Konfrontation mit der gewaltsamen Auflösung der Welt von gestern und die Erwartung einer neu anbrechenden, in ihren Tendenzen undurchsichtigen Zeit lösten Unsicherheit und Angst, aber auch Reflexionen über Ursachen und Gründe aus.

Auffällig ist die Neubelebung christlicher Erzähltraditionen mit ihren gläubig beschworenen Werthorizonten und der mit ihnen verbundenen inneren Abkehr von den Turbulenzen einer chaotischen Geschichtswelt. Deutlich ist der Zug, sich abzuwenden von einer sich katastrophal neigenden Wirklichkeit auch dort, wo man versucht, Enklaven privaten Glücks einzurichten, Inseln, auf die man sich zurückzieht, nachdem das öffentliche Handeln seinen Sinn verloren zu haben scheint.

Überzeugender sind demgegenüber die Novellen, die die Würde und Freiheit des Menschen und seine Fähigkeit zu sittlichem Handeln herausstellen und dabei der Bindung an die als unverrückbar empfundenen Werte den Vorzug geben vor der Bedrohung von außen. Allerdings wirken gerade hier die vorbildlichen Handlungsweisen oft abgehoben und verklärend.

Wirklich aufschlußreich aber sind weder die christlichen und allgemein-ethischen noch die kompensierenden Ansätze mit ihren im Kern weltflüchtigen Tendenzen, sondern diejenigen novellistischen Versuche, die im Verzicht auf die Darstellung vorbildlichen Handelns und des Rückzugs auf christliche Wertgebungen nach den Gründen des geschichtlichen Desasters fragen, indem sie sich weigern, das sich Ereignende als schicksalhaft unabwendbar aufzufassen und statt dessen den Menschen voll verantwortlich machen für seine Geschichte. Nur in diesen Novellen findet eine illusionslose Auseinandersetzung mit der Zeit und den in ihr Handelnden statt, während in allen anderen Fällen die Gefahr besteht, die Geschichtswelt unreflektiert preiszugeben bzw. durch den Glauben an das Positive die Realität des Negativen zu verdecken, die besonders eindrucksvoll in einigen Novellen hervortritt, die im phantastischen Stil die geahnte, kurz bevorstehende Katastrophe beschwören.

Die Novelle zwischen den Weltkriegen entsteht im Bewußtsein einer geschichtlichen Entwicklung, die sich des Menschen in verheerender Weise bemächtigt hat, und zugleich in der Gewißheit, daß eine menschliche Zukunft nur dann Gestalt gewinnen kann, wenn man sich dieser Entwicklung entzieht bzw. ihr Einhalt gebietet. Beides aber liegt außerhalb der Reichweite der mit dem Ereignishaften befaßten Novelle, die allenfalls durch die Skepsis einer bloß

fatalistischen Haltung gegenüber eine Umkehr einzuleiten
vermöchte, wenngleich der Zweifel an dem Lernwillen und
der Lernfähigkeit der Menschen sich gelegentlich unüber-
hörbar zu Wort meldet.

Gertrud von Le Fort (1876–1971)

Die wichtigsten Novellen Gertrud von Le Forts fallen in
die dreißiger und vierziger Jahre und spiegeln in historischer Verfremdung das Chaos zeitgenössischer Geschichte
aus konsequent christlicher Wertperspektive. Realistisch,
wenn auch in fühlbarer Distanzierung, gewinnen die Krisen
und Katastrophen einer Zeit Gestalt, die, dem Untergang
zugeneigt, Unsicherheit und Angst verbreitet. Der in vorbildlichen Gestalten sich offenbarende Glaube vermag die
schlimmen Entwicklungen nicht abzuwenden, aber er verbindet den Menschen jenseits des sich geschichtlich unheilvoll Ereignenden mit dem zeitlosen Heil des Glaubens, das
– selbst nicht darstellbar –, als Prinzip Hoffnung im einzelnen wirksam ist. Insofern erfahren die unerhörten Begebenheiten einer chaotischen Geschichte in den Novellen Gertrud von Le Forts regelmäßig eine legendenhafte Wendung.

In einem Brief an eine Exilantin berichtet ein Adliger in
der Novelle *Die Letzte am Schafott* (1931) von den Greueln
der französischen Revolution. Blanche de la Force, während
eines Tumults, in dem ihre Mutter schwer verletzt wurde,
geboren, ist erfüllt von einer tiefen, unüberwindbaren Todesangst, die sie durch das »feste Gefüge des gesicherten
Daseins überall in eine entsetzliche Zerbrechlichkeit« hin-
abschauen läßt. Im Kloster der Karmeliterinnen sucht sie
Befreiung von der Angst, indem sie Gott dafür ihr Gebet
und ihren Verzicht auf ein weltliches Leben anbietet. Ihr

Klostername »Jésus au jardin de l'Agonie«, den sie nach der Einkleidung erhält, deutet auf ihre eigene Lebenssituation, auf die erschütternde menschliche Angst angesichts eines geahnten nahen Todes und zugleich auf die Anstrengungen, ihrer Herr zu werden, so wie auch Jesus im Garten von Gethsemane ihrer Herr geworden war.

Gegenfigur zu Blanche ist Marie de l'Incarnation, bereit mit den anderen zum heroischen Märtyreropfer, während in Paris bereits die Guillotine wütet. Unfähig zu einem solchen Heldenakt des Glaubens, flieht Blanche und begegnet den zum Tode verurteilten Karmeliterinnen erst wieder unter dem Schafott, wo sie in der Zuversicht des Glaubens ihr »Salve Regina« anstimmen.

Nachdem die letzte Nonne hingerichtet und der Gesang verstummt ist, erhebt Blanche in einem spontanen inneren Wandel, der den Wendepunkt innerhalb des novellistischen Geschehens markiert, ihre Stimme und setzt den unterbrochenen Gesang fort, bis sie von Marktweibern erschlagen wird. Nur die Erfahrung der namenlosen existentiellen Angst führt zu Gott, der gerade auf dem Tiefpunkt dem Menschen nahe ist und ihm hilft, seine Angst durch völlige Selbstüberantwortung an den Glauben zu überwinden.

Nicht die Hoheit des Menschen, sondern seine unendliche Gebrechlichkeit läßt seine Hoffnung auf Erlösung zur Gewißheit werden. Das Wesen revolutionärer Umbrüche, »bedingt durch Mißwirtschaft und Fehler des Systems«, ist immer »der Ausbruch der Todesangst einer zu Ende gehenden Epoche«. Dies gilt für den Zusammenbruch des französischen wie des preußischen Königtums. Die verheerende geschichtliche Konsequenz war dort die napoleonische Diktatur, hier die Schreckensherrschaft der Nationalsozialisten, die zwei Jahre nach dem Erscheinen der Novelle die Macht ergriffen. Unentrinnbar ist das geschichtliche Chaos, hoffen aber läßt der Mensch, der, konfrontiert mit der Gebrechlichkeit der Welt, den Weg zum Glauben jenseits einer heillosen Geschichte findet. Kampflos gibt die Novelle die geschichtliche Welt preis, indem sie das eigentliche Geschehen ins Innere verlegt und ins Legendenhafte hinüberspielt.

Mitten im zweiten Weltkrieg erschien die Erzählung *Das Gericht des Meeres* (1943). Weit zurückführend, handelt die Geschichte vom englischen König Johann, der bei einem Überfall den noch kindlichen Herzog der Bretonen tötet. Als der Sohn des Königs bei der Überfahrt nach Cornwall erkrankt, kann in einer märchenhaften Wendung nur die mitgeführte bretonische Gefangene Anne de Vitré mit ihrem Zauberlied Rettung bringen, das, wird es zu Ende gesungen, den Königssohn tötet, das aber, wird es unterbrochen, ihn zu heilen vermag. Anne entscheidet sich für die Heilung des Kindes und wird, weil sie ihr Volk nicht gerächt hat, von einem anderen bretonischen Gefangenen ins Meer gestürzt.

Unschwer ist in den kriegerischen Wirren, im Überfall, in der Gewalt und im Morden, die geschichtliche Situation zu erkennen, in der die Novelle entstand. Wiederum vertritt eine Frau vorbildliches Handeln, indem sie sich weigert, Gewalt mit Gewalt zu beantworten und die Kette der Vergeltung fortzusetzen. Mutig entscheidet sie sich für das Leben, das zu zerstören der Mensch kein Recht hat. Anders als die im Meer versinnbildlichte elementare Ordnung, die Gleiches mit Gleichem vergilt, ist der Mensch in der Lage, sich über das blutige Vergeltungshandeln zu erheben und damit die Grundlage für einen Frieden zu legen, der zwei Jahre vor der Kapitulation von vielen herbeigesehnt wurde.

Weder im Heroismus noch in der Vergeltung liegt die Stärke des Menschen, sondern im Bekenntnis zu seiner Schwäche und zu seiner Achtung vor dem Leben. Charakteristisch für die Struktur ihrer Novelle wendet Gertrud von Le Fort auch hier das realgeschichtliche Geschehen ins Märchen- und Legendenhafte und nimmt damit in der Gestaltung des Wendepunkts klassisch-romantische Darstellungsweisen wieder auf. Das Leben gehört in einer Erlösungsvi-

sion denen, die Leben retten, wie der im Meer versinkenden
Anne: »Es kam die Qual des Ertrinkens – plötzlich nahm
sie wieder jemand in die Arme – sie war gerettet – das Leben ward ihr geschenkt.«

Hans Franck (1879–1964)

Aus dem umfangreichen, seinerzeit viel gelesenen Novel-
lenwerk Hans Francks (*Das Pentagramm der Liebe. Fünf
Novellen*, 1918; *Mutter, Tod und Teufel. Fünf legendäre
Novellen aus dem deutschen Osten*, 1925; *Septakkord. Vier
Novellen*, 1926; *Recht ist Unrecht. Neun Novellen um
Eine Wahrheit*, 1928) hebt sich heute nur noch die 1923
erschienene Novelle *Die Südseeinsel* heraus. Thematisch re-
präsentativ für Franck ist das Verhältnis zwischen den
Geschlechtern und seine Auffassung der politischen Ge-
schichte.

Egbert von Walrawe, hochdekorierter Festungsbaumei-
ster Friedrichs II. von Preußen, führt als zärtlicher Ehemann und verständnisvoller Vater in aller Regel ein tadel-
loses Familienleben. Empfindliche Störungen stellen allerdings seine gelegentlichen amourösen Eskapaden dar, die
ihn widerstandslos wie einen Süchtigen mit sich fortreißen.
Folgenreich spitzt sich seine Affäre mit Claire of Hatting-
house zu. Die kostspieligen Geschenke an sie überfordern
seine Möglichkeiten und lassen ihn gegen einen »Judaslohn«
geheime militärische Informationen verraten.

Im Gefängnis, zu lebenslänglicher Haft verurteilt, erinnert er sich an eine Geschichte seiner Geliebten von einem
Forscher, der, nicht mehr gewillt, eine Südseeinsel zu verlassen, seine Frau aufruft, ihm zu folgen. Auch Egbert bittet
nun Claire, ihr Leben mit ihm in der Isolierung des Ge-

fängnisses zu teilen. Doch in einem Brief lehnt sie ab und verweist ihn auf seine Frau, die in der Tat seiner Bitte folgt und mit ihm fünfundzwanzig Jahre lang bis zu seinem Tod im Kerker ein Inseldasein in völliger Isolierung verbringt.

Dem Hohelied ehelicher Liebe, als unerhörte Begebenheit verwirklicht von der betrogenen Frau, steht in der Novelle die gesellschaftliche und geschichtliche Welt des Betrugs und des Verrats gegenüber. Im Rückzug von ihren leidenschaftlichen Verlockungen und verführerischen Angeboten in ein Leben, in dem Mann und Frau nur noch füreinander da sind, erfüllt sich der Wunsch nach einer Traumexistenz, die indes nicht zuletzt durch die Anspielung auf die Südseeinsel triviale Züge annimmt. Franck macht die weitgehend novellistisch dargebotene Gesellschafts- und Geschichtswelt letztlich vergessen durch die unwirkliche, von allen äußeren Störungen abgeschiedene Eheidylle und läßt darin die gelegentlich weltflüchtige Tendenz der Novelle zwischen den Weltkriegen erkennen, die aus einer Zeit zunehmender Turbulenzen nach legendenhaften, märchenhaften und idyllischen Ausgleichen strebte.

Robert Musil (1880–1942)

Nach dem frühen, 1911 erschienenen Band *Vereinigungen* (mit den Novellen *Die Vollendung der Liebe* und *Die Versuchung der stillen Veronika*) leistete Robert Musil mit seinen Erzählungen *Drei Frauen* (1924) seinen wohl gewichtigsten Beitrag zur Gattung. Gemeinsam ist allen drei Geschichten eine zentrale Frauengestalt. Die Erzählperspektive aber ist ausnahmslos aus der Sicht des Mannes gewählt, so daß die Frauen bei allen männlichen Annäherungen ihr Geheimnis und ihre vom Mann letztlich empfundene Fremdheit niemals ganz einbüßen. Mit der Begegnung der Geschlechter ist in allen Fällen ein entscheidender Wendepunkt in der inneren Entwicklung des Mannes eingeleitet, die sich über Verunsicherungen und Verwicklungen jeweils krisenhaft zuspitzt. Während die Männer weitgespannte Projekte verfolgen, verbleiben die Frauen in einem vergleichsweise engen, aber mit dem Leben zentral verbundenen Daseinskreis.

In der bereits 1923 gedruckten Erzählung *Grigia* begegnet der Geologe Homo, der mit anderen die alten venezianischen Goldbergwerke wieder aufschließen will, der Bäuerin Lene Maria, die er Grigia nennt. Die erotischen Erlebnisse mit ihr öffnen seine Sinne für die ursprüngliche Harmonie der Natur und lassen ihn sich eins mit ihr fühlen. Zugleich geht ihm das Bewußtsein seines nahen Todes auf. Leben und Sterben scheinen in der elementaren Sphäre, in der er sich bewegt, unauflöslich verbunden. Grigia wird ihm zur Quelle eines bisher verfehlten Lebens.

Während eines Liebeserlebnisses in einem stillgelegten Stollen versperrt der Mann der Bäuerin mit einem Findling den Eingang. Homo, schwach und willenlos, fügt sich in sein Schicksal, Grigia jedoch gelingt es, durch eine Felsspalte zu entkommen. Kurz darauf wird der Abbruch des Unternehmens verkündet. Eigentümlich folgenlos scheinen die Projekte der Männer. Entscheidendes ereignet sich nicht dort, sondern in der unmittelbaren Begegnung mit dem in der Frau repräsentierten ursprünglichen Leben. Hier erfährt Homo, für den das Projekt längst unwichtig geworden ist, die elementaren Daseinsbedingungen, denen auch er unterworfen ist. Etwas bricht über den Menschen herein – wie Musil allgemein die Kernaussage der Novelle bestimmt hatte –, und er nimmt es willig an. Homo, der planende und projektierende Mann, wird angesichts seines Geschicks zum Menschen, der nicht das Gold der alten Bergwerke, dafür aber die Wahrheit seiner Existenz für sich selbst aufschließt.

Die ebenfalls bereits 1923 erschienene Erzählung *Die*

Portugiesin stellt zunächst den Ritter von Ketten in den Mittelpunkt, der elf Jahre gegen den Bischof von Trient kämpft, während seine aus Portugal stammende Frau auf der abgelegenen Burg lebt und für die Kinder und das Hauswesen sorgt. Obwohl die Geschichte wiederum aus der Sicht des Mannes erzählt wird, scheint das eher verborgene Handeln der Frau von größerer Bedeutung als das öffentliche Handeln des Mannes. Menschlich wertvoller als die kriegerischen Akte sind die fürsorgenden Aktivitäten. Als der Ritter nach dem Tode des Bischofs und nach gewissen territorialen Erfolgen, die aber nur am Rande erwähnt werden, von einer Fliege gestochen wird und lebensgefährlich erkrankt, offenbart sich plötzlich seine ganze Hinfälligkeit, sein Angewiesensein auf die Fürsorge seiner Frau.

Der Besuch ihres portugiesischen Jugendfreunds weckt die Eifersucht des Ritters und läßt ihn erkennen, was sie für ihn bedeutet. Während sich die Dreiecksbeziehung krisenhaft zuspitzt, erscheint eine Katze auf der Burg, in deren Erkrankung die Betroffenen ihren eigenen problematischen inneren Zustand gespiegelt sehen. Die Katze wird zum zentralen Symbol zutiefst gestörter menschlicher Beziehungen und einer im Grunde kranken Welt. Erst der Abschied des Jugendfreunds und das neu auflebende Selbstbewußtsein des Ritters nach der Bezwingung der steilen, zur Burg ansteigenden Bergwand bringen die gestörte Welt wieder in Ordnung. Mit seiner Mutprobe überwindet der Ritter gleichsam sich selbst und findet endlich den Weg zu seiner Frau, die ihm während seiner Kriegszüge fast fremd geworden war. Lebenserfüllung liegt nicht im politischen Handeln, sondern in der Vergewisserung liebevoller Zwischenmenschlichkeit. Deutlich sind bei der historisch gebrochenen Darstellung die Verweise auf die vom ersten Weltkrieg gezeichnete Gesellschaft mit ihrer krisenhaften Erfahrung der Gefährdung und Zerstörung von Humanität.

Tonka, die dritte und abschließende Erzählung, ist die Geschichte eines einfachen Mädchens, das »die gewöhnliche

Sprache nicht sprach, sondern irgend eine Sprache des Ganzen«. Der Mann, ein angehender Naturwissenschaftler auf dem Wege zu einer Erfindung, von der der Leser aber bezeichnenderweise an keiner Stelle Genaueres erfährt, fühlt sich angezogen von der jungen Frau, ohne sie allerdings wirklich zu verstehen, da seiner intellektuellen Orientierung offenbar der Zugang zu dem in ihr repräsentierten Lebensganzen versperrt ist. Zwar erkennt er ihre »Sicherheit, mit der sie alles Rohe, Ungeistige und Unvornehme« ablehnt und »wie die Natur rein und unbehauen« bleibt, im Grunde aber trennen ihn, den Intellektuellen, Barrieren von einer solchen aus ihrer Mitte lebenden Frau.

Belastet »von seinen Ideen«, die er als »ein lebensgefährliches Gewicht« empfindet, erlebt er Tonkas Leiden, die schließlich mit ihrem Kind stirbt, verfolgt bis zum Schluß von den Zweifeln des Mannes an seiner Vaterschaft. Was aber nach ihrem Tode bleibt und ihn etwas besser macht als andere, ist »ein kleiner warmer Schatten« auf seinem Leben, die Erinnerung an ein unspektakuläres, aber mit dem Ursprünglichen unbeirrbar verbundenes Dasein, das sich im Einklang mit seiner Bestimmung vollzog und das der scheinbar großen selbstgesetzten Ziele nicht bedurfte.

Das Bewußtsein eines solchen Daseins, dem sich alle Frauen in Musils Erzählungen vorbehaltlos anvertrauen, relativiert als Kern des novellistischen Erzählens das männliche nach Besitz, Macht und Ruhm strebende Handeln, wie es sich jeweils in der die drei Erzählungen bestimmenden Sichtweise offenbart. Musils Novellen gestalten nach der desaströsen Erfahrung des Weltkriegs eine sensible, nach innen gewandte Kritik an einer von Männern beherrschten und bedrohten Welt, eine Kritik, die um so wirkungsvoller erscheint, als sie männlichen Erzählern in den Mund gelegt ist.

Stefan Zweig (1881–1942)

In seinen drei Novellenbänden *Erstes Erlebnis. Vier Geschichten aus Kinderland* (1911), *Amok. Novellen einer Leidenschaft* (1922) und *Verwirrung der Gefühle. Drei Novellen* (1927) hat sich Stefan Zweig vor allem als Autor der erotischen Novelle profiliert. Liebe wird erlebt als die ursprüngliche, schöpferische Kraft im Menschen, die den Heranwachsenden in der Novelle *Brennendes Geheimnis* (in: *Erstes Erlebnis*), die Liebeserlebnisse der Mutter ahnend, »verstrickt [...] mit dem großen Geheimnis der Welt«.

Der Sexus als Antrieb der Liebe erweist sich jedoch dort als problematisch, wo er sich verselbständigt. In der Novelle *Der Brief einer Unbekannten* (1922) stehen sich die aufrichtige, aber letztlich unerfüllte Liebe der Frau und die kultivierte Erotik des zu einer echten Liebesbeziehung unfähigen Mannes gegenüber. In einen unüberbrückbaren Gegensatz zur Gesellschaft gerät der geistig brillante Professor in *Verwirrung der Gefühle* durch seine homophilen Neigungen. Schöpferisches und Triebhaftes arbeiten gegeneinander und lassen eine geistige Vollendung des zerrissenen Menschen nicht zu. Die Urkraft der Liebe bestimmt in Zweigs Novellen zwischen Erfüllung und Enttäuschung, zwischen körperlich-seelischem Einklang und dem erlebten Zwiespalt von Trieb und Geist das Schicksal des Menschen.

In seiner wohl berühmtesten Erzählung *Schachnovelle* (1941) tritt die Erotik unter dem Eindruck des verheerenden zweiten Weltkriegs ganz zurück. Die geschichtlichen Ereignisse drängen den bisher vornehmlich mit sich selbst und seinen Gefühlen befaßten Menschen in den Hintergrund. Zentrales Ereignis der Novelle, ihre unerhörte Begebenheit, ist das Schachspiel zwischen dem dilettierenden Schachspieler Dr. B. und dem Schachweltmeister Mirko Centovic während einer Schiffsreise. Alle Geschehensstränge laufen auf diese das Finale bildende Begebenheit zu.

Vermittler ist ein Ich-Erzähler, der zu Anfang der Schiffsreise aus dem Munde eines Bekannten die Lebensgeschichte
Centovics erfährt, wobei die negativen Akzente unüberhör-
bar sind. Der Weltmeister erscheint als ungeheuer einseitig,
begabt offenbar nur mit einer für das Schachspiel höchst ge-
eigneten abstrakten Logik. Nicht das Spielerische, die möglichst breite Entfaltung der Persönlichkeit, steht für ihn im
Vordergrund, sondern das robotermäßige Funktionieren,
der Schematismus eines höchst differenzierten mechanischen Apparats. Sonst ist Centovic eher ignorant und pri-
mitiv, ohne Beziehungen zu Geistigem und Kulturellem,
einzig darauf aus, mit seiner überaus einseitigen Begabung
so viel Geld wie möglich zu machen.

Vor dem entscheidenden Schachspiel erfährt der Ich-Erzähler auch die Geschichte des Österreichers Dr. B., doch
diesmal von diesem selbst, so daß er im Vergleich mit Centovic persönlich herausgehoben erscheint. Dr. B., Opfer der
Gestapo, während seiner Isolationshaft in einem Hotel quä-
lenden Verhören ausgesetzt, kommt durch Zufall an ein
Buch mit Schachmeisterpartien. Diese immer wieder nach-
spielend, denkt er sich in das Spiel hinein, bis er anfängt,
neue Partien zu erfinden und gegen sich selbst zu spielen.
Die schizophrene Situation führt zum Verlust der Spiel-
freude und läßt ihn an einem Nervenfieber erkranken, so
daß man ihn schließlich entläßt.

In der Partie gegen den Weltmeister will er erproben, ob
er überhaupt in der Lage ist, gegen einen lebendigen Gegner
anzutreten. Mit Spielwitz und Phantasie entscheidet er die
erste Partie gegen den Schachroboter für sich. In der Revan-
che jedoch erleidet er erneut eine Nervenkrise, ausgelöst
durch das ihm bewußt werdende bloß mechanische Funktionieren seines Gegners, der mit der eigengesetzlichen
Logik eines Apparats jegliche Spielphantasie erstickt. Im
Abbruch der Partie nach einer irrtümlichen Schachmeldung
offenbart sich die Unvereinbarkeit von spielerischer Selbst-
entfaltung und lebensverachtender normativer Diktatur.

Die Gewalt funktioneller Mechanik, die Schachmaschine, triumphiert über die freie, sich jenseits bloßer Sachzwänge phantasievoll äußernde Intelligenz.

Was mit Blick auf die Entstehungszeit der Novelle als Kritik an der ideologischen Borniertheit des Faschismus verstanden worden ist, läßt sich heute in aktualisierender Lesart als Warnung vor der kybernetischen Technologie verstehen, die sich anschickt, den Menschen elektronischen Steuerungsmechanismen zu unterwerfen und ihn aus der Mitte des Lebens zu verdrängen. In seinen Novellen, schreibt Stefan Zweig einmal, habe ihn immer der dem Schicksal Unterliegende angezogen. Ideologie und Technologie aber, die den Menschen entmündigen, verlieren ihre Macht, wenn man aufhört, sie als Schicksal zu betrachten. Insofern bildet die Novelle mit ihrer Darstellung menschlichen Unterliegens einen Anstoß, über die Stellung des Menschen neu nachzudenken.

Bruno Frank (1887–1945)

Bruno Frank hat literarisch im Grunde nur mit seiner 1928 erschienenen Erzählung *Politische Novelle* überlebt. Weitgehend als Diskussionsnovelle angelegt, entfaltet sie sich vor dem historischen Hintergrund des Vertrags von Locarno, der, 1925 von den Außenministern Briand und Stresemann unterzeichnet, die Versöhnung von Frankreich und Deutschland herbeiführen und einen Impuls geben sollte für die Bewahrung der geistig-kulturellen Einheit Europas.

Die zentrale Figur ist der engagiert für die Aussöhnung und die europäische Tradition eintretende Jurist Carmer. Er ist Träger und Personifikation des Geistes, den es zu verteidigen gilt gegen den Faschismus und gegen den von Amerika her drohenden Einbruch einer fremden, afrikanisch beeinflußten Kultur. Während Frank in seiner Amerikafeindlichkeit nur einer Modeströmung unter konservativen Intellektuellen folgt, trifft seine Kritik am aufkommenden aggressiven Chauvinismus ins Schwarze. Wie in einen Sog scheinen die Menschen hineingezogen in den auf die Katastrophe zutreibenden Nationalismus, dem der abendländische Geist und die europäische Kultur zu unterliegen drohen.

Carmers Ermordung in der Altstadt von Marseille, eher ein ebenso brutal wie raffiniert inszenierter Raubüberfall, ist dennoch symptomatisch für den herrschenden tödlichen Ungeist. Sein Mörder »mit stumpfblauen Augen und stumpfblondem Haar« unter einer Soldatenmütze nimmt sich aus wie eine abschreckende Verkörperung jener arischen Menschenfiktion, der man die Weltherrschaft zusprach. Für Frank ist der Mörder Carmers, des Vertreters des europäischen Geistes, »nur ein Splitter der furchtbaren Waffe, mit der Europa seinen Selbstmord beging«. Novellistisch wirkt dabei vor allem die Unaufhaltsamkeit der sich aller Steuerung durch den Menschen entziehenden negativen Entwicklung.

Arnold Zweig (1887–1968)

Arnold Zweig verwendet die Gattungsbezeichnung »Novelle« bereits 1912 in seinem umfangreichen Erzählwerk *Die Novellen um Claudia*. Trotz der intendierten Abgeschlossenheit der einzelnen, vorherrschend dialogisch gestalteten Situationen fügen sich die Episoden, in denen Eheleute versuchen, diskurierend und argumentierend zueinander zu finden, zum Roman. Novellistisch ist vor allem das den wiederholten Annäherungsversuchen immer wieder drohende Scheitern, allerdings verweist gerade die stets wiederkehrende Möglichkeit der Wiederaufnahme des ehelichen Dialogs auf die expandierende Romanfiktion.

Eine Novelle gelingt Arnold Zweig mit der 1926 erschienenen Erzählung *Der Spiegel des großen Kaisers*, nachdem die ein Jahr zuvor veröffentlichten *Frühen Fährten* noch mehr dem Skizzenhaften und Anekdotischen zuneigten. Phantastisch verfremdet erscheint der erste Weltkrieg als furchtbare Vision im Zauberspiegel des Stauferkaisers Friedrich II. Die Gelegenheit aber, die Zukunft des drohenden Geschichtsdesasters abzuwenden, wird vertan, wie denn überhaupt die Mächtigen Gewalt als ein wirksames Mittel ansehen, ihre Macht zu behaupten und auszuweiten.

Der Stauferkaiser verkörpert sowohl die dämonische Verführung durch die Macht im allgemeinen als auch die Aggressivität des im Zuge von Geschichtsklitterungen mit dem Staufischen verknüpften deutschen Nationalismus. Immerhin erscheint veränderndes Eingreifen prinzipiell möglich, sofern der Mensch bereit wäre, seine Machtobsessionen zu erkennen und zu überwinden. Der novellistische Erzähler zeigt sich auch hier, das unvermeidbare Inferno vor Augen, ohnmächtig vor den zwanghaft ablaufenden Prozessen, wie sie in der zeitlichen Rückwendung in die Vergangenheit, verbunden mit der zukunftsgewissen Vorausdeutung mit Blick auf die Entstehungszeit der Novelle, besonders eindrucksvoll Konturen gewinnen.

Willy Seidel (1887–1934)

Zu Unrecht vergessen ist Willy Seidel, der Erzähler exotischer und phantastischer Geschichten. Herausragend ist seine 1923 mit den Illustrationen Kubins erschienene Erzählung *Das älteste Ding der Welt*. In stringent auf die schlimmstmögliche Wendung angelegter Handlungsführung entsteht eine Novelle von kompromißloser Konsequenz. Eindringlich spiegelt sich im phantastischen Stil die Herausforderung durch die latente kriegerische Aggression.

Ein junger Mann erlebt inmitten einer idyllisch gezeichneten Natur eine ungewöhnlich gesteigerte Mordlust unter den Tieren. Im Traum erscheint ihm kupferglühend der Saturn, kosmisches Sinnbild der Feindseligkeit und der Bedrohung. Auf dem Höhepunkt seiner namenlosen Ängste begegnet ihm ein asiatischer Gelehrter, der es unternimmt, das älteste Ding der Welt auszugraben, den Götzen Zazel, ein vom Saturn stammender blutrünstiger Dämon, der einst als Meteorit in die Erdoberfläche eingedrungen war und seither für jeden gewaltsamen Tod die Verantwortung trägt. Sein Name spielt an auf den biblischen Wüstendämon Asasel. »Alle Kriege seit Menschengedenken bis zu dem kleinsten Mord, der unter Tieren sich ereignet, jeder noch so kleine Tropfen verspritzten Blutes nimmt seinen Ursprung von dem Ding. Blut kennzeichnet sein Gedächtnis von Anbeginn«.

Die Ausgrabung erweist sich als ein verhängnisvoller Fehler, denn die Erde hatte die destruktiven Kräfte des Dämons noch gemäßigt. Jetzt, nachdem er in seiner ganzen furchterregenden Gestalt sichtbar geworden ist, wächst seine zerstörerische Energie ins Unermeßliche, nicht länger Kontrollierbare. Destruktion und Chaos triumphieren, denen auch der junge Mann selbst zum Opfer fällt. »Er habe allen Grund anzunehmen«, läßt sich der asiatische Gelehrte vernehmen, »daß in allernächster Zeit, ja in den nächsten Tagen schon, ein Krieg ausbrechen werde, der alles bisher Dagewesene in den Schatten stelle.«

Willy Seidel hat den Ausbruch des zweiten Weltkriegs nicht mehr erlebt, aber in einem düster-phantastischen Menetekel auf ihn verwiesen, indem er die Zeichen einer aggressiv aufgewühlten, dem Inferno zutreibenden Zeit zutreffend deutete. Die Novelle wird zum beklemmend visionären Protokoll einer nahen Katastrophe.

Ernst Wiechert (1887–1950)

Der Erzähler Ernst Wiechert mißt das Leben konsequent am Anspruch der Botschaft des Evangeliums. Sie bildet die Grundlage für vorbildliches Handeln in einer unchristlichen, haßerfüllten Zeit. Oft laufen die Geschichten auf ein entscheidendes Ereignis zu, wo der zentralen Figur der Sinn der evangelischen Botschaft aufgeht und sie unbeirrt nach ihr handelt. Ähnlich wie bei Gertrud von Le Fort öffnet sich dabei die novellistische Struktur regelmäßig für legendenhafte Lösungen.

In der Erzählung *Der Kinderkreuzzug* aus der Sammlung *Der silberne Wagen* (1928) werden hungernde Kinder von einem Hirten gespeist, der die Hartherzigkeit des Bauern, der die Hungernden vorher abgewiesen hatte, wiedergutmacht und in die Rolle des guten Hirten hineinwächst. Christoph von Soden in *Der Hauptmann von Kapernaum* (*Die Flöte des Pan*, 1930), getroffen von dem Bibelwort »Gehe hin! Dir geschehe, wie Du geglaubt hast!«, tauscht mit einem in den Straßenkämpfen nach dem ersten Weltkrieg gefangengenommenen aufständischen Arbeiter die Kleider und wird an seiner Stelle erschossen. Sein sich in der Tat bewährender Glaube triumphiert über alle gesellschaftlichen Zwänge und Drohungen.

Wiecherts bekannteste Erzählung ist die 1935 erschienene *Hirtennovelle*. Erneut steht die Figur des guten Hirten im Mittelpunkt der Handlung. Michael, von seinem Lehrer dazu angehalten, in allem, was ihm begegnet, den Geist Gottes zu suchen und zu erkennen, sieht fortan seine Lebensaufgabe nicht im persönlichen Lebensglück, das ihm die begehrenswerte Malerin Tamara bietet, sondern im sozialen Dienst. Nachdem er die Dorfbewohner und die Herde vor den 1914 einfallenden Kosaken in Sicherheit gebracht hat, wird er bei dem Versuch, ein entlaufenes Lamm wieder einzufangen, von einem Kosaken erstochen.

An einem entscheidenden Punkt seines Lebens ist Michael herausgefordert, nach seinem Glauben zu handeln, und er bewährt sich ebenso vorbildlich wie beispielhaft. Die unerhörte Begebenheit in Wiecherts Novellen ist immer wieder die christliche Tat, die zugleich den Blick aus der bedrückenden Geschichtswirklichkeit hinaus auf ein höheres, im Stil der Legende angedeutetes Sein richtet. Die zerstörerische Geschichte ereignet sich jeweils in dem eigentlich novellistischen Geschehensraum, der in der Perspektive des Glaubens regelmäßig geöffnet und überwunden wird. Am Ende steht nicht die Kapitulation vor der Katastrophe, sondern die in gläubiger Hoffnung vollzogene Nachfolge Christi. Christus nachahmend, werden die Handlungsträger in Wiecherts Novellen selbst nachahmenswert.

Franz Werfel (1890–1945)

Um das Postulat christlich-sittlichen Handelns geht es auch in den Novellen Franz Werfels, allerdings realistisch bezogen auf Alltagssituationen, weniger in der oft abgehobenen, evangelisch-sinnbildhaften Weise wie bei Wiechert. Werfels oberster sittlicher Maßstab ist ein markant ausgeprägtes Gemeinschaftsgefühl.

Bekannt geblieben ist seine 1927 erschienene Novelle *Der Tod des Kleinbürgers* um einen 64jährigen Mann, der, halbtags als Magazinaufseher arbeitend, mit seiner Frau und deren Schwester in kümmerlichen Verhältnissen lebt. Seine Sorge in der Zeit der Wiener Nachinflation um 1925 gilt vor allem der Altersversorgung seiner Frau. Daher schließt er eine Versicherung ab, die ihm nach Erreichen des 65. Lebensjahrs einen vergleichsweise hohen Auszahlungsbetrag für ein geringes eingezahltes Kapital garantiert. Eine schwere Erkrankung allerdings scheint alle Berechnungen zunichte zu machen, zumal ihn die Ärzte längst aufgegeben haben.

Doch hier setzt das Unerhörte erst ein. Allein durch eine erstaunliche Willensanstrengung gelingt es dem Mann, seinen 65. Geburtstag zu erreichen und die Auszahlung zu erzwingen. Der sein Leben lang geduckte Spießer entwickelt mit Blick auf die Versorgung seiner Frau ein selbst den Tod um eine gewisse Frist überlistendes, heldisches Verhalten. Nicht in der Welt der Großen, sondern in dem detailgetreu geschilderten Milieu der armen Leute ist wahrer Heldenmut zu Hause, der Heldenmut des sozial Empfindenden. Kaum zu verkennen ist indes eine Neigung zum Wunderbaren, die die Novelle in die Nähe des Märchens vom kleinen Mann rückt, der letztlich den Sieg über alle Widrigkeiten davonträgt.

Bei dem heranwachsenden Hugo in der Novelle *Kleine Verhältnisse* (1931) fällt die körperliche Reifung zusammen mit der sozialen Sensibilisierung. Bewußt werden ihm als Sohn aus wohlhabendem Hause die wirtschaftlichen Probleme, mit denen seine Erzieherin Erna zu kämpfen hat. Mit einem Mal empfindet er in der väterlichen Kunstgalerie mit ihrer wertvollen Christusplastik aus dem 14. Jahrhundert die Diskrepanz zwischen dem bloß Ästhetischen, wie es sein Vater sieht, und dem sozialen Aufruf des Kunstwerks, der allerdings nicht mehr wahrgenommen wird. Das zentrale Dingsymbol der Christusplastik, »immer herrischer« hervortretend, führt zur entscheidenden Wende in Hugos Leben, indem sein Blick geschärft wird für die »kleinen Verhältnisse«. Tatsächlich erreicht er bei seinem Vater eine Unterstützung für seine geliebte Erzieherin, allerdings um den Preis der endgültigen Trennung von ihr. In seinem Elternhaus aber spricht man sich weiterhin unbelehrbar aus gegen »weichliche Empfindsamkeit und Romantik«, da man in ihnen nicht die Tugenden sieht, »mit denen man in unserer Zeit vorwärts kommt«.

Deutlich prägt sich schon hier Werfels Realismus aus, der

dann in seiner wohl bedeutendsten, 1941 erschienenen Novelle *Eine blaßblaue Frauenschrift* bestimmend hervortritt. Die Handlung spielt 1936 in Wien nach dem Abkommen des österreichischen Kanzlers Schuschnigg mit dem Deutschen Reich, das auch zur aggressiven Diskriminierung der Juden in Österreich Anlaß gab. Behandelt wird der innere Konflikt des Sektionschefs im Kultusministerium Leonidas, der, aus dem Kleinbürgertum stammend, nach der Heirat mit der Tochter einer der wohlhabendsten Wiener Familien ein glänzendes Leben führt. »Sinn und Zweck der Veranstaltung des Universums« ist es nach seiner Ansicht, »Götterlieblinge seinesgleichen mit Macht, Ehre, Glanz und Luxus auszustatten.«

Das unerhörte Ereignis, bereits am Anfang hereinbrechend, ist ein Brief, in dem die Jüdin Vera Wormser, mit der Leonidas ein Verhältnis gehabt hat, den Sektionschef bittet, einem begabten jungen Menschen zu einem Gymnasialstudium zu verhelfen, das er in Deutschland nicht fortsetzen könne. Der Brief stürzt Leonidas, der sich für den Vater des Jungen hält, in eine schwere Krise, zumal er angesichts der geltenden Bedingungen seine Stellung in Gefahr sieht.

Es folgt eine Serie von Maskeraden, Manövern und taktischen Winkelzügen, ausnahmslos mit dem Ziel, die eigene Haut zu retten. Leonidas handelt weder verantwortungsbewußt noch sozial, sondern ausschließlich aus selbstischen Gründen. Entlarvend ist seine plötzlich hervortretende kleingeistige Gesinnung, das ängstliche Festhalten an dem Erreichten, das ihn verführt, ein menschenverachtendes System mitzutragen. Werfels Novelle zeichnet das Porträt eines beispielhaften Kleinbürgers, dessen Opportunismus und Egoismus den Faschisten zum Sieg verholfen haben. Zwar löst sich am Ende der Konflikt insofern, als sich herausstellt, daß es sich bei dem jungen Menschen nicht um den Sohn von Leonidas handelt, zurück aber bleibt der Eindruck der Feigheit und der Korruption, der Eindruck eines moralisch höchst fragwürdigen gesellschaftlichen Zustands, der dem Nationalsozialismus nichts mehr entgegenzusetzen hatte. Das Porträt des heillosen Opportunisten, dessen Perspektive den Erzählduktus bestimmt, erklärt die sich abzeichnende geschichtliche Katastrophe. Entschieden rückt Werfel von der vorbildhaften Darstellung des Gemeinschaftsgefühls ab und erreicht gerade dadurch ein konsequent realistisches Novellenprofil.

Werner Bergengruen (1892–1964)

Werner Bergengruens gesamtes erzählerisches Werk zeigt in seiner Konzentration auf einsträngige Handlungsführungen und in der Vorliebe für außerordentliche Situationen und Begebenheiten prinzipiell novellistische Züge. Selbst sein bekanntestes Werk *Der Großtyrann und das Gericht* (1935) war ursprünglich als Novelle konzipiert. Bergengruen hat einen ausgeprägten Sinn für Grenzsituationen, in denen sich der Mensch bewährt, indem er ethisch vorbildlich handelt oder das Unabänderliche mit Gelassenheit hinnimmt.

Seine Bindung an traditionelle Stoffe und Motive belegt die auf Boccaccio anspielende Novelle *Die drei Falken* (1937). Nach dem Tode des Falkenmeisters sollen drei wertvolle Falken versteigert werden. Der Erlös des dritten Falken ist für die Erben bestimmt, unter denen auch der geringgeschätzte Geigen- und Puppenspieler Cecco, der uneheliche Sohn des Meisters, ist. Der dem Vater überaus ähnliche Cecco, den krämerhaften Streit um die Falken, in denen er Sinnbilder der Freiheit sieht, verabscheuend, läßt eins der Tiere fliegen und handelt damit im eigentlichen Sinn nach den ritterlichen Sitten der Falkenbruderschaft, in die er am Schluß aufgenommen wird.

Die Novelle ist jenseits von Zwang und Unterdrückung

ein Plädoyer für die freiheitliche Bestimmung aller Geschöpfe in einer Zeit, die begonnen hatte, die Menschen totalitären Ideologien zu unterwerfen. Das edle, vorbildliche
Handeln des Verachteten wendet die Novelle zum Schluß
zu einer idealistischen Leitbildgeschichte, die durch symbolische Verschlüsselung und Darstellung vorbildlichen Handelns der unmittelbaren Auseinandersetzung mit der fragwürdigen Entwicklung nach 1933 ausweicht.

Überhaupt ist die Wendung eines novellistisch ange-
spannten Geschehens zum Positiven für Bergengruens Erzählen charakteristisch. In der in ihrer Zeit recht populären
Erzählung *Der spanische Rosenstock* (1935) spiegeln sich im
Welken und Blühen eines Rosenstocks Krise und Erfüllung
einer Liebe, wobei die naive Identifikation von Zeichen und
Bedeutung die Geschichte in die Nähe des Märchens rückt.
Versöhnlich endet auch *Das Hornunger Heimweh* (1942).
Die Rivalen um die Gunst eines Mädchens flüchten nach einem Bootsunfall, weil der eine glaubt, zum Mörder geworden zu sein, während der andere gute Gründe hat unter-
zutauchen. Die tragische Verstrickung in Mutmaßung und
Irrtum – ein novellistisches Thema par excellence – wird
jedoch am Ende gelöst, indem beide, von Heimweh getrieben, zurückkehren und sich alles aufklärt.

Bergengruens novellistisch überzeugendste Leistung ist
die durch einen Erzählerrahmen verbundene Sammlung
*Der Tod von Reval. Kuriose Geschichten aus einer alten
Stadt* (1939). In allen Binnengeschichten geht es um die un-
erhörte Begebenheit des Todes, um die Grenzsituation des
Lebens schlechthin, vor der es kein Ausweichen gibt. »Die
Lebenden sind ein Augenblick gleich der Gegenwart; die
Toten aber sind die Unendlichkeit der Zeit«, heißt es in der
Rahmenerzählung gleich einleitend. Gelassen erzählen die
Geschichten von dem Unabänderlichen, ohne Schwermut
und Klage, in der illusionslosen Gewißheit, daß dem Men-
schen nichts bleibt, als das über ihn Verhängte hinzu-
nehmen.

Die Novelle wird zum objektiven Spiegel der existentiellen Wahrheit, an der zu zweifeln ebenso sinnlos wäre wie an ihr zu verzweifeln. »Der Tod ist ein großer Trost. Er macht, daß niemand sich zu fürchten braucht.« Die novellistischen Geschichten handeln im Jahr des Kriegsausbruchs von der Macht des Todes, vor der jede andere Macht klein und bedeutungslos werden muß. Verknüpft mit der Relativierung politischer Macht ist die Ohnmacht des Erzählers vor der Menschenverachtung einer auf eine Geschichtskatastrophe zutreibenden Zeit.

Alexander Lernet-Holenia (1897–1976)

Alexander Lernet-Holenia gehört zu den bedeutenden phantastischen Erzählern des 20. Jahrhunderts. Phantastik wird in seinen Erzählungen und Romanen zum Spiegel einer unheimlichen, bedrohten, dem Untergang zugeneigten Welt.

In der 1936 erschienenen Novelle *Der Baron Bagge*, Lernet-Holenias wichtigster kürzeren Prosaarbeit, wird der junge Leutnant Bagge mit seiner Patrouille auf einer Brücke in ein Gefecht verwickelt, das er aber allem Anschein nach lebend übersteht. Ein ungarisches Garnisonsstädtchen bietet freundliche Aufnahme. Hier findet er seine Frau. Die Wirklichkeit aber scheint rätselhaft verfremdet. Als man sich nach neuerlichem Aufbruch wieder der Brücke nähert, reißt er sich von seiner Schwadron los, die hinüberreitet, und findet sich schwerverwundet wieder, während die Patrouille so gut wie aufgerieben ist.

Das idyllische Garnisonsstädtchen, der Frieden und die Liebe waren nur ein Traum in der Agonie, doch gerade in der Perspektive dieses Traums erscheint nun die Wirklichkeit mit ihrem tödlichen Grauen als phantastische Szenerie.

Die Brücke ist das tragende Dingsymbol der Novelle, Verweis auf die eng nebeneinanderliegenden realen und phantastischen Erfahrungsbereiche, auf die stets präsente Nachbarschaft von Leben und Tod. Die geschichtliche Wirklichkeit verfremdet sich für Bagge in ihrer Unsicherheit und ihrem Grauen zusehends phantastisch, während die geträumte Wirklichkeit den Anspruch erhebt, die eigentlich wirkliche zu sein. Phantastisch wird die kollektive Geschichtswelt in dem Maße, wie sie die Sehnsüchte des Individuums nach Frieden und Liebe enttäuscht. Am Vorabend des zweiten Weltkriegs formt sich in Lernet-Holenias Novelle die subjektiv gebrochene Schreckensvision eines nahen, unaufhaltsamen Unheils.

Stefan Andres (1906–1970)

Der Name Stefan Andres wird heute vor allem in Verbindung mit der in den fünfziger und sechziger Jahren an Schulen oft gelesenen Novelle *Wir sind Utopia* genannt. Die 1942 in einem Vorabdruck vorgelegte Erzählung zeigt in ihrer christlichen Werthaltung deutliche Anklänge an das novellistische Werk Gertrud von Le Forts, ist jedoch im Vergleich mit ihren Novellen ungleich vergrübelter und problembewußter.

Die Handlung, auf einen knappen Zeitraum zusammengedrängt, spielt vor dem Hintergrund des Spanischen Bürgerkriegs. Sie verteilt sich auf die beiden Figuren des ehemaligen Mönchs Paco, der, der immanenten Utopie totaler konfessioneller Toleranz und geistiger Freiheit nachstrebend, das Kloster verlassen hatte und schließlich auf der Seite Francos kämpfte, und des Leutnants Pedro Guiterrez auf der Seite der »Roten«, der als gnadenloser Vollstrecker berüchtigt ist. Das eigentliche novellistische Geschehen setzt ein mit der Gefangennahme Pacos zusammen mit zweihundert Soldaten. Gefangengesetzt werden sie in dem Kloster, das Paco einst hinter sich gelassen hatte. Noch einmal begegnet er in seiner Zelle seiner Utopie, veranschaulicht in einem undeutlichen Flecken an der Decke. Doch längst hat er an der Vorstellung einer innerweltlichen Befriedung zu zweifeln begonnen.

Im Kloster kreuzen sich die Lebenswege der beiden Handlungsträger. Der Leutnant, dem die Gefangenen unterstehen, getrieben von Gewissensängsten mit Blick auf die von ihm verübten Greueltaten, bittet den ehemaligen Mönch um die Abnahme der Beichte. Paco, fest entschlossen, ihn zu töten, nimmt angesichts der rückhaltlosen persönlichen Öffnung des anderen Abstand von seinem Plan und erteilt ihm eine Generalabsolution, die offenbar auch für das sich anschließende Niedermetzeln Pacos und der Gefangenen auf Befehl des Leutnants gilt.

Der Krieg als Hintergrund des Geschehens verweist auf die Entstehungszeit der Novelle. Beide, Paco wie der Leutnant, jagen Utopien bzw. Ideologien nach, durch die sie in Krieg und Gewalt verwickelt werden. Schuldig scheinen aber weniger die Handelnden als die im letzten ungreifbaren, automatischen Handlungszwänge, denen sie unterstehen. Während der Leutnant weiterhin zwanghaft handeln muß, gelingt es Paco, sich von dem Handlungsdruck zu befreien, indem er darauf verzichtet, den anderen zu töten. Im Kloster vollzieht sich in dem einstigen Mönch ein durchgreifender innerer Wandel. An die Stelle der immanenten tritt für ihn die im Werden begriffene transzendente Utopie.

Jetzt erst zünden in Paco die Worte des Paters Damiano, der inzwischen ein Opfer des Kriegs geworden ist. »Gott liebt das ihm ganz Andere, liebt den Abgrund, und er braucht [...] die Sünde. [...] Gott liebt die Welt, weil sie unvollkommen ist.« Damit sind Gewalt und Krieg nicht nur zugelassen, sondern bilden geradezu die Voraussetzun-

gen für das Wirksamwerden der göttlichen Liebe. Jede
Hoffnung auf eine Wendung der irdischen Verhältnisse zum
Besseren erscheint sinnlos. In der Novelle offenbart sich die
von Gott über die eigene Schöpfung verhängte Katastrophe
als Bedingung für die Utopie einer Erlösung im Jenseits.

Die zutiefst fragwürdige Gottesvorstellung, die den
Schöpfer zum Sadisten pervertiert, der zur Entfaltung seiner Liebeskraft der Mißhandlung und Demütigung seiner
Geschöpfe bedarf, verrät die ohnmächtige Verzweiflung des
mit dem Inferno des zweiten Weltkriegs konfrontierten
Menschen. Das geschichtliche Chaos provoziert eine ab-
struse Theodizee und eine Literatur, die in der fatalistischen
Kapitulation vor dem unabänderlich Verhängten stecken-
bleibt. Die Utopie einer besseren diesseitigen Welt verflüch-
tigt sich in eine vage Jenseitsprojektion.

9

Die Novelle nach 1945

Nach 1945 und bis in die fünfziger Jahre hinein tritt die
Novelle auffällig zurück. Beherrschend ist die Lyrik mit ihrer spontanen, subjektiven Reaktionsweise auf die verheerenden und schwer begreiflichen Erfahrungen der national-
sozialistischen Zeit. In der erzählenden Literatur dominiert
die Kurzgeschichte, der Versuch, in situativer Reduktion
sich Klarheit zu verschaffen über die jüngste Vergangenheit.

Wo die Novelle unmittelbar nach Kriegsende begegnet,
ist sie, überwältigt von dem Unerhörten, bestimmt von di-
stanzloser Emotionalität, die sich niederschlägt in einem
trotzig-optimistischen Wiederaufbauwillen bzw. in untröst-
licher pessimistischer Resignation. Der Novellist zwischen

Abgrund und Aufbruch erzählt in einer existentiellen Grenzsituation, was über ihn hereingebrochen ist.

Erst in einer zweiten Phase beginnt man, nach den Ursachen des Geschehenen zu fragen und psychologische wie ideologische Borniertheiten für die Katastrophe verantwortlich zu machen. Im Spiegel novellistischer Objektivierung soll das Unbegreifliche begreifbar werden.

In den späten fünfziger Jahren scheint das Grauen des Krieges bereits erfolgreich verdrängt. Das novellistische Erzählen jedoch widersetzt sich dem Vergessen, indem es das Verdrängte wieder sichtbar zu machen versucht, sei es durch plötzliche Vergegenwärtigungen des Gewesenen oder durch erinnernde Dokumentation.

Fast keine der ernstzunehmenden Novellen in dem Zeitraum zwischen 1945 und 1960 ist imstande, sich der jüngsten Vergangenheit und ihrer Spätfolgen zu entziehen. Novellistisches Erzählen gestaltet die unausweichlichen Heimsuchungen des Menschen durch die Schreckbilder einer unbewältigten, unmenschlichen Geschichte, um das, was sich in der Vergangenheit unheilvoll begeben hat, in der Zukunft für alle Zeiten zu diskreditieren. Die unerhörte Begebenheit Krieg hat nur dann einen Sinn gehabt, wenn sie eine grundsätzlich menschliche Wende einleitet.

Hans Weigel (1908–1991)

Die Novelle *Das himmlische Leben* von Hans Weigel, erschienen 1946, kurz nach Kriegsende, erzählt im Stil einer utopischen Zeitreise von der Ankunft des verstorbenen Ich-Erzählers im Jenseits und von seinen Erfahrungen dort. Das Kriegsende wird erlebt als Endzeit, zugleich aber auch als möglicher Übergang zu einem neuen Leben, denn unter gewissen Bedingungen ist es möglich, aus dem Himmel wieder auf die Erde zurückzukehren.

Nach dem anfänglichen wohltuenden Gefühl der Entlastung vom Druck einer schlimmen Wirklichkeit verlangt es auch den Ich-Erzähler zurück »in die Fülle der Widersprüche, in das Chaos, das zu ordnen würdiger ist als die glatte und gefällige Ordnung hier oben«. Die Novelle beschreibt die Phase der Stagnation nach Zertrümmerung und Vernichtung, aber sie verharrt nicht in der resignativen Haltung, sondern begreift das Chaos als Anstoß, eine neue Ordnung zu schaffen.

Das Jenseits ist in unerhörter Umdeutung nicht der Gipfel des erlösungsbedürftigen Menschen, sondern ein Tiefpunkt, den es zu überwinden gilt. Wichtiger als das Ziel ist der Weg dorthin. Das eigentliche himmlische Leben findet auf der Erde statt unter Menschen, die gelernt haben und zu dynamischer Veränderung bereit sind.

Das Getötete und Abgestorbene, bestimmend für das Bewußtsein in der Novelle, verlangt, nachdem es seinen lethargischen Zustand überwunden hat, nach Wiederauferstehung in einer besseren Welt, an der mitzuwirken jedem auferlegt ist. Weigels Novelle, angesiedelt zwischen Tod und Auferstehung des Menschen, ist Ausdruck jener optimistischen Haltung, wie sie dialektisch aus der Konfrontation mit der totalen Zerstörung entsprang.

Gottfried Benn (1886–1956)

Tragende symbolische Bezugsebene von Benns Berliner Novelle *Der Ptolemäer*, die 1949 in der Besatzungszeit erschien, ist das ptolemäische Weltbild, hier konsequent egozentrisch gewendet: »Heute dreht sich alles um alles, und wenn sich alles um alles dreht, dreht sich nichts mehr außer um sich selber.« Der egozentrischen Reduktion entsprechen die gewählte Ich-Perspektive und das essayistische Räsonnement.

Der Ich-Erzähler, Besitzer eines Schönheitsinstituts in Berlin, betreibt in kritischer Desillusionierung einen Kehraus der überlieferten ethischen Werte und der gesamten geistigen Tradition des Abendlands. Nichts, was einmal dem Leben Sinn und Form gegeben hatte, bleibt angesichts der totalen Zerstörung von seiner ätzenden Skepsis verschont. Die Handlung ist zurückgenommen in die kritische Reflexion, weil es keine Ziele mehr gibt und alles Handeln nur zu einem trostlosen Zustand führt wie zu dem, mit dem sich der Ich-Erzähler im Berlin der Nachkriegszeit konfrontiert sieht.

In unaufhebbarer Resignation vor dem sich abzeichnenden endgültigen Untergang, aus dem es keine Rettung mehr geben kann, flüchtet sich das Ich ins »Lotosland«, wo die absolute Stagnation herrscht. Dort ist der Künstler in Gestalt des Glasbläsers, der sich entwerfend und gestaltend eine künstliche Insel im hoffnungslosen Chaos der Welt schafft, auf der er kurzfristig, seines Endes gewiß, zu überleben vermag. »Ich drehe eine Scheibe und werde gedreht [...]. Sich abfinden und gelegentlich auf Wasser sehen. [...] Alles ist, wie es sein wird, und das Ende ist gut.«

Der resignative Fatalismus bildet gegenüber dem dynamischen Optimismus den anderen Pol des Nachkriegsbewußtseins. In beiden Sichtweisen erscheint im Spiegel der Novelle der schlimme Zustand einer zerschlagenen Welt, auf die man emotional reagiert. Entscheidend aber ist, ob man diesen Zustand als Anfang vom Ende oder das, was als Ende erscheint, als Anstoß zu einem neuen Anfang versteht. Ist in der optimistischen Variante das Ende offen für eine Wende des Chaos zu einer neuen Ordnung, so ist für die pessimistische Variante, wie Benn sie gestaltet, die Ordnung endgültig untergegangen in einem unumkehrbaren Chaos.

Erwin Wittstock (1899–1962)

Der rumäniendeutsche Autor Erwin Wittstock erzählt in seiner 1949 veröffentlichten Novelle *Die Schiffbrüchigen* in der nationalistisch infizierten Atmosphäre nach dem ersten Weltkrieg vom Schicksal dreier Menschen, die auf unterschiedliche Weise betroffen sind von der zeitgeschichtlichen Situation. Siebenbürgen wird dabei zum beispielhaften multinationalen Lebensraum, wo chauvinistische Haltungen mit der langjährigen Praxis friedlicher Koexistenz zusammenstoßen.

Während Corneliu Frincu seinem bornierten Wunschtraum von einem Groß-Rumänien nachhängt, avanciert sein Schulfreund Ionel Moldovan als Rumäne zum Bürgermeister einer Stadt mit dominant deutschstämmiger Bevölkerung. Die unerhörte, die novellistische Konfliktstruktur bestimmende Begebenheit liegt im Stil analytischen Erzählens bereits vor dem Erzähleinsatz. Corneliu, Gewinner einer Schiffsreise, begegnet bei einer Schiffskollision dem rumänischen Mädchen Silvia, das in ihm, umgeben von Ausländern und Fremden, eine sentimentale Sehnsucht nach Heimat übermächtig werden läßt. Aus der ebenso spontanen wie flüchtigen Liebesbegegnung geht ein Sohn hervor, von dem Corneliu jedoch nichts erfährt. Im Glauben, Silvia sei ertrunken, nimmt er ohne weitere Anstrengungen von allen Nachforschungen Abstand.

Als Silvia auf der Suche nach dem Vater ihres Kindes viele Jahre später nach Siebenbürgen kommt, begegnet sie dem angehenden Bürgermeister Ionel, der sich in sie verliebt und sich für den Vater des Kindes ausgibt. Erst später, nachdem er sich selbst offenbart hat, erfährt er, daß Silvia von vornherein den wahren Sachverhalt durchschaut, aus Liebe zu Ionel aber geschwiegen hatte.

Corneliu jedoch, unsensibel und ignorant, versucht in patriotischer Verblendung die rumänischen Bauern gegen Ionel aufzuhetzen und erleidet dabei eine peinliche, ihn völlig isolierende Niederlage. Siegreich bleiben die Ehe von Silvia und Ionel sowie die verständnisvolle Koexistenz von Rumänen und Deutschen. Schiffbruch erlitten hat im Grunde nur der unbelehrbare Nationalist.

Wittstock begreift das friedliche Zusammenleben unterschiedlicher nationaler Gruppen als kollektive Bestimmung, während er den Nationalismus als individuelle Verirrung bloßstellt. Nach zwei durch nationalistischen Fanatismus provozierten Weltkriegen stellt die Novelle die Versöhnung der Nationalitäten als das Gebot einer zukunftsorientierten Geschichte dar.

Leonhard Frank (1882–1961)

Leonhard Frank, der vor allem bekannt wurde mit seiner Novellensammlung *Der Mensch ist gut* (1919), einem pazifistischen Manifest als Reaktion auf den ersten Weltkrieg, veröffentlichte 1954 seine vielbeachtete *Deutsche Novelle*.

Ausgehend von einem Gemälde, erzählt ein nicht näher bezeichneter Erzähler die Geschichte des Gemäldes. Während der Binnenteil in das Jahr 1904 zurückblendet, spielt der Rahmen in den Jahren 1944 bzw. 1945. Das Bild, auf dem ein nackter toter Mann und eine Frau mit entblößtem Oberkörper, die sich offenbar selbst erschossen hat, zu sehen sind, stellt die unerhörte Begebenheit dar, auf die das rückwärts gewandte Binnengeschehen konsequent zuläuft.

Wenn auch gelegentlich in vorausdeutender Gewißheit auf die Weltkriege und deren zahllose Opfer verwiesen wird, scheint die eigentliche Binnengeschichte nichts mit den historischen Katastrophen zu tun zu haben. Im Zentrum der Handlung steht die unverheiratete Baroness Jose-

292 Geschichte der Novelle

pha in Rothenburg, die als über Dreißigjährige wehmütig zurückblickt auf ein kurzes romantisches Liebeserlebnis – ohne körperliche Vereinigung allerdings, die sie als tierisch verabscheut. Die Antinomie von Körperlichem und Geistig-Seelischem verrät eine gravierende Störung des gesunden Gleichgewichts im Menschen, hervorgerufen durch einseitige sittliche Leitbilder, die das Geistige und Idealische überbetonen. Die Verdrängung des Leiblichen aber, seine Diskriminierung, bedingt eine erhöhte Anfälligkeit für triebhafte Verstrickungen.

Zwei Männer fühlen sich von Josepha in besonderem Maße angezogen, der angehende junge Maler Michael und ihr namenlos bleibender Diener. Liebt der erste sie aufrichtig als Person, so sieht der Diener in ihr nur das Objekt, seine Lust zu befriedigen. Tragisch ist, daß Josepha auf Grund ihres gestörten körperlich-seelischen Gleichgewichts die wahre Liebe nicht zu erwidern vermag und den groben, triebhaften Strategien des Dieners schließlich erliegt. Die Versklavung an den Trieb aber kommt einer Selbstvernichtung gleich. Auf dem Tiefpunkt ihrer Erniedrigung und ihrer Selbstachtung erschießt sie den Diener und dann sich selbst.

Frank veranschaulicht in der etwas reißerischen novellistischen Handlung, die an Strindbergs *Fräulein Julie* erinnert, deutsches Bewußtsein, geprägt von geistigen Idealen und abstrakten ethischen Leitbildern, die zu einer Natur- und Selbstentfremdung führten, mit der Gefahr einer jederzeit möglichen aggressiven Entfesselung des verdrängten und gestauten Triebpotentials. Unter solchen Bedingungen haben solche Verführer gute Chancen, die die unterdrückten Triebenergien anzusprechen und für sich zu nutzen verstehen.

Im Diener und seinen kalkulierten Manövern spiegeln sich die ideologischen Verführungen durch die Ansprache nationaler Instinkte, die sich sowohl im ersten wie im zweiten Weltkrieg aggressiv entluden. Die langanhaltenden Frustrationen im Gefolge abgehobener vergeistigter Menschen- und Weltbilder führten zu einer verheerenden Fremd- und Selbstzerstörung.

Franks Novelle ist der Versuch eines psychologischen Krankenberichts des deutschen Menschen, den der absolute Geist um sein körperlich-seelisches Gleichgewicht gebracht hat. Der Maler Michael – er »hätte sie geliebt« – steht 1945 am Grabe Josephas, am Grabe des an seinen lebensfremden Idealen und abstrakten ethischen Grundsätzen erkrankten deutschen Menschen, der, seine Frustrationen aggressiv kompensierend, anderen und sich selbst den Tod gebracht hatte.

Gerd Gaiser (1908–1976)

Mit *Gianna aus dem Schatten*, erstmals in dem 1956 erschienenen Erzählungsband *Einmal und oft* veröffentlicht, hat Gerd Gaiser, einen wichtigen Beitrag zur Nachkriegsnovelle geleistet. Die Novelle behandelt, auf einen einzigen, entscheidenden Tag zusammengedrängt, späte Folgen des Kriegs im Schicksal dreier Menschen. Der steile Weg zum italienischen Bergdorf Lostallo, den Raumer mit seiner Frau Enna antritt, führt zur Selbst- und Schulderkenntnis und zur beginnenden Bewältigung der Vergangenheit wie der Gegenwart. Was sich vordergründig als Umweg herausstellt, ist im tieferen Sinn der notwendige Weg zu verschwiegenen und verdrängten Konflikten, die nun, wieder bewußtgemacht, zur Sprache gebracht und gelöst werden können.

Enna, die zweite Frau Raumers, die er nach dem Tod seiner ersten Frau im Krieg geheiratet hatte, um seine Kinder aus erster Ehe versorgt zu wissen, fühlt sich in der Rolle der bloßen Versorgerin als Frau emotional vernachlässigt, während Raumer aus Furcht vor Mißverständnissen sich scheut, ihr näherzutreten. Auf dem steilen Weg nach oben, zum Kulminationspunkt ihres persönlichen Konflikts, gesteht sie ihm, ihn in ihrer Verlassenheit mit einem anderen Mann betrogen zu haben. Das Geständnis läßt ihn auf einmal erkennen, was er wirklich für sie fühlt.

Während die Eheleute, sich endlich zu ihrer Liebe bekennend, einander näherkommen, die private Krise sich zu lösen beginnt, dringt von außen ein weiterer ungelöster Konflikt aus der Vergangenheit in das Leben Raumers ein. In der Italienerin Gianna begegnet er auf dem Weg nach Lostallo einer Frau, die er als Soldat in Italien kennengelernt und mit der er ein Verhältnis gehabt hatte. Von Partisanen gefangengenommen, hatte er sie als Mitglied der Gruppe wiedergesehen und war ihr nach seiner Freilassung ein letztes Mal begegnet, nachdem man ihn genötigt hatte, den Schlupfwinkel der Partisanen preiszugeben. Seitdem hält Gianna ihn für einen Verräter. Raumer ahnt, daß ihr erneutes Zusammentreffen Jahre nach Kriegsende für ihn tödlich enden wird. Wunderbarerweise aber scheint er dann am Ende den tödlichen Schuß zu überleben, wenn der Ausgang auch offen bleibt.

Sowohl Gianna, die hinterher verstört ist angesichts der ihr nun unbegreiflichen Tat, als auch Raumer, der sich seiner Vergangenheit gestellt hat, und Enna, die sich ihrer Liebe zu ihrem Mann bewußt geworden ist und rückhaltlos für ihn eintritt, fühlen sich schließlich entlastet. Für Enna und Raumer beginnt vielleicht eine späte Liebe, nachdem die Schatten aus der Vergangenheit herausgetreten sind und man nicht die Augen vor ihnen verschlossen hat. Nicht die unmittelbaren emotionalen Reaktionen auf den Krieg und seine Folgen stehen für Gaiser im Vordergrund, sondern die Aktualisierungen des bereits in die Latenz Abgedrängten, das aber unbewältigt ein unbelastetes, freies Leben verhindert.

Gaiser verknüpft die plötzlich entscheidende Erkenntnis zutage fördernde Situation der Kurzgeschichte – den steilen Aufstieg – mit der unerhörten novellistischen Begebenheit des tödlich gemeinten Anschlags, auf den die Bergtour konsequent zuläuft. Zwar kommen Raumer und Enna nicht nach Lostallo, zu ihrem Ziel, wie denn überhaupt die Novelle bestenfalls den Weg dorthin zu weisen vermag, entscheidender aber ist, daß im Zuge novellistischer Strukturierung eine Wende im Leben der drei betroffenen Menschen eintritt, die sie aus der Sackgasse der Kriegserfahrungen in eine bewußtere und freiere Zukunft führen könnte.

Franz Fühmann (1922–1984)

Von den unter dem Sammeltitel *Stürzende Schatten* 1959 erschienenen, von Fühmann ausdrücklich als »Novellen« bezeichneten Prosastücken rechtfertigen nur die beiden einleitenden Erzählungen die gewählte Gattungsbezeichnung, während es sich bei den drei abschließenden, wesentlich kürzeren Beiträgen eher um Skizzen handelt, nicht ohne gelegentlich peinliche ideologische Untertöne.

Die beiden längeren Erzählungen *Das Gottesgericht* und *Kapitulation* spielen im zweiten Weltkrieg. In beiden Fällen geht es um den tödlichen Widersinn des Krieges, in den zunächst ein griechischer Koch verwickelt wird, der von deutschen Soldaten, für die er arbeitet, bei einem unerlaubten Bad im Meer erwischt und bei dem gutgemeinten Versuch, sie vor den Partisanen zu warnen, erschossen wird, während die Soldaten im Kugelhagel der Partisanen fallen.

Im zweiten Fall entkommt beim Einzug der Russen unmittelbar nach Kriegsende ein junger Soldat mit knapper Not seiner Hinrichtung wegen Feigheit vor dem Feind.

Aber sowohl er als auch die Mitglieder des Hinrichtungskommandos kommen bei der Flucht ums Leben. Fühmann schildert in seinen Kriegsnovellen abschüssige Lebensläufe. Der Krieg als unerhörte Begebenheit verwickelt die Menschen in einen Kampf auf Leben und Tod, den sie am endgültigen Wendepunkt des Geschehens regelmäßig verlieren.

Die von den Nazis in den Krieg gehetzten Soldaten sind in der Endphase des Kriegs, in der die Novellen spielen, längst zu Schatten verkümmert, die in dem von ihnen selbst geschaffenen Schattenreich dem frühen, unausweichlichen Tod entgegenstürzen. Fühmanns Novellen entwerfen fast fünfzehn Jahre nach Kriegsende quasi dokumentarische Bilder und Szenen von dem Wahnsinn des Krieges in einer Zeit, die sich anschickte, das Grauen der jüngsten Geschichte zu verdrängen. Der Novellist erzählt an gegen das Vergessen. Nur in der erinnernden Vergegenwärtigung der menschlichen Katastrophe liegt eine Chance für eine menschenwürdige Zukunft in Frieden.

10

Die Novelle der Gegenwart

Mit *Katz und Maus* (1961) von Günter Grass und Martin Walsers *Ein fliehendes Pferd* (1978) setzt eine neue, vielversprechende Entwicklung der Novelle ein, die bis in die Gegenwart hinein anhält.

1980 erschienen, ein novellenreiches Jahrzehnt einleitend, *Die Sirene* von Dieter Wellershoff und *Das Spiegelkabinett* von Michael Schneider. Es folgten Gert Hofmanns *Gespräch über Balzacs Pferd* (1981), eine Sammlung von vier Novellen, Christoph Heins *Drachenblut* (1982), Jeannie

Ebners *Aktäon* (1983), Bodo Kirchhoffs *Mexikanische Novelle* (1984), *Eine wahnsinnige Liebe* (1984) von Gert Loschütz, Hartmut Langes *Die Waldsteinsonate* (1984), eine Sammlung von fünf kurzen Novellen, vom gleichen Autor zwei Jahre später *Das Konzert*, Horst Bieneks *Königswald oder Die letzte Geschichte* (1984), Jochen Beyses *Der Aufklärungsmacher* (1985), ausgezeichnet mit dem Aspekte-Literaturpreis, Harald Gerlachs *Jungfernhaut* (1987), Eva Zellers *Heidelberger Novelle* (1988), Uwe Saegers *Das Überschreiten einer Grenze bei Nacht* sowie *Aus einem Herbst jagdbaren Wildes*, beide 1988, Horst Sterns *Jagdnovelle* (1989) und schließlich Thomas Hürlimanns *Das Gartenhaus* (1989). Die Liste ließe sich ohne weiteres verlängern, zumal, wenn man die kürzeren Erzähltexte genauer untersuchte, die nicht ausdrücklich die Bezeichnung »Novelle« tragen. Interessant wäre es in diesem Zusammenhang, Thomas Hürlimanns *Die Tessinerin* (1981) sowie Patrick Süskinds Erzählungen *Die Taube* (1987) und *Die Geschichte von Herrn Sommer* (1991) sowie die 1995 erschienene Erzählung *Der Kommerzialrat* von Norbert Gstrein unter novellistischen Gattungsaspekten zu betrachten.

In den neunziger Jahren setzt sich der Trend ungebrochen fort. Zu nennen wären im einzelnen Michael Krügers programmatischer Text *Das Ende des Romans. Eine Novelle* (1990), Hartmut Langes *Reise nach Triest* (1991) und *Die Stechpalme* (1993), Ludwig Harigs *Die Hortensien der Frau von Roselius* (1992), Norbert Gstreins *O2* (1993) und Uwe Timms *Die Entstehung der Currywurst* aus dem gleichen Jahr. Deutlich zeigt auch Langes *Die Wattwanderung* aus dem Jahr 1992, ohne eine ausdrückliche Gattungsbezeichnung zu tragen, novellistisches Erzählprofil. 1994 erschienen Hanna Johansens *Kurnovelle* und Peter Härtlings *Bozena*. Im nächsten Jahr folgten Wellershoffs *Zikadengeschrei*, Michael Kleebergs *Barfuß* und Hartmut Lange, der wohl fruchtbarste zeitgenössische Novellist, mit *Schnitzlers Würgeengel*, einer Sammlung von vier Novellen. Mit der

Erzählsammlung *Der Herr im Café* setzte Lange auch 1996
sein novellistisches Werk fort. 1997 legte Alban Nikolai
Herbst seine Novellen *Der Arndt-Komplex* vor.

Gerade in Krügers exemplarischer Novelle prägt sich die
Aussageweise des Zerfließenden und Zerfallenden aus. In
dem Maße, wie die Wirklichkeit der Literatur beziehungs-
weise die Literatur der Wirklichkeit entgleitet, formt sich das
gattungsgebundene Sprechen als Überlebensgebärde
des Künstlers. Die Novelle ist gestaltetes Scheitern, gespannt
zwischen den Polen sich stets ereignender Auflösung und
der Einbindung des sich Auflösenden in die Form. Der Prozeß der Auslöschung ist unaufhaltsam, die Kunst aber bewahrt auf, was fortgesetzt verlorengeht. Es sieht so aus, daß
weniger im Roman als in der Novelle das eher pessimistische
Zeitgefühl seinen angemessenen Ausdruck findet, so daß
nicht so sehr im Bereich des Romans als im Bereich der Novelle bedeutende erzählerische Gegenwartsliteratur entsteht.

Günter Grass (geb. 1927)

Die Novelle *Katz und Maus* (1961) von Günter Grass
knüpft an die große realistische Gattungstradition an, indem sie das problematische Verhältnis von Individuum und
Kollektiv vor dem Hintergrund des zweiten Weltkriegs neu
thematisiert. Erzähler der fiktiven Biographie Joachim
Mahlkes ist sein Schulfreund Pilenz, der, wie er einleitend
wissen läßt, von einem Schuldgefühl getrieben, sich zu einer
Niederschrift entschließt, und der am Ende, den Erzählerrahmen schließend, sich erfolglos auf die Suche nach seiner
Figur macht.

Pilenz, der seinerzeit den überdimensionierten Adamsapfel Mahlkes als erster wahrgenommen und im übermüti-

gen Spiel eine Katze auf ihn angesetzt hatte, ist im Grunde verantwortlich für den gesellschaftlichen Leidensweg des Verspotteten. Mahlke und sein Schicksal sind in der Tat die Produkte des Erzählers, dessen Handeln repräsentativ für die latente Aggressivität der Gesellschaft steht. Dem Spott und der Verletzung der anderen ausgesetzt, versucht Mahlke, seine als Minderwertigkeit gebrandmarkte Abnormität zu kompensieren, indem er sich zu Kunststücken und Heldentaten mit dem Ziel verleiten läßt, von seiner offenbaren Mißbildung abzulenken. Der übergroße Adamsapfel wird zum grotesken Symbol des unter kollektivem Druck beschädigten Individuums, das in überkompensierender Reaktion auf das sozial hervorgerufene Minderwertigkeitsgefühl sich selbst zusehends fremd wird.

Der »Große Mahlke« mit seinen riskanten Tauchübungen und seinen männlichen Potenzritualen ist im Grunde nur der Popanz der Gesellschaft, die die Helden bekommt, die sie verdient und für die sie allein verantwortlich ist. Die Entwendung des den Adamsapfel total verdeckenden Ritterkreuzes leitet die novellistische Peripetie, das Scheitern des einzelnen in der Isolation ein. Seinem zwanghaft überkompensierenden Heldenverhalten auch als Soldat folgend, avanciert Mahlke zum Panzerkommandanten. Die Gesellschaft aber stößt ihn trotzdem weiterhin aus, indem sie ihm mit der Entwendung des Ritterkreuzes gerade das vorhält, an dem sie selbst die Schuld trägt. Das Ende Mahlkes bleibt dunkel. Allem Anschein nach aber ertrinkt er, als er tauchend die Schiffskabine des früher entdeckten untergegangenen Minensuchboots zu erreichen sucht. Die persönliche Isolation, in die ihn die anderen hineingetrieben haben und für die die Schiffskabine sinnbildlich steht, mündet konsequent in seinen Untergang.

Kritisches Licht fällt auf die gedankenlos verletzende Gesellschaft, die ihrer Schutz- und Integrationsaufgabe nicht gerecht wird. Relativiert erscheint das Bild des Helden, der weniger die Verkörperung außergewöhnlicher Kräfte dar-

stellt als das Produkt einer Gesellschaft ist, die ihn in die
Selbstentfremdung treibt. Die Novelle von Günter Grass
läßt sich auch als Parabel des Soldaten lesen, dem eingeredet
worden war, er als allgemein geringgeschätzter Deutscher
müsse sich und anderen, den Helden spielend, etwas beweisen, und der am Ende nicht den Ruhm, sondern einen schä-
bigen Tod findet.

Martin Walser (geb. 1927)

Martin Walsers 1978 erschienene Novelle *Ein fliehendes Pferd*
ist eine Novelle vom Altern. Das Altern selbst wird für den,
der es erleidet, zur »unerhörten Begebenheit«, zum Prozeß, in
den er sich hineingezogen sieht ohne Chance zur Gegenwehr.
Die novellistische Distanzierung führt in lakonischer Selbst-
ironie zur Relativierung des Protagonisten. Der Endvierziger
Helmut Halm hat sich eingeschlossen in das Unabänderliche
und sich identifiziert mit dem persönlichen Verlust. Sein
Wunschziel ist ein Zustand stoischer Apathie, einer unerschütterlichen Unempfindlichkeit gegen alles Erregende und
Aufreizende, gegen alles, was ihn mit dem ständig verloren-
gehenden Leben in Berührung bringen könnte.

Auslösendes Moment der Handlung und zugleich der
Beginn der persönlichen Wende ist die Begegnung mit
dem gleichaltrigen ehemaligen Mitschüler und angeblichen
Erfolgsjournalisten Klaus Buch, zwanzig Jahre jünger
scheinend, als er ist. Er ist in der dramatisch strukturierten
Handlung der eigentliche Antagonist. Beide, auf der
Schwelle zum fünfzigsten Lebensjahr, setzen sich, jeder auf
seine Weise, mit dem Altern auseinander.

Selbstquälerisch unterwirft sich Buch dem in den ein-
schlägigen Journalen propagierten Gesundheitsfanatismus

und dem Trimmdichwahn, dem Diätstreß und dem Jugend-lichkeitskult und erregt gerade damit den Neid des dicklich-ältlichen Halm.

Das Symbol des fliehenden Pferdes, ungefähr in der Handlungsmitte, veranschaulicht beides: die Triebkraft des Geschehens wie den Konflikt der Duellanten, ihre unter-schiedlichen Reaktionsweisen auf die dahinfliegende Zeit, die beide in ihren Strudel zieht. Nicht die Personen selbst sind titelgebend, sondern, charakteristisch für das Genre, das, was diese bestimmt. Das fliehende Pferd ist ein novelli-stisches Symbol par excellence. In ihm gewinnt die dahin-stürmende Zeit selbst Gestalt ohne Rücksicht auf alles, was sich ihr in den Weg zu stellen versucht. Zugleich bilden sich im Verhalten und Erscheinungsbild des Pferdes Verhaltens-weisen des Er-Erzählers ab. Der verkrampfte, eigensinnig zur Seite gerichtete Kopf verweist auf Halms krampfhafte Ignoranz der dahinfliegenden Zeit gegenüber. Auf der an-deren Seite gibt das fliehende Pferd Klaus Buch Anlaß, sein Verhaltensmuster noch einmal vorzuführen und im latenten Duell mit Halm beherrschende Akzente zu setzen. Er be-gnügt sich nicht mit der Rolle des passiv Danebenstehen-den, sondern greift aktiv ein, indem er sich auf den Rücken des vorübergehend rastenden Pferdes schwingt und es nach einem erbitterten Zweikampf zum Stehen bringt.

Unaufhaltsam strebt die Konflikthandlung dem alles ent-scheidenden Finale zu. Halm und Buch brechen auf dessen Boot zu einer Segelpartie auf. Der aufgewühlte See ist ef-fektvolle Kulisse der entscheidenden Endphase des Duells und zugleich Ausdruck tief verletzter Selbstbehauptung, die die aggressive Selbstachtung herausfordert. Als Buch trotz Sturmwarnung in herrischer Theatralik eine Art »Segelro-deo« veranstaltet, stößt ihm Halm die Ruderpinne aus der Hand. Mit dem Sturz des Rivalen in den schäumenden See befreit sich Halm mit einem kalkuliert aggressiven Akt von seinem zumindest optisch und verbal überlegenen Gegner, der den Sturz allerdings überlebt.

Nach fruchtlosen Versuchen, das Altern zu verdrängen bzw. wie Buch die Jugend zu konservieren, läßt sich der Protagonist schließlich willig in den Strom der Zeit hineingleiten, in dem sich die Novelle als literarische Aussageweise des Ereignishaften erfüllt. Die Zeit bestimmt den Menschen, aber der Mensch vermag zu bestimmen, was er mit der ihm zugemessenen Zeit anfängt.

Gert Hofmann (1931–1993)

Gert Hofmanns 1981 (im Band *Gespräch über Balzacs Pferd*) erschienene Novelle *Casanova und die Figurantin* führt den verführerischen Liebhaber und charmant bezwingenden Lebenskünstler auf der Neige seines Lebens vor, unübersehbar gezeichnet von den Spuren des Verfalls. Das Leben jenseits der Fünfzig, in den Memoiren ausgespart, steht im Zentrum der Novelle.

Casanova mit schütterem, glanzlosen Haar, nahezu zahnlos, unter Herzbeschwerden leidend, in fadenscheinigem Aufzug, ist von Glück und Erfolg verlassen. Die Reichen und Mächtigen wie die Frauen weisen ihn ab. Gegenstand der Novelle ist der Wendepunkt eines Daseins, das von der Kunst und Poesie eines phantasievollen Lebensentwurfs in die Gestaltlosigkeit prosaischer Wirklichkeit umzuschlagen beginnt. Casanova, in seiner Kutsche rastlos vorwärtsjagend nach dem Glück, mehr Getriebener als Treibender, verfängt sich in einem Leichenzug. Daseinsziel ist in absurder Pointierung nicht das Leben, sondern der Tod. Auf dem Friedhof ereignet sich die unerhörte Begebenheit, vom novellistischen Erzähler wiederholt spielerisch erwogen, nun aber in unausweichlichem Ernst präsent.

Der nach Cervantes die Novelle konstituierende »caso

portentoso y jamás visto«, die »sich ereignete unerhörte Begebenheit« in den Worten Goethes, ist das gnadenlose memento mori.

Auf dem Friedhof begegnet Casanova seiner totgeglaubten Mutter. Von hinten, noch unerkannt, erscheint sie ihm begehrenswert, ein möglicher erotischer Trost in einem trostlosen Leben, von vorn aber blickt er in ein Greisinnengesicht. In Anspielung auf die mittelalterliche Frau-Welt-Darstellung wie auf die ambivalente Muttersymbolik steht am Ende die radikale Desillusionierung. Liebeshoffnung schlägt um in Todesangst, die mütterliche Lebensspenderin wandelt sich zur Todesbotin. Die enge Kammer, die Casanova mit der Mutter betritt, ist zugleich Sinnbild der Mutterleibshöhle wie des Grabs. Das gleiche gilt für den schwarzen Koffer der Mutter, einen »offenstehenden, mäßig hohen, mäßig breiten, aber recht langen« Koffer mit zwei Bronzegriffen zum Tragen, ein novellistisches Dingsymbol par excellence, geöffnet auf Mutterleib und Geburt, geschlossen auf Sarg und Tod verweisend. Mit der in ihm aufbewahrten feinen Spitzenwäsche sind die einstigen erotischen Lebensillusionen gleichsam eingesargt.

Auf die polare Spannung von Geburt und Tod verweisen schließlich auch noch das volle Haupthaar der Mutter und die schlaff herunterhängenden Seidenstrümpfe an ihren dünnen Beinen. Längst hat sich der schwarze Rock über die vielen farbenfrohen Röcke darunter gelegt, Requisiten der einstigen Buntheit des Lebens, nun vom Alter verdrängt und überdeckt.

Die Mutter, die ihrem Sohn am Wendepunkt seines Lebens begegnet, stellt ihm in makabrer Eindringlichkeit vor, daß das Leben, das sie ihm einst geschenkt, ein Leben zum Tode ist. Als Figurantin, als stumme Begleiterin, ist sie ihm nahe gewesen, wenn er auf der Lebensbühne seine in künstlerischer Phantasie selbstentworfenen Rollen spielte. Solange er in der Lebenskunst brillierte, blieb sie stumm, erst jetzt, wo sich sein Leben neigt und die Kunst versagt, dringt

ihre Stimme zu ihm, wird ihre unerhörte Mahnung hörbar:
Gedenke, daß du sterben mußt! Für das Schauspielerkind
Casanova scheinen alle Rollen ausgespielt, Phantasie und
Kunst erschöpft. Das gelebte Kunstwerk ist nur noch ein al-
ternder Mann ohne Faszination und poetischen Zauber. In
der engen Dachkammer vor dem geöffneten Sargkoffer, den
er schließen soll, droht ihm die endgültige Auslöschung:
Die Rückkehr zur Mutter in das Grab. Nur durch den Blick
aus dem Fenster hält er den Kontakt mit der Außenwelt,
die mehr und mehr zu versinken droht, aufrecht, wenn auch
aus der Distanz, ohne die Chance, persönlich teilzunehmen,
Verweis auf die einsetzende Niederschrift der Memoiren
nach dem Verlassen der Kammer. »Da schreibt Casanova
[...] ein paar Sätze in seine Memoiren, die er, da er persönlich nun keine Illusion mehr erzeugt, zu schreiben begonnen hat.«

In den Memoiren steht sein Leben noch einmal auf, doch
nicht länger als gelebtes, sondern nurmehr als geschriebenes
Kunstwerk. Literatur ist Surrogat für das unwiederholbar
Verlorengegangene, eine schöpferische Abschiedsgebärde
mit der endgültigen, kunstlosen Auflösung vor Augen. Die
Tat wird zum Wort, das Zeichen muß das Leben ersetzen.
Die Literatur porträtiert das unerhörte, sich stets neu ereignende Chaos der Wirklichkeit, gegen das sie im Medium
der Form ihren ohnmächtigen Protest einlegt.

Christoph Hein (geb. 1944)

Christoph Heins Novelle *Drachenblut*, unter dem Titel *Der
fremde Freund* erstmals 1982 in der DDR erschienen, setzt
ein mit der anstehenden Beerdigung Henrys, des Geliebten
der Ich-Erzählerin – Anlaß, über eine Beziehung nachzu-

denken, die im Grunde keine war. Erst der Rückblick im Binnenteil, das erinnernde Nacherleben, fördert die Gründe für das emotionale Scheitern zutage, ein Scheitern allerdings ohne persönliche Folgen, mehr Dokumentation als Anstoß gebende Deutung. Nicht zufällig ist die Ich-Erzählerin Ärztin und Hobbyfotografin, eine kühl sezierende und diagnostizierende Beobachterin ihrer selbst und ihrer Umwelt.

Zentral sind ihre Schulerfahrungen und ihr Erlebnis mit Katharina, ihrer einstigen Schulfreundin. Nachhaltig zerstörte bereits der Sportunterricht das soziale Vertrauen. »Ich glaube jetzt, meine Generation ging in den Turnhallen ihrer Schulen so nachhaltig auf die Matte, daß es uns noch immer in allen Gliedern steckt.«

Drill und Dressur machen den einzelnen gefügig und entfremden ihn von sich selbst und von den anderen. Schließlich zerbricht auch die Freundschaft mit der Katholikin Katharina an dem ideologischen Diktat und den Repressalien einer totalitären Gesellschaft. Im Kasernenhofdrill der Turnhalle spiegelt sich der kollektivistische Staat, der alle individuellen Beziehungen zerstört und den einzelnen verkrüppelt.

Kernsymbol der individuell verkrüppelten Gesellschaft ist in der Novelle die Mietskaserne, in der auch die Erzählerin in einer Wohnzelle lebt, abgeschottet von den Mitbewohnern, eingeschlossen in das eigene beziehungslos gewordene Ich. Das Kollektiv erstickt die Solidarität, die Versagung individueller Entfaltung sperrt den einzelnen in ein egozentrisches Getto.

Die kollektive Unterdrückung des vitalen, sich erst in der Zuwendung zum Du erfüllenden Individuums pervertiert die persönlichen Wirklichkeitsbezüge. Auf den Fotos der Ich-Erzählerin ist der Mensch ausgeblendet. An die Stelle der individuell engagierten Wahrnehmung tritt das unbeteiligte, tote Auge der Kamera. Die gewählte Perspektive der Bilder mit ihren leblos fixierten Landschaftsausschnitten und Trümmermotiven eröffnet keine Horizonte, in den optischen Erstarrungen der Bilder wird die pathologische Situation des Ichs anschaubar.

Am Ende tritt die Erzählerin dem Leser nicht anders als am Anfang entgegen, isoliert und monologisierend. Eine Entwicklung hat nicht stattgefunden. Der novellistische Rahmen schließt das auf sich selbst zurückgestoßene Ich wie in einem Käfig ein und hebt die Bedingungen hervor, unter denen die Liebesgeschichte im Binnengeschehen notwendig scheitern mußte. Was sich zunächst als persönliche Chance abzeichnete, die Begegnung der Ich-Erzählerin mit Henry, ihr gelegentliches Zusammensein, die Zärtlichkeiten, die sie austauschten, führt zu keinen inneren Annäherungen.

Beschränkt auf Smalltalk und Sexualität, verharren die flüchtigen Begegnungen an der Oberfläche. Man bleibt sich fremd. Auch Harry ist eingegliedert in das Kollektiv, den Bedingungen einer Gesellschaft unterworfen, die das Individuelle diskreditiert. Liebe aber kann sich nur zwischen Individuen ereignen.

Auffällig ist das Zurücktreten des Dialogs. Die Beiträge des andern erscheinen in indirekter Rede, in der distanzierenden Sprachform der referierenden Erzählinstanz. Das Du gewinnt bezeichnenderweise keine eigenen Konturen. Von ähnlicher Banalität und Folgelosigkeit wie die Liebe zwischen der Ich-Erzählerin und Henry ist sein Tod. Kühl, innerlich kaum betroffen, blickt sie zurück. Ihr Stil bleibt unverändert, sachlich, distanziert.

Ins Auge springen die häufig wiederholten Satzanfänge mit dem Personalpronomen in der ersten Person Singular. Vorherrschend sind parataktisch gebaute Sätze, Spiegel menschlicher Bindungs- und Beziehungslosigkeit. Zurückverwiesen sieht sich das Ich stets auf sich selbst, unfähig, aus seinem Getto herauszutreten. »Ich bin unverletzlich geworden. Ich habe in Drachenblut gebadet [...]. Aus dieser Haut komme ich nicht mehr heraus. In meiner unverletzbaren Hülle werde ich krepieren.«

Mit der aus Angst, verletzt zu werden, erworbenen Unverletzbarkeit hat das Ich seine Fähigkeit eingebüßt, Beziehungen zu stiften. Ohne die Bereitschaft, das lebensnotwendige Wagnis der Öffnung zum andern auf sich zu nehmen, verwickelt sich der einzelne zusehends in einen Prozeß der Selbstauslöschung. Hinter der Fassade eines peinlichst geregelten Alltags, im Bekenntnis zur Nivellierung der Bedürfnisse, überlebt das sozial amputierte, zur Leblosigkeit erstarrende Ich. Die perfekte Lebensorganisation schließt wie eine unverletzbare Haut die Sphäre des einzelnen, aus der kein Lebenszeichen mehr nach außen dringt, luftdicht ab.

Christoph Heins Novelle schildert die schleichende Abtötung des solidarischen, auf dialogische Selbstverwirklichung angewiesenen Individuums unter den Bedingungen einer sozialistischen Gesellschaft, die alles Individuelle als staatsgefährdend diskriminiert. Im Prozeß des sich ereignenden Verlusts seines Gemeinschaftsgefühls überlebt der Mensch nur als seelenlos funktionierende Scheinexistenz. Dem über das Individuum verhängten kreatürlichen Tod bei Hofmann steht bei Hein die sozialistisch manipulierte Abtötung des Individuums gegenüber.

Hartmut Lange (geb. 1937)

Nicht vom Tod handelt Hartmut Langes 1986 erschienene Novelle *Das Konzert* auf den ersten Blick, sondern von den Toten. Novellistisches Erzählen beschreibt einen descensus ad inferos. Der Ort der phantastischen Unterwelt ist das Berlin nach 1945, vornehmlich aber noch in der unzerstörten Gestalt vor dem Krieg.

Unsichtbar für die Lebenden bewegen sich hier auf der

einen Seite die von den Nazis umgebrachten Juden, unter ihnen allerdings auch der im hohen Alter eines natürlichen Todes gestorbene jüdische Maler Max Liebermann, und auf der anderen Seite im ehemaligen Führerbunker am Brandenburger Tor die Nazis, unter denen indes lediglich Klevenow als exemplarischer Repräsentant Konturen gewinnt, während die anderen in der uniformen Menge aufgehen. Quälend reproduziert die gespenstische Gegenwart die geschichtliche Vergangenheit der Opfer wie der Täter. Entwicklung und Zukunft sind beiden verschlossen. Lähmende Stagnation und zwanghafte Wiederholung des Vergangenen bestimmen ihr Handeln und lassen ihre Versuche, neue Wege zu gehen, regelmäßig scheitern. Gleichsam eingefroren ist ihre Entwicklung auf dem Stand zum Zeitpunkt ihres Todes. Unauslöschlich ist die Erinnerung der Opfer an ihr grauenvolles Ende, ruhelos, von schwerer Gewissensschuld umhergetrieben begegnen dem Leser die Täter. Die Hölle der einen wie der anderen liegt in der offenbaren Unmöglichkeit von Versöhnung und Erlösung. Nur Schulze-Bethmann, der einstige jüdische Kritiker und Novellist, lehnt sich auf gegen Stagnation und lähmende Wiederholung: »Denn eines müsse der Mörder, spätestens nachdem er den Zustand des Opfers erreicht hätte, erfahren: Daß seine Tat sinnlos gewesen sei«.

Er weigert sich, den Wahnsinn des Lebens im Tode nachzuholen, indem er wie die einstigen Täter fortfährt, zu hassen, zu demütigen und zu quälen. Auf sein Betreiben überwindet sich der geniale, in fast noch jugendlichem Alter ermordete Pianist Lewanski, vor den nach Verzeihung und Erlösung verlangenden Nazi-Tätern im Führerbunker ein Konzert zu geben, eine Demonstration des versöhnlichen Willens angesichts aufrichtiger Reue und Sühne. Dieses Konzert ist Ziel und Höhepunkt des novellistischen Erzählens, die unerhörte Begebenheit, wie es ausdrücklich heißt, von der eine Wende ausgehen könnte.

Herzstück des Konzerts ist die E-Dur Sonate des späten

Beethoven, deren Finale den jungen Pianisten jedoch regelmäßig in Bedrängnis bringt. Hier sollte er, »nochmals über sich hinauswachsen und einen Trillersturm beginnen [. . .]. Dann sollte wieder das Cantabile folgen, als würde sich über soviel Gewalt endlich der Himmel öffnen.« Aber der junge Pianist scheitert auch bei dem entscheidenden Konzert, weil ihm die Lebensreife fehlt, ein solches Finale zu gestalten, das die endgültige Aussöhnung zwischen Opfern und Tätern hätte vorbereiten können.

Der gewaltsame Tod hat den persönlichen Reifungsprozeß abgeschnitten wie auch den Weg zur Verzeihung und Versöhnung. Die unerhörte Begebenheit ist in radikaler novellistischer Konsequenz das sich ereignende Scheitern.

Der alte Liebermann, bewußt als einzige nichtfiktive Figur gewählt, ahnt, daß es jenseits scheinbar endlosen Scheiterns eine Hoffnung geben muß, die auch er mit der Musik verbindet, mit dem unvollendeten Requiem, an dem Mozart noch am Tage vor seinem Tod arbeitete.

In Erinnerung ist ihm vor allem die »Sopranstimme, so durchdringend, so begütigend, so voller Versöhnung«. Die Musik, die nach einem Wort E. T. A. Hoffmanns über Beethoven »dem Menschen ein unbekanntes Reich« aufschließt, ist das eigentliche Leitmotiv der Novelle. Sowohl im Fall des Pianisten wie im Falle Mozarts bricht sie endgültig vor der Vollendung des Werks ab, nicht ohne jedoch vorher eine Ahnung gegeben zu haben von der prinzipiell möglichen erlösenden Harmonie.

Auch der Novellist vermag das Geschehen nur bis zu dem Punkt zu führen, wo das Scheitern die Hoffnung auf ein Gelingen herausfordert. Am Ende bewegt sich das Sternbild des Großen Wagens wie eine flüchtige Verheißung, hell und überwältigend, dem Horizont zu, um dann wieder zu verschwinden. Scheitern gehört zu den Grenzsituationen, die neue Wege unausweichlich machen.

Weniger zentrales Thema wie bei Hofmann und Hein als dominierende Perspektive, gibt der Tod in Langes Novelle

Anstoß, das Leben sub specie mortis zu betrachten. Erst dann offenbart sich der Widersinn der Verfolgung und des Hasses, der Gewalt und des Tötens. Das Konzert, Übereinstimmung und Einklang können nur gelingen, wenn der Mensch mit der Zukunft seines Todes vor Augen beginnt, der Gegenwart seines Lebens ein menschenwürdiges Gesicht zu geben.

Lange führt den negatorischen Prozeß der Novelle im Medium einer Perspektive post festum bis zu dem Punkt, wo er umschlagen könnte in eine positive Gegenbewegung. Der Wendepunkt, wenn es denn einen gibt, kann sich nicht auf der Ebene des vergangenen Scheiterns, sondern nur auf der Rezeptionsebene eines möglichen gegenwärtigen Gelingens ereignen.

Thomas Hürlimann (geb. 1950)

In Thomas Hürlimanns Novelle *Das Gartenhaus* aus dem Jahr 1989 stellt der Tod eine unerhörte Herausforderung dar, einen Widerspruch, den zu lösen den Lebenden aufgetragen ist. Katastrophal bricht der frühe Tod des einzigen Sohns in das Leben eines alten Ehepaars ein und führt zu tiefen Beunruhigungen. Endgültig verwaist erscheint das EIternhaus, das, in der Form eines Schiffs gebaut, am Ufer eines Sees gelegen, den Namen »Laetitia« trägt. Die Freude aber schlägt um in Trauer. Niemals wieder scheint »die Laetitia jubelnd und leuchtend in die Nachtsee« hinauszustechen, wie es stets geschah, wenn die Familie versammelt war und das Haus mit Leben erfüllte.

Haus und Schiff, Ruhendes und Bewegtes, gehen eine ambivalent paradoxe Verbindung ein, in der das massiv Stoffliche durch die Form dynamisiert erscheint. Doch der

mit dem Stofflichen schicksalhaft verknüpfte Tod schneidet
zunächst alle Bewegung ab. Still steht auch die für den erkrankten Sohn im Gartenhaus aufgebaute Modelleisenbahn.

Das hereingebrochene Verhängnis fordert Entwürfe des
Widerstands gegen das scheinbar Unabänderliche heraus.
Gegen den Willen ihres Mannes läßt die Frau einen gewaltigen Grabstein errichten, Sinnbild des Überdauernden und
Unverrückbaren, trotzig dem Vergänglichen entgegenge-
stellt, es gleichsam widerlegend. Der Mann, indem er heimlich eine Katze füttert, die ihm beim Grab des Sohns begegnet ist, setzt auf den Erhalt des Lebens selbst. »Lächerlich,
aber Tatsache, aber wahr – er wollte sie beschützen vor
dem Tod«.

Die Katze am Grabe seines Sohns kommt ihm »winselnd
und jammernd wie die Seele eines toten Kindes« vor. Die
regelmäßige Fütterung gerät zu einem symbolischen Akt,
dem Leben angesichts der irritierenden Nähe des Todes
Dauer zu verleihen. Geschmeidig streicht die Katze über die
Gräber – Augenblicke vitaler Bewegung am Ort der Toten-
ruhe. In den konkurrierenden Entwürfen, dem Tod zu widerstehen, seine scheinbare Endgültigkeit zu konterkarie-
ren, spiegelt sich der Auseinanderfall des Ruhenden und des
Bewegten, im Sinnbild des schifförmigen Hauses paradox
verbunden. Stoff und Form, Körper und Seele, hyle und
morphe sind im Stein und in der Katze getrennt. Beide Entwürfe müssen notwendig scheitern.

Der Stein mit seiner Inschrift ist der Verwitterung und
der Vermoosung ausgesetzt, die ihre Spuren trotz aller Anstrengungen immer deutlicher zurücklassen, während sich
die Katze als vorüberhuschendes Schemen aller Annäherung und Berührung entzieht. Der Tod des Sohns hat die
Eltern in fundamentale Widersprüche verwickelt, wie sie im
Sinnbild des Haus-Schiffs präsent sind, die einstige Harmonie in Mißklang verwandelt.

Den Wendepunkt markiert die Begegnung des Ehepaars
im Gartenhaus, dort, wo der Sohn im Spiel mit der Modell-

eisenbahn die letzte Zeit seines Lebens verbrachte. Trostlos verlassen stehen die Eisenbahn und die kunstvoll gebauten Kulissen. »Als sei ein ewiger Winter ausgebrochen, verharren Bäume und Autos und Menschen im Zustand der Vereisung, in der Stille des Todes [. . .]. Wohin man auch blickt: tote Materie mit einem Schlag erstorben, ausgeknipst.« Und doch hat »sich einiges so unversehrt erhalten, als sei es aufgehoben für den Anspruch einer neuen Zukunft«. Die Begegnung im Gartenhaus, unheilvoll verbunden mit der unerhörten Begebenheit des Todes, wird zum eigentlichen Wendepunkt der sich ereigneten fatalen Entwicklung mit ihren gescheiterten Entwürfen und ihren Widersprüchen. Anzuknüpfen gilt es dort, wo die Katastrophe begann, indem man, sich erinnernd, den Dingen einen anderen Lauf gibt.

Die Bretter von den Läden werden entfernt, Licht dringt in das Gartenhaus, wo die Eisenbahn bald wieder ihre Runden zieht. »Die Zeit lief rückwärts, nur noch die Vergangenheit war lebendig.« Weiße Rosen leuchten aus der Verwilderung des Parks. »Im wilden Wuchern war die Zeit getilgt, und wie ein seetüchtiges Schiff lag die Laetitia reglos in der Bucht eines unerforschten Archipels.« Haus und Schiff, Ruhendes und Bewegtes, Körper und Seele sind wieder verbunden. Der Raum scheint die Zeit zu verdrängen.

Menschliche Existenz erfüllt sich zwischen Dasein und Aufbruch, zwischen dem Gebundensein an die Gegenwart und der Öffnung für eine in der Erinnerung geahnte Zukunft. Der Mann vor seinem Tod und die Frau bewegen sich nach der Überwindung ihrer Trauer wieder in der Freude neuer Lebenserwartung, unmittelbar vor dem Abschied von der Zeit mit dem Ziel, endgültig anzukommen in der Zeitlosigkeit des Raums. Ihr Dasein bildet nur die Möglichkeit, wirklich wird es erst in der bevorstehenden Überfahrt zum Paradies. Die alte, weit verbreitete emblematische Vorstellung des Schiffs, das aus begrenztem Dasein hinausträgt, scheint sich neu zu erfüllen.

Entscheidend ist die Aussage des Gärtners kurz vor seinem Tod. Sein Beruf sei ein Bückberuf. »[...] er verneige sich vor den Restbeständen des Paradieses. Denn jede Gartenanlage sei das Bemühen um die Wiederherstellung des ersten Gartens, Eden genannt, und dorthin, nicht etwa in eine leere Ewigkeit, kehre der Mensch zurück.« Am Ende stehen Mann und Frau, Adam und Eva, vor der Rückkehr ins Paradies, nachdem ihnen die Erfahrung des Todes die Augen geöffnet hat für die Ewigkeit.

Der novellistische Prozeß mündet in eine Aufbruchssituation, in die geahnte unerhörte Begebenheit eines zeit- und todbefreiten Lebens, die die Novelle übergehen läßt in die Legende. Zeit und Tod bedrängen nur den, der sich einschließt ins Zeitliche und Tote, demjenigen aber, der sich öffnet, werden Zeit und Tod zum Anstoß, dem Leben jenseits der Zeit in der Erinnerung des Paradieses Existenz zu geben.

Änlich wie Lange, aber nicht auf das geschichtliche Leben gerichtet, sondern es transzendierend, führt Hürlimann den negatorischen Prozeß der Novelle bis zu dem Punkt, wo die Wendung ins Positive jederzeit möglich scheint, das seetüchtige Schiff »Laetitia«, um in der Sprache der Novelle zu bleiben, ablegt zur großen Fahrt über den Tod hinaus.

Norbert Gstrein (geb. 1961)

Mit seiner Novelle O2 (1993) gelang Norbert Gstrein auf Anhieb eine originelle Gattungsadaption. Thematischer Vorwurf ist der am 27. Mai 1931 von Augsburg gestartete Stratosphärenballonflug des Schweizer Physikprofessors Auguste Piccard zusammen mit seinem Assistenten Kipfer.

Die Handlung konzentriert sich zwischen Start und Landung des Ballons auf diesen einen Tag. Dabei geht es aber weniger um die Ballonfahrt selbst als um die unterschiedlichen subjektiven Brechungen und personalen Perspektiven, aus denen die unerhörte Begebenheit Gestalt gewinnt. Sie selbst wird zum Anlaß, die in ihrem Umkreis auftretenden Personen vorzustellen und kritisch zu durchleuchten.

Aus der Sicht des Assistenten wirkt der Professor wie ein eitler, auf Renommage und Rekorde erpichter Gernegroß, weniger darauf bedacht, der Wissenschaft zu dienen als seiner Publicity. Selbstherrlich gefällt er sich in der Rolle des wagemutigen Helden, der die Öffentlichkeit durch Sensationen ohnegleichen in Atem hält. Als der Ballon außer Kontrolle gerät und sich Assistent und Professor wegen der stickig-heißen Luft nur noch in Unterhosen gegenübersitzen, nimmt der Professor, eingeleitet durch die Frage, ob seinem Assistenten Boccaccios *Decamerone* bekannt sei, die Gelegenheit wahr, sich mit der banalen erotischen Affäre mit einer Institutssekretärin zu brüsten. In persiflierender Darstellung werden die männlichen Heldenklischees des kühnen Forschers und des sexuell unwiderstehlichen Verführers entlarvt.

Nicht anders ergeht es dem Direktor der Ballonfabrik, der sich durch das außergewöhnliche technische Unterfangen zum erfolgreichen Superunternehmer zu stilisieren gedenkt. Neben die männlichen Heldenbilder aus Wissenschaft, Technik und Wirtschaft stellt Gstrein mit dem Chauffeur, der mit einer Gruppe von Wissenschaftlern und Technikern den Kurs des Ballons im Auto verfolgt, den perfekten Fahrer, der sich hinter dem Steuer seines Wagens allmächtig und überlegen vorkommt und in der Ich-Perspektive, großtuend und bramarbasierend, sich selbst ständig der Lächerlichkeit preisgibt.

Der letzte in der Reihe der Männer-Helden ist der Lehrer Schatz, der mit zwei Dienstmädchen zu einer amourösen

Bergtour aufbricht und sich während der plumpen, ganz und gar erfolglosen Annäherungsversuche sinnlos betrinkt. Am Ende ist der eingebildete Don Juan nur noch ein torkelnder und brabbelnder Trunkenbold. Immerhin ist er es aber, der dem Professor und dem Assistenten nach ihrer Bruchlandung als erster begegnet und sich später zu deren Retter hochstilisiert. Überhaupt wird schließlich das ganze fragwürdige Unternehmen mit seinem eher blamablen Ausgang von den Medien den staunenden Zuschauern im Hollywood-Stil als »Triumph der Technik« verkauft, während der Professor die Geschichte zum »Heldenepos« aufbläht.

Erbarmungslos nimmt Gstrein männliche Heldeninszenierungen aufs Korn und entlarvt sie als bloßes Schmierentheater, als viel Lärm um nichts. Ob der Forscher, der Unternehmer, der Starfahrer oder der Verführer, alle sind sie aufgehoben in der Welt des bloßen Medienscheins. Nur dort haben sie etwas von dem Glanz der Helden, in Wirklichkeit aber sind sie kleine Gernegroße, Hochstapler und Renommisten.

Die Novelle rechnet ab mit einer vom Wahn männlichen Heldentums beherrschten Welt. Bewußt wählt Gstrein die novellistische Aussageweise. Während das Epos und bestimmte Formen des Romans von männlichen Heldenklischees leben, ist die Novelle mit ihrer Neigung zu abschüssigen Entwicklungen das adäquate Medium der fatal scheiternden männlichen Heldenrollen. »Es war ein Schlag, der uns niederstreckte, als wir landeten«. Die Bruchlandung symbolisiert in krasser Weise den Ausgang aller von Männern gestarteten sogenannten Heldentaten.

Gstrein adaptiert die Novelle als ironisches Medium maskuliner Heldenfiktionen und löst damit die für die Gattung charakteristische Tragik des Scheiterns auf, indem er es als ein menschlich-männlich bedingtes Scheitern versteht, das keineswegs tragisch, sondern eher komisch und daher prinzipiell abwendbar ist. Nicht in der Stickluft der Ballonkabine, wo der selbsternannte Held den Ton angibt, ist freies

Atmen möglich, sondern nur in der unbelasteten, sauer-
stoffreichen Luft einer von männlichen Helden befreiten
Welt. Insofern ist der Novellentitel sowohl ironisch zu verstehen mit Blick auf das, was wirklich geschieht, aber auch
utopisch mit Blick auf das, was geschehen sollte.

Bibliographie

1. Theorie und Geschichte der Novelle

Aust, Hugo: Novelle. 2., überarb. und erg. Aufl. Stuttgart 1995. (Sammlung Metzler. 256.)

Bennett, E. K.: A History of the German »Novelle«. Rev. and cont. by H. M.-Waidson. Cambridge 1961. [Zuerst 1934.]

Eisenbeiß, Ulrich: Didaktik des novellistischen Erzählens im Bürgerlichen Realismus. Literaturdidaktische Studien zu Gottfried Keller, Wilhelm Raabe und Theodor Storm. Frankfurt a. M. [u. a.] 1985.

Ellis, John M.: Narration in the German Novelle. Theory and Interpretation. London 1974.

Freund, Winfried: Die deutsche Kriminalnovelle von Schiller bis Hauptmann. Einzelanalysen unter sozialgeschichtlichen und didaktischen Aspekten. 2., erw. Aufl. Paderborn 1980. [Zuerst 1975.]

– Von der Aggression zur Angst. Zur Entwicklung der phantastischen Novellistik in Deutschland. In: Rein A. Zondergeld (Hrsg.): Phaicon. Almanach der phantastischen Literatur. Bd. 3. Frankfurt a. M. 1978. S. 9–31.

– Literarische Phantastik. Die phantastische Novelle von Tieck bis Storm. Stuttgart 1990.

– (Hrsg.): Deutsche Novellen. Von der Klassik bis zur Gegenwart. [Interpretationen.] München 1993. ²1998. (UTB. 1753.)

– Novelle. In: Edward McInnes / Gerhard Plumpe (Hrsg.): Bürgerlicher Realismus und Gründerzeit 1848–1890. München 1996. (Hansers Sozialgeschichte der deutschen Literatur. 6.) S. 462–528.

– Die unerhörte Begebenheit Tod. Novellistisches Erzählen der achtziger Jahre. In: die horen 41 (1996) H. 3. S. 151–164.

Grolmann, Adolf von: Die strenge Novellenform und die Problematik ihrer Zertrümmerung. In: Zeitschrift für Deutschkunde 10 (1929) S. 609–627.

Himmel, Hellmuth: Geschichte der deutschen Novelle. Bern 1963. (Sammlung Dalp. 94.)

Hirsch, Arnold: Der Gattungsbegriff »Novelle«. Berlin 1928.

Jolles, André: Einleitung zur neuen deutschen Ausgabe des Dekamerons. In: Giovanni Boccaccio: Das Dekameron. Übertr. von Albert Wesselski. Nachschöpfung der Gedichte von Theodor Däubler. Leipzig 1921. S. VII–XCVI.

Klein, Johannes: Geschichte der deutschen Novelle von Goethe bis zur Gegenwart. 4., verb. und erw. Aufl. Wiesbaden 1960. [Zuerst 1954.]

Krämer, Herbert (Hrsg.): Theorie der Novelle. Stuttgart 1976. (Reclams Universal-Bibliothek. 9524.)

Kunz, Josef (Hrsg.): Novelle. 2., wesentl. veränd. und verb. Aufl. Darmstadt 1973. (Wege der Forschung. 55.) [Zuerst 1968.]

– Die deutsche Novelle im 19. Jahrhundert. 2., überarb. Aufl. Berlin 1978. [Zuerst 1970.]

– Die deutsche Novelle im 20. Jahrhundert. Berlin 1977.

– Geschichte der deutschen Novelle vom 18. Jahrhundert bis auf die Gegenwart. In: Deutsche Philologie im Aufriß. 2., überarb. Aufl. Unter Mitarb. zahlr. Fachgelehrter hrsg. von Wolfgang Stammler. Bd. 2. Berlin 1960. Sp. 1795–1896.

Lehmann, Jakob (Hrsg.): Deutsche Novellen von Goethe bis Walser. Interpretationen für den Deutschunterricht. 2 Bde. Königstein i. Ts. 1980.

Lockemann, Fritz: Gestalt und Wandlungen der deutschen Novelle. Geschichte einer literarischen Gattung im neunzehnten und zwanzigsten Jahrhundert. München 1957.

Malmede, Hans Hermann: Wege zur Novelle. Theorie und Interpretation der Gattung Novelle in der deutschen Literaturwissenschaft. Stuttgart 1966.

Pabst, Walter: Die Theorie der Novelle in Deutschland. In: Romanistisches Jahrbuch 2 (1949) S. 81–124.

Paulin, Roger: The Brief Compass. The Nineteenth-Century German Novelle. Oxford 1985.

Petsch, Robert: Wesen und Formen der Erzählkunst. Halle 1934.

Polheim, Karl Konrad: Novellentheorie und Novellenforschung. Ein Forschungsbericht. Stuttgart 1965.

– (Hrsg.): Handbuch der deutschen Erzählung. Düsseldorf 1981.

Pongs, Hermann: Grundlagen der deutschen Novelle des 19. Jahrhunderts. In: Jahrbuch des Freien Deutschen Hochstifts 1930. S. 151–231.

– Das Bild in der Dichtung. Bd. 2: Voruntersuchungen zum Symbol. Marburg 1939.

Remak, Henry H.: Wendepunkt und Pointe in der deutschen Novelle von Keller bis Bergengruen. In: Marion Sonnenfeld [u. a.] (Hrsg.): Wert und Wort. Festschrift für Else M. Fleissner. Aurora (N. Y.) 1965. S. 45–56.

– Novellistische Struktur: Der Marschall von Bassompierre und die schöne Krämerin (Bassompierre, Goethe, Hofmannsthal). Essai und kritischer Forschungsbericht. Bern 1982.

Sautermeister, Gert: Klassische Novellenkategorien in der Restaurationszeit. In: Textsorten und literarische Gattungen. Dokumentation des Germanistentags in Hamburg vom 1. bis 4. April 1979. Berlin 1983. S. 521–534.

Schlaffer, Hannelore: Poetik der Novelle. Stuttgart 1993.

Schönhaar, Rainer: Novelle und Kriminalschema. Bad Homburg 1969.

Schunicht, Manfred: Der »Falke« am »Wendepunkt«. In: Germanisch-Romanische Monatsschrift N. F. 10 (1960) S. 44–65.

Silz, Walter: Realism and Reality. Studies in the German Novelle of Poetic Realism. Chapel Hill 1954.

Stutz, Elfriede: Frühe deutsche Novellenkunst. Göppingen 1991.

Swales, Martin: The German »Novelle«. Princeton 1977.

Thieberger, Richard: Le genre de la nouvelle dans la littérature allemande. Paris 1970.

Walzel, Oskar: Die Kunstform der Novelle. In: Zeitschrift für den deutschen Unterricht 29 (1915) S. 161–184.

Wiese, Benno von: Die deutsche Novelle von Goethe bis Kafka. Interpretationen. 2 Bde. Düsseldorf 1956–62.

– Novelle. 8. Aufl. Stuttgart 1982. [Zuerst 1963.] (Sammlung Metzler. 27.)

2. Einzelinterpretationen zu ausgewählten Novellen

Titel, die in Abschnitt 1 der Bibliographie schon verzeichnet sind, werden im folgenden abgekürzt und mit dem Zusatz »[s. B 1]« zitiert.

Achim von Arnim: Die Majoratsherren

Casey, Paul F.: Images of Birds in Arnim's »Majoratsherren«. In: German Life and Letters 33 (1980) H. 3. S. 190–198.

Kluge, Gerhard: Gotthilf Heinrich Schuberts Auffassung vom tierischen Magnetismus und Achim von Arnims Erzählung »Die Majoratsherren«. In: Aurora 46 (1986) S. 168–173.

Strack, Friedrich: Phantasie und Geschichte. Achim von Arnim: »Die Majoratsherren«. In: Freund (Hrsg.): Deutsche Novellen [s. B 1]. S. 59–71.

Vadakethala, Raphael: Zur Groteskraumgestaltung in Achim von Arnims Erzählung »Die Majoratsherren«. In: German Studies in India 15 (1991) S. 41–46.

Werner, Hans-Georg: Zur Technik des Erzählers Achim von Arnim. In: Roswitha Brunswick / Bernd Fischer (Hrsg.): Neue Tendenzen der Arnimforschung. Bern [u. a.] 1990. S. 60–75.

Clemens Brentano: Geschichte vom braven Kasperl und dem schönen Annerl

Alewyn, Richard: »Geschichte vom braven Kasperl und dem schönen Annerl«. In: Interpretationen 4: Deutsche Erzählungen von Wieland bis Kafka. Frankfurt a. M. 1966. (Fischer-Bücherei. 721.) S. 101–150.

Freund, Winfried: »Geschichte vom braven Kasperl und dem schönen Annerl«. In: W. F.: Die deutsche Kriminalnovelle von Schiller bis Hauptmann [s. B 1]. S. 31–42.

Kluge, Gerhard: Clemens Brentano. »Geschichte vom braven Kasperl und dem schönen Annerl«. Text, Materialien, Kommentar. München 1979. (Hanser Literatur-Kommentare. 14.)

Nicolai, Ralf R.: Brentanos Kasperl- und Annerl-Geschichte. Positionen der Forschung und Möglichkeiten der Deutung. In: Literatur in Wissenschaft und Unterricht (1987) S. 460–477.

Silz, Walter: Brentano, Geschichte vom braven Kasperl und dem schönen Annerl. In: W. S.: Realism and Reality [s. B 1]. S. 17–28.

Georg Büchner: Lenz

Dedner, Burghard: Büchners Lenz: Rekonstruktion der Textgenese. In: Georg Büchner Jahrbuch 8 (1995) S. 3–68.

Schaub, Gerhard: Georg Büchner: »Lenz«. Erläuterungen und Dokumente. Stuttgart 1987. (Reclams Universal-Bibliothek. 8180.)

Schmidt, Harald: Melancholie und Landschaft. Die psychotische und ästhetische Struktur der Naturschilderungen in Georg Büchners »Lenz«. Opladen 1994.

Swales, Martin: Büchner: Lenz. In: M. S.: The German »Novelle« [s. B 1]. S. 99–113.

Wiese, Benno von: Georg Büchner: Lenz. In: B. v. W.: Die deutsche Novelle von Goethe bis Kafka [s. B 1]. Bd. 2. S. 104–126.

Adelbert von Chamisso: Peter Schlemihls
wundersame Geschichte

Freund, Winfried: Adelbert von Chamisso. »Peter Schlemihl«. Geld und Geist. Paderborn 1980.

– Die Dämonie des Geldes. Adelbert von Chamisso: »Peter Schlemihls wundersame Geschichte«. In: W. F.: Literarische Phantastik [s. B 1]. S. 56–65.

Gille, Klaus F.: Der Schatten des Peter Schlemihl. In: Der Deutschunterricht 39 (1987) H. 1. S. 74–83.

Neubauer, Wolfgang: Zum Schatten-Problem bei Adelbert von Chamisso oder zur Nicht-Interpretierbarkeit von »Peter Schlemihls wundersamer Geschichte«. In: Literatur für Leser 1986. S. 24–34.

Schwann, Jürgen: Vom »Faust« zum »Peter Schlemihl«. Kohärenz und Kontinuität im Werk Adelbert von Chamissos. Tübingen 1984.

Treichel, Hans-Ulrich: Der Schatten des Verschwindens. Adelbert
    von Chamisso: »Peter Schlemihls wundersame Geschichte«. In:
    Freund (Hrsg.): Deutsche Novellen [s. B 1]. S. 37–45.
Walach, Dagmar: Adelbert von Chamisso: »Peter Schlemihls wun-
    dersame Geschichte«. In: Erzählungen und Novellen des 19. Jahr-
    hunderts. Interpretationen. Bd. 1. Stuttgart 1988. (Reclams Uni-
    versal-Bibliothek. 8413.) S. 221–255.

Annette von Droste-Hülshoff: Die Judenbuche

Freund, Winfried: Der Mörder des Juden Aaron. Zur Problematik
    von Annette von Droste-Hülshoffs Erzählung »Die Judenbu-
    che«. In: Wirkendes Wort 19 (1969) S. 244–253.
– Der Außenseiter Friedrich Mergel. Eine sozialpsychologische
    Studie zur »Judenbuche« der Annette von Droste-Hülshoff. In:
    Zeitschrift für deutsche Philologie 99 (1979) Sonderh.: Annette
    von Droste-Hülshoff. »Die Judenbuche«. Neue Studien und In-
    terpretationen. S. 110–118.
– Heimat – ein Alptraum. Annette von Droste-Hülshoff: »Die Ju-
    denbuche«. In: Freund (Hrsg.): Deutsche Novellen [s. B 1].
    S. 109–119.
– Eine Novelle vom Töten. Die Judenbuche. In: W. F.: Annette von
    Droste-Hülshoff. Was bleibt. Stuttgart 1997. S. 11–32.
Immerwahr, Raymond: The Peasant Wedding as Dramatic Climax
    of »Die Judenbuche«. In: Linda Dietrick [u. a.] (Hrsg.): Momen-
    tum dramaticum. Festschrift für Eckehard Catholy. Waterloo
    (Ont.) 1990. S. 321–336.
Koopmann, Helmut: Die Wirklichkeit des Bösen in der »Judenbu-
    che« der Droste. In: Zeitschrift für deutsche Philologie 99 (1979)
    S. 71–85.
Moritz, Karl Philipp: Annette von Droste-Hülshoff. »Die Judenbu-
    che«. Sittengemälde und Kriminalnovelle. 2. Aufl. Paderborn
    1989.
Rölleke, Heinz: Annette von Droste-Hülshoff: »Die Judenbuche«.
    In: Erzählungen und Novellen des 19. Jahrhunderts. Interpreta-
    tionen. Bd. 2. Stuttgart 1990. (Reclams Universal-Bibliothek.
    8414.) S. 7–39.

Joseph von Eichendorff: Aus dem Leben eines Taugenichts

Anton, Herbert: »Geist des Spinozismus« in Eichendorffs »Taugenichts«. In: Hans Georg Pott (Hrsg.): Eichendorff und die Spätromantik. Paderborn 1985. S. 13–25.

Bormann, Alexander von: Joseph von Eichendorff. »Aus dem Leben eines Taugenichts«. In: Erzählungen und Novellen des 19. Jahrhunderts. Interpretationen. Bd. 1. Stuttgart 1988. (Reclams Universal-Bibliothek. 8413.) S. 339–379.

Haar, Carel ter: Joseph von Eichendorff. »Aus dem Leben eines Taugenichts«. Text, Materialien, Kommentar. München 1977. (Hanser Literatur-Kommentare. 6.)

Hillach, Ansgar: Arkadien und Welttheater oder Die Auswanderung des Märchens aus der Geschichte. [Nachwort.] In: Joseph von Eichendorff: Aus dem Leben eines Taugenichts. Frankfurt a. M. 1976. S. 143–154.

– Aufbruch als novellistisches Ereignis. Joseph von Eichendorff: »Aus dem Leben eines Taugenichts«. In: Freund (Hrsg.): Deutsche Novellen [s. B 1]. S. 73–83.

Köhnke, Klaus: Homo viator. Zu Eichendorffs Erzählung »Aus dem Leben eines Taugenichts«. In: Aurora 42 (1982) S. 24–56.

Polheim, Karl Konrad: Neues vom »Taugenichts«. In Aurora 43 (1983) S. 32–54.

Theodor Fontane: Unterm Birnbaum

Freund, Winfried: Theodor Fontane: »Unterm Birnbaum«. In: W. F.: Die deutsche Kriminalnovelle von Schiller bis Hauptmann [s. B 1]. S. 85–94.

Friedrich, Gerhard: »Unterm Birnbaum«. Der Mord des Abel Hradscheck. In: Fontanes Novellen und Romane. Interpretationen. Hrsg. von Christian Grawe. Stuttgart 1991. (Reclams Universal-Bibliothek. 8416.) S. 113–135.

Gill, Manfred: Letschin in Fontanes Kriminalnovelle »Unterm Birnbaum«. In: Fontane-Blätter 29 (1979) H. 5. S. 414–427.

Müller-Seidel, Walter: Theodor Fontane. Soziale Romankunst in Deutschland. 2. Aufl. Stuttgart 1980. S. 216–228.

Sagarra, Eda: Die unerhörte Gewöhnlichkeit. Theodor Fontane: »Unterm Birnbaum«. In: Freund (Hrsg.): Deutsche Novellen [s. B 1]. S. 175–186.

Voss, Lieselotte: Literarische Präfiguration dargestellter Wirklichkeit bei Fontane. Zur Zitatstruktur seines Romanwerks. München 1985. S. 193–213.

Johann Wolfgang Goethe: Novelle

Fritz, Horst: Die Utopie der Versöhnung. Goethe: »Novelle«. In: H. F.: Instrumentelle Vernunft als Gegenstand von Literatur. München 1982. S. 79–111.

Jacobs, Jürgen: »Löwen sollen Lämmer werden.« Zu Goethes »Novelle«. In: Hiltrud Gnüg (Hrsg.): Literarische Utopie-Entwürfe. Frankfurt a. M. 1982. S. 187–195.

Kaiser, Gerhard: Zur Aktualität Goethes. Kunst und Gesellschaft in seiner »Novelle«. In: Jahrbuch der Deutschen Schillergesellschaft 29 (1985) S. 248–265.

Kaiser, Herbert: »Böses Wollen« – »Schöne Tat«. Johann Wolfgang von Goethe: »Novelle«. In: Freund (Hrsg.): Deutsche Novellen [s. B 1]. S. 85–94.

Klingenberg, Anneliese: Goethes »Novelle« und »Faust II«. Zur Problematik Goethescher Symbolik im Spätwerk. In: Impulse. Aufsätze zur deutschen Klassik und Romantik 10 (1987) S. 75–124.

Schulz, Gerhard: Johann Wolfgang Goethe: »Novelle«. In: Erzählungen und Novellen des 19. Jahrhunderts. Interpretationen. Bd. 1. Stuttgart 1988. (Reclams Universal-Bibliothek. 8413.) S. 381–415.

Jeremias Gotthelf: Die schwarze Spinne

Freund, Winfried: Dämon Weib. Jeremias Gotthelf. »Die schwarze Spinne«. In: W. F.: Literarische Phantastik [s. B 1]. S. 121–132.

Hermand, Jost: Napoleon und die schwarze Spinne. Ein Hinweis. In: Monatshefte 54 (1962) S. 225–231.

Lindemann, Klaus: Jeremias Gotthelf. »Die schwarze Spinne«. Zur biedermeierlichen Deutung von Geschichte und Gesellschaft zwischen den Revolutionen. Paderborn 1983.
– Zwischen Revolutionen und Napoleon(en). Jeremias Gotthelf: »Die schwarze Spinne«. In: Freund (Hrsg.): Deutsche Novellen [s. B 1]. S. 95–108.
Rankin, Jamie: Spider in a frame: the didactic structure of »Die schwarze Spinne«. In: The German Quarterly 61 (1988) S. 403–418.

Günter Grass: Katz und Maus

Durzak, Manfred: Entzauberung des Helden. Günter Grass: »Katz und Maus« In: Freund (Hrsg.): Deutsche Novellen [s. B 1]. S. 265–277.
Kaiser, Gerhard: Günter Grass: »Katz und Maus«. München 1971.
Ottinger, Emil: Zur mehrdimensionalen Erklärung von Straftaten Jugendlicher am Beispiel der Novelle »Katz und Maus« von Günter Grass. In: Gert Loschütz (Hrsg.): Von Buch zu Buch – Günter Grass in der Kritik. Eine Dokumentation. Neuwied/Berlin 1968. S. 38–50. [Zuerst 1962.]
Ritter, Alexander: Günter Grass: »Katz und Maus«. Erläuterungen und Dokumente. Stuttgart 1981. (Reclams Universal-Bibliothek. 8137.)
– Günter Grass: »Katz und Maus«. In: Erzählungen des 20. Jahrhunderts. Interpretationen. Bd. 2. Stuttgart 1996. (Reclams Universal-Bibliothek. 9463.) S. 117–133.
Tiesler, Ingrid: Günter Grass: »Katz und Maus«. Interpretation. München 1971.

Franz Grillparzer: Der arme Spielmann

Bahr, Ehrhard: Geld und Liebe im »Armen Spielmann«. In: Clifford Albrecht Bernd (Hrsg.): Grillparzer's »Der arme Spielmann«. New Directions in Criticism. Columbia (S. C.) 1988. S. 300–310.

Birrell, Gordon: Time, Timelessness, and Music in Grillparzer's »Spielmann«. In: The German Quarterly 57 (1984) S. 558–575.

Mullan, Boyd: Characterisation and narrative technique in Grillparzer's »Der arme Spielmann« and Storm's »Ein stiller Musikant«. In: German Life and Letters 44 (1990/91) S. 187–197.

Seeba, Hinrich C.: Franz Grillparzer: »Der arme Spielmann«. »Wie es sich fügte –« Mythos und Geschichte in Grillparzers Erzählung. In: Erzählungen und Novellen des 19. Jahrhunderts. Interpretationen. Bd. 2. Stuttgart 1990. (Reclams Universal-Bibliothek. 8414.) S. 99–131.

Steffen, Hans: Die arme Kunst als hohe Kunst: hinterschauendes Verstehen von Grillparzers »Der arme Spielmann«. In: John F. Fetzer (Hrsg.): In search of the poetic real. Essays in honor of Clifford Albrecht Bernd on the occasion of his sixtieth birthday. Stuttgart 1989. S. 219–241.

Gerhart Hauptmann: Bahnwärter Thiel

Heerdegen, Irene: Gerhart Hauptmanns Novelle »Bahnwärter Thiel«. In: Hans Joachim Schrimpf (Hrsg.): Gerhart Hauptmann. Darmstadt 1976. (Wege der Forschung. 207.) S. 260–277.

Krämer, Herbert: Gerhart Hauptmann: »Bahnwärter Thiel«. München 1980.

Mahal, Günther: Experiment zwischen Gleisen. Gerhart Hauptmann: »Bahnwärter Thiel«. In: Freund (Hrsg.): Deutsche Novellen [s. B 1]. S. 199–219.

Martini, Fritz: Der kleine Thiel und der große Thienwiebel: das Erzählen auf der Schwelle zur Moderne. In: John F. Fetzer (Hrsg.): In search of the poetic real. Essays in honor of Clifford Albrecht Bernd on the occasion of his sixtieth birthday. Stuttgart 1989. S. 185–196.

Post, Klaus Dieter: Gerhart Hauptmann: »Bahnwärter Thiel«. Text, Materialien, Kommentar. München 1979. (Hanser Literatur-Kommentare. 15.)

Christoph Hein: Drachenblut

Dwars, Jens-F.: Hoffnung auf ein Ende. Allegorien kultureller Erfahrung in Christoph Heins Novelle »Der fremde Freund«. In: Text + Kritik 111 (1991) Sonderbd.: Christoph Hein. S. 6–15.

Freund-Spork, Walburga: Jeder für sich. Christoph Hein: »Drachenblut«. In: Freund (Hrsg.): Deutsche Novellen [s. B 1]. S. 291–300.

Krauss, Hannes: Mit geliehenen Worten das Schweigen brechen. Christoph Heins Novelle »Drachenblut«. In: Text + Kritik 111 (1991) Sonderbd.: Christoph Hein. S. 16–27.

McKnight, Philip S.: Alltag. Apathy. Anarchy: GDR everyday life as a provocation in Christoph Heins novella »Der fremde Freund«. In: Margy Gerber [u. a.] (Hrsg.): Studies in GDR culture and society. Bd. 8: Selected Papers from the thirteenth New Hampshire Symposium on the German Democratic Republic. Lanham (Md.) [u. a.] 1988. S. 429–441.

E. T. A. Hoffmann: Das Fräulein von Scuderi

Alewyn, Richard: Das Rätsel des Detektivromans. In: Adolf Frisé (Hrsg.): Definitionen. Essays zur Literatur. Frankfurt a. M. 1963. S. 117–136.

Freund, Winfried: E. T. A. Hoffmann: »Das Fräulein von Scuderi«. In: W. F.: Die deutsche Kriminalnovelle von Schiller bis Hauptmann [s. B 1]. S. 43–53.

– Chaos und Phantastik. Der phantastische Erzähler E. T. A. Hoffmann. In: die horen 37 (1992) H. 4. S. 77–85.

Gorski, Gisela: E. T. A. Hoffmann: »Das Fräulein von Scuderi«. Stuttgart 1980.

Himmel, Hellmuth: Schuld und Sühne der Scuderi. Zu Hoffmanns Novelle. In: Mitteilungen der E. T. A. Hoffmann-Gesellschaft 7 (1960) S. 1–15.

Pikulik, Lothar: E. T. A. Hoffmann als Erzähler. Ein Kommentar zu den Serapionsbrüdern. Göttingen 1987.

– Das Verbrechen aus Obsession. E. T. A. Hoffmann: »Das Fräulein von Scuderi«. In: Freund (Hrsg.): Deutsche Novellen [s. B 1]. S. 47–57.

Schneider, Peter: Verbrechen, Künstlertum und Wahnsinn. Untersu-
    chungen zur Figur des Cardillac. In: Mitteilungen der E. T. A.
    Hoffmann-Gesellschaft 26 (1980) S. 34–50.
Thalmann, Marianne: E. T. A. Hoffmanns »Fräulein von Scuderi«.
    In: Monatshefte 41 (1949) S. 107–116.
Werner, Johannes: Was treibt Cardillac? Ein Goldschmied auf Ab-
    wegen. In: Wirkendes Wort 40 (1990) S. 32–38.

Franz Kafka: Die Verwandlung

Beicken, Peter: Franz Kafka: »Die Verwandlung«. Erläuterungen
    und Dokumente. Stuttgart 1983. (Reclams Universal-Bibliothek.
    8155.)
Cersowsky, Peter: Mit primitivem Blick. Franz Kafka: »Die Ver-
    wandlung«. In: Freund (Hrsg.): Deutsche Novellen [s. B 1].
    S. 237–247.
Michel, Gabriele: »Die Verwandlung« von Franz Kafka – psycho-
    pathologisch gelesen. Aspekte eines schizophren-psychotischen
    Zusammenbruchs. In: Jahrbuch für Internationale Germanistik
    13 (1991) H. 1. S. 69–92.
Murphy, Richard: Semiotic excess, semantic vacuity and the photo-
    graph of the imaginary. The interplay of realism and the fantastic
    in Kafka's »Die Verwandlung«. In: Deutsche Vierteljahrsschrift
    für Literaturwissenschaft und Geistesgeschichte 65 (1991) S. 304–
    317.
Renner, Rolf G.: Kafka als phantastischer Erzähler. In: Rein A. Zon-
    dergeld (Hrsg.): Phaicon. Almanach der phantastischen Literatur.
    Bd. 3. Frankfurt a. M. 1978. S. 144–162.
Waldeck, Peter B.: Kafka's »Die Verwandlung« and »Ein Hunger-
    künstler« as influenced by Leopold Sacher-Masoch. In: Monats-
    hefte 64 (1972) S. 147–152.

Gottfried Keller: Kleider machen Leute

Bänziger, Hans: Strapinskis Mantel. Zu einem Motiv in der Erzählung »Kleider machen Leute«. In: Schweizer Monatshefte 51 (1971/72) S. 816–818.
– Ambivalenz der Eitelkeit. Gottfried Keller: »Kleider machen Leute«. In: Freund (Hrsg.): Deutsche Novellen [s. B 1]. S. 165–174.
Jeziorkowski, Klaus: Gottfried Keller. »Kleider machen Leute«. Text, Materialien, Kommentar. München 1984. (Hanser Literatur-Kommentare. 22.)
Kaiser, Gerhard: Gottfried Keller. Das gedichtete Leben. Frankfurt a. M. 1981.
Neumann, Bernd: Gottfried Keller: »Kleider machen Leute«. In: Erzählungen und Novellen des 19. Jahrhunderts. Interpretationen. Bd. 2. Stuttgart 1990. (Reclams Universal-Bibliothek. 8414.) S. 235–278.
Sautermeister, Gert: Erziehung und Gesellschaft in Gottfried Kellers »Kleider machen Leute«. In: Walter Raitz / Erhard Schütz (Hrsg.): Der alte Kanon neu. Zur Revision des literarischen Kanons in Wissenschaft und Unterricht. Opladen 1976. S. 176–207.

Heinrich von Kleist: Michael Kohlhaas

Bogdal, Klaus-Michael: »Mit einem Blick, kalt und leblos wie aus marmornen Augen.« Text und Leidenschaft des Michael Kohlhaas. In: Dirk Grathoff (Hrsg.): Heinrich von Kleist. Studien zu Werk und Wirkung. Opladen 1988. S. 186–203.
– Erinnerungen an einen Empörer. Heinrich von Kleist: »Michael Kohlhaas«. In: Freund (Hrsg.): Deutsche Novellen [s. B 1]. S. 27–36.
– Heinrich von Kleist: »Michael Kohlhaas«. München 1981. (UTB. Modellanalysen zur deutschen Literatur. 9.)
Bohnert, Joachim: Kohlhaas der Entsetzliche. In: Kleist-Jahrbuch 1988. S. 404–431.
Diesselhorst, Malte: Hans Kohlhase / Michael Kohlhaas. In: Kleist-Jahrbuch 1988. S. 334–356.
Gerth, Klaus: Vom preußischen Helden zum Terroristen. »Michael

Kohlhaas« in der Rezeptionsgeschichte. In: Praxis Deutsch 17 (1990) H. 100. S. 55–62.

Lützeler, Paul Michael: Heinrich von Kleist: »Michael Kohlhaas«. In: Erzählungen und Novellen des 19. Jahrhunderts. Interpretationen. Bd. 1. Stuttgart 1988. (Reclams Universal-Bibliothek. 8413.) S. 133–180.

Hartmut Lange: Das Konzert

Bernhardt, Rüdiger: Die Sühne nach dem Tod. Hartmut Lange: »Das Konzert«. In: Freund (Hrsg.): Deutsche Novellen [s. B 1]. S. 313–322.

Demet, Michel-François: Die Themen der Flucht und der Grenze als wiederkehrende Motive in den Prosawerken von Monika Maron und Hartmut Lange. In: Germanica 7 (1990) S. 123–133.

Thomas Mann: Der Tod in Venedig

Koopmann, Helmut: Ein grandioser Untergang. Thomas Mann: »Der Tod in Venedig«. In: Freund (Hrsg.): Deutsche Novellen [s. B 1]. S. 221–235.

Reed, Terence J.: Thomas Mann. »Der Tod in Venedig«. Text, Materialien, Kommentar mit den bisher unveröffentlichten Arbeitsnotizen Thomas Manns. München 1983. (Hanser Literatur-Kommentare. 19.)

Renner, Rolf G.: Das Ich als ästhetische Konstruktion. »Der Tod in Venedig« und seine Beziehung zum Gesamtwerk Thomas Manns. Freiburg i. Br. 1987.

Vaget, Hans R.: Thomas-Mann-Kommentar zu sämtlichen Erzählungen. München 1984.

Conrad Ferdinand Meyer: Das Amulett

Brehmer, Karl: Determination oder Freiheit. Zur Problematik der Prädestination in C. F. Meyers Novelle »Das Amulett«. In: Wirkendes Wort 35 (1985) S. 18–38.

Burkhard, Marianne: Conrad Ferdinand Meyer. New York 1978.

Evans, Tamara S.: Formen der Ironie in C. F. Meyers Novellen. Bern 1980.

Knapp, Gerhard P.: C. F. Meyer: »Das Amulett«. Historische Novellistik auf der Schwelle zur Moderne. Paderborn 1985.

– Geschichte ohne Versöhnung. Conrad Ferdinand Meyer: »Das Amulett«. In: Freund (Hrsg.): Deutsche Novellen [s. B 1]. S. 155–164.

Jackson, David A.: Schadau, the Satirized Narrator in C. F. Meyer's »Das Amulett«. In: Trivium 7 (1972) S. 61–69.

Schimmelpfennig, Paul: C. F. Meyer's Religion of the Heart: A Reevaluation of »Das Amulett«. In: The Germanic Review 47 (1972) S. 181–202.

Zäch, Alfred: Conrad Ferdinand Meyer. Dichtung als Befreiung aus Lebenshemmnissen. Frauenfeld 1973.

Zeller, Hans: Conrad Ferdinand Meyer: »Das Amulett«. In: Erzählungen und Novellen des 19. Jahrhunderts. Interpretationen. Bd. 2. Stuttgart 1990. (Reclams Universal-Bibliothek. 8414.) S. 279–300.

Eduard Mörike: Mozart auf der Reise nach Prag

Braungart, Wolfgang: Eduard Mörike: »Mozart auf der Reise nach Prag«. In: Erzählungen und Novellen des 19. Jahrhunderts. Interpretationen. Bd. 2. Stuttgart 1990. (Reclams Universal-Bibliothek. 8414.) S. 133–202.

Field, G. Wallis: Silver and Oranges: Notes on Mörike's Mozart-Novelle. In: Seminar 14 (1978) S. 243–254.

Mahlendorf, Ursula: Eduard Mörike's »Mozart on the Way to Prague«. Stages and Outcomes of the creative Experience. In: Jeffrey Adams (Hrsg.): Mörike's Muses. Critical Essays on Eduard Mörike. Columbia (S. C.) 1990. S. 95–111.

Mayer, Birgit: Eduard Mörikes Prosaerzählungen. Frankfurt a. M. [u. a.] 1985. S. 244–276.

– Antriebskraft Tod. Eduard Mörike: »Mozart auf der Reise nach Prag«. In: Freund (Hrsg.): Deutsche Novellen [s. B 1]. S. 145–154.

Wittkowski, Wolfgang: »Von der schönen alten Zeit«. Eichendorffs »Cupido« und Mörikes »Mozart« oder Mörikes Mozart-Novelle gemessen an Kategorien Eichendorffs. In: Hans Georg Pott (Hrsg.): Eichendorff und die Spätromantik. Paderborn 1985. S. 133–155.

Robert Musil: Drei Frauen

Eibl, Karl: Robert Musil. »Drei Frauen«. Text, Materialien, Kommentar. München 1978. (Hanser Literatur-Kommentare. 13.)

Fischer, Nanda: »Eine plötzliche und umgrenzt bleibende geistige Erregung . . .«. Zum Novellenbegriff Robert Musils. In: Monatshefte 65 (1973) S. 224–240.

Heering-Düllo, Cornelia: »Stumme Taten aus den Stirnen«. Zum Problem von Identität und Kommunikation in Robert Musils Novelle »Die Portugiesin«. In: Literatur für Leser 1988. S. 33–51.

O'Connor, Kathleen: Robert Musil and the Tradition of German Novelle. Riverside 1992.

Friedrich Schiller: Der Verbrecher aus verlorener Ehre

Aurnhammer, Achim: Engagiertes Erzählen: »Der Verbrecher aus verlorener Ehre«. In: A. A. (Hrsg.): Schiller und die höfische Welt. Tübingen 1990. S. 254–270.

Brandstätter, Horst (Hrsg.): Der Verbrecher aus verlorener Ehre. Eine wahre Geschichte von Friedrich Schiller. Aufs Neue ans Licht geholt und mit Erkundungen zum Dichter- und Räuberleben der republikanischen Freiheit des lesenden Publikums anheimgestellt von H. B. Berlin 1984. (Wagenbachs Taschenbücherei. 117.)

Freund, Winfried: Friedrich Schiller: »Der Verbrecher aus verlorener Ehre«. In: W. F.: Die deutsche Kriminalnovelle von Schiller bis Hauptmann [s. B 1]. S. 12–21.

Jacobsen, Roswitha: Schillers »Der Verbrecher aus verlorener Ehre«. In: Weimarer Beiträge 34 (1988) S. 746–760.
– Die Entscheidung zur Sittlichkeit. Friedrich Schiller: »Der Verbrecher aus verlorener Ehre«. In: Freund (Hrsg.): Deutsche Novellen [s. B 1]. S. 15–25.
Lecke, Bodo: Schillers »Verbrecher aus verlorener Ehre«. Zur Aktualisierung eines Klassikers. In: B. L. (Hrsg.): Literatur der Klassik. Bd. 2: Lyrik, Epik, Ästhetik. Stuttgart 1975. (Projekt Deutschunterricht. 9.) S. 113–146.
Rautenberg, Hans H. / Hoppe, Almut / Dehn, Wilhelm: Friedrich Schiller: »Der Verbrecher aus verlorener Ehre«. Einführung in rezeptionsästhetische Betrachtungsweisen. Text- und Arbeitsbuch. Frankfurt a. M. 1978.
Sautermeister, Gert: Unverjährte Aufklärung. Schillers »Der Verbrecher aus verlorener Ehre«. In: die horen 30 (1985) S. 273–279.

Adalbert Stifter: Brigitta

Baumann, Christiane: Angstbewältigung und »sanftes Gesetz«. Adalbert Stifter: »Brigitta«. In: Freund (Hrsg.): Deutsche Novellen [s. B 1]. S. 121–129.
Hunter-Lougheed, Rosemarie: Adalbert Stifter: »Brigitta«. In: Erzählungen und Novellen des 19. Jahrhunderts. Interpretationen. Bd. 2. Stuttgart 1990. (Reclams Universal-Bibliothek. 8414.) S. 41–97.
Nischik, Traude-Marie: Umhegter Garten und Blankes Siegel. Emblematische Bildlichkeit in Adalbert Stifters Erzählungen »Brigitta« und »Das alte Siegel«. In: Aurora 38 (1978) S. 85–112.

Theodor Storm: Der Schimmelreiter

Freund, Winfried: Theodor Storm: »Der Schimmelreiter«. Glanz und Elend des Bürgers. Paderborn 1984. (Modellanalysen: Literatur. 10.)
– Der Bankrott des Egoismus. Bürgerliche Krisenerfahrung in der Altersnovelle »Der Schimmelreiter«. In: W. F.: Theodor Storm. Stuttgart 1987. S. 136–162.

Freund, Winfried: Heros oder Dämon? Theodor Storm. »Der Schimmelreiter«. In: Freund (Hrsg.): Deutsche Novellen [s. B 1]. S. 187–198.

Frühwald, Wolfgang: Hauke Haien, der Rechner. Mythos und Technikglaube in Theodor Storms Novelle »Der Schimmelreiter«. In: Jürgen Brummack [u. a.] (Hrsg.): Literaturwissenschaft und Geistesgeschichte. Festschrift für Richard Brinkmann. Tübingen 1981. S. 438–457.

Heine, Thomas: »Der Schimmelreiter«. An Analysis of the Narrative Structure. In: The German Quarterly 55 (1982) S. 554–564.

Hermand, Jost: Hauke Haien. Kritik oder Ideal des gründerzeitlichen Übermenschen. In: Wirkendes Wort 15 (1965) S. 40–50.

Hoffmann, Volker: Theodor Storm: »Der Schimmelreiter«. Eine Teufelspaktgeschichte als realistische Lebensgeschichte. In: Erzählungen und Novellen des 19. Jahrhunderts. Interpretationen. Bd. 2. Stuttgart 1990. (Reclams Universal-Bibliothek. 8414.) S. 333–370.

Peischl, Margaret T.: Das »Dämonische« im Werk Theodor Storms. Frankfurt a. M. 1983. S. 88–94.

Ludwig Tieck: Der blonde Eckbert

Fries, Thomas: Ein romantisches Märchen: »Der blonde Eckbert« von Ludwig Tieck. In: Modern Language Notes 88 (1973) S. 1180–1211.

Freund, Winfried: Das gescheiterte Märchen. Ludwig Tieck »Der blonde Eckbert«. In: W. F.: Literarische Phantastik [s. B 1]. S. 16–26.

Greiner, Bernhard: Patho-logie des Erzählens: Tiecks Entwurf der Dichtung im »Blonden Eckbert«. In: Der Deutschunterricht 39 (1987) H. 1. S. 111–123.

Schumacher, Hans: »Der blonde Eckbert«. In: H. S.: Narziß an der Quelle. Das romantische Kunstmärchen. Geschichte und Interpretation. Wiesbaden 1977. S. 46–53.

Swales, Martin: Reading one's Life: An Analysis of Tieck's »Der blonde Eckbert«. In: German Life and Letters 29 (1975/76) S. 165–175.

Martin Walser: Ein fliehendes Pferd

Behre, Maria: Erzählen zwischen Kierkegaard- und Nietzsche-Lektüre in Martin Walsers Novelle »Ein fliehendes Pferd«. In: Literatur in Wissenschaft und Unterricht 23 (1990) S. 3–18.

Dierks, Manfred: »Nur durch Zustimmung kommst du weg.« Martin Walsers Ironie-Konzept und »Ein fliehendes Pferd«. In: Literatur für Leser 1984. S. 44–53.

Freund, Winfried: Martin Walser: »Ein fliehendes Pferd«. Altern als novellistisches Ereignis. In: Erzählungen des 20. Jahrhunderts. Interpretationen. Bd. 2. Stuttgart 1996. (Reclams Universal-Bibliothek. 9463.) S. 205–223.

Kaiser, Joachim: Martin Walsers blindes Glanzstück. Funktion und Funktionieren der Novelle »Ein fliehendes Pferd«. In: Merkur 32 (1978) S. 828–838.

Schote, Joachim: Martin Walsers Novelle »Ein fliehendes Pferd«. In: Orbis Litterarum 46 (1991) S. 52–63.

Wagener, Hans: Die Sekunde durchschauten Scheins. Martin Walser: »Ein fliehendes Pferd«. In: Freund (Hrsg.): Deutsche Novellen [s. B 1]. S. 279–289.

Stefan Zweig: Schachnovelle

Blauhut, Robert: Österreichische Novellistik des 20. Jahrhunderts. Wien 1966.

Daviau, Donald G. / Dunkle, Harvey J.: Stefan Zweigs »Schachnovelle«. In: Monatshefte 65 (1973) S. 370–384.

Schwamborn, Ingrid: Schachmatt im brasilianischen Paradies. Die Entstehungsgeschichte der »Schachnovelle«. In: Germanisch-Romanische Monatsschrift N. F. 34 (1984) S. 404–430.

Unseld, Siegfried: Nachwort. In: St. Zweig: Schachnovelle. Frankfurt a. M. 1979. S. 110–127.

– Das Spiel vom Schach. Stefan Zweig: »Die Schachnovelle«. In: Freund (Hrsg.): Deutsche Novellen [s. B 1]. S. 249–263.

Werkregister

Personenregister

Interpretationen

IN RECLAMS UNIVERSAL-BIBLIOTHEK

Romane des 19. Jahrhunderts

Tieck, *Franz Sternbalds Wanderungen* – Hölderlin, *Hyperion* – Schlegel, *Lucinde* – Novalis, *Heinrich von Ofterdingen* – Jean Paul, *Flegeljahre* – Eichendorff, *Ahnung und Gegenwart* – Hoffmann, *Kater Murr* – Mörike, *Maler Nolten* – Keller, *Der grüne Heinrich* – Stifter, *Der Nachsommer* – Raabe, *Stopfkuchen* – Fontane, *Effi Briest*. 423 S. UB 8418

Georg Büchner

Dantons Tod – *Lenz* – *Leonce und Lena* – *Woyzeck*. 218 S. UB 8415

Fontanes Novellen und Romane

Vor dem Sturm – *Grete Minde* – *L'Adultera* – *Schach von Wuthenow* – *Unterm Birnbaum* – *Irrungen, Wirrungen* – *Quitt* – *Effi Briest* – *Frau Jenny Treibel* – *Der Stechlin* – *Mathilde Möhring*. 304 S. UB 8416

Romane des 20. Jahrhunderts. Band 1

H. Mann, *Der Untertan* – Th. Mann, *Der Zauberberg* – Kafka, *Der Proceß* – Hesse, *Der Steppenwolf* – Döblin, *Berlin Alexanderplatz* – Musil, *Der Mann ohne Eigenschaften* – Kästner, *Fabian* – Broch, *Die Schlafwandler* – Roth, *Radetzkymarsch* – Seghers, *Das siebte Kreuz* – Jahnn, *Fluß ohne Ufer*. 400 S. UB 8808

Romane des 20. Jahrhunderts. Band 2

Doderer, *Die Strudlhofstiege* – Koeppen, *Tauben im Gras* – Andersch, *Sansibar oder der letzte Grund* – Frisch, *Homo faber* – Grass, *Die Blechtrommel* – Johnson, *Mutmassungen über Jakob* – Böll, *Ansichten eines Clowns* – S. Lenz, *Deutschstunde* – Schmidt, *Zettels Traum* – Handke, *Der kurze Brief zum langen Abschied*. 301 S. UB 8809

Philipp Reclam jun. Stuttgart

Literaturstudium

Die neue Reihe bietet Autorenmonographien, Epochen-
darstellungen, Gattungsmonographien und Einführun-
gen in viele Bereiche der Literatur- und Sprachwissen-
schaft.

Thomas Bein
Walther von der Vogelweide
299 Seiten. Mit 15 Abbildungen. UB 17601

Winfried Freund
Novelle
348 Seiten. UB 17607

Matthias Luserke
Sturm und Drang
Autoren – Texte – Themen
384 Seiten. Mit 17 Abbildungen. UB 17602

Friedhelm Marx
Gerhart Hauptmann
403 Seiten. Mit 20 Abbildungen. UB 17608

Volker Mertens
Der deutsche Artusroman
384 Seiten. Mit 16 Abbildungen. UB 17609

Bodo Plachta
Editionswissenschaft
Eine Einführung in Methode und Praxis
der Edition neuerer Texte
172 Seiten. Mit 12 Abbildungen. UB 17603

Ursula Schulze
Das Nibelungenlied
336 Seiten. Mit 11 Abbildungen. UB 17604

Hartmut Steinecke
E. T. A. Hoffmann
259 Seiten. Mit 31 Abbildungen. UB 17605

In Vorbereitung:

Nicola Kaminski
Andreas Gryphius
Ca. 250 Seiten. Ca. 13 Abbildungen. UB 17610

Mathias Mayer
Eduard Mörike
Ca. 160 Seiten. Ca. 10 Abbildungen. UB 17611

Herbert Uerlings
Novalis
Ca. 240 Seiten. Ca. 15 Abbildungen. UB 17612

Philipp Reclam jun. Stuttgart